西安档案资料丛书

陕西辛亥革命后裔口述史

细说陕西辛亥革命

西安市档案馆 编

西安出版社

图书在版编目（CIP）数据

陕西辛亥革命后裔口述史 / 西安市档案馆编. —西安： 西安出版社，2019.12

ISBN 978-7-5541-4408-4

Ⅰ. ①陕… Ⅱ. ①西… Ⅲ. ①辛亥革命—史料—陕西 Ⅳ. ①K257.06

中国版本图书馆 CIP 数据核字（2019）第 292259 号

陕西辛亥革命后裔口述史

SHANXIXINHAIGEMINGHOUYIKOUSHUSHI

编　　者：	西安市档案馆
责任编辑：	赵郁芬
出版发行：	西安出版社
社　　址：	西安市曲江新区雁南五路 1868 号影视演艺大厦 11 层
电　　话：	（029）85253740
邮政编码：	710061
印　　刷：	西安盛业印务有限公司
开　　本：	787mm×1092 mm　1/16
印　　张：	20.5
字　　数：	268 千字
版　　次：	2019 年 12 月第 1 版 2019 年 12 月第 1 次印刷
印　　数：	1—2000
书　　号：	ISBN 978-7-5541-4408-4
定　　价：	56.00 元

前　言

　　陕西是最早响应武昌起义的省份之一，革命党人在陕西西安的起义推动了周边省份及西北地区的光复，牵制了清军的大量兵力，支援了南方的革命事业，加速了清王朝的崩溃，为推翻封建帝制建立"民国"作出了不朽的贡献。陕西辛亥革命先烈们的丰功伟绩家乡人民没有忘记，众多辛亥革命先贤的后裔们更是没有忘怀。

　　在辛亥革命110周年将要到来之际，陕西辛亥革命后裔联谊会举办了多次座谈，与会的许多先贤后裔，都希望通过一个好的载体，回忆、纪念先辈可歌可泣的事迹。大家认为，在宣传先贤事迹方面，已经错过了纪念辛亥革命100周年的契机，决不能再错失110周年这个缅怀宣传前辈们的良机。因为，没准此后若干年，对先辈们事迹耳熟能详的这一批后裔又将相继远去，满腹的心里话、满肚子的精彩故事，如果此时不奉献出来，那将是多大的憾事！

　　就在广大后裔们为如何纪念先贤而一筹莫展之际，陕西辛亥革命历史研究者、原陕西省社会科学院近现代史所副所长张应超和陕西近代史研究者、原西安市文联正局级巡视员王民权两位先生提出倡议，希望先贤后裔们摒弃以前各自为战的做法，代之以统筹规划安排、从多角度切入，以访谈录或口述史的形式，挖掘出辛亥前辈们更多的鲜为人知的故事素材，结集为一部作品出版发行，为辛亥革命110周年献礼。这一倡议立即得到了广大陕西辛亥革命后裔的拥护。

　　有了好的策划方案，大家很快就行动起来。为了节省时间，节约费用，这部口述史以先贤后裔马正、张和平等作为采访人，历时两年多，采访陕西辛亥革命先贤后裔数人，搜集了大量的采访素材，最后由马正、张应超先生进行统稿。西安市档案馆工作人员参与了采访材料的收集、整理及考订工作，并将相关活动形成的文字及音像视频材料作为重大历史事件专项档案资料接收进馆。大家带着对前辈的崇敬之情，凭着真情实感去积极努力地挖掘先贤事迹，整理采访记录，查考档案史料，使这部作品很快得以截稿付梓。

现在奉献给各位读者、研究者的这部口述史，可以说凝结着辛亥革命先贤的奋斗精神，聚集了后裔们的怀念之情。编撰这部《陕西辛亥革命后裔口述史——细说陕西辛亥革命》，我们所秉持的原则是以史为鉴，以人为鉴，绝不夸大史实，不搞空穴来风，而是要原原本本、真真正正把先贤后裔们所知道的生动真实的故事叙述出来，让人们了解并且崇敬先辈所建立的丰功伟绩。编印这部书，我们感到至少有以下几个方面的收获：一是采访收集了大量丰满鲜活的辛亥先贤人物事迹，可以对陕西辛亥革命已有的文献资料形成有益补充；二是透过先贤们的事迹，可以折射出好的家风家训，这与习近平总书记提出的传承良好家风家训的一系列指示精神相符合；三是通过先贤事迹的发掘弘扬，对陕西及西安人文历史也是一个很好的宣传。

如今，中国人民推翻了压在自己头上的三座大山，人民真正当家做了主人，我们的国家经历了站起来、富起来到强起来的伟大历史进程，实现中华民族伟大复兴的中国梦指日可待，而饱受屈辱、被侵略、被压迫、被歧视的历史也从此一去不返。思今怀古，当我们安享国泰民安、幸福生活的时候，怎能不追忆先辈们所进行的艰难探索、付出的巨大牺牲和作出的杰出贡献？

编者

2019 年 1 月 3 日

辛亥革命

记住那些人和事（序）

何丹萌

　　发生在辛亥年（1911）的连场革命，着实具有划时代意义。所谓划时代，就是重新开辟了一个新的时代。这场革命，结束了中国几千年封建君主专制制度，建立了共和政体，如孙中山先生所言，是一场民族民主革命。这次革命，以其巨大的震撼力和影响力，推动了中国社会的彻底变革。历史，从这里起始而发生了天翻地覆的变化。仔细去想，从秦始皇统一华夏，建立封建君主制度，到辛亥革命而终结，期间经历了漫长的两千多年历史，这是中国社会变迁的两个重大节点，不单单是改朝换代的事体，而是人类社会进步的重大阶梯。故而，这场革命的意义，是历史的后人们所不能忘记的。

　　马正、张应超二位先生，合著了《陕西辛亥革命后裔口述史——细说陕西辛亥革命》这本书，他们拨冗钩沉，搜集查阅大量史料，不吝频访辛亥革命人物后裔，进行了细致入微的调查与座谈，期间所费工夫，令人深深感动。应超先生自20世纪70年代起，就倾心专注于辛亥革命史料搜集与研究，对于陕西辛亥革命前后那段风云变幻的历史，有着较为详深的了解，在此方面，他堪称为数稀罕的专家。马正先生不仅是辛亥革命先贤后裔，又是个热心人。用他俩的话说，他们是干着别人不愿干的事，干着出力不讨好的事。我却说，一人上世来，上世为一事。一棵千年古木，包藏了多少年轮，每个年轮里所蕴含的风霜雨雪，人已不知，树却铭记。对于二位先生所做的事，对于他们的精神，我从心底里泛出了敬重和感佩。

　　从网上百度得知，"辛亥革命"一词，于当年时分并未被广泛使用，各大报刊用词，只是说"武昌首义""共和成立""民国肇生""辛亥之役"等等。就连孙中山先生在就职临时大总统期间，公文里也只有"武昌首义""民国缔造""民国光复"等等用语。由于有署名渤海寿臣者出了本《辛亥革命始末记》一书，又有署名草莽余生者编辑出版了《辛亥革命大事录》，这两本书前后出版于 1912 年 6 月和 8 月，直至 1919 年 8 月，毛泽东在《湘江评论》撰写《民众大联合》之长文，文中多次使用"辛亥革命"一词，之后，梁启超于 1921 年发表了《辛亥革命之意义与十年双十节之乐观》的演讲，又有陈独秀在国共合作之初撰写了《辛亥革命与国民党》的文章，渐至 20 世纪 20 年代以后，此一词方被广泛使用开来。于是愚想，举事者做事之初，并不细究其名谓，先去轰轰烈烈干起来，至于冠名的用语或称谓，那是后人或旁观者去做的事。正如这本书的取名，马正先生曾多次征询于我，不知以何为好，叫什么呢？血雨腥风？风云际会？想简约，想取其大意，却终觉不能准确涵盖。余以为，这好比大厨师做了盘菜，实则是芥末凉拌三丝，有人却叫它"情人泪"，取其呛人的一面，似乎很有创意，却置人一笑而觉谑意油生了。

陕西的辛亥革命，或换句话说，辛亥革命在陕西，于全国而言，有着举足轻重的意义。1911 年 10 月 10 日，武昌首发起义，时隔 12 日，西安一举光复，继之便有了长沙、广州的起义和南京的收复。算起来，陕西是第二个举事的省份，但其规模之大，影响之强烈，应居全国之首。那场革命烈火的干柴预备，应说是清王朝腐朽而让积贫积弱的中国大地遍生了可供燃烧的薪木，其火种则来自孙中山先生所领导的同盟会。继而，发生在全国多省份的保路运动，似乎成了火烧赤壁的一股东风。四川保路运动最为激烈，故而有了荣县宣布自治独立，那是一粒火星的蹿起。武昌首义，虽只是一个营的暴动，但火苗首先燃起来了，到了陕西，大火已经焚城，继之，全国的辛亥革命烈火终成燎原之势。腐朽的封建王朝哗啦啦如大厦倾，几千年的旧制，终于被推翻。所以，孙中山先生曾说，陕西的革命，呼应了广州和南京，牵制着清军南下，对全国革命之意义十分巨大。陕西的井勿幕先生，从日本归来之后，第一个将同盟会的组织发展到了西北大地，并在渭北一带组建武装力量，为推翻封建统治做了大量的积极准备，中山先生曾誉之为"西北革命巨柱"，只可惜在护法期间被陕西靖国军奸人所害，落得英年早逝，留下一段可歌可泣的短暂历史。与之同时，还有于右任、焦子静、万炳南、张云山、张钫、马彦翀、胡景翼及蒲城李氏四杰等等的人和事，在《陕西辛亥革命后裔口述史——细说陕西辛亥革命》这本书里，都做了较为翔实的纪述，读罢该书，相信会对那段历史能有一个轮廓式的了解，对于陕西辛亥革命的先贤，也会油生敬慕之情。

那的确是一段风云际会的历史。旧制被废，皇帝被打倒了，没了皇上，似乎就没了天，于是就出现了十八王子乱当家的局面，用鲁迅的话说，那是个"城头变换大王旗"的年代。中国向何处去，确实成了大问题。在那些奋起而投身革命者中，不少人都在为国家的前途和命运而上下求索，苦苦探寻着道路。然而，忧天下之忧者有之，因愤然不平而投身革命者有之，怀揣私欲或糊里糊涂混进阵营者亦有之。资产阶级民主革命的阵营里，人员参差不齐，复杂而混乱的局面也在所难免。所以，就出现了后来的军阀混战。在先驱者间，也不乏胸怀远大、高瞻远瞩之才，比如与孙中山先生过从甚密的宋教仁先生，就曾详细研究过英、美等国的宪法，花了大量精力，去比较世界其他国家之间的君主立宪与民主共和等制度的优劣，意在为中国的走向选择路径，只可惜，他被袁世凯派人暗杀了。袁世凯窃取了辛亥革命成果，迫使孙中山先生发动二次革命，北伐的胜利，将国民党推上了执政舞台。自马克思主义传入中国之后，有了中国共产党，先是国共两党合作，后来蒋介石背信弃义，是共产党经过多年艰苦卓绝的牺牲与奋斗，终于在中国大地上建立了一个新国家，有了今天的中国模样。所以正如歌词里所言：没有共产党，就没有新中国。这句话，并非空穴来风。

我之所以要向今天的年轻人荐读这本书，是希望他们能够了解那段历史，更多地理解中国。现今的年轻人，还有所谓的公知们，动不动就说西方国家制度如何样的好，民主、自由如何样的好，只是一味地追求西化。要知道，自辛亥以来，中国的志士仁人们，不是没有探寻过中国的新制度建设。他们浴血奋战，以多少人的生命牺牲为代价，去苦苦求索，最后不得不面对种种严酷的现实，只有选择了社会主义道路。故而我们应知感恩而珍惜，不要总以为别人碗里的都是最好吃的。

马、张二先生请我为之作序，本无资格，发一通感慨，以此向他们交差。

何丹萌

2019 年 4 月 12 日于菊舍

作序者简介：何丹萌，著名作家，中国作家协会会员，陕西省艺术馆研究馆员，作品有：《有了苦不要说》《见证贾平凹》《冬月流水》《将就屋笔记》等。

目　录

辛亥革命

同盟会陕西支部的建立

辛亥革命是中国近代史上具有划时代意义的伟大变革，它结束了两千多年的封建统治，推翻了清王朝。1911年10月10日，武昌首义爆发。10月22日，西北首府，陕西省会西安率先响应，并迅速波及省内大部分府、州、县，有力地支持了刚刚建立起来的南方革命政权，在中国辛亥革命史上留下了灿烂的篇章。要讲好陕西辛亥革命的故事，就要从中国同盟会陕西支部的建立说起。

井勿幕把同盟会传入陕西

1905年5月，孙中山从法国马赛乘船经新加坡、越南西贡，于7月中旬到达日

孙中山先生

本横滨。当时由于清朝政府实行新政，公费派出大量留学人员，其中日本留学生最多。他们走出国门，立即受到革命思潮的冲击，看到没落的清廷无抵御外侮的能力，更没有真正意义上的立宪诚意，认定只有起来革命，通过自救救国的途径，才能推清朝清封建帝制统治，建立起民主共和的国家。由于孙中山在欧洲的比利时、德国、法国组织过以留学生为基础的革命团体，而消息早已传到日本，数千名留日学生翘首以盼，渴望接受孙中山的思想，同时接受他的领导。

光绪三十一年（1905），8月20日（乙巳七月二十五日），中国同盟会正式成立。成立大会的地点是日本东京赤坂区霞关阪本金弥子爵住宅，到会者三百余人，

通过了公章（章程），共举孙中山为总理，同时设立执行部、司法部、评议部。与会者宣誓加盟，誓词是："驱除鞑虏，恢复中华，创立民国，平均地权，矢信矢忠，有始有卒。有渝此盟，任众处罚！"

1905年冬，陕西籍留日学生井勿幕（文渊）主动去求见孙中山先生，表示愿意回陕宣传同盟会的革命纲领，创建革命组织和领导革命斗争，希望孙中山先生能给予帮助。井勿幕的想法得到孙中山的支持，并委任他为同盟会陕西支部长。在中国同盟会成立时，将宋教仁在东京创办的《二十世纪之那》改名为《民报》，该报即为同盟会机关报。这一年11月，《民报》发刊辞，将同盟会纲领、宗旨、任务进行了阐述。还对当时中国知识分子现状进行了分析，强调欧美国家推行三民主义使国家强盛的事实，表达在中国推行三民主义的愿望。同时"分潜会员回本籍组织分会或调查会党及新军情况。"①据此，"在他未回国之前，即函乃兄岳秀

井勿幕留学日本所照（1905—1910）

（崧生）先期与蒲城思想先进人物张铣（拜云）、李异材（仲特）、李良材（桐轩）、王顾（子端）、张东白（维寅）、常自新（铭卿）和正在蒲城县署供职的师守道（子敬）、县立小学堂教习陈同熙（会亭）等取得联系，他们都具有民族思想，得悉此情，愈益增进排满革命的信念，遂函促勿幕迅速返陕，共商大计。"②井勿幕肩负孙中山重托，于1905年冬途经朝鲜回国。

在井勿幕回陕组织建立同盟会陕西支部前，陕西的一些具有民主革命思想的进步知识分子，已经自发地组织起了一些小团体，利用各种形式宣传革命思

---

① 吴相湘《民国史事》第14页。
② 《马彦翀先生纪念文集》，丹凤县政协文史资料第十六辑，第212页。

想，进行反清斗争。如进步知识分子朱先照、孙芷沅组织的"励学斋"，大量购置新书、新报和西方有关宣传资产阶级民主思想的书籍，朱先照自己还著书立说，批判曾国藩等人的思想，指斥康有为、梁启超的保皇主张，力劝有志之士向黑暗的封建社会进行挑战，他的学生于右任青年时期反清思想的形成，就受他们的影响。另外焦冰（子静）、张拜云、任尹（师竹）等人组织的"自治社"，名义上是开通思想，提倡

开元寺藏经楼——同盟会陕西分会旧址

地方自治，实则是组织力量，策划反清起义。只是这些小团体都是各自活动，组织既不统一，纲领也不明确具体，力量很小，影响不大。

井勿幕回陕后，立即开展了紧张而艰苦的活动。他首先在自己的亲友中宣传孙中山救国救民主张和同盟会革命纲领，吸收同盟会会员，在不到半年的时间里，其足迹遍涉西安和渭北各县。当时的陕西，"风气闭塞，交通阻梗，言械则接济为艰，筹饷更呼吁无门，又值党禁方密，人皆危言危行"。[1]在这样的困难情况下，经过井勿幕的努力活动，积极奔走，到 1906 年春，陕西发展的同盟会员已有三十多人。

"同盟会成立之初，推李仲特任会长，井勿幕多方游说，对外接头；焦子静常驻西安，负责内部事务。"[2]

北极宫会议使革命思想进一步传播

1906 年春，井勿幕在三原北极宫召开了同盟会陕西支部第一次全体会议，研

---

[1]《陕西乡贤事略》，第 163 页。

[2]《马彦翀先生纪念文集》，丹凤县政协文史资料第十六辑，第 213 页。

黄兴——辛亥革命领导人之一

究推进会务方法。会上意见分歧，一部分人"主张急进多收会员"，另一部分人则主张"缓进"，发展会员应特别慎重，不能使会员一步踏进"堂奥"。①讨论的结果，后一种意见被通过。在这次会议上，井勿幕还提出联合会党和刀客的力量，并在其中吸收会员。但是，到会的三十多名同盟会员中，大多数是从未与会党打过交道的知识分子，他们从自己对会党传统的偏见出发，认为这些人是来自下层社会，不屑与其为伍。尤其对武装夺取政权，缺乏足够的认识，因而很反感他们，坚决反对与他们同流，致使井勿幕的正确意见未被采纳。会议结束时，井勿幕希望到会者在自己力量所能及的范围内，努力筹款，积极从事革命宣传活动。会后，井勿幕带邹子良（炎）、王守身等同盟会员，赴宜君县、中部（黄陵）县考察地形，决定在这些地方以创办畜牧场、开矿冶铁为名，建立反清据点。同年春夏间，井勿幕二次赴日本，向同盟会总部汇报在陕西开展革命活动的情况，并参加在东京成立的由留日学生同盟会员组建的同盟会陕西分会的工作。陕西的工作，则交由同盟会支部的骨干李仲特、焦子静等人负责。

后来，根据井勿幕提议，经同盟会会员商议确定，同盟会每年农历二月初二要择地举行一次会议，研究同盟会一年来的工作，考察会员的得失，决定赏罚。会场规定除按慕亲会祭祀的仪式布置外，取关羽神勇而有义气，岳飞抗击异族侵略精忠报国的精神，还加供关公、岳飞神位，具体仪式是，一面上香献馔，一面宣读事先写好的"誓墓文"，内容大概是向神灵奉告一年来会员的革命活动情况，评判会员活动的优劣，并向神灵保证一定竭尽全力，完成好以后的任务。接着根据戒律，如果有出卖或陷害同志者，有叛盟行为而自获利禄者，跪在神灵前，由主祭人用佛家的铲向其头顶重击，除死受惩者。这种仪式带有浓厚的封建迷信色

————

① 《陕西辛亥革命回忆录》，第 121 页。

彩，今天看起来十分可笑而落后，但在当时的具体历史环境下，却确实起到了鼓舞士气，联络同志，约束会员的作用。所以，陕西的同盟会员一直精诚团结，严守戒律，没有出现过叛变或其他应该受惩的现象，一直到辛亥革命爆发，革命党人都能同心同德，严守同盟会纪律，不能说与此无关。

为了防止同盟会员联络中失误，井勿幕等人还仿照哥老会的方法进行联络。例如，两人初见面时，一人指一物问道："这是哪里来的？"如果对方立刻回答："这是中国的"，然后彼此一笑，就表示都是同盟会员。又如两人初见面握手时，如系同盟会员，则以两手互钩，否则，就知不是会员。同盟会员通讯时，也规定了许多暗语，如：稻—广州，赤—上海，雁—信，点灯—侦察敌情等等。另外，同盟会员李元鼎（子彝）在日本留学期间，还为井勿幕编制了一套通讯斜格和纵横联系法。用这些暗语和方法进行联络，大大减少了失密的危险。

除此之外同盟会还于 1907 年重阳节组织部分会员赴黄陵祭祖，通过恭读祭文，"誓共驱除鞑虏，光复故物，扫除专治政权，建立共和国体，共赴国难，艰巨不辞"，实现"以纾生民之苦，以复汉族之业"的目的。1909 年在丽泽馆、1910 年在泾阳柏氏花园召开会议，共谋反清大计。

同盟会陕西支部开展反清斗争概况

同盟会支部在陕西革命斗争中成绩巨大，除宣传孙中山革命思想外，还积极发展同盟会员，建立若干革命据点，秘密商讨反清事宜。主要发动和领导到活动有争取西潼铁路路权、延长石油开采权的斗争。特别是反对蒲城知县李体仁打击同盟会员、致进步学生原斯健死亡，掀起了声势浩大的"蒲案"学潮，波及省内外学界，惊动了朝廷；反对高等学堂监督周镛（石笙）解雇进步教师张子安，引起了西安各校大规模的罢课运动。联络哥老会组织，初步掌握新军，并同他们举行结盟仪式，为武装起义做了准备工作。另外满清政府为了愚弄民意，号召立宪，在各省设立谘议局，陕西当不例外。可是议员中多为巨绅及旧官吏，谘议局成立后，选举议长、副议长，陕西当局授意，拟选两个巨绅吴怀清、周镛为议长、副议长，同盟会坚持与官方开展斗争，多方努力，反对吴、周当选。最后选举王锡侯（恒晋）为议长，郭忠清（希仁）、李良材（桐轩）为副议长，李元鼎（子彝）为秘书长。这虽是个假民意机关，但郭忠清、李良材、李元鼎均为同盟会员。谘

关中书院

议局为查办巡抚恩寿和督练公所总办王毓江及支持争铁路、争石油并学生罢课的一系列斗争，均起了一定的作用。"在辛亥革命前夕，陕西同盟会会员已达数百人，省城和外县组织已不下十余处，且闻各地同盟会亦多风起云涌，发动起义影响较大的，如1908年熊成基安庆之役，1910年广州新军之役，1911年广州黄花岗之役，虽然都遭到了失败，但影响所及，使清廷统治者的残暴反动完全暴露，大大振奋了全国人民的反清革命情绪。因而陕西同盟会，也各方派人大肆活动，如派人赴渭北一带联络'刀客'，派人到四川作川陕联防，派人赴上海和日本运用枪弹。并加紧向新军及各学校接头，及至武昌10月10日起义后，陕西便在10月22日即揭出灭满复汉的义举。这就是陕西同盟会成长的一个硕果了"。①

同盟会领导辛亥起义

1906年以后孙中山领导的同盟会在南方各省先后多次爆发革命起义，但由于准备不够充分，均告失败。主要有丙午萍醴浏之役（1906年9月）、丁未黄冈之役（1907年5月）、丁未七女湖之役（1907年5月，广东惠州）、丁未防城之役、丁未镇南关之役（1907年12月）、戊申钦廉上思之役（1908年2月）、戊申河口之役（1908年4月）、庚戌广州新军之役（1910年2月）、辛亥三月二十九广州之役（1911年4月）等。一系列的武装起义，对摇摇欲坠的清廷无疑是敲响行将灭亡的丧钟，使它疲于应付。但对革命党来说，却是一记记晨钟，他唤醒人们起来

---

① 《马彦翀先生纪念文集》，丹凤县政协文史资料第十六辑，第213页。

与封建没落的清廷决战，以推翻其反动统治。

在陕西，同盟会也按照孙中山思想的指导，循着南方起义的思路，准备着走武装夺取政权的道路。首先，把同盟会陕西支部扩建为同盟会陕西分会，并与会党结盟。1908年冬，同盟会在西安开元寺开会，与会者有井勿幕、李异材（仲特）、景定成（梅九）、邹子良（炎）、李仲三、焦子静、马彦翀等二十余人，会议推举李异材为会长，焦子静负责内部事务，井勿幕奔走各地，负责与同盟会总部及各省联络。会议决定吸取南方各省经验，加强与哥老会、刀客和新军的联络，结成反清联盟，利用这支力量，共同进行反清斗争。其次，准备武器、训练军队。同盟会在耀县、宜君、黄陵等地，通过设立牧场、冶铁厂等名义，训练骨干，制造炸弹，积聚力量。同时派出数人去日本、上海购买枪械，武装自己。再次，使会党的力量得到真正的发挥。钱鼎（定三）、张钫（伯英）是

穿清朝官员服装的传教士司慕德　照片选自史红帅《西方人眼中的辛亥革命》

保定陆军速成学堂的同学，他们在学校即加入了同盟会组织，毕业后两人又在新军任下级军官，由于新军被哥老会控制，他们为了便于工作，更有效的同哥老会开展联络，也加入了会党。同时同盟会员、健本学堂学生胡景翼以富平会馆为依托，以练武为名，请哥老会部分首领到这里，表面上说切磋武术，实际上则进行革命活动。至此辛亥10月10日，武昌起义成功，陕西在此基础上积极响应，终于在十二天后也成功举义并获得成功，在中国近代史上留下了光辉的一页。

辛亥革命中坚力量——留日学生

同盟会陕西支部的成立及其到辛亥革命期间的准备工作，直至最后起义，均与清末"新政"特别是选派留学生有关。或者说辛亥革命中坚力量就是以留日学生为主，留日学生是陕西辛亥革命的原动力量。他们是最早把孙中山同盟会的革命纲领"驱除鞑虏、恢复中华、建立民国、平均地权"带回陕西的人；是陕西最早一批剪掉辫子放眼看世界的人；也是陕西最早接受新思想、新文化、新观念的人。这批人中的绝大部分参加了同盟会，特别是回国后参加了推翻清朝的斗争。所以，留日学生的事，不得不说。

留日学生在日本

自 1901 年起，清政府推行所谓"新政"，令办理京师大学堂，同时各个省设立高等学堂，各府、厅设立中学堂，各州、县设立小学堂。于是，新式学堂在各省普遍兴办。1902 年以后，陕西省城西安设立陕西高等学堂，又将原关中书院改为陕西优级师范学堂，将原武备特科与随营学堂合并改为武备学堂，后又改为陆军小学堂。渭北三原县的宏道学堂、泾阳县的味经书院和崇实书院合并改为宏道高等学堂。一批接受了"西学"的资产阶级、小资产阶级知识分子涌现出来，成为资产阶级民主革命的重要力量。

1902 年，清政府颁布了"出洋"留学的章程，开始组织派遣官费留学生，同时鼓励自费留学。"1904 年 10 月，张凤翙（翔初）、白秋陔（毓庚）、魏国钧、张益谦（靖清）、席丰（子厚）、炳炎六人由陕西武备学堂经陆军部派往日本振武学校普通兵士科留学"；①随后陕西先后从省城高等学堂、师范学堂和三原宏道高等

①《陕西光复》辛亥革命在陕西，第 20—21 页。

学堂选派优等生赴日本留学。到 1906 年，全国在日本的留学生达到八千多人，陕西留日学生达五十余人。

陕西留日学生和全国留日学生一样，在戊戌变法和义和团运动失败，特别是 1900 年八国联军攻入北京，签订了不平等条约之后。目睹了满清政府腐败无能和帝国主义列强的狂暴侵凌，纷纷倾向孙中山所倡导的民主革命运动。1903 年夏，井勿幕由四川重庆留学日本。他到日本后，和辛亥革命时的四川著名革命党人熊克武（锦帆）、但懋辛（怒刚）同入东京大成中学读书。和但懋辛同班。他富于革命思想，到日本不久就剪掉了脑袋后面的长辫子，以表示决心与清朝封建君主专制制度决裂。以后又

《秦陇报》，1906 年由留日学生在日本创刊

结识了黄兴（克强）、吴玉章（树人）、秋瑾（女，字竞雄）、景定成（梅九）等革命党的重要人物。

1905 年 8 月，中国同盟会在日本创立，陕籍学生康宝忠（心孚）及井勿幕、赵世钰（其襄）等人立即加入。康宝忠因曾任陕甘同乡会干事长，所以被大家推举为同盟会总部评议员兼陕西同盟会员的主盟人。同盟会创立后，各省纷纷成立分会，由于陕西留学生中加入同盟会的人较少，未能成立分会。已经加入同盟会的会员各自与自己关系密切的外省同盟会员联系，参加外省分会的活动。井勿幕和四川的同盟会相熟，就参加了四川分会的活动，赵世钰和山西同盟会会员经常来往，就参加山西分会的活动。

同盟会成立后，中国留日学生积极开展各种形式的反清斗争。清政府十分惶恐，于是勾结日本政府，对留日学生的革命活动千方百计地进行阻挠。1905 年 11 月，日本文部省发布了《取缔清韩留日学生规则》，下令取缔留学生的政治活动，剥夺言论自由，禁止留学生集会结社，甚至连书信都要受到检查。留日学生无不义愤填膺，在同盟会领导下，纷纷停课罢学。陕西籍留学生也积极参加了这场爱国运动，当时正在振武学校学习的陕西籍学生白秋陔被推为武学界学生代表，和

文学界学生代表胡汉民（展堂）去面见清驻日公使杨枢，要求他和日方交涉，使其收回成命。杨枢拒不接受学生的正义要求，反而对学生代表大加斥责。白秋陔非常气愤，当场打了杨枢几个耳光。孙中山得知此事后，十分赞赏，即派和白秋陔熟识的同盟会员何子奇、景梅九介绍他加入同盟会。陕西的其他同盟会员井勿幕、康宝忠等人也参加了这一斗争。

陕西留日学生成立同盟会分会

1906 年秋，陕西的同盟会员代表井勿幕、白秋陔、赵世钰、宋元恺（向辰）、张季鸾（炽章）、杨铭源（西堂）等十余人，在明明社楼上的一间大房子里召开了同盟会陕西分会成立会议。会议按照预定的议程，讨论通过了分会章程，选出了陕西分会负责人。白秋陔因为在反对《取缔清韩留日学生规则》的斗争中表现大无畏的精神，赢得了陕西留日学生普遍拥护，并已接受孙中山的指示，即将离日返陕开展争取实现新军的工作。因此，会议推选他为同盟会陕西分会分会长，以便他回陕后进行革命活动更有号召力。不久白秋陔回陕，在日本的同盟会陕西分会另推杨铭源为会长，后来杨铭源因病回陕，又由赵世钰任会长。其他井勿幕、尚天德（镇圭）、宋元恺、杨鹤庆（叔吉）等都担任过同盟会陕西分会的领导工作。1906 年 4 月，于右任从上海到日本筹款，准备创办《神州日报》，经康宝忠引荐会见了孙中山，同年 9 月在东京由胡汉民、康宝忠介绍加入同盟会，被孙中山任命为长江大都督，负责上海一带同盟会事务。于右任在日本时，还积极参加了豫、晋、秦、陇四省留日学生协会的筹备工作，被推为四省留学生协会会长。不久，于右任即由日本回国，以办报进行革命的舆论宣传工作。

陕西留日学生开展的活动

同盟会陕西分会成立后，确定进行以下活动：（一）组织舆论机关，发行刊物，宣传革命思想。（二）广泛联系陕西省各校学生，扩大革命活动范围。（三）倡办各种新兴会所，联络省内其他阶层的进步人士，争取他们对同盟会的革命斗争予以支持，并发展新会员。这些活动的开展，对促进陕西的反清斗争，配合全国的民主革命潮流都起了积极的作用。

1906 年以后，陕西的反帝反封建斗争风起云涌，连续不断。为了更有效地支持和配合省内的斗争，1907年，同盟会陕西分会决定由陕、甘留日学生联合创刊《秦陇报》杂志，由陕西留学生党积龄（松年）任总经理，赵世钰为总编辑，郗朝俊（立丞）、马步云（凌甫）、张蔚森（荫亭）等人分别负责发行、会计、印刷工作。由于当时在陕西留学生中存在着明显的思想分歧，一些激进的革命派，主张推翻满清政府封建统治，实行同盟会"驱除鞑虏，恢复中华，创立民国，平均地权"的政治纲领；一些思想保守的学生，仅仅出于推翻清朝的单纯民族主义思想，至于推翻清朝后，是否要按同盟会的纲领建立"中华民国"，思想上还是模糊的。前一种人主张依靠革命青年，学生办报，后一种人则主张靠那些满脑子封建思想的"进士馆"（清王朝为了维持期摇摇欲坠的反动封建统治，让那些熟读八股文的进士去日本学习"西学"而设立的学习机构）的人办报。结果，后一种人占据上风，《秦陇报》推进士馆的张孝慈和杨慎之二人任总编辑，别的进士几乎都成了撰稿员。张、杨二人生怕刊物触怒了清朝统治者，于自己"前程"不利，因此，自己不亲手写文章，也不向别人征稿。对一些革命青年送来的稿件又百般挑剔。使其一开始即面临夭折的危险。为了这份西北留学生唯一的刊物能如期出版，党积龄又邀请来日考察的高幼尼（祖宪）担任总编辑，高幼尼曾任教于三原宏道学堂，又创办绥德中学堂，思想进步，在教育界颇有声望，到日本后即加入同盟会。高幼尼任总编辑后，多方努力，并亲自撰写发刊词，使《秦陇报》第一期终于在1907年8月26日问世。

《秦陇报》发刊词中写道"今则比人已攫矿利，英、德强索路权，俄罗斯日思夺新疆、蒙古以致我死命"。面对帝国主义列强的侵略，清王朝却"开门揖盗，认贼作子，迫生计益穷，事事仰人鼻息，举从前特立独行之慨，遂为依赖乞怜之状"。文章最后呼吁："倘阅是编者震动脑海，勃起热忱，积羞成怒，积怒成愤，聚精神以运思想，思想愈灵；由思想以鼓精神，精神愈奋。不出数年，百废俱兴，吾关中豪杰，陇西狂士，必能与碧眼紫须众争黄池之一歃。"[①]党积龄也在这期上以"播种"的笔名，发表了《论西潼铁路官办之失败及外人包办之由来》一文，指出"庚子大荒以后，陕民十室九空，而无年不加捐，无款不剥民，乡民饮血茹苦，久已

---

① 《秦陇报》杂志，第一期，第1页。

积不能平"，"各处人民聚众之目的，惟求停止亩捐，亦人民正当请愿权，……即科以最野蛮之刑律，应不在剿杀之中，而飞骑四出，到处捕掠，扶风正法九人、枪毙五人，伤十人，大荔杀五人，华阴杀四人，华州杀二人，渭南杀二人，其幽囚锁系者尚不知凡几"。那些贪官污吏，又借筹修铁路，虚耗贪污，使"我陕人一点一滴之膏血任人挥霍，最亲最爱之同胞任人屠戮，至大至巨之利源为人破坏，苟非麻木不仁，无不眦裂发指"。①对帝国主义的侵略罪行和清朝政府的腐败进行了揭露，表现了明显的革命倾向。但由于经费短缺，组织内部政见不一，加上组稿困难，仅出了一期就停刊了。

创办《夏声》《关陇》

　　《秦陇报》杂志停刊后，在井勿幕、杨铭源、李元鼎（子彝）、赵世钰等人的领导下，另行创刊了《夏声》杂志。《夏声》吸取了《秦陇报》的经验教训，指定

《夏声》杂志

同盟会员十多人为主要撰稿人，再广泛争取有革命倾向或有同情革命的进步人士撰稿。《夏声》杂志在东京小石川区竹早町赁房作为社址，指定杨铭源、李元鼎、赵世钰等常驻杂志社，除办理杂志社事务外，并兼管同盟会陕西分会事务，实际上，成为同盟会陕西分会的机关刊物。

　　1908年2月《夏声》杂志正式出刊，现在所能看到的共有九期。该刊名义上是"以开通风气，涤除弊俗，发挥固有文明，灌输最新学说，救国民独立之精神为宗旨"。②实际上却是陕西留日学生宣传革命思想的一个主要阵地。井勿幕、康宝忠等陕西同盟会的领

---

① 《陕西文史资料选辑》，第一辑，第33—34页。
② 《夏声杂志出版广告》，载《关陇》第四号。

导人物都在《夏声》上发表文章，介绍国外新思想、新知识，揭露清朝政府的黑暗统治和帝国主义侵略我国的罪行，鼓动革命运动。井勿幕（笔名侠魔）在题为《二十世纪之新思想》的连载长文中，还对马克思的学说做了简要介绍，尽管他不能正确地区分马克思学说中的社会主义和空想社会主义的区别。然而，他在文章中明确指出："专制制度之思想，早已一落千丈，过去之时代也，即自由制度亦成晚照夕阳，行将就没，而黑云蔽空，冲滔天之大浪而来者，即此社会主义之新思潮也。"① "社会主义，……主旨虽不一端，其要则曰：维社会治安，谋人民幸福。贫富之悬隔也，思有以平均之，贵族之骄横也，思有以压抑之；政治之失平、国民道德之堕落也，思有以改革而补救之。"②他还指出："知此恶劣之政府，为外人傀儡，而不足以保护我也。……乃大声疾呼，以号于众曰：政府不足恃矣，吾人民若不起而自为维持，则亡国灭种之祸，瓜分豆剖之惨，不旋踵而至矣。"③号召推翻腐败的清朝封建统治。在《夏声》杂志上曹澍（雨亭）以"孑遗"为笔名，发表了《排外与媚外》一文，痛斥帝国主义列强污蔑中国人民反帝斗争是"排外"的谬论，指出，"外人或以强权迫我，或以含糊欺我，吾人民皆据理力争，无丝毫野蛮之举动"。而欧、美、日各国报纸都把中国人民的反侵略运动污蔑为"排外热"。文章以强盗夜半入室，乘主人酣睡之时盗窃，主人惊醒驱贼，不能称为"驱贼热"为例，批驳了这些报纸的恶意中伤。④并进一步指出，中国人民并不排外，反对的只是列强的瓜分和侵略，义正言辞，有理有据，把帝国主义列强的凶残嘴脸和险恶用心揭露得淋漓尽致。还有李元鼎以"垒空"的笔名写了《敬告陕甘父老书》一文，大声疾呼"巨盗至，将蹂躏我江山，践踏我田园，发掘我祖宗坟墓，吸取我人民之膏血，祸将不远也"。此外，《夏声》发表的文章还揭露帝国主义掠夺陕西矿权、路权的阴谋，报道了陕西人民抗捐、抗税、保矿、保路的消息，与陕西反帝反封建的斗争遥相呼应。

---

① 《夏声》，第三期，第 11 页。
② 同上，第七期，第 1 页。
③ 同上，第三期，第 39 页。
④ 《夏声》，第三期，第 30 页。

在《夏声》创刊的同时，谭耀堂（焕章）、崔云松（叠生）、郗朝俊等人在原来《秦陇报》的基础上，联合部分甘肃留日学生，于1908年2月创办了《关陇》杂志。《关陇》是"以提倡爱国精神，浚瀹普通知识为宗旨"。[1]据有关文献记载，该刊共出版过十余期，《关陇》杂志上发表的文章，内容比较庞杂。如对清朝政府的假"立宪"，有的文章表示赞成，有的文章则揭露反对。但总的来讲，在刊物上斥责帝国主义侵略和揭露清朝黑暗专制统治，是做了大量工作的。

《夏声》和《关陇》杂志，虽政见有所差异，但从其主流分析，"都是反对清朝黑暗统治，保障西北利权防止外溢。这两种刊物，对陕西革命运动曾起过相当的作用"。[2]难能可贵的是，两种刊物还能互相配合，互相支持，在各自的刊物上为对方刊登广告，扩大影响。当时，陕西的留日学生利用这两个刊物，为革命做了大量的舆论和鼓动工作，收到了良好效果。学生们在经济相当困难的情况下，坚持办刊物，为了集资，他们把资助刊物人士的名单刊登在刊物上，以致谢忱。在发行刊物时，他们绞尽脑汁，亦尽了很大的努力。有一次，《关陇》杂志因没有邮资而无法发行时，马步云把自己的手表、大衣送进当铺，以典来的钱作为发行费用。

除此之外，张季鸾等人还创办了《陕北》杂志，亦以鼓吹革命为宗旨，只是出的期数、数量很少，影响比较小。以上几种刊物出版后，冲破清政府层层封锁，用各种方法寄回国内发行。在向陕西人民介绍国外先进思想，配合1908年前后陕西的抗捐抗税和争取矿权路权的斗争，联络知识界的进步力量等方面都做出了贡献，促进了陕西革命形势的发展。

1906年到1910年，同盟会在国内组织的多次武装起义都遭到失败，对在日本的同盟会员影响很大，有的同志意志消沉，思想混乱。当时，同盟会陕西分会负责人井勿幕、赵世钰同吴玉章等其他省的同盟会积极分子经常联系，不断集会，"无形中形成了一个各省同盟会负责人的联系会议，维系着同盟会的组织于不散，

---

[1]《关陇杂志社出版广告》，载《夏声》，第五期。
[2]《陕西辛亥革命回忆录》，第90页。

坚持着革命工作的进行"。①陕西留日学生还积极参加了全国留学生总会和豫、晋、秦、陇四省协会组织领导的各种活动。1907年2月11日东京报刊揭露了比利时商人与陕甘总督升允勾结企图攫取黄河航运权利的阴谋。陕西学生当即开会声讨，并以留日学生同乡会的名义，向清政府外交、邮传二部发出电报，揭露升允把我国权益"私卖比商"的罪行，要求清朝政府予以"坚拒"。②

陕籍留日学生在日本数年的活动，在宣传资产阶级民主革命思想，促进人民觉醒和思想解放，促进反帝反封建的民主革命运动诸方面，都起了积极的作用，为陕西辛亥革命奠定了一定的思想基础。1910年以后，由于陕西留日学生的骨干人物先后回国参加反清斗争，设在东京的同盟会陕西分会无形中解散。

陕西留日学生形成"渭北派""咸长派"

前面说到，留日学生多由省城武备学堂、高等学堂和师范学堂，以及渭北三原县宏道学堂选派。他们到日本后，为了联络感情，在日本组织了"同乡会"。由于受狭隘的地域观念的影响，在同乡会中逐渐形成了所谓"渭北派"和"咸长派"，前者以三原宏道学堂毕业的学生为主，后者以省城几个学堂毕业的学生为主，双方虽然基本上是团结互助的，但也常为一些生活小事，发生纠纷，对以后的革命有相当的影响。据张钫（伯英）回忆：省会"西城属长安县，东城属咸宁县。咸长两县的人，在国内和国外各大学留学的人很多。旧日东京和北京的学生与渭北留学的学生界限分得很清，感情未能融洽。……革命后各派抢夺政权，咸长派先将关中四道抢到手中"。这种矛盾与社会上其他矛盾一起，"天天都在滋长"。③如1906年初，清政府陕西当局决定从留日学生中为新军选一名教官。在同乡会议论时，咸长学生张凤翙、白毓庚等人，提议让江苏籍学生何子奇充任，而渭北泾阳县学生茹欲立（卓亭）则提出反对，双方争论激烈，张凤翙气怒之下，竟用铁茶壶向茹欲立砸去，几乎酿成事端。

---

① 《吴玉章回忆录》，第48页。
② 《中国日报》，1907年12月28日。
③ 《辛亥革命在陕西》，陕西党史资料丛书（三），第843页。

三原宏道工业学堂旧址

同盟会陕西分会在日本成立后，无形中把这种封建的地域观念带进了革命组织。《秦陇报》杂志出一期就被迫停刊，原因很多，但政见不一致和感情不融洽，则是其中的主要原因。《秦陇报》停刊后，以渭北学生为主，另行组织出版《夏声》杂志；而咸长学生另办《关陇》杂志。当时双方在同盟会陕西分会的引导和影响下，政治上大的方向还是一致的，都为宣传革命思想作了不少工作，如对新文化的介绍和宣传革命宗旨，以及制造革命舆论等方面，收到了一定的效果。但两派的分歧久之遂打破渭北与咸长这种地域观念的界限，形成政治上"激进"与"保守"的分歧，在同盟会陕西分会内部，无形中潜伏着一些分裂的萌芽。

辛亥革命在陕西取得胜利后，在东、西路战事结束革命政权初步稳定的情况下，同盟会内部矛盾显现，随着革命形势的变化，日益明显和尖锐。由于张凤翙在起义时才正式参加革命党人的活动，群众基础较差，他的都督地位能否保得住，不能不使他绞尽脑汁。所以他从开始举义就非常注意巩固自己的地位，而当时在革命党人中不少人却错误地认为只要推翻了清朝封建王朝，就算革命成功了，不仅不重视革命的领导权问题，而且"皆以服官从政为可羞"。[1]这不仅反映出政治上的幼稚，也给某些革命的同路人以可乘之机。张凤翙当了大统领后，在组织军政府的过程中，正好利用了革命党人轻视政权的思想，重用旧官僚、立宪派及与自己亲近的革命党人，排斥井勿幕等革命派中的骨干人物。结果建立了一个松散无力、革命性较差的军政府。这正是在日本期间所种思想裂痕的具体体现。

---

① 《西北革命史征稿》，中卷，第178页。

清末"新政"对陕西的影响

时至清末，为了维持摇摇欲坠的统治，清政府不得不接受新思想、新思维的冲击，开始实行若干违心的变革，即实施所谓的"新政"。

难产的"新政"

光绪二十六年十二月初十（1901）1月29日，慈禧太后以光绪皇帝的名义颁布上谕称"法积则敝，法敝则更，要归于强国利民而已"，"取外国之长，乃可补中国之短；惩前世之失，乃可作后事之师"，"穷则思变，安危强弱全系于斯"。①命督抚以上大臣就朝章国政、吏治民生、学校科举、军制财政等问题详细议奏。2月6日《申报》1版《本馆接奉电音》亦称："……世有万祀不易之常经，无一成不变之治法。穷变通久，见于大《易》，损益可知，着于《论语》……总之，法令不更，锢习不破，欲求振作，难议更张。着军机大臣、大学士、六部九卿、出使各国大臣、各省督抚，各就现在情形，参酌中西政要，举凡朝章国故，吏治民生，学校科举，军政财政，当因当革，当省当并，或取诸人，或求诸己，如何而国势始兴，如何而人才始出，如何而度支始裕，如何而武备始修，各举所知，各抒所见，通限两个月，详悉奏议以闻……"4月21日，慈禧太后又下令成立了以庆亲王奕劻为首的"督办政务处"，作为筹划推行新政的专门机构，任李鸿章、荣禄、昆冈、王文韶、鹿传霖为督办政务大臣，刘坤一、张之洞（后又增加袁世凯）为参予政务大臣，总揽一切新政事宜。刘、张二人联名三次上奏《江楚会奏变法三折》，定出改革方向，学习日本，推行君主立宪制。

---

① 《义和团档案史料》，第914—916页。

陕西高等学堂旧址

慈禧太后实行"新政"，主要有三件事：一是奖励私人资本办工业，于光绪二十九年八月（1903年9月）成立了商部，着手制定商律，允许私人资本自由发展。二是废除科举考试制度，设立学堂，提倡出国留学。三是改革军制，逐渐裁撤旧式绿营、防勇，组建新式军队。

清政府的新政令为陕西的发展提供了契机。但由于陕西地处内陆，加之当时陕西主官变换频繁。据统计，1899年—1911年，这13年时间里陕西巡抚先后更迭达14人次，每人平均任职不到一年，其中任职最长的未超过3年。所以陕西新政的进展远逊于两湖、两广、直隶诸地，且主要表现在以下几个方面。

工商业雏形显现

陕西历来以农业为主，关中地区种植小麦、玉米；陕北除种植小麦玉米外，更盛产秋杂粮；陕南除种植小麦、玉米外，河川地区还大量种植水稻，靠天吃饭，自给自足。商业欠发达，工业为零。当清末新政之风吹到三秦大地，尽管来之缓慢，但也有了肱骨之力。其重点放在了兴办延长油矿、筹建西潼铁路、设立邮政（电报）事业等。

一、筹办西潼铁路：1905年，汴洛铁路开始向西延伸，陕西统治当局从自身利益考虑，酝酿筹办铁路事宜，遂经藩司樊增祥奏请，由陕西巡抚曹鸿勋批准，令樊增祥任总办，开始筹款，实行"官办"。潼关至西安以三百里计算，当时约需银三百万两，而"陕西凋敝，官绅商民，罕有余积"，加上解赔款、行新政，"实已力尽筋疲"，难以筹此巨款。遂决定暂时先修临潼至西安这五十里，着手筹款。议定将盐每斤价加收制钱二文，土厘每两收抽制钱十二文，又将"仓捐"每亩三升划归路捐，另外再大量吸收官股，规定"一等每年派银一千二百两，二等八百两，三等四百两"。①这种名义上是由各级官吏分等认股，实则是变相的民捐，最终还是转嫁到群众的头上。于是强捐勒派、按亩加捐接踵而来，遂激起将近四年之久的农民"交农"抗捐风暴。清朝政府不得不"出示晓谕，停收此捐"。②结果，因无款可筹，官办计划宣告破产。

西安城东门　照片选自史红帅《西方人眼中的辛亥革命》

　　陕西政府官办西潼铁路的计划落空后，英国、比利时等国均企图插手包办，以巡抚曹鸿勋为首的陕西当局竟想出卖铁路主权，不仅阴谋与英商瑞记洋行买办需树德勾结，而且派其亲信道员郑思贤赴上海以"招股"为名，欲借外资修铁路。消息传出后，舆论大哗，《秦陇报》《夏声》《关陇》等省内外较有影响的杂志，纷纷载文抨击。指出"英公司运动政府包办西潼铁路，二十五年购还，已订草约，电询曹抚画押。……国破家亡，祸自今始"。③于右任在上海主办的《神州日报》，亦发表文章予以揭露。陕西高等学堂、优级师范学堂等校师生更是群情激奋，以全体学生的名义，上书陕西当局，坚决反对出卖路权。陕西的爱国士绅还选张铣（拜云）为代表，赴京上书邮传部，控告陕西巡抚曹鸿勋等官僚企图出卖陕西路权的可耻行径；同时，联络在京的陕籍爱国人士共同行动，在全省革命党人、爱国绅商和进步知识青年的反对下，在广大群众的抗捐斗争中，陕西当局招纳外国资本修筑铁路的企图也未能实现。1908年，绅、商、学界提出"商办"。由赵元中、崔志道等发起，发表了《筹办西潼路

---

① 《秦报》丙午年三月，第3期。

② 《中国日报》，1907年，3月29日。

③ 《陕西辛亥革命回忆录》，第323页。

启》文，认为西潼铁路"自官办失败后，如梦如醉"，希望"联合京内绅商在省城设一铁路筹办处，详议招股集款之法，呈请当道，改属商办"，并拟定《筹办西潼铁道处简章》，成立"西潼铁路办事处"。①清政府因官办无银可筹，借外资修路又受到陕西各界人士的反对，遂不得不同意"商办"，但规定"认足三十万股之后，再行奏明办理"。岂知陕西各界爱国人士认股十分踊跃。1908 年 3 月 25 日，各界代表在省教育总会事务所开会商讨认股事宜，会上纷纷痛陈铁路利害直接关系中国主权，全秦命脉，为杜外人觊觎，急需集股自办。会议群情激动，当场认股达二十万股之多。接着，吴宝珊、井岳秀、南兆丰等积极筹集三万股（每股银二两）外，还各自单独认股，在西安的各校学生也纷纷认股。可见气氛之热烈。由于大家出于满腔的爱国热情，争先恐后认股，很快集股达三十多万。崔志道等将集股情形禀知巡抚恩寿，经恩寿同意，将西潼铁路转归"由绅商专办"（即"商办"）。

可惜，由于陕西工业比沿海各省薄弱，商业亦较落后，经济基础不够雄厚，领导者多数不懂筑路业务，所以数年间亦无成效

二、开建延长石油矿：陕北延长县一带油矿，早在两千年前就已发现，而且当地群众把它当作生活燃料。据《汉书》地理志记载："高奴（延安）有洧水，可燃。"《延安县志》载"城西翟河岸边，穿石井，水面浮油，拾之燃灯，一若炬。"《延长县志》云："县城西门外有井，出石油，……燃之如麻油，多烟熏，收为墨之原料极佳。"可见劳动人民早就用石油点灯、制墨和做燃料，只是不能提炼而已。1903 年 3 月，德国住天津领事和德商世昌洋行密谋掠夺延长油矿的开采权，勾结陕西大荔县绅士于彦彪跑到延长县，同该县绅士刘德馨等，私自订立合同，并通过延长知县禀请，向官府立案，妄图使他们取得延长油矿的合法开采权。消息传出后，绅、商、学界闻之大哗，纷纷上书奏请，发表议论，表示反对。认为陕西矿产即全省之生命，令外人觊觎，必然引起利益外流。就连陕西矿务局亦提出反对，认为"民人于彦彪与该县贡生刘德馨等私定合同未免意图朦混，若竟准其开办，势必肇生衅端"，并提出要将此奸民"查传到案，押发大荔县严加管束，

---

① 《夏声》，第四期，第 132 页。
② 《陕西辛亥革命回忆录》，第 244 页。

不得出外滋生事端”。②陕西当局摄于社会舆论的压力，同时鉴于延长油矿有利可取，也主张由陕西官方开采，但是，于彦彪等民族败类，仍私自赴天津与德商勾结，企图开采延长石油。陕西当局权衡利害，即将于彦彪从天津押解回陕西法办，并经陕西巡抚升允奏请清政府批准，将延长石油矿权收归“官办”。

延长油矿旧址

1904年初，继任陕西巡抚曹鸿勋开始筹备延长油矿，派延长候补知县洪寅带抽样赴汉口聘请日本专家化验，结果认为油质纯好，可以开采。于是，洪寅与日本人订立合同，并聘请日本技师、技工，订购日本的机器设备，就此双方达成协议。当时就聘请日本人佐藤弥四郎为技师，又聘用日本木工、铁工、掘井工六名，官办延长油矿开始动土兴建。为了运输机器，又征用大批民工，费了一年多时间，修通了铜川到延长的土公路。

1907年，机器先后运到工地，4月开始安装，5月开始掘井，9月9日（八月初二）正式掘成第一口井，每日可产原油三千多斤。如果“昼夜取之，又当倍蓰”，且“油质光白烟微，竟驾美孚之上”。①11月5日炼油房建成投产，首先装油十四箱运回省城。延长油矿练出石油这一消息传开后，全省轰动，无不庆贺。陕西巡抚恩寿见试办已收成效，决定扩建，但因财力不足，派员往上海招股，清政府度支部、邮传部和农工商部见延长油矿油质优良，有利可图，议论将延长油矿收归“部办”，美、日、德、俄等帝国主义国家，更是垂涎三尺，遂秘密与清政府接洽，谋图插手，从中渔利。陕西留日学生闻此消息后，立即发表言论，呼吁陕西要迅速“确定自办，商办之案”，以防帝国主义“群狼竞逐，眈眈吾土”，使我“财货

---

① 《中国日报》，1907年11月22日。
② 《夏声》，第八期，第113—114页。

外流，国力疲困"。②当时陕西省内绅商学界一些爱国进步人士，也纷纷发表言论要求"商办"。在舆论的压力下，一些开明的驻京陕西官员，想支持商办或陕西自办，却怕得罪朝廷；不支持陕西人民的正义要求，又怕群众不满，遂提出"官商合办"的调和意见。1908 年 9 月 13 日，由筹办西潼铁路办事处和省教育总会发起，在西安中州会馆召开群众大会，到会者达六百余人，绅商学界纷纷发表言论，一致反对部办，更不允许帝国主义掠夺，并向巡抚恩寿呈请由陕西自己招股，改官办为商办。后经恩寿批准，延长油矿即转为招股商办，但允许官钱可以入股投资，实质上还是"官商合办"或"官督商办"。随后即成立"保陕油矿公司"，开始招股。但是同官办一样，陕西经济基础薄弱，筹款不易，结果商办石油数年间亦无进展。原来开出的一口油井，由于日本卖给中国的多是陈旧机器，日本技师和技工在领取高额薪金之后，在业务上却实行技术封锁，并且歧视乃至欺压中国工人和工作人员，在工人与技师间制造种种矛盾，致使石油生产成效甚微。1911年春，商办者才开始掘第二口井，十月辛亥革命爆发，厂事遂停。这次"保矿"运动，虽然成效不十分显著，但却保住了延长油矿的矿权，使其免遭帝国主义的掠夺，则是应该加以肯定的。

三、开办邮政（电报）事业：1901 年 7 月、9 月、11 月，陕西省在凤翔、潼关、商州设立邮局，接受由北京、四川、湖北邮件。1902 年陕西仅有四处邮政局，即在原有基础上增加西安。原驿站、公交、民局信件，均归邮局送递，但归汉口邮政局管理。另外，陕西在"新政"前的 1881 年就建有商用电信局，架设有保定至西安、西安至湖北老河口电话线路。1902 年，商办电报事业一律改为官办，陕西电讯线路由西安分东、东南、西南、西四条干线。东干线为西安—渭南—潼关至河南省，另由潼关分支到同州（大荔）。东南干线为西安—蓝田—商州—龙驹寨至湖北荆紫关。西南干线为西安—户县（今鄠邑区）—盩厔（周至）—宝鸡—凤州—留坝—南郑局。另分支两路：一支经西乡—石泉—安康—蜀河—白河至湖北郧阳；一支经宁羌（宁强）至四川广元。西干线为西安—咸阳—兴平—武功—扶风至凤翔局。另分两路：一路为陇州至甘肃清水局，一路至宝鸡；西干线由咸阳分两支：一支为醴泉（礼泉）—乾州（乾县）—长武至甘肃泾川局。一支为泾阳—三原；另分两路：一路为富平—蒲城；一路为：耀州（耀州区）—同官（铜川）—宜君—洛川—肤施（延安）—绥德—榆林至山西石口局。

四、其他实业：清末陕西熬碱、纺织、修造等产业在"新政"新风推动下，有所发展。主要有：神木碱厂。1902 年，陕西当局派员赴神木高家堡收原私办碱厂为官办，成立神木官碱局，并实行专卖。陕西工艺厂。1904 年，陕西藩司樊增祥令西安知府尹昌龄在北院门开办陕西工艺厂。1905 年工艺厂"于川招纸匠，于陇雇毡师，于闽觅漆工，分类传习，诸端并举"，是近代陕西第一家手工纺织厂，其开办对陕西实业兴办起到了带动作用。同官（铜川）瓷窑。1905 年，鳌屋（周至）县土厘局潘民表挪借该局银三千两，亲赴同官督办瓷窑。开始每窑都有几种出色产品，但后来"连烧八窑，计瓷坯万余件，成者才六百余件"。加上另一个督办委员王宪章，平日蒙混贪污，致使瓷窑亏累日深，亏厘金约九千金。在沉重的债务逼迫下，潘民表忧愤成疾，以至自杀，瓷窑随之停办。

五、民营实业：清末新政前，陕西境内无民营实业。新政倡办实业，终于有了四家。1904 年商人邓永达，集资在西安东关建淼荣火柴公司。1908 年，宁羌（宁强）举人谢廷麟创办保惠火柴股份有限公司，1910 年秋竣工，1911 年 8 月，松鹤牌黄磷火柴问世。1911 年，天主教徒华国文与同盟会员马彦翀、杨铭源及商州龙驹寨营务处处长马克斋等人，合资创办美利酿酒公司，后改名协记美利酿酒公司，按照意大利传教士安西曼酿造葡萄酒技术，利用龙驹寨当地山野葡萄资源，生产出"共和牌"葡萄酒。此厂新中国建立后改为"地方国营丹凤县葡萄酒厂"。1908 年，陕西第一牧场有限公司经理，米脂人高幼尼（祖宪）及协理郑吉安提议在西安创办制革厂，资本金 4000 余元，工匠 30 余人，出品多为普通用物，后收为官办。

陕西谘议局的设立

1908 年 10 月陕西巡抚恩寿，根据清政府有关要求及章程，在省城西安设立了谘议局筹办处，制订了陕西具体实施方案。规定凡本省籍贯男子，年满 25 周岁，曾在本省办理学务及公益满三年以上卓有成绩者，或者在中学或同等以上学堂毕业者，或有举贡生员之出身者，或曾任实缺职官文七品、武五品以上未被革职者，或在本省有之营业资本及不动产者，具有选举权；非本省籍贯之男子，年满 25 岁，寄居本省满十年以上，在寄居地有一万元以上之资本或不动产者，才有选举权。1909 年 6 月，进行第一阶段的选举，由各县选出各自代表人选。8 月 19

日进行第二阶段的选举，即选举省咨议局议员，并召集各县代表到西安开会，准备选举事宜。陕西巡抚恩寿在宣统元年（1909）《奏陕省谘议局成立疏》中写道："伏查定章，陕省议员额设六十三名，驻防三名，于九月一日开局，由选定议员票举议长，兹举定前直隶宁津举人王锡候（恒晋）为正议长，举人郭忠清（希仁）、廪贡李良材（桐轩）为副议长。常驻议员亦如额选定……各议员恪守权限，同谋公益以仰俯国家变法图强，好恶同民之至意。除分咨外，原有陕西谘议局遵限于九月一日成立。"10月16日，省谘议局召开数千人的大会，选出陕西谘议局议员66人，他们均为在野人士，大部分为绅、商、学界中的佼佼者。

陕西谘议局主要工作

一是针对陕西实际情况，提出建设性提案，如禁烟、养蚕、简政、发展工商业、修铁路、开矿山等。

二是参加全国性的立宪请愿活动。1910年初，全国性的请愿活动开始，要求清政府速开国会。1910年5月，江苏谘议局议长张謇召集省谘议局代表在上海开会，成立国会请愿同志会。陕西谘议局副议长郭希仁联合商会、教育总会百余人，决定响应张謇的倡议，成立了"国会请愿分会"，众推王铭丹（敬如）为分会长，推郭希仁为赴京请愿代表。1910年10月23日，在陕西谘议局和请愿同志会的组织下，召开了万余人参加的请愿大会，会后即整顿游行队伍到抚署请愿，千余人签名。随后郭希仁携带《陕西省绅民请愿速开国会书》赴京请愿，结果遭到清政府拒绝。

三是积极宣传革命思想。在陕西谘议局，副议长郭希仁、李良材（桐轩）及议员井岳秀、李异材（仲特）等均为同盟会会员，他们积极联络一些思想开明的议员，宣传革命思想，开展革命活动，有效地利用了谘议局这个合法的机构。同时，谘议局还是陕西同盟会员秘密活动的据点，一些会议就是在这里召开的。

"蒲案"中国早期的学生运动

　　1908 年发生的陕西"蒲案"，是受民主主义革命思想影响，由同盟会领导的，中国近代史上最早的学生运动，这个运动的范围之大，影响之深，前所未有。因为事情发生在蒲城，所以称为"蒲案"。

　　清政府实行新政后，其中之一就是在各省设立高等学堂，各府、厅设立中学堂，各州、县设立小学堂。1905 年，旧民主主义思想已在陕西各地广泛传播。当时先进人物井勿幕由四川赴日本留学，即加入同盟会。不久他奉孙中山的密令，回到陕西进行革命活动。首先由家乡蒲城开始，介绍了一批进步分子，如常自新（铭卿）、陈同熙（会亭）、李良才（桐轩）、李天佐（襄初）等加入同盟会。常自新、陈同熙以县立小学堂教习身份，在青年学生中进行宣传活动，他们在学生中宣传革命思想，发展会员，到 1908 年秋，加入同盟会者已有五十人左右。

陕西巡抚衙门

——蒲城教育分会成立，宣传革命思想，维护学堂权益，引起知县李体仁不满，试图封杀，引发"蒲案"

1907年（清光绪三十三年）蒲城旅省同乡李少符、王言如等发起组织蒲城教育分会，并办妥立案手续，领得图记，回县举行成立大会。会中公推常自新为会长，寇重庆、常瀛为演讲员，组织演讲队，借城乡群众集会的机会作时务演讲，揭发国势危机，外人侵略，政府无能，官吏腐败和民生疾苦真相，以期唤醒群众，促成革命，当时已为官方与劣绅等所不满。常自新担任教育分会会长，尝以办理城乡初等小学不合定章之处，屡向知县李体仁要求改革，并派会员清查劣绅原烈历年所管的公款账项，以及对省上官府主张借用外债修筑西潼铁路，表示反对，力争招股民办等等，更引起李体仁、原烈等的嫉恨和仇视。

1908年9月，县立高等小学堂管理刘友仁调升沔县（今勉县）教谕，李体仁企图派其心腹苏民章和冉澍川继任管理，暗中监视学堂师生行动，被学生识破阴谋，表示拒绝，以致彼此相持，不能解决。期间李体仁来到学堂，学生提出自治规则二十条，要求准予自治，大意是暂时不续派管理，有事请由监督（李体仁自任监督）亲临办理，至年终另举妥人。李体仁迫于学生要求，勉强同意，并于学生自治规则上增加"不遇星期，学生不准出外"一条。其用意仍在限制学生活动。

从此，李体仁、原烈与学堂师生之间的矛盾，愈益尖锐。

10月3日晚，教育分会会员雷电，因魏姓厨夫常私自出外，疑有他故，潜侦其所向。至巡警局见他与县署轿班等在一起赌博，雷便集合十几名学生冲散赌场，拿获赌具和赌犯巡兵何问章等四名，移送县府处理。李体仁竟恼羞成怒，一面上禀提学司，谓教育分会常会长越权妄为，要求解散教育分会，一面唆使贡生苏民章、冉澍川等诬禀谓："教习唆使学生自治，以固禄位；学生博欢教习，图积多分。"李体仁在原禀上批云："禀如属实，教习学生均欠文明，着将

常自新（铭卿）

蒲城考院，1908 年震惊中外的"蒲案"发生地

禀批抄录传示学堂。"教习常自新、陈同熙以李体仁有意侮辱，愤而辞职，于 10 月 6 日搬出学堂。学生为挽留教习，遂向李体仁具禀辩诬，并请监督（指李体仁）亲临办理，言多顶撞。李体仁阅之大怒，疑禀文出自常自新手，即派差役驱逐学生出堂，倒锁学堂大门，贴以十字封条，并通知各家长领回学生。全体学生不能归校，开会决定，暂住北街关帝庙，严守自治规则，改称"自治公学"，推选学生中年纪较大的雷忠诚、李望古、苏炳吉担任教习，继续研读。并推选王之翰、米端蒙、张树仁三人为学生代表，密赴西安控告李体仁摧残教育罪恶行为。同时李体仁亦向提学司诬禀谓："学生迁出学堂，系教习指使，请准解散另招。"提学使余堃亦不详察真实情况，先后皆信李体仁一面之词，批将教育分会解散，并将学生解散另招。

——李体仁逮捕常自新及学生三十余人，严刑拷打，学生原斯健殒命，"蒲案"发生

10 月 16 日下午二时，李体仁亲领差役二百人，各持武器，先到教育分会逮

原斯健

捕常自新、李雅轩、李九标等人。同时原烈到关帝庙角门，叫出学生李坤说："去省的学生代表王之翰已被解回，看你们闯下这个乱子怎了！"这是怕学生反抗，故造此谣，以馁其气。随后将角门锁住。学生正在开会筹商对策，李体仁已到大门口。李先喊问："哪个是雷忠诚？哪个是苏炳吉？"差役一一指出，李喝令"绑了"，差役应声齐上，学生大哗，即奔后殿拿来神棍尽力抵御，终以众寡不敌，都被缚绑。同时教育分会演讲员常瀛因事来到关帝庙，亦被逮捕。李体仁回署后，立即坐了大堂，连喊："反了！反了！"先将年龄较小的何绍仁叫出来问："你们谁是革命党？搬到关

帝庙，是你教习指使吗？"何答："是我们自己的主意，没人指使。"李怒喝令"打！"打毕，拉跪一旁。继叫雷忠诚问："你是自治会会长，学生代表，派人上省告我，一定是革命党"。雷答："我只知办学堂是力行新政，不知道什么是革命党"。李愈怒，乱拍醒木喝令"打嘴"，打一百无招，又令打手，连打三百，手皮尽脱，仍然无招。接着就把苏炳吉、冯士斌、李望古、米峻生、傅翼、赵孟翔、窦荫三、原斯健等三十余人，逐一唤出，严刑拷问，要他们招供搬出学堂的指使人及当地革命党活动情况。威吓、诱骗无效，继以毒打。对冯士斌、原斯健二人，打得尤为残酷。原因是他认出冯是在关帝庙中用神棍打落他帽子的人，所以不问口供，只喊"结实地打"。因打得过重，曾绝气数次，用水喷活，前后被杖一千，几致殒命。原斯健因顶撞了原烈，原烈给李递了条子，因而也被几次打得死去活来。这些学生受刑后，虽嘴肿如瘤，臀血淋漓，但都不肯承招。打毕学生，就把常自新提出，说他是革命党，常不肯承认。先打嘴二百，然后使人宣读事先拟好的革除常自新举人的假文件。读毕，喝令"结实地打"，打了五百手掌，不仅手已见骨，连身子都浮肿起来，但常始终没出声。当时街巷间编出了口歌，说："常自新是英雄，挨了五百没吭声。"又叫常瀛，李问："你是演讲员，说政府无能，官僚腐败，必是革命党。"常未及答，喝令重打，打了五百。又把李亚轩、李九标也都打了三百，分别关押。时已半夜，李始退堂。学生原斯健以受刑过重，后被释

回家，不久死去。

"蒲案"发生后，激起了全省各县学生和知识界人士的义愤，各学堂纷纷罢课，知识界人士群起声援。北京、上海等地以至留日的陕籍学生和其他各界人士也立即响应，对清朝地方官吏的暴行作出义正词严的谴责，因而很快就形成了辛亥革命前陕西教育界一次波澜壮阔的反封建压迫运动。

——声援"蒲案"斗争，省城高校首先响应，纷纷要求严惩酷吏李体仁，还逝者以公道

陈同熙于"蒲案"发生后，即兼程赶到西安，向各方报告这一事件的经过，讲述李体仁企图破获革命组织，非法捕押、刑讯教习常自新和学生的种种暴行。省城的师范学堂和高等学堂首先得讯，接着很快地就在陆军学堂、西安附中、健本学堂、师范附小、甘园女校等处传播开来。各学堂学生对李体仁的暴行无不义愤填膺，纷纷推举代表到长安学巷省教育总会集会，由高等学堂总代表马彦翀、师范学堂总代表寇遐（胜孚）主持会议，报告蒲案情形。当讲至李体仁毒打举人常自新和学生多人，并在毒打常后把他拴在尿桶旁等种种毫无人性的暴行时，与会代表立刻人声鼎沸，有的痛骂，有的切齿地挥拳，怒不可遏。登台发言的，一个接着一个，一致发出抗议和要求惩办李体仁的正义呼声。最后会议通过三个重要决议：（1）各学堂一致罢课，声援"蒲案"师生；（2）推举代表向巡抚衙门请愿；（3）要求清政府严惩李体仁，不达目的，誓不罢休。马彦翀、寇遐两代表接受同学委托，星夜起草请愿书，次日上午即到巡抚衙门请愿。衙门官员理屈词穷，只是托词支吾。代表们回去后，分别向本学堂作了传达，大家对清朝封建官吏专横无理，深表愤慨。李仲三等在师范学堂组织了许多同学到校外进行宣传活动。各学堂学生为了动员"蒲案"教员和学生，都在学堂内成立临时组织，随时召开会议，策划运动开展，学生还纷纷向本县学生写信，请求一致声援、商州、凤翔、同州等地中学，三原宏道学堂和其他各县不少小学堂都很快起而响应；同时，分别致函上海、北京及日本东京陕籍学生和在京官吏，详尽地陈述了蒲城知县李体仁仇视士类、毒打学生的残酷经过，并附以陈同熙、常自新血泪控诉书，呼吁一致声援和支持。

西安知识界以南院门公益书局为策划支援"蒲案"运动的中心地点。这个书局本来是同盟会在省城的秘密机关之一，经常有同盟会会员和当时知识界知名人士李仲特、李桐轩、焦子静、张拜云、任师竹等以及谘议局副议长郭希仁到此聚会。他们得悉"蒲案"的消息，人人感到无比愤怒，表示深切的关怀和支持，即以谘议局、教育总会名义，向陕西提学使余堃提出警告，要求给李体仁应得的惩处。被李体仁毒打的学生原斯健因伤致命后，西安各界又在卧龙寺开了三百多人参加的追悼大会，与会人士纷纷对李体仁的暴行作了严厉的谴责，进一步扩大了反封建压迫的宣传。

　　11月8日知识界人士还利用教育总会举行周年纪念会的机会再次向余堃提出质问。郭希仁在光绪三十四年十月五日日记中记述此事说："当日开会，出席者约二百人，其中会员约八九十人。余堃到会，演说中未提'蒲案'只字，与会人士深感不平。会员李厚庵、同文臣、贺稚云等多人要求会长周石笙宣布'蒲案'经过情况，群情激奋。李桐轩悲愤难抑，放声大哭。我当场发言指出：'李体仁将蒲城教习、学生三十余人打得血肉横飞，惨无天日。今天开全体会而不提及，我们陕西人该哭。'接着就放声哭起来。余堃责我扰乱秩序，我挺身与之抗辩，余狼狈退出会场。"

　　陕西学界以同仁的名义，给陕籍留日学生发出了《致夏声杂志社书》，要求伸公理，吐公愤，积极参加声援"蒲案"斗争。

　　——旅京、沪、旅日陕西同胞奔走呼吁，强烈谴责李体仁擅作威福，违法滥刑，掌责举人，草菅人命，毁学仇路，无视法度

　　"蒲案"消息传到北京，也引起了陕籍旅京人士的极大注意。李博（约祉）、徐鹤年（友松）在回忆录中写道："1908年，蒲城学生渊从极（龙门）、李博、李协（仪祉）均在北京京师大学堂肄业。同时蒲城留日学生徐鹤年适从东京回到北京，从蒲城来信中，惊悉"蒲案"经过的情况，并接到惨案照片。当时即由渊龙门和李约祉、李仪祉兄弟同去会见蒲城京官周爰诹（政伯）面述蒲案情形。不料周竟漠然视之，并劝他们'安分守己，少管闲事'。他们愤愤而返，次日徐鹤年去见他的受业师度支部主事宁述俞，详述蒲案真相，宁大感气愤。徐又去见吏部郎中文选司掌印刘华（宝含，韩城人，曾任日本留学生监督），刘闻之亦愤慨不平。刘即访晤度支部左参议晏安澜（海臣，镇安人）。晏、刘二人商妥，即在关中北馆召集陕西在京京官开会。晏在会上指出：'值此国家厉行新政，提倡办学之时，蒲城知县李体仁竟敢封闭学校，擅作威福，违法滥刑，掌责举人，草菅人命，实属目无朝廷法律。'当时在座各京官一致义愤填胸,提议联名上奏,惩办民贼。由晏安澜领衔,签名的有刘华、宁述俞、吉同钧、段维、王步瀛、雷延寿、雷多寿、张立德、景志伊、郭式卿、张又杕、周渔夫等数十人。具呈都察院请代奏,主语是:'为蒲城知县李体仁毁学仇路,滥刑毙命,学司徇私,酿成重案事'。文中列举李体仁种种罪状,结结实实地参了一本,并托军机章京雷延寿从旁设法,提前处理。当时奉到'御批':'谕都察院代奏陕西京官呈控蒲城县知县李体仁毁学仇路,滥刑毙命,学司徇私,酿成重案一摺,着恩寿按照听呈各节,秉公确查,认真究办,据实具奏,毋稍回护。原呈着抄给阅看'。"

在上海的陕籍学生和知识界人士,得到陈同熙、常自新等人的血泪控诉书以后,立即召开了同乡会,研商对策。另由杨叔吉把"蒲案"编拟了新闻稿,交于右任在《舆论报》上发表。同时,还给陕西省有关衙门发电,要求严办酷吏李体仁。

留学日本的陕籍学生通过《夏声》杂志对"蒲案"的报道得到消息。当时《夏声》杂志在第九号上同期刊出《蒲案贿赂公行报告书》和《陕西藩、学、臬三司会议分别拟结蒲城县令李体仁毁学一案驳议》两文。文章尽情地揭发了清朝地方官吏和当权劣绅上下勾结、互相包庇、受贿卖法、贪污腐败,以及玩弄欺骗手法,歪曲"蒲案"真相,极力为李体仁、原烈开脱洗刷诸种罪行。在东京的晋、豫、秦、陇四省同乡会也对"蒲案"祸首提出了严正的谴责。

蒲城考院 1908 年 "蒲案" 发生地

——"蒲案"处理经过简单，官官相护，极力开脱

当陕西教育界展开反封建官吏李体仁暴行之始，陕西巡抚恩寿表面上对"蒲案"故作镇静，但当运动深入开展，来自省内外甚至国内外的谴责、讨伐愈来愈多，对当权的封建官吏的压力愈来愈大，也就迫使他不得不下令藩、臬、学三司遴派人员，会同对"蒲案"进行所谓调查。当然，这种"调查"完全是虚与委蛇，绝谈不到什么公正，也绝不会使人满意的。根据《夏声》杂志《蒲案贿赂公行报告书》中揭发，三司会派议叙知县王猷、代理蒲城县知县周楠二人到县后，多方袒护，极力保全，不特为李体仁开脱无遗，并为原烈洗刷净尽。原因是李体仁在十月初九日晚上，以数千金分贿周、王二人，并托妻寄子，次日未明便起身进省，从此之后，周、王对于"蒲案"一味延缓，日在署内置酒高宴，对控告李体仁的禀帖虽日以数十件计，也是含糊批示，概置不问。关于劣绅原烈的行径，《报告书》中指出："周、王既至蒲，士绅联肩禀明原烈谄媚官长，网害士类，为李体仁作伥附翼种种事实。原闻之，急进署拜谒，以巨金奉上。周、王仅单审原烈两次，并不质对，一惟原之言是听。故会臬时，有'原烈无煽动指使情事'之语；于是原乃得逍遥事外。"由于周、王接受李、原二人的贿赂，因而在复查原禀中，歪曲案情真相，处处为李体仁开脱罪行，把肇事责任推给雷电；把惨案构成转嫁在苏民章、冉澍川两个劣绅身上；把李体仁的暴行说成是由教习、学生激起。对劣绅原烈的罪行，也多方洗刷。藩、臬、学三司根据周、王禀复会拟处理"蒲案"意见时，鉴于事态日趋扩大，情势不妙，为了缓和公愤，乃不得不在致巡抚恩寿的详文中建议说："该信竟掩未革斥之举人擅于责押，又将全数学生责打，以致士论哗然，学界忿激。似此任性妄为，不顾大局……，自应予以应得之咎。"他们斥责李体仁"不顾大局"。但是另一方面，又总是千方百计地歪曲事实，推卸罪责，嫁祸于人。如对常自新，他们一面说李体仁不该责押举人，但又诬指常越权行事，激愤李体仁，以致事态一发而不可收，因而认为常也是有罪的。所以建议对常"斥退会长，撤去教习，随时察看，并令嗣后不准干预地方公事，以示薄惩"。对被毒打的学生苏炳吉等，要"仍查明为首之人，交该家族严加管束，不得再入学堂，以示惩戒"。至于对劣绅苏民章、冉澍川和原烈等人，他们却仅给以"永远不准干预地方公事，以彰公道"和撤销现职的处分而已。

群众运动看似简单，但随着形势的发展波澜壮阔。蒲城知县擅作威福，违法滥刑，草菅人命，毁学仇路。各级官官相护，极力帮衬。但对来自群众的压力和广大知识界的公愤，也不得不做一定程度的让步。陕西巡抚恩寿上奏"蒲案"经过和拟议处理办法时，在奏折中说："该令李体仁褊急操切，擅押滥刑，若非查究迅速，几至酿成重案。仅予褫职，不足蔽辜。请旨即于革职，不准援例捐复"。奏折旋经清政府批准，这一场轰轰烈烈的全陕教育界反清朝封建压迫运动，至此才告结束。

——"蒲案"影响深远，触及清政府腐朽本质，加深了人民反清的认识，初步锻炼了人民群众的革命斗志，增加了反清斗争经验

"蒲案"发生于1908年阴历九月，至十二月结案，历时四个月。虽然陕西教育界和其他各界人民对本案的处理，深致不满，但经过这一次以学生为主体的，全省性的反对清政府封建压迫运动，不仅再次暴露了反动政权的腐朽本质，加深了人民对他的仇恨，而且更重要的是，初步锻炼了人民群众的革命斗志，增加了斗争的经验，直接为三年后陕西辛亥革命的爆发，燃起了燎原之火。这就是"蒲案"最后的结果。

"蒲案"斗争波及范围之广，坚持时间之长，在陕西学生运动史上是前所未有的。它"大大鼓舞了革命士气，给以后的陕西学生运动开辟了道路"。[1]后来省高等学堂、农业学堂、陆军小学都曾发生过大规模的罢课斗争。他使陕西人民更加清楚地看出清朝政府封建统治的腐败无能，沉重打击了清朝摇摇欲坠的反动势力以及嚣张气焰，使资产阶级民主革命更加深入人心。同时促使许多爱国青年走上了革命道路。例如，"蒲案"对杨虎城将军走上革命道路，产生过"很大影响"。[2]杨虎城后来在回忆"蒲案"斗争时，曾深有感触地说："我之革命，是由'蒲案'起点。"这就是一个十分典型的事例。所以，可以毫不夸张地说，"蒲案"对陕西辛亥革命前革命形势的形势发展，起到了很大的促进作用。

---

[1]《陕西辛亥革命回忆录》，第102页。

[2] 米暂沉:《杨虎城传》，第3页。

陕西同盟会的革命据点

　　由于同盟会总部的指导，加之南方各省起义不断，陕西同盟会骨干人物及留日学生也经常到南方各省联络，一些地方成功的经验，失败的教训传到陕西，使陕西同盟会及会能够及时总结经验，有条不紊地进行活动，特别是到1910年前后，在西安以及渭北多地建立了许多秘密活动据点，使革命工作及活动深入地开展。

　　一、公益书局。最初设在西安城内南院门，后迁移竹笆市，经营书业、文具和教育用品，并附设有公益印字馆，兼营印刷。光绪三十四年（1908）由张铙（拜

清末陕西教育总会全体人员合影

云）、吴星映（宝珊）、焦冰（子静）等集资开设的（据闻还有高陵刘某一部分股款，但详情不明）。其书业部门，由刘俊生经理；印刷业务，由师守道（子敬）负责。广东、上海、武汉等地出版的宣传革命报刊，统由该局运回。主要有《饮冰室文集》《新民丛报》《心理学》《民报》《铁券》及日本东京留日学生所举办的各种杂

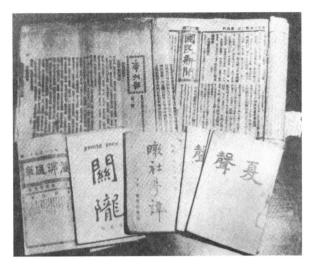

同盟会陕西分会出版的革命部分刊物

志。如陕西留学生所出《夏声》《关陇》均邮寄该局，代为分送。当时这些报刊统统为禁书。运输方式采用夹带或换书皮等办法。公益书局另外一个任务就是接待各地同盟会员。如蒲城张东白（维寅）、耀县（今耀州区）任尹（师竹）等，都差不多一住三月、五个月，有的甚至更长时间。宣传的印刷品，亦由该局秘密代印，所以说公益书局的作用，是陕西辛亥革命据点中首屈一指的。

二、健本学堂。1908年焦子静、张拜云等人创办。设在西安城西大街富平会馆内，名义上系一高等小学堂，主要招收外县来省学生，有三个班一百余名学生。当时学生年龄均比较大，接受宣传较易。如胡景翼（笠僧）、尚武、焦援、贾绍、闵孝骞、纪从今、景崇文、杨瑞轩、焦拯等，胡景翼早已加入同盟会组织，一方面做学生学习、一方面做革命工作。学校西偏院原系富平武生每届乡试来省应考的练武场所，备有铁大刀、硬弓箭、锁子石等各种器械。胡景翼就借练习武术为名，经常请来新军中的有先进思想人士，接洽联络，借机宣传同盟会反清思想。后参加大雁塔三十六弟兄"歃血盟誓"，对辛亥革命举义起了重大作用。其余学生，也都思想积极，返回各县秘密联系，发展会员。在省城举义后，他们就地策动响应，起了不少推动作用。

该校校长由王伟斋，继由王颀（子端）担任，常任教员有常自新（铭卿）、陈同熙（会亭）、程孝先、范味腴、李天佐（襄初）、马骧（彦翀）等，兼职教员有

宋元恺（向晨）、杨铭源（西堂）、景定成（梅九）、董雨麓等。不拘形式随时来校讲话者有井勿幕、任师竹、李异材（仲特）、李良材（桐轩）、井岳秀（崧生）、张奚若（耘）、严庄（敬斋）、邹子良（炎）、师子敬、焦子静等，先后不下十余人之多。经常向学生攻讦清王朝如何丧权辱国和所属贪官污吏如何的压榨剥削，并指出清朝鞑虏，非我族类，因而对学生灌输了很多的民族意识和革命思想。另外，新军中哥老会首领张云山（凤岗）、万炳南也常在这里，与同盟会员接头。

由于有了这样一个学校组织作掩护，就可延揽各方的知识分子和招纳更多的革命党人。如井勿幕、吴聘儒（希真）等，很多革命同志，每由外地活动来省，即住在该校。而该校专职教职员和不断来校讲话的同志，也均借教学之名，来进行革命宣传。

该校教员虽多，但多系义务，即校长和常任教员，也只由校供给食宿和生活费用。因他们都是为革命事业，无人计较待遇多少。如校长王子端，本系某中学教员，月薪可达数十金，而到健本每月达不到十金。负责公益印字馆的师子敬，原在蒲城县署户房供职，年奉得二百金，因为调省协助革命工作，也不得不舍弃每年高薪而就此每年不上百金之职。其他各人也有时给学校捐赠一些书籍用品。学校伙食、用具、等杂费需均由焦子静负责筹措。

三、驿传房。是清朝陕西按察司衙门的一个班房机构，经丞焦子静秉性沉着，少寡言语，素有大志。他子承父业，担任省城驿传工作，还兼理三原驿站职务。所谓驿传，就是代官府传递重要公文，这里来往人员频繁，消息比较灵通。再因该房属于官府的内部的一个机构，更不易被人所疑忌和识破。兼之当时陕西各大宪的书吏，如布政司田斌丞、纪朗亭，提学司的党峙五等均系富平同乡人，素与焦友善，即各司班头如按察司的王茂亭亦与焦关系密切。有这些客观条件，焦能首先倡议与张拜云等合股设立公益书局，又尽力筹措开办健本学堂，一个共同目的，就是为了策动陕人的革命。而焦所在驿传房便形成了策动革命的中心枢纽，焦本人就形成了一个中坚人物了。

驿传房在革命据点中知名度不高，它带有比较秘密的性质，所以一般人只知道有公益书局和健本学堂，多不知道有驿传房。其实，该房的掩护力特别强，活动范围也就特别广，每有外省外县来陕联络的革命党人，他们不愿多见人，就秘密住在驿传房。如四川的谢持、山西的李鸣凤（岐山）、张石生、兰芳五、郭质生、景敬之、直隶的郭瑞浦、刘谷峰、童效先、林仲扶、赵柱子、山东的刘冠三，以及外县的纪雨旸（时若）、王仙坪、樊毓秀（灵山）、杨继川等。不仅由该房供应食宿，而且还要酌予接济。所以大家对焦多以"及时雨"呼之。至焦病故，友人在省开会追悼，曾有人挽云："勿幕曾吃公益饭，笠僧原系健本生"。足以说明焦对陕人辛亥革命的关系及建立革命据点所接待、培养革命人才的贡献作用。

有一件事情就可说明驿传房作用的重要。陕北靖边县郑庠（思诚）系三边一带的侠客，善骑射，因家务诉讼该县酷吏受贿，将押在监房，并用重刑，后郑被党徒劫狱救出，逃来西安，住在北大街某车店。一日马彦翀赴北关工作，路过该店，见有这样一位魁梧壮士，坐在车后，既非店主人，又非赶车夫，认为必有蹊跷，即上前攀谈，遂约至健本学堂，同盟会员听后均感不平。校长王子端即代写申诉状，控告该县官与巡抚衙门，不料诉状递上之际，正值该县通缉令捉郑归案之时。按察司班头王茂亭给焦子静通风报信，把郑隐藏在驿传房，住了数日，风声稍松，始连夜送他出省，并让他回去多加联络。辛亥年省城起义，郑带数百匹马队南来，支援了秦陇复汉军政府。

四、存心堂书铺。是同盟会员马开臣家的书铺。原来贩卖各种"劝善"书籍，后来不仅推销进步书籍和革命刊物，而且成为同盟会一个秘密据点，革命党人井勿幕、邹子良，外省的景梅九、李岐山等人常在此聚会，进行革命活动。

五、公正和纸店。原是井岳秀家设在西安出售纸张的商店，后由井岳秀继承经营，遂成为同盟会革命党人聚集地点。其胞弟井勿幕常住在此。

六、西岳庙女子小学堂。创办于1908年，由进步知识分子南兆丰（雨亭）、王瑞轩等发起兴建，同盟会员邹子良主持，对外名义是兴办"女学"，提倡妇女识字，实际亦为同盟会活动场所之一。

七、武学研究社。是新军中的同盟会员

井岳秀

钱鼎（定三）、张钫（伯英）、党仲昭（自新）等人于1910年创办的，地点在西安南院门，公开的名义是军事研究机构，实际是新军中同盟会员秘密聚会、研究革命事宜的地方。革命党人通过武学社的活动，在陕西新军、陆军中学堂和陆军小学堂中宣传革命思想，发展同盟会员。会员如王一山（亦山）、牛策勋（文亮）等人，在辛亥革命中起到过重要作用。井勿幕、胡景翼等人曾在这里同钱鼎、张钫商讨革命事宜。武学社还在满城内设有分社，以监视满城中清军的动态。

八、丽泽馆。原是进步知识分子郭忠清（希仁）、曹印侯（树勋）、刘蔼如、贺绂之等人组织的一个宣传思想讲演机构，地址设在端履门附近，郭希仁等加入同盟会后，丽泽馆遂成为同盟会的活动场所。

九、声铎社。创办于1909年，主持人郭希仁、王铭丹（敬如）等，活动情况和丽泽馆相似。

十、正谊书店。由同盟会员薛骏（麟伯）主持，地址在西安南院门，对外经营书籍业务，实际是对外地同盟会员在西安的联络机关。

十一、新民图书馆。由同盟会员柏惠民（筱余）出资创办，是革命党人在西安的一个活动据点。

十二、西关茶社。由钱鼎（定三）等人集资创办。因接近西关新军营盘，是新军中同盟会员秘密聚会的一个场所。井勿幕、胡景翼都曾在这里与新军中同盟会员聚会、联络。

十三、秦公社。由柏惠民（筱余）、高明德（又明）、纪雨旸（时若）等创办，地址设在三原县城，名义上是由上海运输各种新书和教育用品，实际是同盟会设在三原的一个秘密据点。

十四、庙湾畜牧场。1906年，井勿幕等即赴耀州勘察地形。创办于1908年，由同盟会员高祖宪（幼尼）任畜牧场主任，具体经办是邹子良、胡应文（定伯）、樊灵山（毓秀）等人。陕西同盟会的骨干人物，经常在此开会，决策革命大计。井勿幕等人曾在此试制炸弹，训练马队，辛亥革命时，陕西民军使炸弹队用的炸弹，有些就是在这里试制出来的。

十五、宜君马栏镇铁厂。1906年井勿幕等人赴宜君一带勘察，1908年由柏筱余等人筹资，王守身、邹子良等人负责创办，对外名义是开采铁矿，兴办实业。实际是各地同盟会革命党人来往北山的聚会场所，并利用当地铁矿铸造炸弹。

十六、同州中学堂。这是清末创办的一所州属公立学堂。1908 年同盟会员尚天德（镇圭）从日本回国，任该校监督（校长）。后来，同盟会员寇遐（胜孚）任该校监学（教导主任），曹俊夫（世英）、史之照等人均在该校任教习，该校几乎被革命党人所控制，成为陕西东部各县同盟会员活动的重要据点，在联络渭北一带刀客的活动中发挥了积极作用。

十七、泾阳柏氏花园。本是同盟会员柏筱余的私家花园，地址在泾阳县桥底。由高又明负责管理，因泾阳是西安去渭北的必经之地，交通方便，花园又系私人所有，环境幽雅，外人不能随便入内。因此，是同盟会在渭北秘密聚集的一个重要场所。1910 年 4、5 月间，井勿幕由上海回到西安，根据东南各省革命党人的意见，准备在西北发动起义。于是，柏氏花园召开了同盟会陕西分会会议，参加会议的除井勿幕外，还有焦冰（子静）、宋元恺（向辰）、樊毓秀（灵山）、柏惠民（筱余）、高明德（又明）、吴虚白、张翊初（赞元）、马彦翀等二十余人。会议开了二十多天，决定研究同盟会的一系列重要事项，明确了进一步开展工作的任务。根据当时的具体情况，决定起义的准备工作，在西安和渭北两地分头进行。渭北由井勿幕、宋元恺、邹子良、柏筱余等负责，主要任务是在各县建立据点，成立分会，联络渭北一带刀客。西安由郭希仁、焦子静、张赞元、李桐轩、钱鼎等领导，主要任务是扩大同盟会组织，力争尽快掌握新军。会议还决定由柏筱余进行筹款，由焦子静、高又明、马彦翀等人负责购买武器及印刷宣传品器材，由樊灵山负责联络东路革命党人，由韦虞（协度）、张师渠（仲良）负责文稿的起草，由高季维（铭新）负责宣传，由雷尔清负责编写清政府即将垮台的歌谣，由罗少鸿负责联络各校进步学生，由任尹（师竹）负责渭北各地革命活动的联络工作，由王守身负责宜君、耀县（今耀州区）等地秘密据点的联络工作，由吴虚白负责各处消息的传递，由刘芬负责联络哥老会。会议还制订了有关章程、计划、联络暗号等。

十八、觉社。1908 年前后，马彦翀与高等学堂同学杨仁天（寿昌）、王雨村、李葆亭等人在南院门秘密筹设。"觉社"意出孟子语："使先知觉后知，使后知觉后知"，宗旨是唤醒人们热爱祖国，提高文化、科学水平，并在每星期天轮流发表进步演讲，演讲的主要内容以禁烟、放足为题，揭露民族危机，教育人民发愤图强等，给听众灌输革新思想。"觉社"在辛亥革命成功后 1912 年 4 月报省民政厅核准备案，先后发展会员 300 余人，每月出会刊一期，印 500 本。1913 年 10 月因故停刊，该社也自行解散。

马彦翀在其撰写的《辛亥前陕西革命活动的三个据点》中回忆说："……当时的秘密组织确实不少，仅在省城，就还有谘议局、高等学堂、师范学堂、陆军中学堂、陆军小学堂以及新军中三十六兄弟等组织。"

另外还有张身庵在西安书院门的商业研究所、焦子静创办的追远会等组织，都是同盟会员进行革命活动的秘密机关。高又明亦在回忆录中曾写道：渭北多个县不仅都有秘密据点，而且都有人具体负责。除了建立秘密据点外，同盟会还掌握了一些书报杂志，如《兴平报》（后来和《普及白话报》合并，改为《帝州报》）《丽泽随笔》《声铎公社质言》《暾社学谭》《教育界》等，这些报纸杂志采用各种方式揭露清朝政府的腐败，宣传爱国思想，在启发知识分子和广大人民群众的民主思想方面，都起了积极作用。

大雁塔 "歃血盟誓"

1908 年冬，同盟会员井勿幕、李异材（仲特）、景梅九（定成）、邹子良（炎）、李仲三、焦冰（子静）、马骧（彦翀）等二十余人，在开元寺秘密集会，决定把同盟会陕西支部扩建为同盟会陕西分会。推举时任西安高等学堂教习李仲特为会长，由焦子静主持分会内部事务。井勿幕奔走各地，主管与同盟会总部及外省同盟分会的联络工作。会议还决定进一步联络哥老会、刀客和新军，加强与会党和新军的联系、争取工作，这对同盟分会的革命党人来说，是斗争策略上的一个重要转折。因为 1906 年春，同盟会陕西支部在三原北极宫会议上，曾有

大雁塔

这个提法，与会者认为哥老会与刀客来自下层社会，不屑与其为伍。对武装夺取政权，缺乏认识。陕西的哥老会和刀客，尤其是哥老会，其组织遍及全省，在陕西新军中较为集中。革命党人利用这支力量共同进行反清斗争，是十分必要而且可能的。同盟会革命党人只有同新军中的会党结成了反清联盟，才有可能举义成功，这也是全国其他省在共同运用的成功经验。

清政府筹练新军始于 1894 年，1898 年正式下令各省实施。同年陕西巡抚魏

光焘奏："陕西就饷挑队，尊旨改练洋操，并添设工程队及随营武备学堂。"为陕西编练新军之始。①1902年清廷又谕令各省"将原有各营严行裁汰，精选若干营分为常备、续备、巡警等军，一律操习新式枪炮，以成劲旅"。②同年，陕西巡抚升允根据清廷谕旨，在陕西军队中选编常备军六营，配备了新式武器，驻扎在省城西安，其余军队续备军和巡警军，在全省各地驻扎和巡察。1905年，陕西巡抚曹鸿勋又根据清廷旨令，大规模裁汰旧军人，招募新兵。经过一年时间的整编，到1906年，有"步队一协，炮队一队，住省城"，官二百二十员，兵三千九百三十六名。③到1910年，陕西新军已有步兵两标，骑兵一营，工程、辎重各一队，炮兵由原来的一队扩编为两队，组成陕西混成协。当时有谚语云："想当兵，拜仁兄""那时当兵的多数都参加了洪门帮会。"④所以，新军中的哥老会成员，人数较多，而且在新军中的各级组织中又都有自己的组织和首领。所以，同盟会要掌握新军，在士兵中开展革命活动，必须联合哥老会，联络哥老会和掌握新军几乎是分不开的。

哥老会在陕西新军中最有实力的是张云山和万炳南。张云山，字凤岗，陕西西安长安区人，早年即闯荡江湖，嗣因西宁（当时属于甘肃省）爆发回民起义，陕甘总督陶模募兵前往镇压，张云山应征入伍，随军至甘肃、新疆等地。他虽因军功得武职，但现实使他看到清政府的腐败，遂离开军队，流荡兰州等地，一度靠领戏班子度日。这时他的处境很困难，却"壮志弥坚，时调查军装局枪炮子药数目，谋乘间举大事"。⑤后因事败，被清政府追捕逃到伊犁，又运动当地头领，谋图反清，仍未得志。这时，张云山在江湖上颇有名气，所以唐才常组织自立军时，曾派人与张联系，札授左将军，令其起兵西北以为响应，事败未果。1904年，张云山入陕西新军，任号目（号兵班长），1909年任司号官。他是新军中哥老会势力最大的人物，以他为山主的"通统山"会党成员"列榜者二千八百余人，未列

---

①《德宗实录》，卷四百二十九。

②邓芝成《中华二千年》，卷五下册，第126页。

③《清史稿》，第三十八册，兵志，第11页。

④《辛亥革命在陕西》，陕西党史资料丛书（三），第528页。

⑤《张云山小史》，载《民立报》，1912年8月23日。

榜尚众"。①万炳南,陕西汉阴(一说为湖北郧西)人,新军一标三营正目(班长),其虽在新军中职务并不高,但也是新军中一个很有势力的哥老会首领。

联络哥老会工作主要由胡景翼完成。焦子静在位于西安西大街富平会馆内开办健本学堂,"在学生中最突出的是胡景翼,因他早已加入同盟会组织,这时一面学习,一面做革命活动。该校西偏院原是富平武生每届乡试来省应考的练武场,备有铁大刀、硬弓箭、锁子石等各种武器,胡景翼就借练习武术为名,不时招来新军中有先进思想者,接洽联络,相机宣传"。②胡景翼通过新军中的朋友孙茂林等人介绍,结识了新军中的哥老会成员崔俊杰、雷贵、刘复汉等人,进而又结识了张云山、万炳南。他们经常在西安西关新军营盘附近的茶馆聚会,在富平会馆交流,进行革命思想鼓动、宣传。为了更好地联系哥老会共同进行反清斗争,胡景翼不仅自己加入了哥老会,而且介绍同盟会陕西分会的骨干分子井勿幕、邹子良、李仲三等也加入哥老会。他们向哥老会成员积极宣传孙中山先生的革命主张,"发挥同盟会旨,鼓舞其精神,开通其知识"。③胡景翼、邹子良又介绍新军中哥老会的活跃人物陈得贵(海山)、王荣镇(定伯)等加入同盟会,使同盟会和哥老会的联系更加密切,团结进一步加强。

1910年秋,钱鼎(定三)、张钫(伯英)等同盟会员由保定陆军速成学堂毕业回陕,在新军中充任下级军官。钱鼎,陕西白河县人,是一个富有革命热情的青年,早年在家读书时,就不满清朝统治,怀有强烈的爱国主义思想,曾赋诗:"顾瞻禹迹陆沉象,剑作龙吟眦欲裂。"使当地学界都大为惊叹。④在陆军速成学堂学习时,联络省内外反清志士,"创组陆军同学会及醒狮社,鼓吹排满革命"。⑤这时,他为了争取更多的哥老会成员,也加入了哥老会,并且一直以同盟会和哥老会的双重身份在新军中开展革命活动。由于同盟会革命党人的努力,新军中哥老会的首脑人物与同盟会有了更多的接触,哥老会的大龙头邱彦彪加入了同盟会,

① 《张云山小史》,载《民立报》,1912年8月23日。
② 《马彦翀先生纪念文集》,丹凤县政协文史资料第十六辑,第237页。
③ 《陕西乡贤事略》,第162页。
④ 《辛亥革命》资料丛刊(六),第100页。
⑤ 《西北革命史征稿》,中卷,第9页。

张云山也"加入了革命党"①。在同盟会和哥老会联合有了较为坚实的基础之后，同盟会就以张云山的"通统山"为基本力量，组成了一个双方联合性的秘密组织，取名"同盟堂"。张云山还在他自己山堂发的票布（哥老会成员的凭证）上也写了"同盟堂"字样，以取"同心勠力之意"。②张云山又根据新军的编制，在新军混成协中建立起相应的哥老会组织，其首领由哥老会成员推选，称为"舵把子"。张云山被推为协舵，下辖三标。陕西新军有步兵两标，第一标的协舵为刘刚才，副舵为刘世杰；第二标的协舵为朱汉庭副舵为吴世昌。另外，哥老会为了便于领导，将马、炮、工程、辎重等营队编为第三标，标舵为郭锦镛，副标舵为郭胜青。哥老会又在各州、县、镇建立了基层组织"码头"。据记载，陕甘两省，码头"共千余处"。"遇有令至，各属县者，由各码头密递往来之速，捷于飞檄"。哥老会的保密工作做得十分严密，每次传令，均在夜深人静时密传，对失密违令者，"即派人诱至无人处刺杀之，投尸井内，故令出必行"。在省城西安，哥老会还在城外西关高升店、王家茶馆、城内大学习巷、西华门等地的茶馆，设立秘密联络点。③

1910年7月9日（农历六月初三），同盟会、哥老会和新军中的领导人在省城西安南郊大慈恩寺（大雁塔）举行结盟仪式。参加的人有井勿幕（文渊）、钱鼎（定三）、张钫（伯英）、胡景翼（笠僧）、邹子良（炎）、李仲三、张光奎（聚庭）、马文明（开臣）、党仲昭（自新）、张宝麟（仲仁）、张云山（凤岗）、万炳南、王荣镇（定伯）、陈树发（雨亭）、朱福胜、马玉贵（青山）、马福祥（瑞堂）、刘世杰、郭锦镛、陈殿卿、刘刚才、朱汉庭、张玉成、曹位康（建安）、郭胜清、张建有、陈同（素之）、吴世昌、李汉章、陈得贵（海山）、朱彝铭（叙五）、刘仲明、李长兰、邱彦彪（彦标）、王克明等三十余人。结盟仪式是按照哥老会传统仪式进行的，先由哥老会中资格较老的朱福胜带领到会者在供着关羽神位、陈列着香烛的桌前行叩拜礼，然后把一只大公鸡当场宰杀，让鸡血滴在酒里，每人都喝一点，称为"歃血为盟"。接着，又在关羽神位前起誓，表示经过这次结盟后，双方力量团结一致，同心同德，共图反清大业，如有违背，神灵鉴察。后来，把这次结盟

---

① 《近代史资料》，总第45号，第85页。
② 《张云山小史》，载《民立报》1012年8月13日。
③ 《陕西文史资料选集》，第一辑，第59页。

的人称作"三十六兄弟"。①在当时的历史条件下，针对哥老会首领们文化程度低，迷信色彩浓厚的情况，如果用书面的形式订立盟约，既不易为哥老会成员所接受，而且也容易失密，于是就采取了这种虽带一点迷信色彩，但却简单而有实效的办法。大雁塔结盟，标志着同盟会陕西分会和哥老会联盟的正式形成。他们也许会想到，这次盟誓为一年后的西安起义奠定了基础，同时也各自发挥了重要作用。

清朝末年的"骡轿" 照片选自史红帅《西方人眼中的辛亥革命》

①《陕西辛亥革命回忆录》，第301页。

从"黄陵祭祖"到"柏氏花园"会议

这是陕西同盟会组织在辛亥前开展的两个重要活动，这两个活动相同之处，有以下几个方面：一是活动发起人仍是井勿幕、李桐轩、焦子静等同盟会骨干人物，且两次活动总体人员变化不大。二是贯彻"驱除鞑虏、恢复中华、建立民国、平均地权"纲领于始终。其黄陵祭祖活动《祭黄帝陵誓墓文》中有"……誓共驱除鞑虏、光复故物，扫除专治政权，建立共和国体，共赴国难，艰巨不辞……"。三是会议目标均为发展组织。黄陵祭祖后，更多的有识之士加入同盟会革命党中来；而柏氏花园会后除有更多的人士加入同盟会外，革命的力量已向哥老会、刀客中渗透，力量更加强大。四是在清政府高压统治下，革命党的活动仍然是提着脑袋和全家性命进行的，始终坚持秘密第一的原则。但是随着时间的推移，也有不同之处。首先同盟会由初期的启蒙、保守过渡到思想开放，并向更高的阶段迈进。典型的是同盟会成立之初，井勿幕希望同盟会在哥老会、刀客中发展会员，但多数会员认为会党分子成分复杂、文化知识浅陋、行为不检点，不屑与其为伍。柏氏花园会议明确了联络哥老会刀客的力量，制订了起义具体的计划，安排了骨干分子的具体工作。其次，注意了宣传舆论。

黄陵祭祖：1907年春，井勿幕由日本二次回陕，陕西省内的革命工作仍无大的进展。不久，井勿幕通过同盟会员高明德（又明）的介绍，结识了慕亲会首领吴虚白，他和吴谈得十分投机，就毫无保留地向吴虚白表示了自己的苦恼。他说："欲作一事，人才无，钱难。欲罢之，又不肯，责任如此，奈何？。"[①]吴虚白也坦率地告诉井勿幕，要实现民主革命推翻清朝这样宏大的计划，必须联合武装力量，联合哥老会、刀客和新军；并通过一定的方式，统一大家的思想，规定严密的组

---

① 《陕西辛亥革命回忆录》，第297页。

织纪律。如果仅仅在文士中空谈革命，既无群众，又缺粮饷，这样是无济于事的。这次谈话对井勿幕启发很大，他更加坚定了联合会党、刀客和新军武装力量的决心。为了统一同盟会员内部的思想，1907年10月15日（农历重阳节），井勿幕、李仲特、焦子静、马彦翔、吴虚白、张赞元、高又明、郭希仁、景梅九等以及四川、甘肃、山西、广东几省在陕西的同盟会员约二十余人，以重阳节祭黄帝为名，在黄帝陵前宣读祭文，表示革命的决心。祭文中写道："近年以来，欧美民族，对我环伺，各欲脔割大好河山。"而满清政府恣其荒淫，不恤国耻，殷忧之士，义愤填膺，近有义帜而起者，粤东如陆皓东、郑士良、孙逸仙，相越如马福益、黄克强，湖南如唐才常、均矢志盟天，力图恢复。某等生逢艰巨，何敢后人，乃集合同志，密筹方略，誓共驱除鞑虏，光复故物，扫除专制政体，建立共和国体，共赴国难，艰巨不辞，绝不自私利禄，决不陷害同志，本众志成城之古训，建九世复仇之义师，伏望我皇祖在天之灵，鉴此愚衷，威神扶佑，以纾生民之苦，以复汉族之业。①这次祭奠，完全仿照慕亲会的祭祖仪式，收到了事先未曾估计到的良好效果。在恭祭之时，竟有不少人情难自恃，高声大哭，若丧考妣，与祭之人，无一不落泪者。每个人的面容，均表现得十分沉痛而愤激，吴聘儒（希真）年最小而天真，竟两天之内饮食不欲进。井勿幕见此情景，不仅感到祭文之动人，而且深感用这种仪式发动群众，真是有声有色，深刻有效。所以回西安后，遂与党

《祭黄帝陵誓墓文》

---

① 《陕西辛亥革命回忆录》，第299页。

人研究，认为仿会党之方法加以改良，是推进同盟会会务工作的很好形式。

后来，根据井勿幕提议，经同盟会会员商议确定，同盟会每年农历二月初二要择地举行一次会议，研究同盟会一年来的工作，考察会员的得失，决定赏罚。

祭黄陵后不久，井勿幕再次渡海赴日本，留在陕西的革命党人在全省各地积极活动，扩大组织，发展会员，建立秘密活动据点，革命运动开展得非常活跃。（关于黄陵祭祖的时间和祭文要感谢辛亥革命先贤高又明老先生。他在20世纪40年代，"为昔日亡友同志计，为革命史征计"，写成了《如是我见我知录》一书，记录了诸多辛亥革命参加者的奋斗历程，最为关键的是先生原籍存有《祭黄陵誓墓文》，他在祖屋翻箱倒柜，竟然寻到了时隔四十年的物件，使这一珍贵资料得以保存并公布于世。关于时间问题，很多研究辛亥革命的史料中都明确的记录为1907年重阳节，其实先生在《如是我见我知录》一书中记录为1908年，而祭文又记录为1907年。这么一来究竟以那个时间为准，怎么会出现这样的错误。它曾经让辛亥革命研究者们头痛，最后还是省社会科学院近代所原副所长、辛亥革命研究专家张应超和西安市文联原巡视员，同样是辛亥革命研究专家的王民权两位老师一起考证，坚持认为应该是1907年。一是因为当时辛亥革命参加者普遍使用黄帝纪年，而黄帝纪年和现行使用的农历差异较大。二是井勿幕参加完这次会议后第三次返回日本，若1908年就是第四次了。此书采用的就是这种观点。）

"柏氏花园"会议：1910年4、5月间，井勿幕由上海回到西安，根据东南各省革命党人的意见，准备在西北发动起义。于是，井勿幕在泾阳柏氏花园召开了同盟会陕西分会会议，参加会议的除井勿幕外，还有焦子静、宋元恺、樊灵山、柏筱余、高又明、吴虚白、张赞元、马彦翀等二十余人。会议开了二十多天，有些与会者没有坚持始终，会议决定推动同盟会会务的一系列重要事项，明确了进一步开展工作的任务。根据当时的具体情况，决定起义的准备工作，在西安和渭北两地分头进行。渭北由井勿幕、宋元恺、邹子良、柏筱余等负责，主要任务是在各县建立据点，成立分会，联络渭北一带刀客。西安由郭希仁、焦子静、张赞元、李桐轩、钱定三等领导，主要任务是扩大同盟会组织，力争尽快掌握新军。会议还决定由柏筱余进行筹款，由焦子静、高又明、马彦翀等人负责购买武器及印刷宣传品器材，由樊灵山负责联络东路革命党人，由韦协度、张仲良负责文稿的起草等工作，由高季维负责宣传，由雷尔清负责编写清政府即将垮台的歌谣，由罗少鸿负责联络各校进步学生，由任尹负责渭北各地革命活动的联络工作，由王守身负责宜君、耀县（今耀州区）等地秘密据点的联络工作，由吴虚白负责各处消息的传递，由刘芬负责联络哥老会。会议还制订了有关章程、计划、联络暗号等。如两个不相识的同盟会员见面，互问姓名时，一方答"黄帝之黄"，另一方则答"子孙之孙"，含义表示都是孙中山和黄兴领导的革命党人，对上暗号，即表示联系上了。还编出一些歌谣，如："会算不会算，宣统二年半""黄河泛，汉江泛，淹了清水不见面"（"清水"指清朝政权），"宣统两年半，到处驻防烂"。在当时封建迷信思想还很流行的情况下，这些歌谣（口号）传出以后，对鼓舞人们的反清情绪，都起了一定的鼓动作用。

柏氏花园会议结束时，根据柏筱余的提议，到会者摄影留念。井勿幕也十分感慨地对大家说："他日国事克定，而吾人尚在者，复置酒高会于此，斯不朽之盛事，媲美'兰亭'矣。"①会议以后，井勿幕到西安和邹子良、郭希仁、张云山、王荣镇等在小雁塔集会，商讨起义事宜。柏筱余、罗少鸿捐款在马栏山开矿冶铁、织造炸弹，又派张奚若携款到上海购买制造子弹的器材，后因清政府沿途搜查甚严，遂改买黄色炸药及宣传革命党书籍运回陕西。在短短的半年左右，西安和渭北同盟会的革命活动都取得了很大成效。

西安方面，大雁塔的"歃血盟誓"，标志着同盟会、哥老会和新军三股势力结成了革命同盟，特别是进一步控制了新军。

渭北方面，同盟会很快在三原、富平、蒲城、礼泉、乾州、户县（今鄠邑区）、兴平、泾阳、耀州、白水等县纷纷建立起同盟会组织。在陕南、陕北各县也相应发展了部分会员，同盟会人数达到千人以上。

李仲三、胡景翼也积极联络刀客，取得了很大进展。井勿幕在渭北山区训练军队、试制炸弹也在紧张地进行者着。这时的陕西，革命形势风起云涌、蓬勃发展，革命党人及人民群众士气高涨，即将迎来推翻清王朝的曙光。

辛亥年春又派"马彦翀、胡鹤汀到日本设法接洽运动一些炸药、手枪，师子敬到兰州了解情况，期成陕甘合作"。②

---

① 《西北革命史征稿》，下卷，第65页。
② 《西北革命史征稿》，下卷，第65页。

西安起义及东、西路战役

以孙中山为代表的资产阶级民主革命派提出"驱除鞑虏，恢复中华，建立民国，平均地权"的政治纲领，并建立起同盟会组织后，先后组织了1908年熊成基安庆之役，1910年广州新军之役，1911年广州黄花岗之役，虽然都遭到了失败，但在革命志士中影响及大，振奋了全国人民的反满革命情绪。特别是10月10日武昌起义胜利，吹响了向清朝封建统治进攻的号角，陕西最为西北门户，又经过多年的反满宣传、准备、酝酿终于在武昌起义后的十二天，举行了起义，并一举成功。

辛亥西安起义

宣统三年九月初一，辛亥年。公元1911年10月22日，是个伟大的日子，这一天对陕西来说翻天覆地。这一天清朝封建统治在陕西西安宣告灭亡，同时插上了"秦陇复汉军政府"这个大旗。

这天一早，同盟会会员、新军和哥老会主要首领钱鼎（定三）、张钫（伯英）、张凤翙（翔初）、张宝麟（仲仁）、张云山（凤岗）、万炳南等三十余人，先后来到西安西稍门新军营盘附近林家坟开会。这里柏树成林，枳棘缭绕，坟墓交错，荒草丛生、人迹罕至，所以选此地开会不易暴露。经过大家商议，最后决定张凤翙为总指挥，钱鼎为副总指挥，共同领导这次起义。但在决定起义是白天还是晚上时，意见颇不一致，多数人主张放在晚上举义把握较大。钱鼎认为白天起义更有利，他指出"先发制人，后发为人制。今满人戒严，入城四门紧闭，军械局在城内，尚不能斩关夺取，明天大事去矣。且今日非星期乎，若有汉奸走漏风声，万难幸免"。①张凤翙、张钫也分别解释了白天发动的有利条件。经过充分讨论，于

---

① 《辛亥革命》资料丛刊（六），第102页。

西安军装局旧址

是决定当天中午 12 点开始起义。接着，张凤翙向大家宣布说："大家叫我干，我就担当起来干罢。我对大家只有一个要求，就是必须听我的话。无论同志哥弟都是一家人，干的是一件事，要同心协力，不分彼此，今天听到'午炮'（当时每天 12 点钟放一声炮）即行动起来，第一步先占领军装局。大家回去快做准备，此地不宜久待，我们就解散吧。"①具体安排是：首先发动新军行动，集中力量攻占军装局，当时由于清政府对新军的管控严格，士兵多是有枪无弹，夺取枪和弹药最关紧要。决定由新军中的革命党人党仲昭（自新）、张钫（伯英）、朱彝铭（叙五）、余永宽、陈得贵（海山）、郭锦镛等各带骑、步兵十数名，赴军装局汇集；钱鼎和张宝麟带队由西门入城，转赴陆军中学堂抢枪支和攻占藩库；张凤翙和刘伯明由西城门入城，经西大街直赴军装局做接应；张光奎（聚庭）带数十人，改换便衣，暗带枪支，散布各城门附近，以为迎接。会议不到半个钟头就结束，大家立即回营准备行动。早饭后，震撼陕西全省的辛亥革命终于在省城西安爆发了。

10 月 22 日是星期天，又适逢农历九月初一，是新军发饷之日。早晨领过饷之后，各军营除留少数值日官兵外，其余人均离营外出。护理陕西巡抚钱能训和

①《辛亥革命》资料丛刊（六），第 102 页。

各司道、清将军文瑞等，此时正在省谘议局开会。当天又恰巧遇到日全食，城内外老百姓都忙着观看，根本未注意新军的行动。由于保守机密，决定起义的时间又非常紧迫，连住在城内的许多革命党人都不知道。早饭后，张钫、朱彝铭率领新军以去灞桥洗马为名，先后进西城门按原计划顺利到达军装局。党自新也率队由城南门进城，然后分两路向军装局进发。当各路新军陆续开到之前，军装局周围已三五成群地聚集了数百名徒手兵和哥老会哥弟。自农历八月十五以后，由于省城遍传革命党人将起义的消息，清朝反动当局十分紧张，一些官吏深恐原来军装局的巡防队兵力不足，遂由军事参议官毛继成出面，呈请护理巡抚钱能训批准，"令一标三营派两排兵前往守卫"。[①]张伯英早已与他们事先联系就绪。上午 10 点多钟，张钫一到军装局，考虑到如不能抢到武器弹药和按时鸣枪为号，将使整个起义计划毁于一旦，乃当机立断，下令冲入局内抢枪，并命令抢到枪弹后，立即"枪上刺刀，子弹上膛，非新军官兵不准入内"。[②]接着，起义新军把军帽掷向天空，大声喊杀，冲进军装局，争先恐后地爬上放枪弹的库楼，砸开库门，从楼上把枪捆、弹箱扔到院中。占领军装局后，起义军又先后打开设在城内的咸宁县和长安县（今西安市长安区）监狱，放出关押的囚犯。

此时，张凤翙率领的起义士兵，由西城门进城，沿途并未遇到抵抗，也迅速赶到军装局。张凤翙一面组织兵力，设岗布防，以备清军来攻；一面通知各路起义官兵，设临时指挥部于军装局，以便联络，使起义做到有组织由计划地进行。

其他各路起义士兵，亦迅速按计划占领了各据点。由钱鼎、张仲仁率领的另一路起义士兵，由西城门进城后，先到陆军中学堂。该学堂共有师生五百余人，其中教官马晋三、学生王一山（亦山）、刘文辉、牛策勋（文亮）等，早已加入同盟会，经常参加革命活动，在学堂积极宣传革命思想。起义爆发后，立即动员师生响应，协助义军，打开学堂库门，去出枪弹，发给起义师生，并把大家组织起来，由马晋三任司令，王一山、牛策勋任副司令，随起义军出发，攻占藩台衙门。钱鼎令学生驻扎此地，严加防守，使藩库七十多万两存银没有受到损失，对后来

---

① 《近代史资料》，1983 年，第一期，第 52 页。
② 全国政协：《陕西辛亥革命回忆录》，第八辑，第 171 页。

军政府的军费开支起到了重要作用。然后，钱鼎又占领了城内制高点—鼓楼。张宝麟率部占领了护理陕西巡抚钱能训的衙门——南院。万炳南占领了军事参议官衙门。其他各衙署和军事据点，亦迅速被起义军所占领。全城回汉居民及工商绅界，一时沸腾起来，热烈欢呼。有的给起义军送吃送喝，有的在门口摆桌放茶，慰劳起义民军。有的减掉长辫，臂缠白布，参加起义，西安近郊农民，纷纷进城送粮食，或做成馒头送城内劳军。当时城内回民群众，由于多数是以小商贩为生的劳动人民，其中有金启恒、白玉麟、海占彪等不少人都参加了同盟会组织。张云山曾在大学习巷一家回民磨坊当过雇工，和回民来往甚密。满城中回民开的茶馆，新军、会党经常借喝茶为名，在此进行联络，侦悉满城情报，回民常给以方便。辛亥起义前夕，张云山、马玉贵（青山）分别委托回民哥老会头目金启恒、白玉麟等暗里组织回民军，准备起义。由于早有准备，起义当天，他们接到张云山、马玉贵的通知后，立即起而响应。回民中当时有在商州任过管带的马文英，召集回民五百多人，由西大街经木头市到达军装局，领取了部分枪械子弹，然后奉命回到回民区维持秩序。第二天，又积极参加围攻满城的战斗。由于广大人民群众的积极支援，起义军的英勇作战，仅半天工夫，除满城外，城内大部分地区基本上已被民军所控制。

"满城"，原是清军入陕后，八旗军驻防之地，并专供满人居住的一个内城，位于西安城内东北角，占西安全城的四分之一还多，共住旗军及家属万余人。清将军文瑞，在得到起义的消息后，立即从省谘议局逃回满城，紧关城门，利用数千名骑兵，顽抗死守，与民军对峙。当晚，张凤翙连夜召集各首领在军装局商议，决定采取如下措施：

（一）设立临时司令部于军装局，称"秦陇复汉军"，刻"秦陇复汉军总司令图记"木质印章，借以统一政令，统一指挥，协同作战。

（二）为了安定人心，动员群众，第二天当即布告安民。文曰："各省皆变，排除满人，上徵天意，下见人心。宗旨正大，第一保民，第二保商，三保外人。回、汉人等，一视同仁。特此晓谕，其各放心。"①

---

① 《辛亥革命》资料丛刊（六），第46页。

（三）在攻满城作战方面的决定是：以钟楼为标记，向北沿北大街为一地段，由钱鼎、万炳南、张云山等负责，组织指挥这一地区民军和临时参加起义的群众，由西边进攻满城；城内回民马文英、白云鹤、金启恒等率回民数百人，归张云山指挥。从钟楼东南角沿东大街，经端履门、大差市至东城墙根，由张凤翙亲自组织指挥这一地区的民军和起义群众，从南面进攻满城。

（四）住在南校场的三营巡防队，新军起义时，持观望态度，虽未向新军进攻，但却是个威胁。鉴于其中哥老会弟兄居多，遂决定通过哥老会张云山、万炳南去进行联络，促其起义。

经哥老会联络，该营当天就纷纷离营加入各自头目所属的军队中去，巡防队迅速瓦解，消除了起义军的后顾之忧。

23日拂晓，民军开始向满城发起总攻，当时驻屯满城的旗兵共有1200名，其中马队600名，步兵600名，全城上下，分段防御，殊死抵抗。上午九时左右，清旗兵百余人，由北面上城，沿城墙冲来，企图占领东城城楼，但一连冲袭三次，均被民军用炮火击溃，几乎全被消灭，战斗极为激烈。到下午3时，起义军还未攻下一个城门。正在双方相持对战的时候，民军侦察到大、小差市之间，有一段城墙早已坍塌，在原地修建居民住宅，仅隔一墙之厚。于是，刘世杰、马玉贵带队由此挖开城墙，乘清军无防，冲了进去。与此同行，西面民军猛冲猛攻，已经把新西门（后宰门）攻下，接着向北城门清军火药库集中火力射击，引起火药库爆炸，清军伤亡甚大，四散溃逃。当起义军从南、西两面攻入满城后，天色已晚，为了避免误伤，遂令各部民军就提休息待命。

24日黎明，各部民军分别在满城逐巷搜索，进行巷战，歼灭残敌。民军结节进逼，清军完全丧失抵抗能力，纷纷逃命，一时满城混乱不堪，满城陷落后，忽又有满人千余，自地窖突然冲出，奋死向民军进攻，企图夺取军装局，很快被民军歼灭。双方整整激战一日，满城才被民军全部占领。由于清朝统治者实行民族歧视政策，致使杀戮颇多。第二天，临时司令部传出军令，严禁杀戮，省城战事暂告结束。清将军文瑞在满城失守后，跳井自杀。住在省城内的清朝官吏，多隐居民间，民间恐其暗中煽惑，立即派兵侦缉。在群众的大力协助下，护理巡抚钱能训自杀未死为民军捕获。提法司锡桐被搜捕后，捐银万两以助军饷，交张云山看管，后遣送出陕。巡警道张藻，到军政府自首，得到宽大处理。提学司余堃，亦受到优待处理。唯有前陕甘总督升允，当晚在城北三十多里的草滩别墅未回，闻西安新军起义，连夜渡过渭河，逃亡甘肃省。[①]至此，仅两天多时间，省城及满城全部光复。

西安起义的迅速成功，摧毁了陕西封建统治的中枢，动摇了清朝在西北统治的基石，为全省的迅速光复，奠定了基础。而且对当时全国革命形势的发展，有重要的意义。因为，武昌起义的爆发，吹响了革命党人全面进攻的号角，敲响了清廷王朝灭亡的丧钟，沉重打击了清朝政府在长江流域的统治，但北方各省却依然在清廷王朝统治之下，清廷仍可以抽出大量兵力去对付南方义军。陕西革命的爆发，则为北方各省树立了榜样，特别是进攻满城时的拼死血战，大大震慑了各地旗兵，挫败了他们殊死抵抗的勇气，从地理位置上看，陕西为西北门户，兴安（安康）、汉中与蜀地毗连，商州、雒南与鄂境接壤，潼关一隅近连晋豫，位置十分重要。从经济、军事、文化上看，陕西在西北各省中举足轻重。所以，陕西辛亥革命的胜利，对全国的革命形势有重要的影响。

东、西两路战役及援晋作战

陕西辛亥革命的爆发，犹如从肋下捅了清王朝一刀，清廷清楚地看到，"陕西为西北门户，兴汉与蜀地毗连，商洛与鄂境接壤，潼关一隅，近连晋豫，稍有不慎，则串合纠结不可收拾"。[②]清政府为了进行垂死挣扎，采取了"先靖西路之乱，以固根本"，[③]然后再图东南的对策，迅速调集大军，由豫、甘分东、西两路向陕西发动猛烈进攻。面对强敌，陕西民军与其开展了血战，保卫了新生的革命政权，同时有力地支持了湖北、山西、甘肃、河南等省人民的反清革命斗争，在辛亥革命史上写下了可歌可泣光辉篇章。

---

①一说西安起义时升允在西安，在混乱中逃到草滩，过渭河西窜甘肃。此说见张钫：《忆陕西辛亥革命》及李文治：《乾州战守纪文》，均载《辛亥革命回忆录》（八）第175、179页。本文所取系据1912年1月13日《民立报》记载及辛亥革命亲历者朱彝铭、党仲昭等的回忆。
②《辛亥革命》资料丛刊（六），第104页。
③《宣统政纪》，辛亥，卷六十三，第3页。

——东路战役未打响，钱鼎出师未捷身先死。张钫仓促挂帅，与清军三战潼关，终于 1912 年 2 月 18 日与清军签订停战合约

陕西起义后，清朝政府即下令直隶提督姜桂题速派"得力将领"迅速率部开赴河南，对陕西民军"认真防堵迎剿，毋稍延误"。[1]陕西军政府刚成立的几天内，繁杂的事务，职位的纠纷，都搞得大统领张凤翙等人焦头烂额，疲于应付，因而对东西两路如何立即布置，以防清军的反击，并未予以足够的重视。副大统领钱鼎根据当时的国内形势认为清军很可能由河南向陕西进攻，而潼关系陕西的东门户，若不重兵据守，清军将会长驱直入，"此大可虑也"。[2]于是他主动请缨带兵东征，张凤翙准其所请，并把复汉军第一标所辖三个营拨归指挥，定于 10 月 29 日（九月初七）下午出发。可到了约定出发之日，东征部队并未按时东开，钱鼎心急如火，遂带陆军中学堂的学生及护兵共二三十人，弹药辎重五车，按时先行。30 日驻临潼后，一方面等待后面军队，一方面派陆军中学堂学生张世瑗等人，至渭南打探消息。渭南当时还未光复，当张世瑗等到渭南时，知县杨调元迎张进城，假装同情革命，拥护军政府，并愿拿出地丁银九千两，支援军需，当即就拿出三千两。张世瑗等上当受骗，信以为真，即速带银返回临潼，报告钱定三渭南愿意归顺，请速前往，而对杨的阴谋竟毫无察觉。11 月 1 日早晨，钱在后续部队并未赶到的情况下，带原先的人马出发，下午到达渭南，韩映坤、严纪鹏等假装恭顺，亲自迎接，知县杨调元热情接待把县署整理得干干净净，让钱鼎及所带学生兵居住。年轻的革命者，对敌人假降的阴谋并未识破，毫无警戒。第二天，韩映坤和严纪鹏冲入县署，向钱部突然袭击。钱鼎等遂进行英勇顽强的抵抗，终因寡不敌众，越墙逃出，筋疲力尽，扑地不起，被敌追至用乱刀砍死，辎重、弹药和银两全部被劫。数十名学生惨遭杀害，仅有钱鼎族弟钱国宝等少数人幸存逃回西安。

噩耗传到西安，义愤之声遍及全城。当晚军政府即开紧急会议，大家对此残暴行为，无不愤怒。遂派军政部副部长张钫为东路征讨都督，率部东征。张吸取钱鼎失败的教训，首先力争三标标统郭锦镛与自己同行。因为郭锦镛与张钫均系

---

[1]《宣统政纪》，辛亥，卷六十三，第 3 页。卷六十四，第 50 页。

[2]《辛亥革命》资料丛刊（六），第 102 页。

河南人，有同乡之谊，平时关系较好，便于配合。郭的部下兵士中又有不少人是新军时张钫的老部下。再加上郭又是哥老会首领，对东征军中的哥老会成员便于指挥。于是，军政府根据张钫请求，又任命郭锦镛为东路征讨副都督，与张共同指挥东征军。东征军出发前即发布军律五条：（一）未经官长许可，不准随意离队；（二）不准擅入民宅，亦不准擅用民物；（三）驻扎地点，须听官长指挥，不准自寻住处，扰害百姓；（四）任侦察者，须力尽其责，不准借端偷闲，贻误全军；（五）遇敌来袭时，须沉着听从长官指挥，不可惊慌失措，扰乱众心，与敌接近时须派前卫队、侧队掩护。[①]就在军政府紧张地再组东征军的时候，潼关却发生了当地起义军与清军的血战。原来西安起义的消息传到潼关后，人心浮动，清朝潼关道瑞清和潼关协台桂和，恐惧革命，向豫、晋清军求援，准备顽抗。由于太原新军起义，晋军中途折回，惟河南清军单独西进。11月1日，驻潼关巡防营胡明贵举义，光复了潼关，不料第二天，河南清军赶到，进攻潼关，而省城东征军尚未到达，胡明贵率众英勇迎击，终因孤军无援，敌我力量相差悬殊，胡明贵壮烈牺牲，潼关失守。清军占领潼关后，"皂白不分，杀掠抢劫，无所不至"，使"全城为之一空"。[②]所抢财物，骡马外运，拍卖者亦不计其数。遭劫受辱的妇女达数百人之多，有的竟被清军"日夜轮奸""惨不忍闻"。清军所到之处，鸡犬不宁，人心恐惧。

11月4日，张钫率步兵两营，炮兵一队（连），离省城东开[③]5日，军至临潼，刀客严纪鹏来投，亲自要求惩处。张钫鉴于当地革命形势的需要，又看到严有所觉悟，确已认罪，除严加申戒外，准其所请，将严部编为民军第八标，令速召集其众，随张东征，立功赎罪。随后在临潼与郭锦镛率领的三标及一标二营李长胜部会合，顿时声势大振。6日兵至渭南，将谋杀钱定三的韩映坤等罪犯，逮捕枪毙，又收编地方团练千余人。同时探得潼关清军布防情况，立即筹谋作战计划，

---

① 《河南文史资料选辑》，第一辑，第48页。

② 《民立报》，1911年12月5日。

③ 关于张伯英东开所带军队，说法不一，有说两标。此处取张伯英《辛亥西安举义东征日记》所载。

并发布《招降豫军书》，以瓦解敌军。9日进驻华阴，立即在全店一带布防。同时设递马哨于沿途各州县，以联通与省城的军事信息。派骑兵数十名赴光复了的同州，并设兵站于此地，招兵筹饷，再沿渭河水路运往前线，以保证军粮和枪械弹药的供应。接着，东征军下令，准备向潼关清军发起进攻。清军原在潼关驻兵八营，在民军东进时，又从开封调来新军一个混成协（旅），以急行军速度，6日以到达潼关。

　　11月10日，陕西民军分三路向潼关之敌发起进攻。一路由华阴山根前进，经金盆进攻潼关，为南路；一路由大路先取吊桥，然后再攻潼关，为中路；又调沿河商民各船齐聚三河口待命，作为北路；其余炮队、机关炮队，分给南、中路各半；马队专门负责侦察敌情。①各路民军按计划奋勇前进，10日占领西塬，居高临下，炮火俯射潼关城内，清军伤亡惨重。11日严纪鹏带刀客一千五百余人陆续开到，又有民人杨彦彪带民兵六百人来援助，民军闻知援兵已到，精神百倍，立即发起总攻。民军三面围攻，斗志昂扬，漫山遍野，冒死冲杀。加上民军管带李长胜不幸阵亡，"士兵愈愤，纷纷持白刃奋勇先登，先后登城三千余人。"②清军见陕西民军来势凶猛，张皇失措，很快溃不成军，十二点钟开始溃退，丢弃弹药辎重，向东逃跑。民军追至十里铺返回，进占县城，潼关第一次收复。按当时双方力量对比，敌军虽然败退，但其实力几乎几倍于民军，且武器精良，供给充足。陕西民军本应固守潼关拒敌，防敌深入陕境危及省城西安。但是，当时考虑河南还未光复，革命党人正酝酿起义，清军又与武汉民军激战，若陕西民军能乘胜东进，进军河南，既可以助豫起义，又声援鄂军。遂在民军收复潼关后，立即出榜安民，帮助群众查找失散亲属子女与财物，与清军所作所为对比之下，"潼关人民无不感颂"。③同时，休整军队，积极筹备东征。当时陕西民军精选一标一营、二标二营、亲兵马队一营、炮队一营，火速东进，25日到达河南阌乡。27日直逼灵宝，灵宝原驻清军巡防队十营据守，与败退清军合股，使灵宝守敌力量大增，接着增援毅

①《河南文史资料选辑》，第六辑，第50页。
②《民立报》1912年1月1日。
③《民立报》1912年1月1日。

军又到。在强敌面前，民军英勇作战，奋力进攻，双方激战数日，不分胜负，相持于灵宝。时有河南革命党人杨勉斋、刘镇华等从南山转道来至陕军中，密报清政府从北京调派毅军计马步炮兵共十八个营，由赵倜率领来援，已进驻陕县。张伯英得此情报，遂决定在大敌当前，众寡不敌的情况下，暂避其锋，诱敌深入，分段歼灭。

11月30日晚，民军即主动移营西退，坚守潼关。清军探知民军西退，跟踪追来，但节节受到民军的英勇阻击，不敢贸然行动，只得搜索前进，进过数天战斗才逼近潼关。12月6日，民军重整旗鼓，决定给来追之敌以迎头痛击。此时豫西的地方起义武装丁同声、王天纵等部相继前来，支援陕西民军。张钫为了更好地与这些军队合作，共同对敌，将陕西东路民军改名为"秦陇豫复汉军"。①进攻时，令九标一营及侦察队为前卫，以丁同声为前卫队长，向阌乡进发；二标二营及七标合作向盘豆镇进发；屈金马队沿南山根前进；炮队2遂二标前进。12月9日，民军与清军大战于盘豆镇民军失利，退至阌底镇，乘夜又退回潼关。清军乘胜追至，并用山炮数十门，向潼关城内连发不停，民军由于多系新招群众，缺乏严格的军事训练和作战经验，一时慌乱。有些士兵认为"既得潼关即可高枕无忧"，缺乏应有的警惕。再加上张钫在处理与清军谈判及给民军赏金等事宜上，考虑不周，造成一些误会。致使一些官兵"半狐疑，半怨望"，影响了民军的内部团结。②鉴于上述原因，在清军猛攻潼关时，城外城内民军，行动不统一，一时乱阵，纷纷后退。12月10日，民军退至华阴、华州一带，潼关二次失守。

省城闻讯，张凤翙急忙率队东援，到前线后，立即召集军事会议，解决民军中的矛盾。张钫承担了"调度无方的责任"，亦批评了部下"不服调遣"的错误，并当场表示，只要大家齐心协力，"以我现有之众，挡毅军现有之兵，可决必胜。"数日后，民军王荣镇（定伯）、陈毅卿、刘俊生、陈树藩（柏生）等相继开来前线。临潼曹印侯（树勋），不仅筹军粮三千石支援东路民军，而且亲自招募渭北一带刀客游侠数千人，编成"敢死军"，参加东路战役。12月18日张凤翙召集各路

---

① 《河南文史资料选辑》，第六辑，第48页。
② 《近代史资料》，1983年第一期，第74页。

兵马于华阴县（今华阳市）东城门外，并与张钫等一起检阅部队，演讲誓师，"吾省存亡，在此一举，当同心勠力，以摧强敌"。[①]演说慷慨激昂，语甚悲壮，将士听了大受感动，军威为之大振。誓师后，便分兵五路向敌进攻。一路由张凤翙督师，由大道正面进攻；一路由张钫督师，带队绕道董南塬包抄敌后路；一队由王荣镇带队，绕道南塬从十二连城进攻；一路由陈树藩率队，由东南塬向敌直接进攻，插入敌阵；一路由宋兴汉带队，防守渭河岸。[②]在此期间，袁世凯与武昌革命军曾达成停战十五天（12月9—24日）的协议，因陕电报不通，停战令由清方转达，但清军在未战据潼关之前，却压而不转，待其占领潼关后才于16日来约停战。这时民军因潼关失守处于不利地位，随时都有被清军进犯之危机；同时民军为了挽救被动局面，正好已经誓师东进，布置既定，已开始行动。加上从前张钫与清军议和，屡受其诈（第一次张钫阵前与清军代表谈话，清军竟向民军突然袭击，击死民军多人，以致将士怀疑张与豫军暗通，不服调遣），若此时再与清军谈判讲和，必然瓦解军心。因此决定处死清军来使，决心东讨清军，议定军心。第一次义和未成。

19日，民军开始进攻，虽然中路军受挫折，退回华阴一带，但东南塬各路民军，已分别到达预定地点，并开始向清军围攻。陈树藩部已插入敌阵，在各路民军猛攻之下，迫使清军开始向潼关城内紧缩。20日（十一月初一），适逢大雪，深达二三尺，民军不怕严寒，冒雪发起全面总攻，士兵们猛扑猛攻，迅速冲入敌阵，这时清军大炮失去威力，短兵相接，民军个个奋杀，勇气倍增，清军伤亡甚大，很快溃不成军，遂抛弃尸体和辎重，趁雪夜撤出潼关，向东退逃。21日，民军占领潼关城，潼关第二次收复。

这时，山西民军自娘子关失利后，副都督温寿泉率领所部退至蒲州，来潼关商谈收复晋南事，加之河南王天纵率部开来潼关，三家汇合，军力增强，经过研究，议定分三路东进，追击逃敌。一路为左翼，以山西民军和陕西陈树藩部约五千人，由井勿幕率领，从大庆关过黄河，协助晋军收复晋南各县；一路为右翼，

[①]《辛亥革命》资料丛刊（六），第80页。
[②]邱权证等编：《辛亥革命史料选辑》，下册，第222页。

以民间武装为主，编成游击队，向豫西嵩县、永宁（今洛宁县）一带进攻；中路由张钫亲自指挥，由步兵十个标，骑兵一个标，炮兵一个营，为这次东征主力，主要从正面跟踪追击东逃清军。另外，由刘粹轩、刘镇华等五十余人担任政治宣传工作，并组成政治工作队，下带学生队五队，每队百余人随中路军前行。12月29日，各路民军陆续出发，向河南、山西挺进。张钫所率主力追逃敌，进展顺利，1912年1月1日追至灵宝，与清军展开了激烈的交错战，连战四昼夜，民军获胜。4日民军占领灵宝，城内绅民，古乐欢迎。第二天民军乘胜东进，应用追击，一路势如破竹，第三天攻占陕州。清军继续溃退，民军紧跟追击，经张茅、观音堂直追至渑池。时井勿幕率领的左翼已迅速占山西运城，与黄河南岸中路军成掎角之势。而清军来不及食宿，失地四百余里，直逃到洛阳才停下来。一时洛阳告急，中原震动。这时袁世凯立即命令第二镇统治王占元，火速开往陕州接应；又增调毅军十个营，令赵倜为前敌司令，气势汹汹向陕西民军反扑过来。此时清军已近三万人，超过民军数倍。加上民军由于东征顺利，相当的官兵产生了轻敌和麻痹思想，所以在强敌反攻时，双方相遇，未战多久，很快失利。1912年1月10日（十一月十八），民军首先与清军骑兵相遇于渑池，双方交锋激战一天，民军不支，开始后退。接着，双方又激战于英壕、观音堂之间。民军战败退至陕州，兵守峡石、乾壕一带。时雪天冻地，人无热食，马无宿草，人啼呼食宿之声不绝，又无援兵，张钫只好下令撤退张茅。次晨三时，王天纵部最后撤退，有清军伪装民军带民军臂章，跟随其后，竟被王天纵认为友军，至天明到张茅，始发现是敌军，遂发生战斗。驻张茅民军由于一夜行军正在休息，忽闻枪声才从梦中惊醒，仓促参战，混战半日民军死伤八百余人，损失惨重，纷纷败退。下午敌军又追至兴镇，由于严飞龙部英勇截击，清军始停止，民军才脱离追击，稍做休息，继续后撤。各路民军相继从张茅，陕州一带退至函谷关，在此，又与三千骑兵相遇，激战半日。当晚退回潼关。17日，清军追至，同时开始围攻潼关，并利用其炮火优势，集中向城内轰击，民军损失严重，坚守到19日，由于弹药耗尽，始主动撤退出城，潼关第三次失守。

民军撤出潼关后，退守华阴、华州一带。在清军占领潼关前，清军曾数次来函议和，张钫也屡派代表前往，也知清军"执行袁世凯密令，假为议和，暗中集中兵力"。①扬言不占领潼关，绝不言和，气焰十分嚣张，随后即猛攻潼关。张钫困守潼关兵力不足，战事危急，曾一再向军政府求援，当时西路战事亦正处于最紧张的时期，省城兵力均赴西路，无兵东援。这时，又接湖北数次来电，言上海议和可成，军政府遂令张钫立即与清军议和停战。张在失利的情况下，接到省城义和来函，气愤异常，遂复函军政府，揭露清军多次以"议和"为幌子，欺骗进攻民军，12月11日在"议和"停战声中，夺取潼关，第三次进攻潼关时，背后又谈"议和"，却突然杀害陕西民军义和代表刘粹轩等人，攻占潼关。盛怒之下，他痛斥张凤翙等人关于议和的信是"持秦桧之议，误我陕民"，②并告知军政府自己病重，而潼关又危在旦夕，请省城速派兵援救潼关。省城接信后，大为震惊。又闻张钫已败走南山，陈树藩退驻高陵收集败兵去了，其他各部多退离前线，东路空虚无兵把守，清兵压境，更为惊愕。当时竟有人主张放弃西安，迁退南山龙驹寨一带，然后联合湖北民军再图恢复。军政府立即召开紧急会议磋商，张凤翙、郭希仁（忠清）等人，对守西安信心不足，认为东路无兵把守，西路清军已临咸阳，西安朝夕难保。王锡侯（恒晋）、高幼尼（祖宪）、彭世安（仲翔）等人则坚决主张坚守西安，认为舍弃西安，无异于"自取灭亡"。③高幼尼指出，如军政府离开西安，逃至南山，清军将会赶到南山消灭民军，如果省城丢失，则革命军"大势去矣"。他分析了当前形势，认为民军士气比敌军强盛，只是后方财政太困难。他认为只要"充实银行，通货币"，借典当的金银以充军饷急用，暂可解决。他满怀信心地说："如此而忧守之不顾，吾弗信也"。④经过商讨，张凤翙等人亦坚定了固守西安的决心。会后，张凤翙一方面急电南京临时政府，言"清军万分凶悍"，陕军"遵约停战"，敌军背约进犯，现"潼关失守，残兵退散，升贼西方之兵，正在猖獗。东西交困，奔命不暇。陕西危亡，近在目前。望速筹大计，合力破贼，万勿漠视"。⑤另一方面，张凤翙急令西安留守的人马五百余人，由兵马副都督吴

---

① 《河南文史资料选辑》，第六辑，第66页。

② 《河南文史资料选辑》，第三辑，第68页。

③ 《户县志》卷五，第24页。

④ 《革命人物志》，第四集，第119页。

⑤ 《陕西辛亥革命资料》1961年第1号（总25号），第80页。

世昌率领，星夜赶赴东路救援督战，防敌乘虚西犯。又命令东路各县民团，积极参加作战，并且要多设旗鼓以为疑兵，使敌不敢轻易冒进。命令陈树藩迅速整顿军队，火速开回东路前线。接着西路援军也回省增援，24 日出发东进，26 日到达华州。各路民军，根据命令，先后进驻华州、华阴一带，并挖长沟数条，以备防守。张钫自华州败退南山后，又招募新兵数千人，这时也迅速开回二华前线。一时民军云集，很快兵力达到万人以上，军力大增。郭希仁又用行军关防"严催各州县接济粮饷，十余日而得五六万金"，[①]解决了军饷急需。从而士气大振，民心亦稍安定。此后，民军坚守二华一带，加强防卫，进行整训，待机反攻，力图收复潼关。清军见民军增强了兵力，且防备森严，亦不敢贸然进犯。这时南北议和谈判正在进行，在谈判中，袁世凯在陕东、西路战役中，玩弄了种种花招。在停战期间，清军根据他的命令，由河南多次向陕西发动猛烈进攻，企图扑灭陕西革命。却又贼喊捉贼地函电南方议和代表，反污陕西民军"屡于停战期内，违约"进攻清军，并以此为据，"不认西军（指陕西民军—引者）为民军"。[②]清军第三次占领潼关后，袁世凯下令停止西进，采取了和占领汉口时一样的手段，迫使清廷与南方革命政府都按自己的要求行事。对于袁氏的险恶用心，孙中山明确表示"虽有此议，我们绝不承认，宁可和议决裂，不能不承认山（山西）、陕（陕西）的革命同志。"[③]有些革命党人对袁世凯也进行了抨击和揭露，如于右任明确指出"袁世凯居心险诈"，这些伎俩不过是其"妄冀破坏民国"；同时指出，陕军殊死拼杀，已到了"兵弹械绌，饷复不继"的地步，若陕西丢失，大河流域将为清王朝所有，南军北上必难着手。因此，他期望南京政府"从速派兵，会师河洛，直捣幽燕"，"万勿中奸人诡计，致大局破坏，不可收拾"。[④]陕西同盟会员马彦翀在"大雁塔会议"后受井勿幕、焦子静指派，与三原胡鹤汀赴日本向同盟会总部接洽枪弹，行至北京时，接陕西电令，省城光复，停止东渡，迅即返陕。马即约陈同熙（会亭）、

① 《辛亥革命》资料丛刊（六），第 93 页。

② 《民立报》，1912 年 1 月 21 日。

③ 全国政协《辛亥革命回忆录》，第五辑，第 152 页。

④ 《民立报》，1912 年 1 月 19 日。

范味腴诸人回陕赞襄革命。行至渑池，为清军所阻，乃改由海道舟行至南京，面谒孙中山大总统。时当陕西东西两路战事正值吃紧，军政府派李良材（桐轩）、甘锡泽数起，先后到南京请援，旅京同乡开会，上书孙中山，恳请迅电鄂督黎元洪派兵驰援陕西。"公推马彦翀、甘锡泽、王凤文三人赴鄂请援代表，我等到鄂见黎后，黎允派刘公一军由鄂西驻军中抽调劲旅西进以由汉江西上。[1]鄂军刘公、季雨霖两部组成援陕军。马彦翀偕轻骑西进。军至荆紫关后，闻议和成功，清帝退位，共和告成，陕西形势缓和。鄂军停止西进。陕西军政府又派同盟会尚天德（镇圭），"只身逾秦岭，行冰雪中，七日出陕，至武昌。"亲自向副总统黎元洪报告陕西战况，筹划制敌之策。[2]在这种局势下，潼关一带的双方军队处于相持状态，未发生大的战斗。2月12日（腊月二十五），南北议和成功，清帝退位。孙中山一再电催袁世凯即速在陕停战撤军，同时电令陕西军政府与袁军接洽和谈。加之山西、四川都已光复，甘肃新军已经起义，河南革命也正在积极进行，大势所趋，人心所向，清军也实难再战。陕西军政府首先派代表彭仲翔第"持电与清军接洽"，双方开始在全店谈判。15日达成协议，和谈成功。18日，民军以张钫为代表，北洋军以赵偋、周符麟为代表，双方在潼关会面，并在协议书上签了字。当天清军（亦开始称北洋军）开始撤退，陕西民军陆续进驻潼关。袁世凯给孙中山回电说："现潼关周统领符麟等已与西军接洽，并与二月十八日双方将领全体在潼关欢会，连成一家矣"。[3]东路战事从此结束。时西路战事告急，醴泉失守。东路民军除留太峪军队驻扎潼关外，其余奉命火速西开，增援西路。

——西路战役又分为北路、南路，战争惨烈，甘肃清军一度占领咸阳，进逼西安

西安起义时，因为反对清廷"预备立宪"主张而被解职的前陕甘总督升允，只身逃往甘肃平凉。他电告陕甘总督长庚，声言"勤王"，表示誓死效命清廷，遂由长庚举荐，受命署理陕西巡抚，督办军务，镇压陕西民军起义。升允任职后，

---

[1]《马彦翀先生纪念文集》，丹凤县政协文史资料第十六辑，第210页。

[2]居正：《第一届国会议员尚镇圭先生传》。

[3]《辛亥革命资料》1961年，第1号（总25号），第199页。

日夜兼程，赶赴兰州，与长庚勾结一起，共谋犯陕，企图扑灭陕西革命火焰。升允未到甘肃前，长庚已经知道陕西起义消息，惊慌失措之中，"以甘肃饷械两绌，攻守尚待犹豫"。①而升允到甘肃后，大大增加了长庚镇压陕西革命的决心。他们起用停职在籍的回族将领马安良，任甘肃彭英甲为陕西布政使兼营务处总理。并将甘肃陆军混成协改编为若干营，互不相属，以分散新军力量，对可疑军官，予以清除，企图防止甘肃新军起义。然后，集中兵力东进犯陕，命马安良招募回兵十四个营，加上其他总共集中兵力四十余营，气势汹汹地向陕西猛扑过来。由于升允十分顽固反动，一心效忠清廷，所以，西路战争比起东路来说，更为激烈，更为艰苦。甘肃清军由升允统领，分南、北两路：北路由升允亲自指挥，率领马安良、陆洪涛、马国仁等共二十三个营，由甘肃泾川东进，直扑长武；南路，由陕甘提督张行志指挥，崔正午任副将，由陇南出发，进犯陇州。与此同时，升允又电告袁世凯，表白其"世受国恩，自当督率将士勤王"。袁迅即回电升允，嘉勉其"迫切陈词，足见忠荩"，令其"认真防御，幸勿轻离"。②升允得电，更加气焰嚣张。

1911 年 11 元中旬，升允亲自指挥侵陕西路军，令马国仁为前锋，开始向长武进犯。时陕西军政府已估计到甘肃清军必将来犯，就先命令第五标统邓占云率部去长武一带防守。其所属第一营石得胜部，于 11 月 3 日（九月十三）由省城出发，进驻长武布防。但第二营杨树堂部，于 7 日由省城出发，中途却跑到凤翔、岐山一带去剿匪，未按计划去长武。第三营苟占彪部随统领邓占云援助潼关未归。清军马国仁部于 11 月 21 日夜进攻长武，本来，长武驻军仅石得胜一营兵力，石又"因娶妻宴会疏于防范"，③长武被清军突袭占领，石得胜这个新郎不幸被俘遇害。接着，清军继续前进，进攻邠州（彬县），守城巡防队百余人，闻长武失守，未做抵抗即开门迎降，邠州亦被清军不费刀枪顺利占领。

军政府接到长武、邠州失守的消息后，令由东路回省城的苟占彪营火速开往

---

① 《甘肃文史资料选辑》，第十一辑，第 56 页。

② 《甘肃文史资料选辑》第十一辑，第 206 页。

③ 全国政协：《辛亥革命回忆录》，第五辑，第 88 页。

邠、长前线堵防，但苟路过乾州时，竟因与地方发生冲突，纵兵抢掠，不仅贻误战机，而且激起民愤。这时，郭希仁鉴于西路各军难于调遣的情况，急与张凤翙商议，请兵马大都督张云山率部西征，张云山慨然应允。11 月 25 日，领参谋邹子良（炎）、马文明（开臣）等，率卫队二百余人和邱彦彪的四标一营由省城出发，亲自西征。行前有富平哥老会首领向紫山率千余人来投，张云山从中挑选八百余人编为向字营，亦随张云山西征。沿途有耀县（今耀州区）哥老会首领张南辉带三百余人来投，加上高陵哥老会首领王占云的游击队五百余人，西路征讨军很快扩充到二千余人。28 日进驻乾州城，张云山到乾州后，布告安民，整顿城务，对苟营骚扰乾城，军纪涣散极为愤慨，只因清军压境，暂时容忍，仅杀其部下罪大者八人，以严军律，安定民心。命令邓占云率杨、苟两营，即速西开，收复邠、长失地，立功赎罪。当时宁夏革命爆发，清军后院起火，升允为了保证后方安全，不得不回去镇压，因此对长武、邠州暂时采取守而不攻策略。12 月 4 日，邓占云以苟营为前锋，攻取邠州，清军企图顽守，在民军猛烈围攻下，伤亡六十人，遂弃城西逃，邠州收复。民军稍作休整于 6 日向长武进军，行至距长武城约二十里的冉店桥，突然遭到清军伏击。这是一条长约十里，深约十丈的土沟，民军毫无察觉，冷不防受到围攻，仓促应战，激战至深夜，民军大败。时张云山已进驻邠州，闻讯即派向紫山率部增援，协助邓占云残部，向敌军发动进攻，经过两天激战，清军不支，败退长武，民军又夺回亭口、冉店桥两处重镇。这时，在甘肃宁州起义失败的哥老会首领彭泗海率部千余人来投，陕西民军力量又得以增加。冉店桥收复后，向紫山和邓占云两部，因分战利品不均发生争执。向字营要强借邓营枪二百支，邓不答应，几乎因此动武。虽然经过各方劝解而停止，但邓占云恐怕张云山再次责难，竟不顾大局，违抗军令，私自率部千余人离开邠、长前线，绕道凤翔，宝鸡入汉中。邓部一走，西路民军力量大减，剩下守邠、长民军总共不足三千人，而且仅有快枪七百支，大部分士兵还是以旧式刀、矛为武器。12 月 10 日，潼关二次失守，东路告急，大统领张凤翙亲自率队赶往东路前线督战。省城一时空虚，人心惶惶。张云山见西路夺回冉店桥后，战争尚平定，遂带部分人马星夜赶回省城坐镇，西路战事交邹子良负责指挥。14 日，清军陆洪涛所率振武军乘虚向冉店桥和亭口镇民军阵地突然发动进攻，双方激战两日，不分胜负。16 日，清军马安良率部增援陆洪涛，敌军力量大增，且武器精良，双方展开了激烈的肉搏战，虽然民军坚守阵地，作殊死抵抗，但终因军力单薄，武器陈旧，又无援兵，向字营全军覆没。清军获胜，竟把陕西民军的尸骸填入壕沟而过。后来，当地群众称冉店桥为"人垫桥"，足见当时民军损失之惨重。清军乘胜东进，剩余民军，溃不成军，节节退逃，邹子良在邠州截不住，邠州民军也慌乱一团，邹子良想稳住阵容，组织抵抗，由于政令不一，各营多不服调遣，所以毫无办法，敌军又追至，民军即放弃邠州，一直退到永寿。到永寿还未来得及布防，敌军又至，民军不支，继续后退，最后退到乾州才停下来。至 19 日，邠州、永寿相继失守，民军退到乾州，稍作整饬，设防固守乾州。

向字营覆没和邠州、永寿失守的消息传到省城，无不震惊，军政府令张云山火速返回西路前线防堵。20 日，张云山率二标一营，六标一营，草滩屯军一营，邱彦彪的第四标，又带山炮四尊，在咸阳集结后，迅速西开进驻乾州。时升允也率部进驻邠州，所部陆洪涛已进驻永寿。两军一驻乾州，一据邠州、永寿，此处西路北路战事基本上处于相持阶段，展开了较长时间的拉锯战。

29 日，张云山命令邱彦彪率领各标营五千余人，由监军镇向北挺近，出击清军，两军相遇于豪店一带，战斗半日，民军不支，撤回监军镇，敌军乘胜追击，民军全线溃败，监军镇很快失守。邱彦彪战败退回乾州，恐怕张云山斥责，遂私自率领残部直逃到省南一带。张云山素来执法甚严，下级军官多怕其威，上次邓占云出走陕南，这次邱彦彪战败又走省南，不能说与此无关。邱部出走，张云山即速收容散兵，关闭州城四门，尽力防守，再无进攻之力。张云山命令城墙上夜间多设灯火，白天多设旗鼓，并不断吹奏军号，以迷惑敌人，使清军不知内情，不敢轻易冒进。但是，必定城内兵力不足，饷械不足，敌军兵临城下，乾城危在旦夕。张云山将此情况派人火速报告省城，要求军政府迅速设法增兵运粮，救助乾州。时东路潼关已二次收复，战事稍缓。张凤翙接到西路飞书告急，亲自率领东路回省城各军，由西安出发进驻醴泉（礼泉）。又调粮饷都督马玉贵（青山）率部急速西开，北路招讨使井勿幕，闻西路战事紧急，也派胡景翼（笠僧）率兵两营，由泾阳渡河开进，增援乾州。民军调集和部署已定，立即组织反攻。

1912 年 1 月 1 日（十一月十三日），张凤翙便派人与张云山取得联系，决定将乾、醴民军分三路，约期同时向敌反攻。决定：张云山从乾州出城为西路，马玉贵从醴泉西进为东路，张凤翙率部由醴泉出发督战为中路。2日开始向清军反攻，东路马玉贵仅以数百人深入敌阵，被包围，官兵奋战，杀出重围，退回醴泉。张云山西路军，因未联络好而未出兵。第二天再次会攻，又由于联系不周步调不一，各自为战，很快败退。7日，突然接到情报，清军一千余人占领了三水（旬邑）县城，并向淳化一带窜扰。张凤翙认为敌人此举系企图插入民军后方进行骚扰，即命令陈殿卿、胡景翼率部二千余人，前去阻击，与敌转战于三水、淳化一带。11日清军败退，逃回甘肃境内，民军收复三水。14日，陈、胡率部又向张洪镇驻敌发起进攻，激战半日，至下午民军猛冲猛打，敌军不支，纷纷逃退，一直跑回邠州本营。20日，潼关第三次失守，东路复告急，张凤翙把醴泉防守事务交马玉贵主持，星夜赶回省城。不几天，邱彦彪由省南率部来醴泉马玉贵又将防务交邱负责，布防就绪，也返回省城。乾州仍在张云山坚守之下，虽然清军屡次围攻，皆被击退，把清军紧紧钳制在乾、醴一带，不敢贸然东犯。

2月18日（正月初一），东路议和停战，而西路升允，愚顽不化，明知清帝退位，南北议和，但不听袁世凯和议之命，还要垂死挣扎，顽抗到底。一方面命令马安良继续围攻乾州，另一方面指示陆洪涛绕道进犯醴泉。守醴泉邱彦彪部，以数千之众，前有乾州张云山，后无后顾之忧，完全可以坚守御敌。但是，令人愤慨的是前次临阵南逃，违抗军令；这次守醴泉，他又违犯军纪，不积极备战，却以为前有乾州挡敌，竟安然无备。除夕晚上，全体官兵吃酒赌钱，通宵达旦，毫无警惕。正当邱彦彪部除夕狂欢之际，不料清军连夜急行军，迅速包围醴泉县城。拂晓突然偷袭，邱军来不及联合抵抗，慌乱一团，清军迅速攻入城内喊杀之声响满城池，邱部溃不成军，邱彦彪首先带残部仓皇退逃咸阳，醴泉失守。

此后，清军直逼咸阳，西安告急，民军完全处于防御阶段。特别使乾州处于被敌人四面包围之中，孤立无援，处境更加艰难。但是，张云山力守危城，毫不气馁，他团结部下，互相鼓励；同时严整军纪，不论官长士兵，一律不准进驻民房，不准官兵随意离队，坚守阵地。加上辛亥年乾州一带夏秋作物丰收，城内粮食相对充足，张云山又比较体恤民情，对城内缺粮食的居民及时解决困难。因此，军民齐心协力，与清军展开斗争。清军曾利用北塬高地，用山炮轰城，致使"北城门月城垛堞，全被开花轰倒，直成缺口，城上不能立人。近城门两面垛堞数十丈，无处无弹痕，其密处几不能辨砖型"。^①但仍未攻下。清军又强拉民夫挖掘地道数处，改用坑道攻城，均被截破。还准备所谓"敢死队"，几次冲至城下，加起三丈多高云梯数十个，强行登城，皆被民军打倒。攻城未成，反而死伤严重。后来又派一支官兵，跪在城下诈降，企图骗开城门攻入，也被民军识破，未能得逞。^②清军马安良部攻不下乾州城，竟穷凶极恶地"每日纵兵在城外杀害群众以泄愤。"当地人民不堪扰害，四处逃亡，城周围竟"数十里望无人烟"。清军的凶残不仅没有动摇守城民军的意志，反而更加坚定了他们死守危城的决心。因为城内军民十分清楚，城破则只有死路一条，城在则有一线求生的希望。所以无不英勇作战，如在反清军炮击时，民军炮营营长王克明冒着敌人猛烈的炮火，用民军大炮与敌人对射，有一发炮弹射入敌军炮口内爆炸，敌军大惊，王克明被民军誉为"神炮手"^③西路民军，在极端艰苦的条件下，坚守乾州，牵制了大量清军，不仅在西路战斗中起了重要作用，而且"使省城不致动摇"。因此，被称为"秦军西面长城"。

南路，清军由平凉出发，取道陇州，向陕西进犯。军政府在布防北路战事时，已经料到清军从长武向陕西进犯的同时，必然要从南路陇州进攻。即决定由副大统领万炳南出守凤翔，又任命赵乃普为凤翔府知府，胡树人为凤翔县知县，协助万炳南共同抗御来犯之敌。万炳南率民军十余营西开，于1911年11月29日（十月初九）到达凤翔。时凤翔已经光复，万将民团整编为五个民团营，以马秉乾为中营管带，黄发为东营管带，杨开甲为西营管带，龚发荣为南营管带，杨凤德为北营管带，每营二百余人，共千余人。同时命令杨春华营守固关，令参谋长陈同（素之）率吴栋臣、赵皖江驻兵陇州、千阳一带。要求各营修筑工事，积极备战，防敌进犯。

12月17日（十月二十七），崔正午率其所谓"骁锐军"五个营乘黑夜偷袭固关，民军无备，突遭偷袭，仓促应战，不利，退守陇州。23日，当晚大雪，民军组织力量，想乘雪夜劫袭敌营，夺回固关。由杨春华率部前往，以当地哥老会杨

---

^①《辛亥革命》资料丛刊（六），第99页。

^②《甘肃文史资料选辑》，第十一辑，第93页。

^③《西北革命史征稿》，中卷，第89—90页。

录作向导，行至平头塬，由于冰天雪地迷失了方向，又与敌军遭遇，双方交战，民军失利。固关不仅未夺回，反被清军追至陇州城下，城内民军准备不及，仓促应战，抵抗不住，陇州被清军占领。崔正午攻占陇州后，未做停留，乘胜东进，又占领了汧阳（千阳）县城，前锋到达凤翔以西的柳林镇。与此同时，陕甘提督张行志率所谓"壮凯军"七个营，自灵台南下，经天堂进驻城北水沟太相寺，其前锋已到达北沙凹堡一带。城西的崔正午部和城北的张行志部成掎角之势，两军共约四千余人，包围了凤翔城，城内民军仅二千余人，且武器远不如清军，凤翔危在旦夕。万炳南由于兵力单薄，急向省城求援，军政府令王荣镇、杨汝林、王振海等各率兵一营，迅速增援。又令曹印侯率其敢死军一千二百余人，星夜赶往凤翔增援。敢死军是同盟会员曹印侯（树勋）在东路战事危急时组织起了的一支民间武装，其武器奇缺，相当多数的士兵以铡刀为武器，所以也称"铡刀队"。尽管这支武装仓促创建，武器亦不先进，但由于曹印侯治军有方，特别注意以身作则，"自食粗粮，与士兵同甘苦"，[1]因而这支武装斗志十分旺盛，他们常以土枪、刀、矛，冲驰于快枪飞弹之间，无一人畏死怯退，战斗力很强。各路援军陆续到达凤翔，万炳南见民军力量大增，积极整顿，开始组织和部署，决定主动向敌进行反攻，夺回失地，以鼓舞士气。

1912年1月9日（十一月二十一）万炳南决定将民军分为西、北、中三路向敌进攻。西路，由王荣镇指挥；北路，由朱汉庭指挥；中路由王振海指挥。三路同时出击，结果西、北两路均获胜利，惟中路民军中途触敌地雷，炸死炸伤多人，一时大乱，纷纷后退，指挥王振海奋力督战，又不幸中弹倒地，被俘遇害，民军遂即撤回凤翔。第二天，民军以主力出西门直攻柳林镇之敌，当民军到达该镇时，正值中午，清军正在各村抢掠，未发现民军踪迹。民军出其不意，以迅雷不及掩耳之势直插敌军营，清军集合不及，仓卒应战，顿时大乱，崔正午亲自出马督战，忽中单倒地，被部下抢走，群敌五首，纷纷溃逃。虽然张行志率队来援，但以天黑，遂退入山中。崔正午受伤后，率部退千阳固守，柳林镇被民军占领。

15日，民军又集中兵力，由凤翔北门出发，向水沟张行志围攻，清军紧闭城

---

[1]《辛亥革命在陕西》，陕西党史资料丛书（三），第931页。

门死守，不出城应战。民军集中火力向东城门猛冲猛攻，很快就冲进城内，敌军见城陷，即从西面逃跑，水沟村城即被民军收复。凤翔之围暂时缓解，民军亦得到休整的机会。

十多天后，崔正午由千阳率部分三路来攻凤翔，首先占领了柳林镇，大军直逼凤翔城下。民军曹印侯率敢死队出城迎战，对敌分路截击，战至午后，清军力疲，开始节节撤退，民军稍加追击即退回城。第二天黎明，敌千余人又来偷袭，民军早有防备，敢死队二百余人，手持铡刀，由城墙突然跳下，冲入敌阵中，挥铡刀乱砍乱杀，清军惊惧，四散逃命。城内民军见敌营大乱，从西门冲出，乘胜追击，清军大乱，死伤百余人，丢弃辎重尸体，慌乱西逃，民军获胜，夺枪百余支。

2 月 14 日，清军二次来围攻凤翔，民军探得信息，即组织铡刀队五百余人，化妆成敌军隐伏于路边沟道中。清军蜂拥而至，误认为友军，双方相遇时方知中计，民军手持铡刀冲入敌阵，砍杀不停，清军措手不及，慌乱一团，立即溃逃。民军见敌军远逃，也未多追。这次战斗，共杀敌二百多人，夺获枪支数十支，这一次战斗后，已到阴历年。除夕，万炳南一再告诫官兵，强敌当前，要吸取北路军惨败醴泉的教训，万勿麻痹大意，严禁吃喝赌钱，严防敌人偷袭。到了正月十五日，民军乘敌正欢度元宵节无备之机，当晚向柳林镇驻敌偷袭，清军猝不及防，溃败而逃，民军再次收复了柳林镇。

民军收复柳林镇后，清军寻机报复。接着张行志于 3 月 7 日（正月十八）夜晚，偷袭岐山县城，清军不走大道，绕小道悄悄向岐山进发，第二天天未明就到达城外。此时城内因知县李谦吉正在举行婚礼，守城官兵吃喜酒狂欢，一夜无人守城查岗，毫无戒备。清军侦悉城内无备，立即开始攻城，用云梯很快登上城墙，居高临下，向城内猛烈轰击。驻城民军二千余人，从梦中惊醒，不知发生了什么事，仓皇失措，乱不成军，无力抵抗，很快城东、西门被攻开，清军蜂拥而入，到处是喊杀声，民军纷纷逃匿，死伤过半，全城很快陷落，知县李谦吉做了俘虏，被绑送张行志行营杀死，清军占领岐山县城后，大肆抢劫屠杀，群众被枪毙、刀杀、烧死这近千人，"大街上尸体堆积，鲜血满地，残酷的景况无法形容"。[①]岐山

---

① 《陕西文史资料选辑》，第一辑，第 142 页。

失守后，不仅是民军遭受惨重的损失，而且把凤翔城孤立，处境更加困难，使以后的战争更加被动。

省城得到岐山失守的消息后，不得不派兵西援。清军在城内盘踞八天，闻民军援军将至，将岐山城内搜掠一空，弃城西逃。

在南路清军与民军激战的同时，北路敌军向民军发动了更猛烈地进攻。升允因屡攻乾州未能得逞，即令陆洪涛绕道攻占醴泉，接着继续东攻咸阳。升允占领了咸阳以西的大片地方后，出于对清帝退位、南北议和的不满，以百倍的仇恨进行报复，在其占领区，犯下了种种罪行。抓住百姓中的男人，强迫其"空手作前驱，以当枪弹，呼曰'肉屏'"。抓住妇女，还将她们"裸体丢诸沟中，视其辗转以博一剧"。一般居民惨遭杀戮者不可胜数。又据《民立报》揭露当时升允军罪行时说："见男则刳肠剖腹，遇女则轮奸、割舌刖足。"①其穷凶极恶，丧心病狂，达到了极点。

咸阳为西安西北门户，若被敌军占领，西安将不堪设想。在这种形势下，陕西军政府一面急电南京临时政府，明确指出："甘军升允野蛮行为，乘南北军接洽之际"，于2月8、12、13、14、15等日，"两路进攻乾、凤城池，幸而我军拼命死守，尚未失陷。升虏声称阴历元月（指农历1912年正月）非克乾、凤两城，军官正法，克则重赏。似此强悍野心，无法与之接洽。"②同时研究决定，立即进行抵抗，以保卫省城安全。当时具体的军事部署是：派兵马副都督吴世昌主持咸阳军务；派粮饷都督马玉贵把守泾阳渭河渡口，防敌渡河扰害泾阳、三原一带；派驻同州的东路节度使陈树藩（柏生），率所部严飞龙星夜赴醴泉（礼泉）一带，由临津渡河，为攻醴泉的主力军，并勿幕部与陈部协助作战；调东路驻华阴的大统领卫队指挥官朱叙铭（叙五），迅速率大炮队由新丰过渭河，协助陈树藩部攻取醴泉。正当民军调集之时，清军乘民军集结未定，东路占据了咸阳塬一带高地，咸阳形势十分紧迫。当时城内民军原驻部队二个营，从醴泉败退咸阳的邱彦彪部二个营，新调吴世昌部二个营。2月23日黎明，清军下塬攻城，吴世昌出城迎击，

①《民立报》，1912年3月25日。
②《辛亥革命资料》1961年1号（总25号），第159页。

敢死队奋勇异常，手持铡刀冲入敌阵，敌人快枪一时失去威力，双方展开了肉搏战，敌军死伤严重，纷纷逃窜。吴趁机追击，不幸中弹坠马，被救回城，一时民军无首，即速退回城内。是日午夜，又有援兵数营到达，由军令大都督刘世杰亲自督战，士气倍增。24日黎明，民军组织力量分北路、东路、西北路，从三方面同时出击，围攻北塬敌营。由于北塬敌人居高临下，易于防守，而民军仰攻困难较大，加之部队多系刚刚调来，互不相属，各自为战，行动涣散，指挥极不统一，又遇天气变化，大雨降落，道路泥泞，士气因之大受影响。所以，与清军坚持战斗到傍晚，雨愈下愈大，民军纷纷后退。三路总指挥吴善卿高声喊道："兄弟们，不要走，敌人败啦，赶快追击，不要错过机会"。[1]喊得声嘶力竭，仍制止不住民军后退。吴愤而领自己的部队追击敌人，不料被围，幸有刘世杰马队接应，才突围回城。不几天，增援民军来到指定地点，升允深恐醴泉被围，遂撤兵守醴泉。

2月27日，民军从咸阳组织兵力，追击敌人，跟踪进驻双兆、张店一带宿营。同时陈树藩部严飞龙和胡景翼已从临津渡河，进驻醴泉一带。民军立即组织反攻，以陈树藩部为主力，由北向南进攻醴泉，胡景翼担任右翼助攻，马玉贵担任左翼助攻；又派王一山炸弹队和陈树发（雨亭）一营，绕到醴泉西南薛禄镇一带潜伏，乘机扰敌后方。28日进攻，两军相遇，战斗非常激烈，战至午后四时左右，不分胜负，双方各自收兵回营。

3月2日，朱彝铭率领的大炮队，用十二门野炮由醴泉城北向城内轰击，炸毁北门和升允行营所在地县署大堂，并与企图包围民军的清军在城外发生战斗。双方激战约两小时，敌军不支退回县城。此时刀客出身的标统严飞龙，亲眼看到部下连日激战死伤甚重，又闻之升允部下活捉陕西民军后，不是用炸弹绑挂胸前炸死，就是用布缠身后浸油活活烧死，遂决心于当夜攻进醴泉城去活捉升允，为兄弟们报仇。不幸在侦察地形时被城上敌军射中头部身亡。严飞龙是同盟会员李仲三等人联络引导下，接受了同盟会的领导，在陕西辛亥革命中屡建战功，直到气绝前仍一再叮嘱部下，"一定要杀进城去"。全军战士为他的牺牲，无不"悲痛失声"。[2]进攻醴泉的另一支民军准备潜敌后方，未出发前，侦悉清军粮草和弹药

---

① 《陕西文史资料选辑》，第二辑，第159页。
② 《辛亥革命》资料丛刊（六）第120页。

库设在薛禄镇以北刘村南边的高原上，遂计划先偷袭敌军仓库。第二天民军至库附近，不幸于敌军搜索队遭遇，双方发生战斗，当民军弹药将用尽时，奋勇冲入敌阵，双方展开白刃战，民军杀死敌骑兵五十余人，步兵百余人，而民军仅阵亡二十余人。这时民军见偷袭敌仓库已不可能，遂坚持战斗到天黑，即撤回兴平县（今兴平市）城。此后，双方势均力敌，呈休战状态。

南北议和期间，陕西西路民军，根据全国形势的发展，曾做过种种努力，希望通过谈判，和平解决西路战事。但是，西路清军统帅升允却非常顽固，他对所部官兵封锁南北和谈消息，同时不断向陕西民军进攻，使西路和议无法进展。张云山曾派行营执行官雷恒焱（昆山）为全权代表，赴醴泉十八里铺，告知升允南北议和，望双方停战罢兵。升允不但不听，反而把雷割耳割鼻挖心，然后弃尸于枯井中，时邱彦彪派曾任过升允戈什（卫士）的民军先锋总队长朱长春（正宜），前往升允处劝其休战和谈，亦被升允绑钉在醴泉东城门示众。其手段之凶残，令人发指。尽管升允千方百计阻挠和破坏与陕西民军的和谈，但和谈大势所趋，升允的负隅顽抗只能引起部下的不满。陕西民军马玉贵与清军马安良同是回族，他劝马安良认清形势，不要再跟升允继续顽抗，北京的回族亦有人来电劝马安良息兵。马安良又得知河南毅军赵倜赴陕助民军，更使他觉得顽抗没有出路。彭英甲混迹官场多年，惯于看风使舵，看到清朝统治已经垮台，袁世凯当国已成定局，也产生了和马安良相同的想法。经与马安良等人会商，遂同意"以陕甘军务处总理及马安良名义，与乾州张云山签订协议，停止战事。"[1]在双方协商谈判时，马安良力请张云山把升允眷属送还，张云山同意办理。马安良即由乾州退兵。彭英甲亦按照袁世凯电令，通知陆洪涛及进攻陕西的南路张行志部撤兵退回甘肃。

升允看到彭、马不与他商量，已与陕西民军议和成功，不仅昔日自己的狂妄计划已成泡影，还落得众叛亲离，处境孤立，十分狼狈。陕西民军大都督张凤翙，为了给升允下台的机会，不致升允难堪，于3月7日（正月十九）以陕西军政府名义请与升允有旧的陕西名儒牛兆濂（梦周，蓝田人）、张元勋（晓山，兴平人）等，前往醴泉与升允直接谈判。升允答复："我念皇上退位，我已无君可事，惟有

---

[1]《甘肃文史资料选辑》，第十一辑，第141页。

一死以报圣恩。至于议和的条约已由彭、马二公主持，我不过问"。^①3月8日，张云山与彭、马正式签订了停战协定，陕西战事宣告结束。接着，马安良首先把驻乾州周围的部队撤到邠、长一带，到了月底全部撤回甘肃。升允于3月10日撤离醴泉，但撤到平凉后，又节外生枝地于3月20日致电袁世凯，要求"撤去张都督凤翔，以升允为陕西都督，候明白宣布后，升自行辞职，否则宁死不就范。"^②又大发牢骚，指责袁世凯"从前饬升允攻凤翔，今又令凤翔攻升允"。还要求袁世凯发现银二百万两，以补偿升允及部下"所损失之家资"。而袁世凯根本未予理睬。

陕西东、西两路的战役结束了，但不能忘记陕西人民在保卫革命成果的拼死搏斗中的巨大贡献和牺牲精神。他们踊跃参军参战，奋勇杀敌；在军政府财政困难的时候，不少人还积极捐款捐物，以解决军需，出现了许多动人的事迹。三原刘子廉之嫂把家中四百万两银子"尽出佐军"。戊戌维新运动中极力支持康有为、梁启超变法的宋伯鲁，时任张云山的参谋长，他的妻子连头上戴的首饰都解下来，"以资捐助"。^③裁缝刘雨堂，"慨将操业所积银百两，捐交军政府以资捐助"。^④最令人感动的是，以"针工度日"的贫苦妇女王氏，亦把自己含辛茹苦积攒的三千文钱，"慨送军府"，她的正义行动，使"受之者为之泪下"。没有广大人民群众的全力支持，就不会有陕西保卫战的胜利。

东、西路战役的胜利意义重大，首先，陕西人敢于担当的精神得到发扬光大，它不仅是响应武昌起义最早的省份，而且在省城光复仅十余天后就迎战了两路来犯之敌。在无准备、无兵源、无粮饷、无枪械、无外援的情况下，起义军政府振臂一挥，四方响应。对内尽管未达到空前的统一，但是一致痛击来犯之敌，保卫了辛亥革命的胜利果实。其次，带动、影响周边省份，纷纷起义，与清朝决裂，其影响力甚至波及全国。再次，陕西军政府与南京政府遥相呼应，震撼清廷，吸引、牵制了清军兵力，支援了南方战争，加速了南北和议进程，迫使清帝退位，建立共和。

---

① 《陕西文史资料选辑》，第二辑，第161页。
② 《甘肃文史资料选辑》第十一辑，第209页。
③ 《民4立报》，1912年3月17日。
④ 《民国新闻》，1912年1月25日。

后辛亥时期革命成果被窃

1911年12月2日（农历十月十二），南京光复。29日，十七省代表在南京选举孙中山为临时大总统。1912年1月1日（农历辛亥年十一月十三日），确定为民国元年，孙中山在南京就职，宣布"中华民国"正式成立。1月3日，十七省代表在南京选举黎元洪为临时副总统。同时，根据孙中山的提议，选出第一届内阁。

孙中山就职宣誓的誓词是："颠覆满洲专制政府，巩固中华民国，图谋民生幸福。国民之公意，文实遵之，以忠于国，为众服务。至专治政府既倒，国内无变乱，民国卓立于世界，为列帮所公认，文当解临时大总统之职，谨以此自誓。"

——袁世凯倒行逆施，破坏共和，发难国会。孙中山掀起"二次革命"浪潮，南北对峙依旧

1911年12月29日，孙中山曾致电袁世凯，解释原因称东南各省久缺统一机关，行动困难，总统之职只是暂时担任。其实这期间革命党在战场上形势并不乐观，武汉三镇已被袁世凯调派的军队攻下两镇。1月16日，袁世凯在回家路上，行至东华门丁字街遭到同盟会京津分会组织的炸弹暗杀，炸死袁卫队长等十人，袁世凯幸免于难。1月18日，孙中山以提出《五条要约》的方式向袁世凯摊牌。袁世凯以孙中山提出的条件与南北双方协商的内容不一致为由拒绝接受，后记过多次协商，1月25日，袁世凯及各北洋将领通电支持共和。2月12日，袁世凯逼清帝逊位，隆裕太后接受优待条件，下诏袁世凯组建"中华民国"，结束了顺治元年以来清朝二百六十八年的统治。2月13日，孙中山履行让位诺言，向南京临时参议院提出辞职。2月15日，南京参议院正式选举袁世凯为临时大总统。依据《中华民国临时约法》，改总统制为内阁制，大大削减袁世凯的权力，但袁坚持于3月10日在北京就职"中华民国"大总统。袁世凯当政后，对临时参议院实行重压，临时参议院于4月5日开会决定，"中华民国"首都为北京。袁世凯窃据"中华民"国临时大总统后，扩编北洋军，随时准备用武力扑灭革命力量。孙中山、宋教仁、黄兴等领袖人物，一再容忍北洋政府拥兵徼利、妄希非分、欲壑无底、谲诈成习的所作所为，不希望战争绵延，生灵涂炭，寄希望于建立国会，组织立法，以制约袁氏权力。由宋教仁起草、临时参议院通过《临时约法》，试图依法制约。为了在国会占有更多席位，以同盟会为基础，统一共和党、国民共进会、共和实进会、国民公党等合并，于 1912 年 8 月改组为国民党。国民党在国会大选中，占据了 392 个席位。而共和党、民主党、统一党三党相加才 223 席位。国民党人踌躇满志，准备利用国会优势，组织真正的政党内阁。就在这时，国民党党魁宋教仁因鼓动责任内阁制，引起袁世凯的愤怒，于 1913 年 3 月 20 日晚派人在上海火车站将宋暗杀。随后袁世凯不经国会通过，擅自向五国银行签订了二千五百万英镑的"善后借款合同"，用于内战经费。5 月 15 日，袁世凯撤销了黄兴陆军上将职务，6 月 9 日又以江西都督李烈钧、广东都督胡汉民、安徽都督柏文蔚曾通电反对善后大借款为借口，免除三人职务，并派兵南下。各地革命党人普遍遭受打击，认清袁世凯真面目。在孙中山领导下，李烈钧于 7 月 12 日在湖口宣布独立，发布《讨袁檄文》，掀起了反对袁世凯独裁统治、维护共和的"二次革命"。随后南方多地宣布讨袁。

1912 年 8 月，袁世凯把控的北洋政府任命张凤翙为陕西都督，不久又给他"特授以勋二位"进行拉拢。[①]到"二次革命"时，张凤翙等人已经依附于袁世凯为首的北洋政府。孙中山和黄兴曾致书张凤翙，望他"以秦陇一军，出关北指"，进攻袁世凯侧背。南方各省讨袁军也纷纷致电陕西，要求张凤翙响应。张非但拒绝讨袁，领衔通电全国，声讨孙中山、黄兴、胡汉民、李烈钧等人。说他们"不惜名誉，不爱国家，馋说殄行，甘为戎首"。并进一步强调"吾辈当同心勠力，宣示天下，与国民共弃之"。同时命令张钫（伯英）率部入川，镇压熊克武讨袁军。

相反，以井勿幕为首的忠实于同盟会事业，坚持孙中山革命主张的革命派人物，则坚决站在反袁的一边。这时，在陕西同盟会中已经比较明显的形成革命派和拥袁派即妥协派，矛盾的转化已经打破了地域和个人感情的界限。"二次革命"

---

① 《近代史资料》，1983 年第一期，第 91 页。

的爆发，反袁与拥袁，继续坚持资产阶级民主革命还是妥协倒退，就成为当时衡量昔日革命党人是否继续坚持革命立场的标尺。1913年8月邹子良（炎）、马文明（开臣）等老同盟会员分别在邠州（彬县）积极发动反袁运动，后被张凤翙诱捕，于1914年以"扰乱地方秩序"罪名杀害。吴聘儒（希真）呼应邹、马在乾县发动倒袁运动，亦被追捕出逃离境。陕西第一师团长王生岐起兵反袁，张凤翙以"戡乱"为名，派兵镇压。王生岐部兵败退往河南，加入白朗讨袁起义军。

——整编军队，剥夺革命党人的军权

张凤翙在排除革命力量的过程中，采取了一系列步骤。首先，剥夺革命党人所掌握的军权。革命派所掌握的军队本来少得可怜，但张凤翙也不放过，在整编陕西军队时，将辛亥起义时并不积极参加的陈树藩一跃提升为旅长，而井勿幕仅给团长。又如同盟会主要人物曹印侯，辛亥革命前积极参加反清斗争，西安起义后又受命于危难之时，迅速组织民团武装六千余人，编成敢死军，在东、西两路战斗中，以铡刀等落后武器，与清军展开血战，功绩卓著。万炳南被害后，其军队由凤翔奉命调回省城进行裁编，曹极为不满，在省城演说。有次张凤翙将曹印侯叫去谈话，双方争论激烈，曹说：你不用我，把我枪缴了可以，不让我讲话不行。张凤翙认为曹有野心，对自己权位不利，便想方设法对曹进行排挤、打击，甚至打算枪毙。迫使曹印侯逃出陕西，至湖北被黎元洪逮捕，获释后病逝杭州。[①]这次整编，革命派的军权同哥老会一样，被裁汰几近。

——武力要挟，控制国民党秦支部

5月，北洋政府中的一些官僚、军阀，在北京成立了"统一共和党"，推黎元洪为首领，以拥护袁世凯为宗旨。6月23日，张凤翙、陈树藩、王锡侯等约五十余人，响应"统一共和党"的号召，在西安成立了"统一共和党"陕西支部。

8月，同盟会以宋教仁为代表，为了抵制袁世凯，争取议会选举得到多数票，以同盟会为基础，与几个小的团体合并，成立了"国民党"。此时，井勿幕作为陕西同盟会的负责人之一，亦奉命回陕，改组同盟会陕西支部，成立"国民党秦支部"。会议在西安城内四府街会馆召开，统一共和党和同盟会成员都到会，张凤翙

---

① 《西北革命史征稿》，中卷，第80页。

率领带着盒子枪的随从马弁也来参加会
议。当时到会人数总共约一百余人，选
举结果，井勿幕以七十多票当选为"国
民党秦支部"支部长。而张凤翙仅得十
余票。对此，他恼羞成怒，当即愤而退
场，到会者个个惊恐不安。井勿幕见此
情景，知道张凤翙大权在手，不会善罢
甘休，只得说服大家并亲自向张说明情
由，谦让张凤翙任支部长，自己屈居为
副支部长，张乐而受之。国民党秦支部
成员还有：副支部长马步云，干事郭希
仁、宋伯鲁，评议员张云山，文事科主
任干事崔松云，会计主任干事张靖清，
交际科主任干事康毅如，完全被张凤翙
所控制。

袁世凯

　　1913年9月，"二次革命"失败，11月袁世凯下令解散国民党，逮捕党人。
张凤翙闻风而动，立即解散了国民党秦支部，然后报袁，言："陕西国民党所设支
部，前于宋案发生之始，经凤翙察明，该党宗旨不正，业于五月间勒令全行解散，
惟徽章、证书未经逐查追交。"①同时，还根据袁世凯取消各省议会国民党议员的
指示，将陕省议会国民党员，尽行革除。张凤翙还"密谕宪兵营及警察厅详为密
查"，"严拿造谣生事之羽党"。②后来，一些革命派人物虽然直接在渭北富平等地，
成立了国民党分支部，但自身一无政权，二无军权，不仅对现实无能为力，而且
在陕西亦无法立足。自1912年秋至1913年间，许多革命派纷纷被迫逃离陕境，
潜避他乡。

---

①《辛亥革命在陕西》，陕西党史资料丛书（三），第900页。
②同上

——同盟会骨干或外出求学，或远走他乡

革命的秦支部成立时，虽然井勿幕让位给张凤翙，但暴露出革命派与妥协派之间存在着不可克服的矛盾。井勿幕为避其祸，被迫离开陕西，经北京暂避上海。接着革命派胡景翼、杨鹤庆、张义安等，亦被迫离开陕西赴日本留学或避居他省。郭希仁一直是张凤翙身边的重要人物，当时众称"郭丞相"。当张凤翙在自己政治地位逐渐得到巩固后，在排挤井勿幕等人的同时，因郭希仁对其投靠袁世凯排斥异己有所异议，怀疑郭与井勿幕等革命派有联系，即暗中派密探监视。在此情况下，郭乃以足疾为借口回家休养，不久亦离陕出走，游历欧洲。就连都督府和地方官员中，稍有对张凤翙不满或对其投靠袁世凯有异议者，也被逼迫自动辞职或解职。如粮饷大都督马玉贵，积极参加新军起义，改为民军后，又率部出援西路战事，抗击清军，十分英勇，南北议和后改任协统（旅长），这时也被逼得"谢事远游"。军令大都督刘世杰，辛亥前为三十六兄弟之一，西安光复时，占领巡抚衙门，围攻满城，作战英勇，以后出征潼关，与清军苦战数月，屡建战功，以后任协统，此时也被解除兵权。西路招讨使张玉成，辛亥前三十六兄弟之一，西安光复时，积极参战，后被解职归田，袁氏称帝时，他在南郑县（今南郑区）招集群众密谋起义反袁，事泄失败，被逮捕杀害，井勿幕的得力参谋韦虞（协度），忠于资产阶级民主革命事业，随井奋战东、西战场，井出走后，亦隐退乡里。柏筱余因以巨资援助革命竟至经济破产，加上宋教仁遇刺，精神上的打击尤为沉重，致使忧愤成疾，精神错乱。①张凤翙虽然向北洋军阀政府妥协，排挤和迫害陕西革命党人，暂时稳定了自己在陕西的地位。但是到 1914 年 4 月，白朗起义军高举反袁旗帜进入陕境，袁世凯一方面命令张凤翙出兵"围剿"；另一方面又派亲信陆建章率部入陕，追击白朗军。张凤翙既非袁的亲信，又非北洋军阀嫡系，袁世凯对他并不信任。1914 年 7 月，袁世凯乘机免掉张凤翙陕西督军的职务，调入北京，给了一个"扬威将军"的虚衔。而袁世凯同时任命其亲信陆建章为陕西省都督，并授予"威武将军"衔，接替张凤翙督理陕西军务。

历史的车轮应该是滚滚向前的，倒行逆施不得人心。1914 年袁世凯到孔庙祭

---

① 《西北革命史征稿》，下卷，第 169 页。

孔，12 月 23 日到天坛祭天，穿古衣冠，行大拜礼，为复辟做了准备。为了恢复君主国体，袁还一手操纵参政院制定《国民大会组织法》，规定由"国民代表大会"决定"国体"。1915 年，各省在军政长官的监督下加紧选出"代表"1993 名，在当地进行所谓的国体投票。12 月 11 日，参政院以"国民代表大会总代表"名义上书袁世凯"劝进"。12 日袁在"民之所欲，天必从之"的谬理下，发布命令，承受体制、接受朝贺。封黎元洪等 128 人爵位，下令 1916 年为"洪宪"元年，彻底抛弃了共和国的招牌，重新捡起封建帝王桂冠加冕与自己。

立宪派人物康有为这时已经变得比较理智，他就讲：君主专治，据乱世；君主立宪，升平世；民主共和，就是太平世了。梁启超也认为，中国已经共和了，历史只能前进不能后退。南方各省先后宣布独立，就连北洋军阀内部，也发生分化，抵制帝制。1916 年 2 月 25 日袁世凯下令缓办帝制，3 月 22 日宣布取消帝制，废除"洪宪"年号，上演了一出 83 天"皇帝梦"的闹剧。

从"靖国军"到"国民二军"

有人会问，这个问题与辛亥革命有什么关系呀？其实后辛亥革命这一段历史非常重要，它涉及袁世凯窃国后，陕西革命人士的去向。这是往小了说，往大了说呢，又涉及袁世凯倒行逆施，复辟称帝后，孙中山发起的护国运动、护法运动，以及再后的军阀混战时期，西北军发动"北京政变"和胡景翼逐鹿中原，出任河南军务督办，呈现八方风雨会中原之盛景。往直白一点说，就是介绍北洋时期辛亥革命元老们干啥去了。

讨袁逐陆 维护共和

辛亥革命起义成功后，1912 年 1 月 1 中华民国临时政府在南京宣告成立，孙中山宣誓就任临时大总统。2 月 12 日末代皇帝溥仪下诏宣布退位。13 日孙中山履行"如清帝实行退位，宣布共和，则临时政府绝不食言，文即可正式宣布解职，以功以能，首推袁氏"的诺言，提出辞职，15 日，临时参议院选举袁世凯为中华民国临时大总统。4 月 5 日，临时参议院在袁世凯的重压下，决定

城隍庙戏楼，1921 年 9 月 21 日胡景翼在此召集渭北各县代表开会，取消陕西靖国军名号，接受直系改编。

定都北京。

革命政权被袁世凯篡夺后，在各地打击革命的人，5月15日，袁世凯下令撤销黄兴陆军上将职务，6月9日，袁以江西都督李烈钧、广东都督胡汉民、安徽都督柏文蔚曾通电反对善后大借款为借口，下令将三人免职。1913年，在孙中山的领导下，李烈钧月12日组织讨袁军，发布《讨袁檄文》，宣布独立。15日黄兴在南京宣布讨袁。18日，陈炯明宣布广东独立。随后，上海、安徽、福建先后宣布独立。孙中山和黄兴曾致书张凤翙，望"秦陇一军，出关北指"，各地讨袁军也致电陕西起兵响应，但张凤翙却倒向北洋政府，使陕西同盟会革命党人受到排挤、打击，或出国学习，或栖身教育，或从事商贸，或归隐乡里。

张凤翙的倒行逆施，激起陕西民党（南北议和时约定将"革命党"统一改称"民党"）人士的极大愤慨，1913年8月，邹子良（炎）、马文明（开臣）、吴聘儒（希真）等人分别在邠州（彬县）、乾州（乾县）发起倒袁运动。8月28日，陕军第一师团长王生岐起兵反袁，结果被以"戡乱"为名镇压。1914年3月，袁世凯借口张凤翙剿伐白朗军不力，免去张凤翙都督职务，任命亲信陆建章督陕，更加速了对陕西民党人士的迫害。1915年秋，郭希仁（忠清）、刘蔼如、王铭丹（敬如）等在华山脚下玉泉院创建"共学园"，以讲学为名，聚集各地反袁斗士，从事革命活动。其主要人员有：河北孙岳、福建何遂（叙甫）、山西续桐溪（西峰）、续范亭、甘肃邓宝珊（瑜）、王省三，陕西胡景翼（笠僧）、刘守中（允臣）、杨寿昌（天仁）、吴聘儒（希真）、岳维峻（西峰）、张义安（养诚）、董振武、冯毓东（子明）、张德枢、史可轩（宗法）等，二三十名民党人士汇聚一起，秘密结盟，共同策划反袁逐陆，此为近代史上（二次革命期间）著名的"华山聚义"。1916年春，陆建章得知华山"共学园"谋反袁聚义，遂派人缉捕，反袁志士四散，但反袁力量犹存。

1914年6月，孙中山在日本组织中华革命党，希望恢复和发扬同盟会精神。1915年12月，蔡锷、唐继尧、李烈钧、戴戡、任可澄等人在云南通电，组织起护国军，宣布独立。反对袁世凯实行帝制及废除"中华民国"国号，改称"中华帝国"，改用"洪宪纪年"。神州大地，护国运动，风起云涌，第三次革命到来。此时陕西渭北地区，耿直和郭坚，联络刀客数百人，公开打出反袁逐陆大旗，邓宝珊、董振武等在三原秘密制造炸弹，准备暴动。焦子静、李岐山率领民党武装，攻打富平县城。康毅如、王绍文、马青苑、南南轩、张子宜、曹世英、高峻、吴希真、李养初、李秋轩等在西安聚会，共同组织讨袁护国军，康毅如为临时总司令，李养初为东路总司令，吴希真为西路总司令，李秋轩为南路总司令，曹世英、高峻为北路总司令。分别于各自所在地长安、蓝田、兴平、乾县、二华（华阴、华县）、白水为据点，联络、聚集人马，计划于1916年2月2日起义。并向袁世凯发出："本绍术之余孽，袭莽操之故智。谋破五祖共和之均势，希图万世一统之帝业。讽令二三奴儒，上表劝进；赂遣各省代表，奉请愿书。藉共和推翻共和，假民意以摧残民意。称皇称帝，有觍面目；误国误民，全无心肝……"的《讨袁世凯檄文》。不料事泄，陆建章派人逮捕了王绍文，南南轩、杜守信等二十余人，并与1916年3月18日将王绍文、杜守信、胡德明、南南轩、张镇方、章雨苍、方象堃、郭子余、吴鹏、陈德卿、袁守礼、焦林、赵贞吉、姚南熏、李桂森、杨景震、陈宗舜等17名义士枪杀。另有张渊赴陕北办事，途中被捕惨遭杀害。这次因讨袁护国共有18人遇难，史称"反袁十八烈士"。讨袁护国军其他各路人马也相继遭到陆建章疯狂镇压，"出师未捷身先死"，康毅如等骨干被迫离陕，唯有北路曹世英、高峻、郭坚、耿直等讨袁力量尚存。

北路领导人之一高峻（峰五），辛亥起义期间拥戴曹世英为首领，后任焦子静渭北民团护卫长，陆建章督陕期间在白水自办民团，任团总。1916年2月21日为防高峻异动，派兵一连驻防。曹世英与高峻事先做好部署，待该连进入白水县城，将其全歼，缴获枪支一百多。此时郭坚、耿直由洛川土基镇率部开到白水，两支武装共同竖起西北护国军旗帜，高峻出任西北护国军总司令，通电讨袁，并宣布白水独立。其电文慷慨陈词曰："……峻等一介武夫，为民锄奸。爰举义旗，以靖宇内。誓师讨伐，灭此朝食。全省同胞，各部武装，蹈厉奋发，一致声讨，饮马黄龙，直捣幽燕。恢复共和，还我河山。"陆建章闻讯令陈树藩围剿，高峻、曹世英、郭坚、耿直等率部在陕西北伐，先后攻克郃阳（合阳）、韩城、同官（铜川）、宜君、洛川、鄜县（富县）、延安、清涧、米脂、绥德、安边、定边等十余县城，缴获大量枪支弹药。随后回师富平美原镇。渭北各地，纷纷响应，讨袁势力，得以扩大，势不可挡。

陆建章深知渭北是一座行将燎原的革命火种，于是他一面命令投其门下的陈树藩为陕北镇守使兼渭北"剿匪"总司令，由大荔移防蒲城，进攻高峻、郭坚部，一面派其子陆承武，率领三千人的"中坚团"，巡防渭北。5月7日，装备精良的中坚团巡抵富平，陈树藩手下游击营长胡景翼认为讨袁逐陆时机来临，遂同部属商议，决定抓捕陆承武，以策应高峻、郭坚部。傍晚，胡假意欢迎陆承武入城，暗中布置伏兵，午夜开始突袭，于次日下午，全歼中坚团，活捉陆承武，此次事件史称"富平兵变"。富平兵变给予陆建章以致命打击。5月9日，陈树藩就任陕西护国军总司令，在三原宣布陕西独立，兵通电全国。陈树藩任命胡景翼为左翼支队长，向西安东挺进；郭坚为右翼支队长，向西安西、南迁回；陈树藩率本部押着陆承武向西安被靠近，对西安形成包围之势。

　　陆建章"中坚团"遭歼，爱子被擒，困处古城，惶惶不可终日。陈树藩对西安进行包围之后，即刻以陆承武为人质，向陆建章施加压力，逼其"献城赎子"。遂达成陈树藩当即释放陆承武，保证陆家生命财产安全，使其平安离陕。陆建章则承诺向袁世凯推荐陈树藩接替自己为陕西都督的约定。后数日，北洋政府任命陈树藩为"陕西军务帮办"，陈树藩则下令征集骡马大车五百余辆，送陆建章及眷属回京。

护法倒陈　国军诞生

　　1916年6月6日袁世凯在全国人民一片怒斥、唾骂声中，绝望地结束了他五十七年的人生。7日，黎元洪通电就任大总统，冯国璋为副总统。随着袁世凯而去的是北洋军阀集团的分裂，直系、皖系、奉系三足鼎立。除此以外，各派各系小军阀相互倾轧、割据，使中国成为混乱的打战场。1917年2月，在第一次世界大战中国参战与否的问题上，爆发了以段祺瑞为首的"国务院"政治集团主张"参战"同黎元洪的"总统府"政治集团坚决抵制"参战"的激烈斗争，史称"府院之争"。段随后召集各省督军到京，组成"督军团"，逼黎元洪在"参战"提案上签字，后又指使"督军团"强迫黎元洪解散拒绝通过"参战"提案的国会。就在"府院之争"闹得不可开交的时候，6月7日，张勋带领他的辫子军五千人，由徐州北上，12日威逼总统黎元洪解散国会，7月1日拥戴十二岁的末代皇帝溥仪宣布复辟，改年号为"宣统九年"，兵通电全国，更挂龙旗。张勋复辟，举国愤怒。孙中山发出《讨逆宣言》，表示坚决与军阀和复辟势力斗争到底。段祺瑞利用张勋复辟达到解散国会的目的，遂打出"维护共和"的旗号，与7月3日在天津马厂誓师，自任讨逆总司令，进军讨伐叛逆张勋。南京、上海、浙江等地也先后发出通电，反对复辟。12日，讨逆军攻入北京，"辫子军"被包围缴械，复辟丑剧仅仅上演了十二天，即告收场。段祺瑞以"再造共和"功臣现身，重新控制北京中央政权，并宣布不再恢复《临时约法》和国会。这时，孙中山率两艘军舰抵达广州，举起"护法"旗帜。前海军总长程碧光等率先响应，带领第一舰队起义，发出"拥护约法，恢复国会"的通电，南下护法。8月，响应号召的国会议员一百五十多人，先后到达广州，参加"非常国会"会议，决定成立军政府，通过《中华民国军政府组织大纲》。9月1日，非常国会会议以无记名投票选举，孙中山当选为"中华民国"军政府大元帅。10月护法战争正式开始。

　　陈树藩在袁世凯死去的当天发出唁电，称袁为"不祧之祖，共戴之尊"；第二天，不顾护国军务院及西南独立各省意见，迫不及待地响应北洋政府段祺瑞的号召，第一个宣布取消独立。陈还向段祺瑞献媚，行弟子之礼，拜认段祺瑞为至尊之师，加入段操纵的"督军团"，他还培植自己的势力，排除异己，打击革命党人，遭到陕西各界谴责。他将高峻部编为一个骑兵团，却将高峻任命为副团长，逼迫高峻将自己的武装交于他人，而后另组一个仅有四个连的骑兵团，任高峻为团长，但粮饷缺乏。将曹世英部编为一个骑兵营，因人数较多，随后升为骑兵团。郭坚、耿直部人数更多，实力雄厚，被编为七个营的"陕西警备军军"，郭坚为统领，耿直副之。对胡景翼更是心怀戒心，尽管给了团长的位子，但将驻防地调往龙驹寨（今丹凤县），使其失去了渭北根据地，切断了与高峻、曹世英、郭坚、耿直的联系。这个时候，在广州参加非常国会的陕西众议院议员焦子静、众议院全院委员长马彦翀奉孙中山之命，以"护法军"陕西招讨使、副招讨使的身份回到陕西，焦子静联络驻白水的高峻骑兵团和住西安的陕西警备军统领耿直。马彦翀则赴原籍龙驹寨动员胡景翼，岳维峻起义。

　　1917年12月3日，高峻以"陕西护法军"总司令的名义，在焦子静等人的协助下，宣布起义，发出护法通电，声讨段祺瑞及陈树藩。期间耿直派他的妻哥、警备军参谋范润生秘密赴广州军政府，面谒孙中山，汇报各部计划起义事宜，孙中山以大元帅名义，颁授其"陕西靖国军"军名。委任耿直为陕西靖国军招讨使。同时叮嘱范润生转告耿直："必须与民党人士取得联系，开诚协商，共同举义。"这也就是陕西护法军以后改为靖国军的来历。12月10日耿直迫于形势，拟准备起义，以实践与高峻之约，同时派人行刺陈树藩，因筹划不周，行刺失败。次日，耿直电话报告陈树藩，抓住行刺者，计划设计赚开陈的都督署门，再度行刺，当三十余名枪手到督军署大院，陈的副官从大厅出来，叫押送者止步，由他接收"行刺者"人犯，众押送者立即开枪击毙副官，冲进院内。当冲进大厅见坐上有人，问其"贵姓？"答"姓陈。"众人将其击毙，但此人并不是陈树藩，而是关中道尹陈友璋。这时陈树藩听到前院枪声，迅速从后院爬墙逃命。耿直两次行刺未果，断然决定起义，此时耿直部在西安仅六百余人，而陈树藩可调动兵力达到三千人，兵力悬殊，耿直急忙派人赴凤翔告知郭坚，请他率部援省。

陈树藩逃到北校场急忙集合队伍返回督军署，同时排兵布阵，向耿直部发起进攻。耿直一面以陕西靖国军的名义贴出布告，宣布起义驱陈，一面派兵占领南门至钟楼一线。此次行动被誉为"耿直炮打西安"。

由于兵力悬殊，耿直部撤退至户县（鄠邑区），与郭坚部会师，并进驻盩厔（周至）。郭、耿立即召开军事会议，遵照孙中山指示，决定响应各地护法形势需要，宣布成立"陕西靖国军"，郭坚任总司令、耿直任副总司令，并通电全国。12月下旬，靖国军退守凤翔、岐山两地，陈树藩命两个团的兵力牵制凤翔的郭坚部，而派两个旅包围耿直驻守的岐山县。战斗胶着，双方损失惨重。1917年1月12日晨，围攻岐山的胡景翼团佯攻岐山，耿直突围成功。胡景翼上演了"破城而入"，使靖国军"突围东出"。1月中旬，靖国军来到白水，与高峻部会师，召开联合军事会议，举郭坚为总司令，高峻为副总司令，耿直为参谋长。通电全国，上报广州军政府。1月25日，靖国军耿直率军攻打蒲城，因事先对城内驻防部队情况掌握不够，致使在取得城内西部街巷的胜利后突遭强兵袭击，耿直中弹牺牲，时年仅二十三岁。辛亥革命元老于右任闻知英雄阵陨，钦佩他以六百兵士悍然骤起，炮打西安，果敢英勇，以一当十，坚守岐山八昼夜，曾赋挽诗以追悼：

覆局何尝古异今，义旗虽倒果成因；

英雄关内知多少，血战长安有几人！

孙中山闻知耿直死讯，深为惋惜，于1923年春陕西各界厚葬耿直时，曾寄来"为国捐躯"的挽幛，广州军政府亦曾追授耿直为陆军中将（后改为陆军少将）。

就在耿直遇难当日，胡景翼团驻守三原的备补营营长张义安因看到陈树藩派心腹曾继贤旅及严锡龙一个整编团驻防三原，以防止胡景翼团哗变，遂决定起义，提出护法驱陈。面对三千余人的对手，张义安毫不气馁，运筹于帷幄之中。仅两天时间就以四百余人的部队，歼灭了数十倍的敌人。战后耀县（今耀州区）曹世英团、富平胡景翼团前来支援，看到张义安以少胜多，起义于三原，无不交口称赞。随后，胡景翼、曹世英两团人马，在三原竖起陕西靖国军旗帜，护法讨陈。胡景翼为右翼军总司令，以三原为据点，任命田玉洁为第一支队司令，张义安为第二支队司令，岳维峻为第三支队司令。曹世英为左翼军总司令，以高陵为据点。两军分别由东西两翼会攻西安，讨伐陈树藩。

团结对敌　于右任回陕领军

1918 年 2 月 2 日，胡景翼、曹世英以陕西靖国军的名义，联名发表《讨陈檄文》，痛斥陈树藩依附北洋军阀，殃民祸陕的罪行，表明靖国军坚持共和，护法讨陈的决心。同时右翼军先锋张义安率部经醴泉（礼泉）、兴平、户县（今鄠邑区）抵达西安西南近郊甘家寨。以一个营的兵力对付陈军三个营，且取得大捷。左翼军曹世英、郭坚、高峻等人率部由高陵过渭河，经新筑再渡灞河与陈部激战与灞桥、十里铺、光台庙、草滩一线，甚至追陈兵至东郊韩森寨。此时（1918 年 2 月 9 日），陈军王飞虎团驻防同州（大荔）的一营营长杨虎城响应靖国军护法，誓师起义。二营营长王永镇也率部加入曹世英的右翼靖国军，参加东路战斗。

陈树藩眼看靖国军四面出击，而自己的部队纷纷倒戈，省城难保，遂求救于北洋政府，同时，为救自身，他以陕西省省长的职位相让为条件，乞求豫西军阀刘镇华率镇嵩军入陕救援。北洋政府也下令刘镇华援陕。于是刘于 1918 年 3 月率四千余名镇嵩军进入潼关。他还致函胡景翼、曹世英诸位将领，谓之此次入陕仅做调解，并无他图，要求靖国军先行退兵。然而镇嵩军入陕后未作停歇，就向靖国军右翼张义安户县（今鄠邑区）驻军发起进攻，3 月 13 日张义安率军指挥击退镇嵩军与陈树藩部队进攻，正欲追击，不幸中弹阵亡，年仅三十一岁。至此靖国军两翼进攻西安的战役，暂时停歇。以泾河为界，形成南北对峙局面。

自胡景翼、曹世英共举靖国军大旗，开始护法讨陈以来，声威大震，根据地壮大发展，部队人数不断增加。但受各种条件限制，两翼军对配合、协调、联络不够紧密，贻误了许多战机。最主要的是两军将领意见不够统一，各自为战，协同作战机构不健全。为此，胡景翼、曹世英及相关民党人士商量，派王玉堂、张庆豫为靖国军代表，赴上海请于右任回陕统领靖国军，以支持护法，打击北洋军阀势力。1918年7月于右任回到陕西，8月8日于右任、张钫宣布就职陕西靖国军总司令、副总司令。至此靖国军开始成为一支相对统一的部队。9月15日，孙中山致电于右任，对陕西靖国军的统一"特电申贺"，并表示期待"伫候捷音"。

于右任设靖国军司令部于三原，将各部统一编制为六路，抽签为序。郭坚所部为第一路，驻防凤翔、岐山；樊钟秀所部为第二路，驻防盩厔（周至）一带；曹世英所部为第三路，驻防临潼、高陵、淳化一带；胡景翼所部为第四路，驻防泾阳、富平及蒲城兴市镇、临潼关山、相桥一带；高峻所部为第五路，驻防白水澄城；卢占魁所部为第六路，驻防耀县（耀州区）、同官（铜川）。另外，陕西辛亥革命骨干李元鼎、茹欲立为高级顾问。

陕西靖国军自成立以来，命运多舛，几件大事阻碍了它的发展壮大。首先是胡景翼固市被执。情况是这样的：

1918年9月18日，胡景翼到渭南固市镇，去劝说老部下，陈树藩骑兵团团长姜宏谟起义护法讨陈，加入靖国军，被陈树藩劫禁西安，软禁于北院门都督署百尺楼上。到1920年7月27日回到三原，胡被陈树藩关押近两年时间。

其次是井勿幕遇害兴平南仁堡。1918年10月，滇军叶荃率第八军3000余人经四川、甘肃入陕，支援靖国军。先至凤翔、陇县。又有鄂军王安澜和川军吕超各部，即将到陕。陈树藩大惧，因渭北靖国军将领，多系井勿幕旧部，陈商请井赴三原统驭靖国军，以抵制滇军。井11月由西安赴三原，即被众推为靖国军总指挥。随后井勿幕率岳维峻、董振五、邓宝珊等部赴凤翔慰劳滇军和靖国军第一路部队，归途接郭坚公函约请于11月21日齐集南仁堡开会，商讨攻打兴平及进取西安计划。岳、董等都劝勿幕不必前往。井无戒备之心，认为自己是靖国军总指挥，又和郭坚、李栋才是蒲城同乡，自己去，可以把他们说服，把部队整顿好。行前他给留日期间的同学、四川督军熊克武写信说："很多人都反对我前往，以为有危险。其实，只要对革命有好处，我是不怕牺牲的。"他只带护兵4人，前往南仁堡，到了堡外，问门卫："郭司令来了吗？"答："没有。"李栋才即迎井勿幕进堡。约上午10时，郭坚的马弁李新生、任申娃等数十人自北门进堡。扬言："郭司令来了。"勿幕出迎，不见郭，即折回。才进营部，李新生突然自背后连发两枪，勿幕倒地殒命，李栋才急割井勿幕头，带赴西安，向陈树藩邀功。井勿幕的尸身，由随来的护兵安彦明用棉被包裹，背回泾阳。井勿幕死后，泾阳驻军团长田玉洁，向陈树藩几经交涉，索回勿幕的头颅，和尸体临时草葬于蒲城。陕西靖国军总司令于右任将勿幕生前事迹，上报广州大元帅府。呈文中有"名家龙虎，关中鸾凤，奔走南北者10余年，经营蜀秦者可百余战。慨虎口之久居，已乌头之早白。淮阴入汉，旋登上将之坛；士会渡河，胥慰吾人之望。武侯之指挥未定，君叔之志俱歼。于11月21日被刺于兴平之南仁堡，莫归先轸之元，空洒平陵之泪"等语。经常委会决议，将勿幕生平事迹，宣付国民党党史委员会立传，并由国民政府明令褒扬。又由章炳麟撰《井勿幕墓志铭》。

第三就是八省军队入陕，攻打靖国军。北洋政府总理段祺瑞倡言"武力统一"中国，而直系冯国璋要求"和平统一"中国，提出南北议和。1918年10月25日，徐世昌以"总统"名义下达"和平令"。11月26日北洋政府发布停战令，南方政府也下达了"各守原防，静待后命"的命令。1919年2月20日，南北和会在上海开幕。然而，北洋政府实际操纵人段祺瑞采用"远交近攻"的策略，把陕西排除在议和范围之外，不但不在陕西执行停战令，反而调集直、奉、绥、晋、宁、豫、川、甘等八省军队十多万人入陕，企图消灭陕西靖国军。其中奉军许兰洲为援陕总司令，直系张锡元为副总司令，共领兵两万余人，许驻兴平，张驻渭南。晋军商震率三千余人，由禹门口入陕，驻军韩城、郃阳（合阳）。甘肃陇东镇守使陆洪涛及陇南镇守使孔繁锦各率军队万人，进驻长武、彬县、陇县、凤翔。段系川军刘存厚率部二万五千人，由川北进入汉中。宁夏马福寿率军占据定边、靖边。李际春带领绥军攻占神木、府谷。除上述军队外，还有镇嵩军，陈树藩军队以及靖国军。据不完全统计，在陕西的版图上，军队人数达四五十万人。

1919年3月17日旅居广东陕西议员赵世钰、窦应昌、史之照、王观彤、王兆离、尚镇圭、朱家训、寇遐、刘治洲、李含芳、王鸿宾给旅居上海的陕西议员李龙门、杨铭源、焦易堂、陈晓云、马彦翀发电报，内容为："悉南北议和，陕独激战，为国为乡，同深愤慨，公等奔走呼号，欲拯救义军之危并急桑梓之难，异地同心，无任感佩。弟等力求军府，准备实力，为陕援应更请川、滇当局，念唇齿之谊，速张挞伐。此次陕局之误，在我以和为目的，彼以和为手段，惩前毖后，愿合力并图，始终罔懈。"呼吁旅居外地陕人，拯救危难之中的桑梓，为和平而奔走，为停战而努力。

分崩离析　靖国军名存实亡

1920 年 7 月 14 日，直皖战争爆发，仅仅三天皖系告败，19 日，段祺瑞宣布辞去国务总理、陆军总长职务，北洋政府大权易手。1921 年 5 月，直系曹锟控制下的北洋政府下令阎相文接替陈树藩出任陕西督军。8 月 22 日，新任陕督不久的阎相文因直系内部相互倾轧而吞噬鸦片死亡，冯玉祥接任陕西督军。

1923 年秋，井岳秀（左一）、胡景翼（左二）与曹锟（左五）、吴佩孚（左三）在北京合影

直皖战争后，曹锟当上直鲁豫巡阅使，坐镇保定，实际控制北洋政府大权。吴佩孚当上两湖巡阅使兼直鲁豫巡阅副使，盘踞洛阳。两人虎视四方，梦想武力统一全国。而孙中山领导的护法军政府，也是内部纷争不断，步入极度困难时期，到 1922 年 6 月，陈炯明发动叛乱，炮轰总统府，至 8 月 9 日，孙中山离开广州赴沪，护法军政府宣告瓦解。

在陕西靖国军内，亦有解体之兆。原第一路军因司令郭坚 1921 年 8 月 13 日被阎相文、冯玉祥谋杀，其部属基本离散。原第二路军司令樊钟秀接受奉系改编，早于 1920 年春随许兰洲开往河南。原第六路司令卢占魁随滇军叶荃而去。其余各路总人数约为两万余人，且装备不整，粮饷无援。而直系在陕兵力有三个整编师，其人数是靖国军的两倍，还不算装备精良，后面有直系强大的后援。特别是靖国军成立五年以来，与陈树藩军队、镇嵩军、八省联军周旋于关中等地，百姓苦不堪言，无力承受战乱涂炭。所以，应对冯玉祥多次致函要求归顺进，胡景翼等人行了深思熟虑之后，由于内部分歧较大，遂召开渭北十五县国民代表大会，说明主张，得到代表及靖国军多数将领的拥护。1921 年 9 月 5 日，发表通电，接受改编。10月6日，北洋政府任命胡景翼部及曹世英部为陕西暂编第一师，胡为师长，曹世英为该师补充旅旅长。

孙中山对胡景翼改旗易帜甚为不屑，给胡景翼部总指挥邓宝珊修书一封："陕西靖国军起义以来，血战历年，苦心孤诣，中外共仰，乃闻笠笙忽受奸人蒙蔽……变更靖国军名义，以堂堂护法之师，受伪廷督军之改编，不特败坏纪纲，为西南各省所不容，即于其个人节操亦有大亏。如执迷不悟，恐此后身家之安全亦不能保。郭司令附伪督被杀，即为前车之鉴。"

于右任坚决发动胡景翼接受改编，于说易帜换旗就是背叛革命。原靖国军第三路司令曹世英接受改编后，其第一路支队司令杨虎城、第三路支队司令石象仪、第七路支队司令郭英夫坚持靖国军旗帜。

改旗易帜　冯玉祥首都革命

冯玉祥

1922 年 4 月，第一次直奉战争爆发，冯玉祥奉命移军河南，陕西省省长刘镇华代行督军职。冯部一进入河南就遭到原河南督军赵倜的阻击，两军交战，冯均不支，急电求救胡景翼出潼关支援。胡留田玉洁、冯毓东等部留守三原、泾阳、富平等地，自己亲自率大部人马逐鹿中原。

1922 年 5 月，中原战役结束，冯玉祥出任河南督军，胡景翼被任命为平汉铁路护路使，驻防河北顺德（邢台），负责正定到河南彰德（安阳）一线的护路任务。至 1924 年，胡景翼部已发展至两万人的队伍。9 月 10 日，冯玉祥在北京南苑举行死难将士"昭忠祠"落成典礼，时任直系第十五混成旅兼冀南镇守使的孙岳参加完致祭典礼后，与冯在此密谈，均认为曹锟贿选总统，倒行逆施，仁人志士，切齿痛恨，值此第二次直奉大战在即，不愿再为曹（锟）、吴（佩孚）所驱赶效力。同时孙岳提出胡景翼目前已拥兵两万，早不满于为曹、吴效力，当可共同起事反吴，史称冯孙"草亭密议"。

在冯玉祥、孙岳、胡景翼三位将军周围亦聚集的不少政治人物协助分析形势，也起到了动员、鼓劲作用。

1924年9月奉军出动十七万人，分兵三路进攻北京，张作霖自任总司令，亲赴前线指挥。9月18日北洋政府发布对张作霖奉军讨伐令，吴佩孚调集军队二十五万，分三路迎战奉军。第一路出兵山海关，迎战奉军主力。第二路出兵喜峰口，向朝阳、迎战热河来犯之兵。第三路出兵古北口迎战承德、赤峰等北线之奉军。同时，吴佩孚令其海军舰队由秦皇岛北上，从东面包抄奉军后路。另设十路援军策应三路大军。吴佩孚坐镇北京指挥。冯玉祥时任第三军军长，奉调出兵古北口，为第三路大军主力，但线路长，补给未得到解决，先头部队9月21日开始出发10月1日到达古北口。胡景翼任第二路援军司令，目标喜峰口，担任接应任务。随后率军从顺德北上，司令部设通州。

9月18日，也就是直奉战争爆发的同一天，孙中山以国民党名义发表《北伐宣言》，指明北伐的目的"不仅在覆灭曹、吴，尤在曹、吴覆灭之后，永无同样后起之人，以接续反革命之恶势力。换言之，此战之目的，不仅在推到军阀，尤在推到军阀所赖以生存之帝国主义。盖必如此，然后反革命之根株乃得永绝，中国乃能脱离次殖民地之地位，以造成自由独立之国家"。

与此同时，段祺瑞受奉系张作霖之托，在天津召开各方代表秘密会议，策动倒直。

10月初，直奉双方在山海关、九门口展开主力大战，9日奉军攻克九门口，长驱直入。12日吴佩孚亲自赴山海关督战两军大战于石门寨、三道关。17日奉军打破山海关天险，攻入长城。

10月12日冯玉祥召集胡景翼代表在河北怀来开会，商讨回师北京具体事宜，并决定拥护孙中山先生，起义部队改名为"国民军"。拥戴冯玉祥为国民军总司令，兼任第一军军长；胡景翼为副总司令，兼任第二军军长；孙岳为副总司令，兼任第三军军长。19日，冯玉祥召开军事会议，决定班师回京，发动"首都革命"。命令胡景翼驻喜峰口部队回撤通州，切断京奉铁路，阻止吴佩孚后撤。命令孙岳，监视曹锟卫队及吴佩孚留守部队。21日，冯玉祥、胡景翼率部回师。冯部孙良诚、张维玺两旅进驻北苑；张之江、宋哲元两旅封锁京热大道。胡景翼部岳维峻袭击了直军王怀庆第二军司令部，切断了与吴佩孚的联络。其他各部驻防玉田、滦州、丰台一线。留守通州的李虎臣部策应冯玉祥部进京，出兵廊坊。其他各部包围天津、唐山，堵住吴佩孚军从海上回师。22日夜冯玉祥先头部队占领了电报局、电话局和车站。随后大部队陆续入城。孙岳部割断了总统府与各单位电话线，缴械了总统卫队，囚禁了总统曹锟。一夜之间，北京城被国民军控制。10月23日，冯玉祥、胡景翼、孙岳联名通电，主张停战言和，并指出："国家建军，原为御侮，自相残杀，中外同羞……玉祥等午夜彷徨，欲哭无泪，受良心驱使，于19月23日决意回兵，联合所属各军另组中华民军，誓将为国为民效用。"10月25日，冯玉祥、胡景翼、孙岳各部将领，在北苑举行会议，一致承认孙中山为国民革命领袖，并致电邀请孙中山北上主持大计。

至此，直系军阀元气大伤，北洋政府摇摇欲坠。陕西军队所组建的国民二军逐鹿中原，在逆境中成长，一直按照孙中山先生的"联俄、联共、扶助农工"的新三民主义精神，武装部队。胡景翼决心在河南建设一个真正革命的政府，同广州革命政府遥相呼应。其雄心"以豫省为始基，推行主义于全国"[①]。当时，胡在河南主要从剿匪清乡、廉政肃贪、财税改革、发展交通、振兴实业、颁布新政几个方面共谋省事，聘请了三十多位苏联军事专家训练军队，和李大钊等共产党人士进行了联络，派人接待中共豫陕区委书记，送年轻军官到广州黄埔军校学习，接收一批黄埔军校军事人才，众多辛亥革命元老来到开封，协助工作。一时中原大地，革命思想漫卷，形成"八方风雨会中州"的盛况。

1925年4月，胡景翼右臂长了疔疮，因忙于军务，耽误了治疗，10日，病情恶化，医治无效，与世长辞，年仅三十四岁。后岳维峻接任国民二军军长兼河南军务督办。1926年1月，吴佩孚通电讨冯攻豫，国民军处于直、奉两系的夹攻之中。迫于形势，岳维峻与2月26日撤离开封，集结队伍于郑州3月2日由郑州撤退回陕。在回撤路上，遇到镇嵩军、豫西地方武装和晋军堵截，岳维峻在风陵渡被晋军抓获，秘密囚押于太原。至此轰轰烈烈的国民二军，仅存在两年就近乎烟消云散。

---

①胡景翼遗嘱。

西北革命巨柱——井勿幕

在中国近代史上，孙中山是绕不开的话题，是他创建"兴中会"，后改为"同盟会"，打出推翻清朝封建统治大旗，提出"驱除鞑虏，恢复中华，建立民国，平均地权"的革命纲领。习近平总书记2016年11月11日在孙中山150周年诞辰讲话中给予他三个伟大的评价，及"伟大的民族英雄、伟大的爱国主义者、中国民主革命的伟大先驱，"同时强调说中山先生"一生以革命为己任，立志救国救民，为中华民族作出了彪炳史册的贡献"。而在陕西，井勿幕也是广大人民群众永远怀念的人。他早年追随孙中山，把孙中山思想带回陕西，并建立起同盟会组织。陕西辛亥革命

井勿幕

先贤杨鹤庆（叔吉）1945年11月在《井勿幕先生殉国二十七周年公葬悼唁》中写到"陕西无勿幕，则无辛亥九月初一日之义举，无陕西九月初一日响应武昌，则中华民族之创造，未必如是其速也！"同时有陕西起义"使革命势力东北越黄河，促进山西革命之发展；东出崤函，可俯南下清军之腹部而扼中原清军之咽喉；东南下荆襄，可与夏阳间清军以严重之威胁。故陕西举义，于当时革命策略上、军事计划上，均有莫大之协助。推厥首功，勿幕之为也，今日公葬，允矣宜矣。"（1945年11月21日《西京平报》公葬井勿幕先生特刊）足见其对辛亥革命的重要作用。难怪被孙中山誉为"西北革命巨柱"。

聪敏好学、志向远大

井岳秀

井勿幕光绪十四年（1888）生于陕西省蒲城县广阳镇井家塬（今属铜川市印台区），乳名回寅，初名泉，字勿幕。后以勿幕行，易字文渊，笔名侠魔。井勿幕幼时聪敏好学、志向远大。1903 年 12 月留学日本，入东京大成中学学习日语和普通学科，是陕西早期的留日学生。1905 年加入同盟会，而后奉孙中山之命回陕发展组织，任陕西支部长。1906 年再赴日本，与赵其襄（世钰）等在东京成立同盟会陕西分会。1918年在陕西兴平县（今兴平市）被奸人设谋杀害，时年 31 岁。陕西军民为怀念井的不朽功勋，曾将井在西安居住过的四府街更名为井上将街（旋改勿幕街），并在街南端城墙上开凿的门，命名为井上将门（旋改勿幕门，即今小南门）。1919 年 6 月 12 日，被广州护法军政府追赠陆军中将衔。1945 年 11 月 19 日被国民政府追赠为国民革命军陆军上将衔。

明末清初，井勿幕的先祖由陕西扶风逃荒，来到蒲城井家塬，给丁姓地主做长工。妻死，丁家给坡地一块以安葬其妻。掘墓时，发现墓穴葬有古代武将骸骨，穿戴盔甲和殉葬金银器物甚多，因以致富。随后在井家塬附近植槐树，出售秧苗，勤俭立家，人称为"井百槐"。后与人合股在四川自贡开盐井，每岁红利巨丰，而成巨富。清道光年间，其祖父在县城大什字巷新建住宅，遂由井家塬移居县城。

井勿幕的父亲井永汲，字绶斋，因一目失明，人称"井瞎子"，乐善好施。光绪三年（1877），西北各省大饥荒，井永汲倡议放赈。时任蒲城县令，侵吞库粮，无意赈灾却还质问井："你家有多少钱？敢在蒲城县放赈！"井答："我没有百万之富，就不敢干这活（事）！"从此，人称井永汲为"井百万"。他独出白银数十万两，在蒲城设粥场几处，放赈三年，度过荒年，而家渐衰落。

井勿幕从小丧母，四岁父殁，由长他十岁之胞兄井岳秀（崧生）照养，其兄对他爱护有加，抚养成人。勿幕聪颖异常，勤学苦读。1899年山东、直隶等处爆发了义和团运动，展开了反对外国侵略，烧教堂，杀洋人，声势很大。八国联军攻陷北京，慈禧太后带着光绪皇帝逃到西安，且在1901年春，签订了丧权辱国的《辛丑条约》。规定中国向列强赔偿4.5亿两，分39年还清，本息合计9.8亿两。仅庚子赔款的本息，按当时全国4亿人口计算，每人应负担白银2两以上，并允许外国在北京、天津至山海关有驻兵权。不幸的中国，从此就成了资本主义各国的半殖民地了，因而激起了全国人民的极大愤慨。井勿幕虽在少年，却非常关心国家民族的兴亡，他们弟兄纵论天下大事时，勿幕对于清政府的腐败无能多所指斥，兄岳秀自叹不如。勿幕性格开朗，貌秀心雄，豪侠尚武，于学业之余，随井岳秀拜三原名拳师鹞子高三的大弟子金仲为师，练习拳剑技击，又日常腿缚铁瓦，锻炼腿足。他平日沉默寡言，遇事策划解譬，则滔滔不绝。生平仰慕班超、傅介子的为人，常常高歌吟咏，特别爱唱汉高祖的《大风歌》和荆轲的《易水歌》，慷慨激昂，形于辞色。

主动请缨　返里发展同盟会组织

井勿幕14岁时，分给他的蒲城义源永杂货铺破产，债主临门，无法应付。迫不得已和兄井岳秀商量，由佣工康宝印陪同，赴四川重庆去投靠曾受过他父亲周济的川东道道台张铎。在重庆正蒙私塾读书年余，他结识了当地革命青年杨庶堪、朱之洪、熊克武、但懋辛等。闻孙中山先生在国外成立反清的革命组织"兴中会"，同时四川有学生赴日本求学的消息，便不顾张铎的阻拦，于1903年12月冒险随众赴日本，入东京大成学校普通科读书成为早期的陕籍自费留日学生。

1905年8月孙中山先生在日本创建同盟会，时井勿幕17岁，自觉"国亡数百年矣，乃今觉悟而不即图，亦吾青年之耻也。"随后由陕西同乡康宝忠（心孚，城固籍）介绍加入，习制炸弹，担任文字宣传。为孙中山先生所器重，"呼为后起之英"。黄兴（克强）赞为"招为指臂之助"。年末，他牺牲学业，向中山先生要

井勿幕（右一）与于右任先生在三原

求回陕组织同盟会支部时，中山先生却说："你这个17岁的小孩，能办成这样大的事吗？"他慷慨陈词："我虽年少，但我哥井岳秀在陕熟人颇多，可以通过我哥联络各界人士。"当时中山先生正想打开西北革命局面，见他态度坚决，又有井崧生为助，遂委井勿幕为同盟会陕西支部长，回陕开展工作。他在未回国之前，先给其兄岳秀及家乡蒲城先进人物张铣（拜云）、李异材（仲特）、李良材（桐轩）、王顾（子端）、张东白（维寅）、常自新（铭卿）和正在蒲城县衙供职的师守道（子敬）、县小学堂教习陈同熙（会亭）等取得联系，告知日本情况，这些先进人物都具有民族思想，得悉此情，回信急切希望他回陕告知一切，共商大计。同年冬季，他带着中山先生给井岳秀的亲笔信，取道朝鲜及辽宁、河北、山西等省，途中视察各地情况和清廷虚实，渡河回陕。

北极宫会议　创建同盟会陕西支部

1906年春在井崧生的帮助下，奔走西安及渭北各地，秘密活动，数月间就发展了同盟会员吴宝三、张拜云、郭忠清（希仁）、李异材（仲特）、李良材（桐轩）、王顾（子端）、焦冰（子静）、李天佐（襄初）、马骧（彦翀）、师守道（子敬）、朱潄芳、尚天德（镇圭）、寇遐（胜浮）、常自新（铭卿）、柏惠民（筱余）、严文轩（维翰）、高明德（又明）、谢镛、邹子良（炎）、马文明（开臣）、胡应文（定伯）等30余人。在三原北极宫召开同盟会第一次全体会议，创建了同盟会陕西支部，奠定了同盟会在陕西活动的基础。会上，井勿幕提出联络会党、刀客等，迅速扩大同盟会等重要意见。但因会员对会党持有偏见，其正确意见未被采纳，会后，井勿幕又赴宜君、耀州（今耀州区）等地，准备设立同盟会秘密机关。并将同盟会工作交李仲特、焦子静负责。同年夏季，井勿幕二次赴日本，入东京经纬学堂化学科学习。秋季，同盟会陕西分会在东京正式成立，到会 20 余人，推白秋陵（毓庚）、杨铭源（西堂）为正、副会长。9 月，于右任、邵力子为创办《神州日报》赴日考察学习、购置器材、募集经费。井勿幕陪同参观《朝日新闻》等报社，学习日本方面办报经验。组织秦晋豫陇同学同乡会，为其筹集股金三万余元。12 月井勿幕经朝鲜回国，行前在东京作《孤愤》词，与同盟会诸盟员话别："大丈夫生当斯世，宜效死疆场，为民族存正气。否亦当轰轰烈烈，如荆卿剑，博浪椎诸伟举，事无成败，亦已寒祖龙之胆，壮山河之色，为祖先留生气，为民族续命脉，安肯仡仡倪倪，忍辱事仇，俯首异族统治之下哉！"该词有岳飞《满江红》之气势，足见他已立下鸿鹄之志。这时陕西同盟会支部在学界、军界、刀侠、会党等各方面都迅速得到发展，井勿幕回陕后往来奔走于山西、河南、甘肃、四川各省，以联络当地同志。

黄陵祭祖　决定反清方略

1907 年 2 月，井勿幕经四川，转赴东南几省，和黄兴、秋瑾、朱鑑等联络，密谋革命事宜。井勿幕针对南方诸次起义失败的教训，深刻反思，认为：革命党未能充分发动民众，没有自己掌握的军队和巩固的根据地，急需认真检讨。"革命不联合军事力量，单靠鼓吹宣传，终无成功之理。"而起义多集中于清廷统治严密的南方沿海诸省，虽便于海外筹划组织，但孤军奋战，反利于清廷集中兵力镇压。痛感："东南同志多年举事不成，非谋划不周，以东南地势交通便利，易于败露，欲改变方针，从西北着手。""南北呼应"的战略思想已逐渐成熟。同年 9 月下旬，他和李仲特、郭希仁、焦子静、马彦翀、高又明等人在大雁塔秘密开会，讨论贯彻同盟会纲领。由于多数人不赞成"平均地权"，决议改为"土地国有"。定于农历九月初九（重阳节）去中部（黄陵）县黄帝陵祭祀，激发我汉族同胞的民族精神，并推郭希仁、张翊初（赞元）起草祭文。会后，他和李仲特、焦子静、吴虚白等陕西 16 人，四川 7 人，甘肃、山西各 3 人，广东 1 人，共 20 余人，都到黄陵，以祭轩辕黄帝为名，当场通过"驱除鞑虏，光复故物，扫除专制政体，建立共和国体"的奋斗纲领。1907 冬，井勿幕第三次赴日本，参加中国同盟会总部工作。同吴玉章、景梅九等人，坚持同盟会纲领，组成联席会议，商议革命大计，完善"南北呼应"战略构想。1908年2月，勿幕在东京参与创办《夏声》杂志，撰文宣传革命，在《夏声》杂志第3号上，发表题为《二十世纪新思潮》和《兴办西北实业要论》等文章。其中《二十世纪新思潮》阐述了井的民主主义革命纲领：呼吁社会公平，追求平等、自由。认为"专治制度之思想，早已一落千丈，过去之时代也。即自由制度亦成晚照斜阳，行将就没。而黑云蔽日，冲滔天之大浪而来者，即此社会主义之新思潮也"。"今欲去弱肉强食之禽兽世界，而抵和平幸福之文明世界，非采用社会主义，决不能达此目的"。"维社会公安，谋人民幸福。贫富之悬隔也，思有以平均之；贵族之骄傲也，思有以压抑之；政治之失平，国民道德之堕落也，思想以改革而补救之"。他倡导平民主义："本平民之思潮，以杜绝会之残局，可破坏者，持平民主义破坏之；可建设者，持平民主义建设之。"认为"所谓共产主意（义），要其宗旨所归，在全废私有财产，为人民全体共有财产。协力一致，从事生产，天下一家。"这是他对共产主义的简要介绍。在《兴办西北实业要论》中则认为：兴办实业，富国强民，巩固民主，共和国体。更强调："经济发展即视为国家人民之重要义务。经济充足，则国赖以富以强；反之，则立见衰微，不被灭于人者几希，其假经济政策，以亡人国也。"文中强调西方列强实施经济侵略，大有亡中华之野心，"然则欲断绝人之不我窥伺，必先自开其财源，以从事于各种实业，俾地力尽辟，以免他人垂涎"。

声援蒲案　联合会党刀客

1908年夏末，井勿幕回到北京，并与景定成（梅九）商定：运动山西革命，同时致力于西北革命。"为他年革命军兴起，秦晋联军作计划。"十月，井、景二人由太原赴安邑，畅谈秦晋联军之事，同时在解州中天山查看地形。井勿幕指点江山，雄韬大略，对景梅九说："他日革命，如需秦军相助，我必率师渡河下河东矣！"其后，辛亥年西安起义，太原光复后民军受挫，秦晋联军横扫河东，井勿幕实现了他的承诺。

是年十月"蒲案"发生。这是一次波及全省八十余县的学生民主运动，在晚近学运史上留下重要篇章，其中就有井勿幕的足迹。井从日本回陕成立同盟会支部，发展组织，策源地除过西安就是蒲城。张应超《1908——陕西蒲案始末》载：

"他先在家乡蒲城积极活动，仅一年光景，就发展三十多名同盟会会员，使蒲城成为陕西人民反清斗争极为活跃的地区之一。""蒲案发生前夕，已在学生中发展同盟会会员五十左右。"①期间蒲城教育分会成立，宣传革命思想，维护学堂权益，引起知县李体仁不满，制造事端，试图封杀，引发"蒲案"。10月16日，事态扩大，李体仁率众捣毁教育分会，逮捕会长常自新及三十余名学生，严刑拷打，学生原斯健殒命。

"蒲案"发生后，井勿幕即从北山赶回省城，号召知识界人士声援。同时以教育总会名义组织高等学堂、师范学堂、陆军学堂、西安附中、健本学堂、师范附小、甘园女校等学校学生罢课，各学堂学生对李体仁的暴行无不义愤填膺，纷纷推举代表到长安学巷省教育总会集会，由高等学堂总代表同盟会员马骧（彦翀）、师范学堂总代表同盟会员寇遐（胜浮）主持会议，报告蒲案情形。强烈要求严惩李体仁。最后会议通过三个重要决议：（1）各学堂一致罢课，声援"蒲案"师生；（2）推举代表向巡抚衙门请愿；（3）要求清政府严惩李体仁，不达目的，誓不罢休。马彦翀、寇遐两代表接受同学委托，星夜起草请愿书，次日上午即到巡抚衙门请愿。

留学日本的陕籍学生通过《夏声》杂志对"蒲案"的报道消息，在第九号上刊出《蒲案贿赂公行报告书》和《陕西藩、学、臬三司会议分别拟结蒲城县令李体仁毁学一案驳议》两文。揭发了清朝地方官吏和当权劣绅上下勾结、互相包庇、受贿卖法、贪污腐败，以及玩弄欺骗手法，歪曲"蒲案"真相，袒护李体仁罪行，有力地支援了由蒲案导致的陕西学生反封建压迫运动。

时任陕西巡抚恩寿迫于各方压力只得上奏清廷："该令李体仁褊急操切，擅押滥刑，若非查究迅速，几至酿成重案。仅予褫职，不足蔽辜。请旨即于革职，不准援例捐复"勉强结案。这一场轰轰烈烈的全省运动，历时四个月，宣告结束。初步锻炼了人民群众的革命斗志，增加了反清斗争经验，使得同盟会组织在陕西迅速发展。1908年冬，同盟会在开元寺开会改同盟会陕西支部为同盟会陕西分会，通过了"联合新军、幕亲会、哥老会、刀客等力量，推动革命，以与全国形势相

①《辛亥百年散文专刊》，第4页。

配合"的决议,选举李仲特为会长,井勿幕为实际领袖,负责外出联络,发展组织。

多方结盟 反清力量融合

1910 年春,井勿幕奉同盟会总部令,回陕西组织起义。4 月,在泾阳柏氏花园开会 20 余日,传达总部指示,制定在陕西起义计划。会议决定:在西安和渭北两地举行武装起义。渭北起义由井勿幕、邹子良等负责,致力力量刀客。西安起义由郭希仁、钱鼎等人领导,重点依托新军。会议结束时,与会者在园内"水榭亭"前合影留念。井勿幕指亭顾诸君曰:"他日国事克定,而吾人尚在者,复置酒高会于此,斯不朽之盛事,媲美'兰亭'矣!"6 月,他和邹子良(炎)、郭希仁、张云山(凤岗)、王荣镇等人集会于小雁塔,商讨起义事宜。7 月 9 日又召集同盟会和会党负责人张钫(伯英)、钱鼎(定三)、胡景翼(笠笙)、李仲三、邹子良(炎)、张云山(凤岗)、张光奎(聚庭)、万炳南等 30 余人,号称"三十六弟兄",在大雁塔"歃血结盟",共图大举。同年秋季,他和吴玉章、熊克武、但懋辛由上

辛亥起义前井勿幕、井岳秀在西安公正和家中与同盟会诸同志合影留念 左起:井勿幕、胡景翼、刘述吾、张钫、未详、李襄初、井岳秀

海赴香港，策划广州起义。

1911 年 4 月 27 日广州起义失败，勿幕与总部诸人计议。他愤激地说："吾党精英，损失殆尽。若不迅图急进，将来更不易举。长江方面，已有密报，于夏秋之间进行，吾等应由西北发难，收南北呼应之效。"在 5 月间回陕西，确定 10 月 6 日同时起义，陕西决定由新军在西安起义，渭北各县响应。决定之后，勿幕亲赴渭北布置，准备起义。10 月 10 日武昌起义后，陕西各地纷纷欲动。10 月 22 日，新军同志首先在西安起义（俗称"反正"），激战三昼夜，24 日西安完全光复。同时同盟会会员胡景翼、胡定伯在耀州起义，富平哥老会首领向紫山率众光复富平，25 日三原、商州（今商县）光复。此后陕西各县陆续光复。1911 年 10 月下旬陕西革命军司令部举行会议，仓促推举张凤翙为军事首领，众人仍暗中拥戴勿幕为大都督。勿幕在耀州使人转告他们，临时换主帅，只能是自己扰乱自己内部，制止了众人的企图，遂推定张凤翙为秦陇复汉军大统领，钱鼎、万炳南为副统领。军政府正式成立。

西征东渡　与垂死清军周旋

10 月 27 日由渭北赶回西安，10 月 31 日军政府委勿幕为北路宣慰安抚招讨使，井岳秀、胡景翼、曹俊夫（世英）、郑庠（思成）等，都在他的部下分任标统。陈树藩为东路节度使，负责指挥军事。10 月 22 日在陕西新军中最有声望，与勿幕志同道合的秦陇复汉军副统领钱鼎，率学生 30 余人赴潼关，指挥东路战事，途经渭南，被当地土豪韩映坤组织的反动民团杀害。噩耗传来，勿幕恸哭失声，废寝忘食。山西党人景定成（梅九）、李鸣凤（岐山）等于 10 月 29 日，起义河东。清军第三镇协统卢永祥率部由正太铁路入晋，太原失陷，景、李等来陕求援。军政府复委勿幕为河北安抚使，和陈树藩率井崧生、严飞龙等部，由大庆关和夏阳渡河，支援山西民军，首克蒲、解、潞州，继克运城，三晋革命形势复振。原陕甘总督升允率甘肃汉回各军 20 余营东下，连陷邠州（彬县）、长武、汧阳（千阳）、陇州（陇县），围攻乾州（乾县）、醴泉（礼泉），侵入三水（旬邑）、淳化。勿幕命标统胡景翼率部于三水张洪塬，大败甘军。双方在乾、醴间成相持局面，至清帝退位止。中华民国临时政府成立之后，任命井勿幕为稽查局副局长，他以陕西事务纠缠，辞职未往。3 月，中山先生受袁世凯的要挟，辞去临时大总统职。

勿幕亦本功成身退之义，遣散所部。将一部分包括井崧生所部在内，交付陈树藩改编，仅留敢死军一小部分，改为水利军，由杨仁天率领，屯垦黄龙山。6 月 25 日，改同盟会陕西分会为陕西支部，举勿幕为支部长，张凤翙为副支部长，彭世安（仲翔）、宋元恺（向辰）、张云山等均为支部负责人。8 月上旬同盟会陕西支部改组为国民党秦支部，井勿幕仍被选为支部长，办理党务。因张凤翙阻挠，又改选张凤翙为支部长，勿幕与马凌甫为副支部长，郭希仁、宋伯鲁为干事，张云山为评议员。8 月下旬被迫以筹办延长油矿为名赴南京，接着又赴上海，随章太炎学习古文。袁世凯政府任命张凤翙为陕西都督。

辛亥成果被窃　参加反袁斗争

1915 年袁世凯称帝，蔡锷在云南成立护国军，号召反袁，赴云南参加护国之役，先后任护国军第一梯团司令刘一峰部参谋和川滇护国联军总司令熊克武部参谋长。处前敌时，整饬军纪，士乐为用，军民相安，立功最多。1916 年 3 月袁世凯被迫撤销帝制，而再称大总统，勿幕又联合民党进步人士，以 19 省公民名义，发表宣言，反对袁世凯再称总统。宣言中尖锐指出："袁逆不死，大祸不止。"同年 6 月袁世凯病死，陕西督军陈树藩唁电，称袁为"不祧之祖，共戴之尊"，陕西民党大愤。勿幕乔装商贩，足穿麻鞋，身背卷烟，徒步回陕，转赴北京，和党人促成李根源为陕西省省长。他亦应李根源的邀请，屈就关中道尹，以便共同对付陈树藩。当时勿幕对禁烟、财政、教育各项大政设施，提出多次建议，但扼于陈的掣肘，未能实施。后来陈树藩对段祺瑞拉师生关系，依附"安福系"，加入督军团，以强力夺取李根源的省长印信，勿幕亦愤而辞职，被陈软禁于西安，日以篇籍自娱，暗中仍与渭北通声气。此时驻渭北的胡景翼、曹世英、高峻、耿直、郭坚等部和民党焦子静、刘允臣等，均密谋讨陈。陈派旅长曾继贤率严锡龙团，进驻三原，拟接城防。胡景翼部补充营营长张义安、连长董振五、参谋邓宝珊等，感到形势紧迫，且有机可乘，率 300 余人，于 1918 年 1 月 25 日，在三原起义，歼灭曾继贤、严锡龙装备精良的数倍之敌。胡景翼由蒲城，曹世英由耀县（今耀州区）驰赴三原，举起陕西靖国军旗帜，反段讨陈，连战获胜，攻至西安城郊。陈树藩屡战不利，惊惶万状，勾引刘镇华率镇嵩军入关相助。战事连年，互有胜负。9 月靖国军第四路司令胡景翼受骗，被陈树藩劫持，囚于西安。10 月，叶荃率滇军第八军 3000 余人经四川、甘肃入陕，支援靖国军。先至凤翔、陇县。又有鄂军王安澜和川军吕超各部，即将到陕。时陕西靖国军共有六路司令，以于右任为总司令，声势复振。陈树藩大惧，一面向国务总理段祺瑞求援，同时因渭北靖国军将领，多系勿幕旧部，陈商请勿幕借调解之名，赴三原统驭靖国军，以抵制滇军。井勿幕佯装不允，而陈树藩邀请愈力。11 月由西安赴三原，到后即被众推为靖国军总指挥。

喋血兴平　将星陨落

井勿幕率岳维峻、董振五、邓宝珊等部赴凤翔慰劳滇军和靖国军第一路部队，某日在第一路司令郭坚的宴席上，勿幕指责郭部纪律不佳，要求整顿。归途经扶风，为郭部刘顺天营截击，未受损失。至兴平又遇陈部投降的贾福堂营，据城抗阻，勿幕即命随行部队攻贾，数日未克。郭坚亦命驻兴平南仁堡（在兴平县（今兴平市）城西南 15 里）的李栋才营策应。后郭坚发公函约勿幕等于 1918 年 11 月 21 日齐集南仁堡开会，商讨攻打兴平及进取西安计划。岳、董等都劝勿幕不必前往，勿幕亦同意。但他终无戒备之心，认为自己是靖国军总指挥，又和郭坚、李栋才是蒲城同乡，自己去，可以把他们说服，把部队整顿好，再勿扰害人民。行前他给四川督军熊克武写信说："很多人都反对我前往，以为有危险。其实，只要对革命有好处，我是不怕牺牲的。"他只带护兵 4 人，自己坐轿车前往南仁堡，到了堡外，问门卫："郭司令来了吗？"答："没有。"李栋才即迎勿幕进堡。约上午 10 时，郭坚的差役李新生、任申娃、张昉等数十骑自北门进堡。扬言："郭司令来了。"勿幕出迎，不见郭，即折回。才进营部，李新生突然自背后连发两枪，勿幕倒地殒命，李栋才急割勿幕头，带赴西安。井勿幕的尸身，由随来的护兵安彦明用棉被包裹，背回泾阳。井勿幕死后，泾阳驻军团长田玉洁，向陈树藩几经交涉，索回勿幕的头颅，和由南仁堡背回勿幕的尸体，临时草葬于蒲城。陕西靖国军总司令于右任将勿幕生前事迹，上报广州大元帅府。呈文中有"名家龙虎，关中鸾凤，奔走南北者 10 余年，经营蜀秦者可百余战。慨虎口之久居，已乌头之早白。淮阴入汉，旋登上将之坛；士会渡河，胥慰吾人之望。武侯之指挥未定，君叔之志俱歼。于 11 月 21 日被刺于兴平之南仁堡，莫归先轸之元，空洒平陵之泪"等语。《井勿幕墓志铭》由章炳麟撰。

1945 年 11 月 19 日被国民政府追赠为国民革命军陆军上将衔。12 月 23 日，勿幕遇害 27 周年纪念日，南京政府派监察院院长于右任专程来陕主持，将勿幕灵柩由蒲城迎至西安革命公园内，举行公祭。同时在三原举行"三原各界公祭井勿幕先生纪念大会"。会毕，移灵榇于西安南郊少陵原（今长安区境内），拨款购地 12 亩，建立陵园，举行隆重的安葬仪式，竖立墓碑，并在路口上建立蒋介石题字的"追赠陆军上将衔井勿幕先生之墓"的牌坊，备极尊崇。

1945 年 11 月 5 日在国民党陕西省党部召开"井勿幕先生安葬委员会"联席会议，到会委员有谷正鼎、曹配言、尚警民、王君毅、马彦翀、党自新等三十余人，协商安葬、劝捐事宜。

自 11 月 17 日起，井勿幕生前好友前往革命公园祭吊，谷正鼎、祝绍周、张钫、寇遐、师子敬、马彦翀等各界人士陪祭。21 日井勿幕遗体安葬于长安少陵塬上。

马彦翀曾在 1945 年 11 月 21 日《秦风日报·工商时报》联合版上发表《井勿幕安葬纪念》一诗以悼念，这也是对井勿幕光辉一生的评价，其诗文如下：

巍巍井公，国之耆英，经文纬武，天资聪明。

年虽少我，乃我盟兄，小我加盟，共倒清廷。

公每来省，朝夕过从，委购军械，我走东瀛。

辛亥革命，公亦从戎，运筹决胜，伟烈其功。

深谋远虑，杯酒释兵，高谈宪政，首重民生。

继任道尹，遗爱关中，淡泊宁静，仁者之风。

靖国起义，将士推崇，公任指挥，团结精诚。

奸人要约，群泥公行，单骑赴会，胆气纵横。

不幸殉难，我哀广东，噩耗南传，义愤填膺。

草草殡葬，殊为不平，抗战胜利，四强齐名。

推原探本，望重德隆，为表崇敬，筹议迁陵。

追述往事，愈为伤情，谨具蒸殇，永奠佳城！

落款为：愚小兄 马彦翀 泣述予西京市 时年六十。

口述者：井勿幕侄孙井晓天；侄孙女井亚莉

采访人：张应超 马 正

率众首义领袖——张凤翙

张凤翙，字翔初，光绪七年（1881年）生于陕西西安，祖籍河南沁阳。1904年，被清政府陆军部选派到日本学习军事，先后在东京振武学校、日本陆军士官学校就读，奠定了他后来军旅生涯的基础。1909年毕业回国。1910年任职陕西新军，曾任督练公所委员、三十九混成协司令部参军、参谋兼二标一营管带。1911年10月22日西安起义时任总指挥，成功后被推为秦陇复汉军大统领，亲赴战场指挥。12月受命南京临时政府，任"中华民国"秦军政分府大都督。1912年任陕西都督。1914年被袁世凯调入京闲置。1917年曾组织力量反对张勋复辟。1924年驱逐陕西都督刘镇华受阻。抗日战争期间，张凤翙拒绝与日

张凤翙

本人合作，坚持在大后方支援抗战，积极为抗战出力出资。1940年12月至1945年4月任第二、三、四届国民参政会参政员。新中国成立后出任西北军事委员会（期间改为行政委员会）委员，陕西省人民政府副省长，1958年因病逝，享年78岁。

辛亥起义 脱颖而出

有人说张凤翙这个"秦陇复汉军大统领"是祖上烧高香捡来的，还有人说西安首义时并勿幕在渭北组织军队，当时交通、信息不畅，经营多年，打下良好基

础但未能赶得回来，造就了张凤翙临时来挑这个头。但不管怎么说，西安辛亥革命是在全国各地纷纷起义的情况下，特别是武昌起义的枪炮声中拉开帷幕的。也是在同盟会总会的指示下，同时也是陕西同盟会及其联盟新军、哥老会共同酝酿数月才开展的。在陕西同盟会骨干人物、新军中革命人物在策划过程中共同认可张凤翙是个敢担当可以信赖的领导人物。

光绪初年张凤翙家乡灾荒，其父逃荒到西安，以打铁为生，张生于陕西咸宁菊花园（今属西安市碑林区）。早年在西安读书，聪颖好学，19 岁考中秀才，名列咸宁县同榜第一。1902 年考入陕西陆军武备学堂，1904 年秋被派赴日本入振武学校习兵科，1906 年毕业后升入日本士官学校。1909 年毕业回西安后在西安府衙作缮写，1910 年春被委任为陕西新军督练公所委员。陕西常备军扩编为陆军第三十九混成协后，晋升为第三十九混成协参军官，旋又改任参谋兼二标一营管带。张与同盟会会员钱鼎（定三）、张钫（伯英）、党仲昭（自新）、郭希仁（忠清）等友好，人称莫逆。识者称其"相貌秀伟，态度严正，不滥交际，不轻然诺，但胸有城府，敢作敢为"。

1911 年 10 月西安起义爆发。陕西同盟会领导人井勿幕在渭北，临事指挥无人，钱鼎、张钫等推举张凤翙为首领。张凤翙此前没有参加革命活动，在日本加入同盟会的第二天，他就将会员证书付之一炬；还拒绝为反清刊物《秦陇》写稿。这次推举他当首领，是因为他懂军事、有威信、在新军中职位较高。他对众人的推举也不推辞，在 22 日清晨的林家坟会议上当众表示："大家叫我干，就担当起来。"接着便以首领的身份说："既欲举事，当先发制人，不宜缓至天晚。"遂部署午炮后发动起义，在张凤翙的统一指挥下，分路攻占了除满城以外的西安城全部军事要地。当日晚张凤翙召集会议，商定了以"秦陇复汉军"为起义军的名称，刻制了"秦陇复汉军总司令部图记"。

12 月 23 日清晨，张凤翙亲自指挥攻打满城的关键性战斗。驻守满城的 5000 多名旗兵据城顽抗，经过一天的激战，起义军推倒一堵门墙，满城告破。清西安将军文瑞率旗兵拼死抵抗，战败投井自杀。护理陕西巡抚钱能训受伤被俘。西安城光复后，张凤翙以秦陇复汉军大统领名义出安民告示。此后月余，全省各道、府与大部分州、县相继光复。

可是就在西安起义的当天，原陕西巡抚、陕甘总督升允却正在西安北郊草滩屯垦军田，不在西安城内。升允闻听西安出事，随即骑马轻装，连夜逃往甘肃，并在甘肃调集清军，反扑西安。

东西路战事　运筹帷幄

前面讲过，起义爆发前，张凤翙因懂军事、有威信、在新军中职位较高，被推举为总指挥。特别是张在 10 月 22 日清晨的林家坟会议上提出"先发制人"的策略，部署上午 12 时发动起义。由于指挥得当，当天就占领除"满城"（亦称八旗驻防城）外的西安全城，翌日西安光复，张以秦陇复汉军大统领名义出安民告示。起义军占领省城，一切都还处在混乱中，客观形势要求有一个统一的领导机构，作为革命的领导核心，恢复正常的行政秩序，处理繁杂的革命工作。10 月 24 日，秦陇复汉军临时司令部在军装局开会，讨论新政府组织机构及成员人选等问题。会

张凤翙

议期间，在大统领、副统领以及其他主要人选问题上，争论纷纷，意见相左。原来新军中的哥老会头目，一转瞬间，都变成拥有一定军权的实力人物。同盟会革命党人提出由张凤翙担任大统领，而哥老会方面另有提名，双方争执不休。 25 日，双方派人继续协商，哥老会万炳南坚持要当大统领，他的部下也威胁说，我们只知有万大统领，不知有什么张大统领。还有人提出让马玉贵担任兵马大元帅等等。驻扎在旧高等审判庭的张云山和驻在旧督练公所的万炳南，不顾大局，插起"洪汉"大旗，俨然与临时秦陇复汉军司令部成对峙局面。经过积极斡旋，多方调停，努力劝说，至 26 日，双方重新开会，方决定了陕西革命政府的行政机构和人事安排。一致拥护张凤翙任大统领（后相继奉命改为秦省都督、陕西都督），钱鼎和万炳南为副统领。27 日，由张凤翙宣布："秦陇复汉军政府"正式成立。同时还宣布了副大统领和六都督名单，副大统领钱鼎、万炳南；兵马大都督张云山、副都督吴世昌；粮饷大都督马玉贵、副都督马福祥；军令大都督刘世杰、副都督

郭胜清。

　　西安起义的成功，成为西北首个起义的省份，亦是全国最早响应武昌起义的省份之一（湖南长沙起义和西安为同一天，但是，西安在中午，而长沙是在午夜。）使清廷固守陕甘，收复东南的计划不能实现。清廷调集河南陆军一协进攻潼关，随后又增加赵倜、周符麟二部人马。而西路则有原陕甘总督，在甘肃组织清军，以"秦王"名义，率甘军张行志从陇州进逼凤翔府，领陆洪涛和回军首领马安良占长武、邠州（彬县）、醴泉（礼泉），围困乾州（乾县），一度占领咸阳北原，东、西之清军形成进逼西安之势。而陕西民军，由于新军起义后基本分化，哥老会成员各自按码头集结。而哥老会首领（舵把子）基本上为下级军人，他们从暗中走出来，自私自利，占山为王、占人（数）为王欲望极强。好在张凤翙行伍出身，设立六都督，安抚了张云山、马玉贵、刘世杰等会党首领，准备迎敌。委任井勿幕、陈树藩（柏生）、张宝麟（仲仁）等为各路招讨使（或宣慰安抚招讨使）收复各府、州、县。张凤翙处变不惊，处事游刃有余。遣张钫（军政部长兼第一师师长）出兵潼关；而以井勿幕为北路招讨使，安抚渭北，扼守要隘，"援河东，下潞州，窥平陆，以扰毅军后路，解潼关之围"。派张云山、阻敌西路北线于长武、邠州；着万炳南于南线陇州、凤翔等地。两军交锋，短兵相接，东路潼关二次失守，最艰苦是张钫无兵可用，甚至兵退至南山。而西路北线更为艰苦，清军破长武，战邠州，围困乾州，进而在大年夜攻破醴泉，驻军咸阳北原。清军在西路南线也破陇州，围凤翔，突袭并血洗岐山县城。张凤翙在大敌当前、西安岌岌可危之际，运筹帷幄，调兵遣将，组织人员、物资，支援东、西路。危急时亲自率兵赴东、西路战役前线。1912 年 2 月 12 日清帝退位，陕西战事未息，在长达五个多月的艰苦对抗中，以劣势兵力坚持到最后，有力地支援了南方革命政权，鼓舞和催化了北方各省革命的发动，加速了清王朝的崩溃，在辛亥革命史上留下了光辉篇章。

造福桑梓创办西北大学

　　鉴于西北人才缺乏，张凤翙为首的军政当局决定举办西北第一所大学——西北大学。张凤翙认为创办西北大学，"关系于现时建设""关系将来之建设"和"关系于外部之防御"。因此他与甘肃、新疆两省商议后，决定全力以赴地创办西北大学，并以原陕西法政学堂为基础，将三秦公学、陕西农业学堂、陕西实业学堂、陕西高等学堂等校并入，设大学预科和法、文、商、农各专科。由于张凤翙的决心和努力，终于使西北大学在 1912 年正式开学，为西北培养了不少人才。学校初名关中大学，校址位于政法学堂旧址（老关庙十字万寿宫一带），后"协同旧日高等学校校长及农业学校校长，悉心商酌，拟将关中大学更名为西北大学。出现开之法律、经济、政治及大学第一步预科各班外，并将旧日之农业、实业两学堂改为本大学农业分校，高等学堂改为本大学预科，以旧日之客籍学堂改为文科分校。其开办常年经费，即用以上各学堂之经费"。教师 20 多名，除省内几位留日学生和前请举人外，多为外省籍人，学生多为省内各县和甘肃、新疆所招收中学毕业生、肄业生、前清生员（秀才）及私塾读书之社会青年。1914 年 6 月，当学校在艰难中前行之时，北洋政府任命陆建章为陕西都督，取代了张凤翙职务。西北大学也于是年春开学不久，即被命令撤销，改名陕西政法专门学校，校址随之迁至东厅门（今西安高级中学）。后刘镇华主陕期间，又恢复创办西北大学，足见张凤翙当年创办是的远见卓识。原西安市文联巡视员、学者王民权在《张凤翙其人其事》一文中写到"……当年创建之识见、之魄力、之坚韧，则为世所公认，未可抹灭。"

受制于北洋体现多面人生

张凤翙在辛亥起义爆发的关键时刻，坚决果断，把生死置之度外，敢于挑起总指挥的重担，并对新军中同盟会骨干人物钱鼎（定三）、张钫（伯英）表示："如果失败，祸我承担，生死与二君共之，"在保卫新生革命政权的战斗中，东拼西杀，累得"偶下马倒地休息即睡去"，[①]又接连二次遇刺，均险些丧命，而张凤翙与清王朝的斗争并没有停止，这些功绩都是应该充分予以肯定的。早在日本留学时，根据黄兴对中国留日士官生中同盟会员的指示，他在日本曾参加过同盟会，填写了入盟证书，但入会不久就烧掉了。为了便于隐蔽，在日本留学期间很少参加革命活动，这则是对黄兴指示的曲解。在陕西同盟会革命党里，许多人不知道张曾参加过同盟会，有的资料说张加入的是"日知会"。这是不对的，马步云（凌

---

① 《辛亥革命》资料丛刊（六），第 81 页。

甫）在《回忆辛亥革命》一文中有详细的叙述，他写道：当孙中山先生在东京组织同盟会时，他加入最早。但是他没有对人谈过，当我加入同盟会以后，因为彼此相知最深，我就动员他入会，他才说："我加入同盟会比你还早，但是我不愿使人知道。因为我们军人必须掌握到兵权才能有所作为，我们同学加入同盟会的很多，黄克强特别告诫我们，不要随便露出革命真面目，因此我就没有到同盟会总部去过，也没有对人说过我是革命党。"他又说："我们同学还有一个更严密的组织，叫做'丈夫团'，取义就是孟子所说富贵不能淫，贫贱不能移，威武不能屈。中国组织的分子，都是同盟会员，我也加入在内。"①毋庸置疑，张凤翙是真正的同盟会革命党人。同时，也可以看出他严谨、有志气的行为。但是，在日期间，他又经常收集日本侵华方面的有关资料和情报，交留日学生监督李士锐，再由他转陆军部和陕西军部，想以此换取清政府的信任，却没有料到李士锐却把每次写的材料都换成自己儿子的名字上报，结果其儿子回国后被陆军部重用，而张凤翙却落个徒劳。当张知道此事后，极为愤慨，前去质问，话不投机并打了这个无耻的清朝官吏李士锐二个耳光。李当时虽未发作，后来暗中报复。当张凤翙从日本士官学校第六期学习期满后，回到陕西被处以推迟一年任用的处分。张凤翙虽因为受处分对清朝当局不满，到新军任职后，和张钫等革命党人也常谈论革命事，但仍没有直接参与陕西同盟分会的革命活动，致使别人"怀疑他不是革命党，没有参加过同盟会"②西安起义前夕，张凤翙和顶头上司的矛盾很尖锐，"与周（殿奎）标统的感情已成水火，又同刘（鸿恩）协统在部里打官司，刘协统也以他不太安分，目无长官，对他很不满意"，③这些原因促使张凤翙同意参加起义，并担任起义总指挥。西安起义的迅速成功，又一下把张凤翙推到了十分重要的位置，历史潮流使他一跃而成为陕西资产阶级民主革命的首脑人物。

然而，尽管革命党人"仓促推张凤翙摄军事"，却"阴拥戴井勿幕为大都督"。④井勿幕当时考虑到张凤翙职位已既成事实，不好更替，闹不好对革命不利，遂一

①《陕西辛亥革命回忆录》，第91-92页。
②全国政协：《辛亥革命回忆录》，第五辑，第59页。
③《陕西辛亥革命回忆录》第34页。
④《西北革命史征稿》，下卷，第185页。

再劝阻革命党人，不要拥他自己当大都督，明确指出，不要"亟易主帅，徒自扰也"，①担任了北路安抚招讨使（后又与茹卓亭对调职务，任渭北安抚使），迅速组织军队，开赴战场，陕西停战后，又自请解兵，完全失去了军权。副统领钱鼎（定三）的境遇则更加悲惨，起义成功后，由于环境发生了很大的变化，竟然连举他为副大统领"同列多不悦，其后屡次会议争执，因有取消之说。定三本非争名者，然以此事参差，遂有难留省城之势"。②结果，搞得钱鼎在省城处境十分困难，同时他又考虑到潼关为陕东门户，河南、山西尚未光复，清廷必出兵进攻陕西，乃亲自督师东出守御。张凤翙虽然同意所请，但只拨给一标军队，其标统刘刚才，不听调遣，擅自行动，因左右无可靠队伍，致使钱只好带着新招的数十名学生兵，押解着大批军装和枪械东行。结果，三天后就在渭南县被当地反动武装杀害，给革命造成了重大损失。反映了张凤翙已受洪门排挤和排挤革命党人的做法。

由于张凤翙在起义时才正式参加革命党人的活动，群众基础较差，他的都督地位能否保得住，不能不使他绞尽脑汁。其实他从开始举义就非常注意巩固自己的地位。当时在同盟会革命党人中不少人却错误地认为只有推翻了清朝封建王朝，就算革命成功了，不仅不重视革命的领导权问题，而且"皆以服官从政为可羞"。③这不仅反映了资产阶级革命党人政治上的幼稚，而且也给那些革命意志不强的人以可乘之机。张凤翙当了大统领后，在组织军政府的过程中，正好利用了革命党人轻视政权的思想，他重用旧官僚、立宪派及与自己亲近的革命党人，排斥井勿幕等革命派中的骨干人物，结果建立了一个松散无力、革命性较差的军政府。例如在军政府成立时，尹昌龄旧官僚，立宪派王锡侯都被委以重任；而对在渭北领导起义的井勿幕、茹卓亭、胡景翼等同盟会骨干人物则未加重用。张凤翙还含沙射影地说，许多人在吃馒头喝稀饭时不来，到了吃锅盔、面条时才来，但已无法安插了。意思是指井勿幕等人在西安起义的关键时刻不在西安，起义成功了才来，因而不能安排重任。其实这不过是一种借口，因为起义时的整个筹划过程，井勿幕等渭北许多革命党人不仅参加而且是决策者。

---

① 《西北革命史征稿》，下卷，第 185 页。

② 《辛亥革命》资料丛刊（六），第 70 页。

③ 《西北革命史征稿》，中卷，第 178 页。

再有就是留日期间"渭北派""咸长派"留下的阴影间隙仍存，影响了革命。前面《辛亥革命的中坚力量—留日学生》中提到，当时陕西留日学生多由省城武备学堂、高等学堂、师范学堂以及渭北三原县宏道学堂选派。在日本组织了"同乡会"。但是受地域观念影响，逐渐形成了以宏道学堂学生为主"渭北派"和以省城为区域的"咸长派"，……革命后各派抢夺政权，咸长派先将关中四道抢到手中"。这种矛盾与社会上其他矛盾一起，"天天都在滋长"。[1]同盟会陕西分会在日本成立后，无形中把这种封建的地域观念带进了革命组织。《秦陇报》杂志出一期就被迫停刊，主要是政见不一、感情不融洽。两派的分歧渐渐打破了渭北与咸长这种地域观念的界限，政治上亦有"激进"与"保守"之分，这些分歧使同盟会陕西分会内部，无形中潜伏着一些分裂的萌芽。在东、西路战事结束，革命政权初步稳定后，同盟会内部矛盾显现。

张凤翙的书法

1911 年 11 月 22 日，张被武昌"中华民国军政府"任命为"中华民国军政府秦省都督"。1912 年 6 月 23 日，张与郭希仁、陈树藩、王锡侯等发动成立统一共和党陕西支部，25 日中国同盟会陕西分会改为陕西支部被选为副支部长，7 月被"北京政府"任命为陕西都督（兼理民政），8 月同盟会陕西支部与统一共和党

---

① 《辛亥革命在陕西》，陕西党史资料丛书（三），第 843 页。

陕西支部合并成立国民党秦支部，张任支部长。袁世凯为削弱革命党力量，严令陕西缩编军队，张顺应"北京政府"，在裁军中迫令革命党人解兵去职。1913年，张凤翙向北洋政府妥协，反对起兵讨伐袁世凯，还奉袁世凯旨意声讨孙中山和黄兴，派部入川镇压熊克武领导的反袁斗争，取得袁世凯信任。陕西革命党人邹子良、马开臣、吴希真等密谋响应，遭到张的镇压，邹子良、马开臣被杀害。尽管如此，袁世凯对张并不信任，1914年借"追剿"入陕的白朗起义军为名，派其亲信陆建章任陕西都督（同年6月底改称将军），张被授予扬威将军、陆军上将的虚衔调往北京。袁世凯称帝时，张列名劝进，此后寓居北京、上海。1917年张勋拥溥仪复辟时，张曾回陕欲组织力量讨伐，因受陕西督军陈树藩的阻挠未能如愿，后回北京。1924年刘镇华主陕时，胡景翼派李可亭邀请张回陕组织力量驱除刘镇华的势力，因阎锡山告密，张一到西安即被刘镇华软禁，后经友人周旋获释，复又返回北京寓居。

张凤翙对禁烟也十分重视。设置"陕西禁烟督办"，拟定禁烟办法，把禁种鸦片列到首要任务，号召军政人员一致协同办理。陕西第1师师长张云山出巡渭河南北产烟较多地区，每到一个乡镇，召集当地居民宣布政府禁种鸦片的决心和办法，使陕西禁种鸦片收到一定的效果。

寓居西安　创办菊林中学

1937年七七事变爆发后，张不愿做日寇铁蹄下的奴隶只身从北平回到西安，仍居住西安菊花园街张府巷旧居。每天读书写字，但仍不忘菊林，与陕籍刘治洲、宋联奎等人，又将菊林小学扩大为菊林中学（市二十一中，今西安旅游职业学校前身），并亲任董事长，造福桑梓、培养了大批人才。张出任陕西临时参议会参议员和国民参政会参政员，不满蒋介石独裁统治和消极抗日政策，主张抗战。1943年国民参政会三届二次大会在重庆开会时，周恩来曾到张的下榻处看望，并与其交谈。1945年，张曾任陕西各界慰问抗日将士代表团团长，率团到豫西慰问抗日军队。

1947年，国民党为利用张的声望，拟推其为陕西省党部书记长候选人，被拒绝。1949年5月18日胡宗南逃离西安时，以"保护安全"为名，将张和寇遐、马彦翀等裹胁到汉中，拟送台湾，张等坚决不从，遂被送往兰州。兰州解放，彭德怀元帅在陶乐春饭店设宴欢慰张凤翙诸老，并请诸老回陕，安度晚年。张凤翙兴奋地说："共产党是宣哲清明，其言无理之不通，其行无事之不当，确是挽救此殖民地危亡中国的大救星，回陕确以秋叶余生，贡献新中国的建设。"中华人民共和国成立后，张凤翙任西北军政委员会委员、西北行政委员会委员、陕西省人民政府副主席、副省长等职，当选第一届全国人民代表大会代表。1958 年 7 月 29 日因病在西安逝世，终年 77 岁。

张凤翙先生育有一女月昭，适辛亥革命先贤张益谦先生之四子张觉亚，育张以朋、张以晶二孙。

口述者：张凤翙外孙　张以晶

采访人：张应超　马　正

出师未捷身先死——钱鼎

唐代诗人杜甫名句"出师未捷身先死，长使英雄泪满襟"。说的是诸葛亮多次出师伐魏，未能胜利而英年早逝。但是，这一名句用在陕西辛亥革命先贤，起义倡导者、主要指挥者之一钱鼎（定三）身上也是再贴切不过的。辛亥革命西安起义日为 1911 年 10 月 12 日（农历九月初一)，而钱鼎牺牲于 1911 年 10 月 24 日（农历九月十二）距起义仅仅十二天，享年 27 岁。

钱鼎，派名光斗，字定三，陕西省白河县卡子镇陈庄村（小地名钱家大院）人。生于清光绪十年（1884）腊月三十日。祖籍安徽寿州钱家岗。清乾隆年间，其先祖钱公方

钱鼎

远始迁陕西省白河县定居，钱鼎为钱氏迁白后的第七代裔孙。钱鼎妻汪氏，女一，无子。钱鼎牺牲后，南路按抚招讨使张宝麟安抚南路时到白河县，立其堂弟钱光福长子钱华汉为嗣。

钱氏曾为白河县旺族，书香门第。钱鼎"生有异禀，目光射人，体清癯"（郭希仁语），幼时在私塾读书，即聪颖好学，少有大志。钱家素有练武传统，他不仅练拳使棒、舞刀弄枪，且每每读史传于深夜，尤其对《说岳全传》爱不释手。喜诵《满江红》，仰慕岳飞、文天祥、史可法诸人的忠烈事迹。清朝晚期，红帮（即哥老会后期组织名称）组织在陕南和湖北活动频繁，一些重要的经济活动，都要依靠红帮的保障。由于钱家"经商涉远，往来襄樊汉江之间"，因此有人参加红帮

组织。钱氏家族没修祠堂，却维修关帝庙作为家庙常年祭拜。钱鼎则在"弱冠时即入哥老会，资望特深。"曾与同学在宅旁关帝庙关羽像前立不赌、不嫖、不吸鸦片的"三戒"。

清光绪十一年（1905）科举制度废除后，钱鼎入陕西陆军小学堂读书。毕业后，被选送保定陆军速成学堂步兵科深造。"毕业后参观过津、沽和青岛等地的国防设施，并遨游户、杭等地，深深体会到我们祖国的宏伟可爱，但也感到列强侵略的危机。这就进一步激发了他的爱国主义思想。他感时赋诗，其中就有'顾瞻禹迹陆沉象，剑作龙吟眦欲裂'之句，可见他的抱负的一斑。"[1]回陕后，历任新军一标一营排长、队长、执事官并通过郭瑞圃（河北人，鼎在保定入同盟会认识郭）介绍结识陕西同盟会井勿幕、郭希仁、胡景翼等骨干人物。与陕西新军中同盟会员一起奔走联络，大事运动，秘密发展同盟会力量，积极做反清起义的准备工作。曾任陆军学会会长（张钫任副会长），同时身兼同盟会员、哥老会身份。通过这个组织在新军中联络了张云山（凤岗）、吴世昌、刘世杰等头目，随时向士兵宣传反清灭洋思想。

由于身兼同盟会员、哥老会、陆军同学会会长三种资格，有沟通联络三个革命团体的便利条件。在钱鼎等的推动运动下，宣统二年农历六月初三日（1910年7月9日），同盟会、同学会、哥老会首领和军学各界代表井勿幕、钱鼎、张钫、党自新、张宝麟、张聚庭、张仲仁、朱叙五、胡景翼、万炳南、张云山、陈树发、朱福胜、马玉贵等人，在西安大雁塔秘密集会，歃血为盟，成立反清统一组织"三合会"（同盟会、同学会和哥老会），即史称"三十六兄弟会盟"，为陕西辛亥革命的成功奠定了武装基础。西安起义前夕，条件基本具备，因为钱鼎平时结交甚广，又是各次活动召集人，所以备受推崇，不少同志拥戴他为举义首领。可是他审时度势，各方权衡，认为起义之事关乎革命事业大局，关乎参加人员的身家性命，关乎江山社稷，劝大家自己不适合担任首领，认为由二标一营管带张凤翔担任起义首领比较合适，一是由于张曾留学日本学习军事。二是张本人稳重，考虑问题比较全面。三是张的官阶较高，在新军士兵中有一定威望。西安起义的计划确定

---

[1]《陕西辛亥革命回忆录》，第176页。

以后，钱鼎、张钫等人来到张凤翙驻地，将起义计划告诉张，并向张认真分析全国形势以及清政府为防止新军哗变已经准备陆续将其调防，张凤翙答应参加起义。随后他们研究决定 10 月 22 日（九月初一）早先组织新军骨干在西安西稍门外新军营盘附近的林家坟召开军事会议，商讨起义时间及具体计划。会议决定当日中午十二点举行起义。钱鼎亲自率领新军一营驻守鼓楼，主攻满城西线。25 日，起义领导人在军装局开会，研究"秦陇复汉军政府"人事安排，除张凤翙被推任大统领外，关于副大统领人选问题，因起义人士派系复杂，争论纷纷，相持不下。张建有、刘刚才、吴世昌提议由钱鼎担任副大统领，而钱鼎却顾全大局，团结各方，推让万炳南担任，后两人均担任副大统领。据郭希仁《从戎纪略》所记叙，有"钱本非争名者"之语。

西安首义后大统领张凤翙及以下各重要首领每天始终纠缠在繁杂的事务当中，而面对东西两路如何迅速布置防御清军进攻没有足够的认识和预案。28 日，即起义的第六天，副大统领钱鼎根据当时的国内形势认为清军很可能由河南向陕西进攻，而潼关系陕西的东门户，若不重兵据守，清军将会长驱直入，"此大可虑也"。①加之亦有其他因素，于是他请缨带兵东征，张凤翙准其所请，并把复汉军第一标所辖三个营拨归指挥，定于 10 月 29 日（九月初七）下午出发。本来一标所辖的军队多系钱鼎旧部，关系平时也处的比较好，由他率领东征是合适的。但是，这时有些人却"以功成而傲，掠财而富，十之八九，皆不听调遣。"②标统刘刚才一心想回自己家乡商州去开辟局面，称据一方。另外，西安起义后，新军内部由于哥老会由暗中走向台前，原有的建制未变，但人员已经随各自"码头"而聚集，一般人很难指挥。如刘刚才原为一标二营正目（班长），起义过程中，有一定贡献，加之手下哥弟众多，直接升为标统，实际上标中一、二营亦不听其调遣，所以，借故推诿，请钱鼎带他不好指挥的一、二营先东开，自己则佯称带第三营由蓝田过秦岭一带取南路东进，到潼关会齐。一营管带张建有，起义中曾提取西安陆军中学堂的枪支，装备较好。二营管带李长胜也想在西安哥老会中扩充人员，

①《辛亥革命》资料丛刊（六），第 102 页。
②《近代史资料》1983 年第一期，第 63 页。

故这两个营迟迟不随钱鼎东开。他在无奈之下，只好托郭希仁、朱新宇赶印空白肩章一千五百个，打算东行沿途招兵。到了约定出发之日，一、二营均未到达指定集结地，钱鼎心急如火，遂带陆军中学堂的学生及护兵共三十余人，弹药辎重五车，按时出发。行前，钱鼎到军政府辞别，只有郭希仁（军政府高级顾问）送出大门。郭在《从戎纪略》中记到："定三初七日午后起程，余送出大门，含泪而别。"可以想象，以"秦陇复汉军"副大统领启程东征，没有任何仪式，没有轰轰烈烈的送行场面，真可谓悲凉，足见当时领导者们居心叵测，更说明起义成功后团结不够。钱鼎于30日到达临潼县（今临潼区），受到曹印侯、刘蔼如的接待，一方面等待后面军队，一方面先派陆军中学堂学生张世瑗等数人，至渭南打探消息。渭南当时还未光复，知县杨调元听到省城起义的消息后，令本县武进士韩映坤赶办团练，企图抗拒革命。韩又收揽渭北"刀客"严纪鹏，驻守县城，当张世瑗等到渭南时，杨调元迎张进城，假装同情革命，拥护军政府，并愿拿出地丁银九千两，支援军需，当即就拿出三千两。张世瑗等上当受骗，信以为真，即速派员带银返回临潼，报告钱鼎渭南愿意归顺，请速前往，面对杨的阴谋竟毫无察觉。实际上，渭南当局对张提款后西去临潼心中不忿，尽管表面归顺，但实际上又秘密派人跟踪前往临潼打探，当探知钱鼎未带重兵，仅带二三十名学生和一些辎重这个情报后，韩映坤就要求严纪鹏与钱鼎对抗，提出下逮捕张世瑗，等钱鼎他们到达后，一网打尽，抢劫所带物资。严纪鹏随后关押张世瑗，又布置埋伏，准备叛乱。知县杨调元得知此事后，深恐事态扩大，日后军政府不会轻饶，曾力劝韩、严不要动手。可是韩映坤本身对辛亥起义非常敌视，不但不听杨调元的意见，还要严纪鹏与起义军对抗到底。杨调元越想越怕，竟投井自尽。韩映坤这时更是变本加厉，火上浇油，借口"洋学生"逼死县官极力煽动严纪鹏和县城不明真相的学生，加剧对钱鼎一行的仇视。钱鼎在临潼对渭南人和事一概不知，更不了解韩映坤反动派仇视革命，准备对他们下毒手的计划，只是一门心思赴潼关布防。即未等刘刚才及张建有、李长胜所率人马到达，于11月1日早晨，钱鼎乃带原先的人马东行，下午到达渭南，韩映坤、严纪鹏等假装恭顺，亲自迎接，果然兼让钱鼎及所带人马不多，但物资丰厚，其歹意更加坚定。年轻的革命者，对敌人假降的阴谋并未识破，却信而不疑，泰然安居，毫无警戒。同时知县官已死，即着人买棺殓埋。2日，正准备约请乡绅安置地方，忽听外面人声嘈杂，秩序混乱。韩映坤和严纪鹏带不明真相群众打死张世瑗，并破腹挖心，把看守车辆的学生也杀了，成群人冲入县署，向钱部突然袭击。钱鼎等遂进行英勇顽强的抵抗，终因寡不敌众，学生大部分相继战死。钱鼎和他的族弟钱国宝越墙逃出，钱国宝体格强健，越过小何逃脱。钱鼎则因筋疲力尽，扑地不起，被敌追至用乱刀砍死。辎重、弹药和银两全部被劫。数十名学生惨遭杀害，仅有钱国宝等少数人幸存逃回。

11 月 3 日，钱国宝、学生贾俊修逃回省城，向军政府报告了渭南事变经过，西安军界震惊，人们对钱鼎忠于革命事业，英勇牺牲表示哀悼和无限崇敬，对韩映坤等人破坏革命事业表示愤慨。钱鼎尸体运回省城后，在八仙庵举行公祭。随后居陕西省渭南市富平县淡村的钱氏二房族人（钱鼎为居陕西省安康市白河县的钱氏四房人），将其安葬于富平县淡村。现钱鼎墓为庄稼地中的一座近 30 平方米的大土丘，土丘上生长着一棵椿树。逢年节日，钱氏族人都予以祭奠。

钱鼎为陕西辛亥革命的成功做出了不朽的贡献，27 岁即为革命捐躯，可谓英年早逝，令人惋惜。他"是一位有卓越才干、顾全大局、颇有威望的领导人。他的牺牲是革命党人的一大损失"。[1]民国时有人写诗赞道："首义西都壮古今，光芒一现将星沉。荒江何处埋忠骨，当使英雄泪满襟"。[2]其弟钱甲，辛亥年五月在武昌准备反清起义，事泄遇难，年仅 23 岁。这对辛亥革命英烈，出生入死，功勋卓著，值得后辈缅怀和永远纪念。

龙门狂生言：不朽钱鼎，一代风流，少有大志，联络会党，投身革命，矢志不移，西安起义，化解纷争，渭南遇害，英雄早逝。钱鼎为陕西辛亥革命的成功做出了不朽的贡献。二十七岁为革命捐躯。他"是一位有卓越才干、顾全大局、颇有威望的领导人。他的牺牲是革命党人的一大损失"。[3]

口述者：陕西辛亥革命研究专家　张应超

---

① 《陕西通史》民国卷。
② 曹冷泉《陕西近代人物小志》。
③ 曹冷泉《陕西近代人物小志》。

洪门枭雄——万炳南

　　陕西辛亥革命英雄人物众多，同盟会领袖不在少数，在辛亥前后起到重要作用的骨干更是不胜枚举，为什么要去写一个哥老会首领，去宣传一位会党领袖？是的，当时确定辛亥革命起义人物时，我们在众多的先贤当中反复比较，选择有代表性，事迹突出，贡献大的人物。而在万炳南、张云山当中，我们也曾想有所取舍，选其中之一。但经过比较，两人均有特点，都在西安光复中做出重要贡献，而且万炳南当时在哥老会的地位似乎比张云山还要高一点，影响要大一点，或者二人比肩。但主要万炳南是个有争议的人物。所以，决定把万炳南、张云山均列入其中，同时在这篇文章中捎带把陕西哥老会也简要介绍一下。

　　万炳南 1881 湖北郧西县一个农家，读过私塾，略通文墨，喜欢看《三国演义》《水浒》《杨家将》《岳飞》等书。为人豪爽，讲义气，仰慕包公、关公等忠良。万身材高大魁梧，臂力过人，会拳脚功夫。郧西县地理位置特殊，三面环秦，惟有一面接楚，此地人外出谋生一般溯汉江而上，所以有资料说万是安康人，我们在反复翻阅资料中了解到，湖北旅居安康人较多，一是汉江的船工及其响应的连锁产业人员；二是许多生意人均来自湖北。我们在安康采访，接触到许多人均说他们的祖籍是湖北某地。确切地讲，万炳南祖籍湖北郧西应该是对的。我们查阅《郧西县志》，上面也记载万炳南是该县人氏。万行伍多年，辛亥革命前任陕西陆军混成协（即陕西新军）一标三营某队正目（班长）。当时，新军中的中国同盟会员已有近三十人，其中钱鼎（定三）、张宝麟有同盟会和哥老会的双重身份，他们积极联络哥老会共同反清。万等哥老会头目也积极与钱、张交往，使新军中各营队的哥老会头目都愿接受孙中山"驱逐鞑虏，恢复中华，建立民国，平均地权"的主张，并愿意"跟着党人干"。万参加了同盟会和哥老会六月初三（1910 年 7 月 9 日）在西安大雁塔的秘密集会，三十六位弟兄"歃血为盟，共图大举"，进一步巩固了同盟会与哥老会的团结，为西安起义奠定了武装基础。

辛亥起义　寻找依靠力量

哥老会起源于湖南、湖北、四川，是长江流域声势和影响都很大的秘密结社组织，后来其逐渐向北方及其他地区扩展。在《清末民初秘密社会的蜕变》这本书中秦宝琦老先生对近代的秘密社会作出了准确的定义"秘密社会是在封建社会，半殖民地半封建社会里一部分下层群众为了求得精神上的慰藉或生活上的互济互助自卫抗暴而自发结成的社会组织。"而秘密社会包括秘密会党和秘密教门，哥老会就是历史上三大秘密会党之一（还有天地会和青帮）。在辛亥革命中，陕西是响应辛亥革命武昌起义最早的北方省份，其影响波及了西北数省，因此，在全国占重要和独特的地位。而陕西辛亥革命的成功与会党有密切的联系。关于晚清时期陕西的会党的研究，华西师范大学历史文学院马建堂在《晚清时期的陕西会党》一文中写道：陕西会党在同治光绪年间迅速发展遍布全省，而陕西会党中哥老会的来源主要来自南方，途径有三种：来自四川周边的其他省份；来自左宗棠的湘军；其他省被打击的会党来陕。而陕西会党积极作用表现在辛亥革命前接受了革命党联合的主张，在革命中促进了革命走向高潮，但其消极的作用表现出其自身的破坏性也危害着社会。的确，西安光复主要依靠哥老会的力量。就陕西来说，陕南属于长江流域，受其影响，哥老会分布广，人数较多；关中人数少于陕南，但远远多于陕北。哥老会上层人数很少，下层人数众多。其组织关系主要以"山堂"为单位，陕西大约有太白山、通统山、提笼山、秦凤山、定军山、琥珀山、贺兰山等山堂，每个山堂人数（"哥弟"）不等。因为是相对秘密的组织，所以基本没有留下什么文字东西，更谈不上有档案留下。除此以外，还有许多从省外来陕西或陕西人在外省参加哥老会的哥弟，山堂的名称就更多了。万炳南所处的社会，时局动荡，土匪横行，会武功的他就有了用武之地，在郧西、白河、旬阳等地沿汉江为商贾押运货物，期间认识了白河的钱鼎、郧西夹河的吴世昌、郧阳的刘刚才。后万炳南同吴世昌、刘刚才投戎至西安巡防营（以后的"新军"）。此间万秘密联络同乡好友，在军中开设了"梁山水"山堂，自任堂主，广纳门徒，势力逐渐雄厚。1909 年（宣统元年）陕西混成旅（新军）组建时，万炳南转入新军，出任一标一营某队正目（班长）。由于万炳南为人义勇，颇得下级军官的拥护，其手下哥弟近千名，绝大多数是新军士兵，他和张云山一样，在新军中官阶不高，但均为新军中有势力的哥老会首领，故辛亥起义后，一跃成为副统领。

哥老会很早就在新军士兵中建和军队编制相适应的组织系统，标有"标舵"，营有"营舵"，队有"队舵"，以联系掌握他们的"哥弟"。这些"舵把子"固然不能把属于各个山堂的哥弟统一地掌握在自己手里，但能够很好地掌握属于自己的一帮哥弟，并紧密地联系着其他山堂的哥弟。各级"舵把子"，在军中职级不高，差不多都是护兵、正副目士兵、伙夫等人物，他们虽在军事上没有指挥的权力，而在自己组织内部的领导力量却很强。万炳南在行伍中混迹，起义前充任新军一标三营正目（班长）。后来当军队建制打乱的时候，军事实力和军事指挥权自然而然地落在舵把子手里。

梁严冰《论同盟会会党新军与陕西的辛亥革命》中指出，"陕西之所以在武昌起义爆发后的第 12 天就宣布起义，成为北方响应武昌起义的第一个省份，固然与全国革命形势的高涨和陕西人民风起云涌的反帝反封建斗争有关。但最根本的原因还是同盟会以会党为纽带，掌握了新军，为陕西辛亥起义准备了两支基本武装力量。"同盟会与新军中的哥老会经过一系列的联络，特别是具有哥老会哥弟、同盟会会员的两重身份的钱鼎（定三）的联络活动，使双方建立起深厚的友谊。宣统二年（1910）春，陕西同盟会在泾阳柏氏花园召开会议，其中一项内容就是决定联系哥老会、刀客等力量，加入到反清洪流中来。

歃血盟誓　共图反清大业

1910 年 7 月 9 日（农历六月初三），同盟会、哥老会和新军中的领导人在省城西安南郊大慈恩寺（大雁塔）举行结盟仪式。参加的人有井勿幕（文渊）、钱鼎（定三）、张钫（伯英）、胡景翼（笠僧）、张云山（凤岗）、万炳南等三十余人。结盟仪式是按照哥老会传统仪式进行的，先由哥老会中资格较老的朱福胜带领到会者在供着关羽神位、陈列着香烛的桌前行叩拜礼。并唱曰："此夕会盟天下合，四海招徕尽姓洪。金针取血同立誓，兄弟齐心要合同。"然后把一只大公鸡当场宰杀，让鸡血滴在酒里，每人都喝一点。接着，又在关羽神位前起誓，表示经过这次结盟后，双方力量团结一致，同心同德，共图反清大业，如有违背，神灵鉴察。后来，把这次结盟称作"三十六弟兄歃血为盟"。大雁塔歃血订盟，进一步巩固了同盟会、哥老会的团结，为后来西安起义打下良好基础。万炳南位列其中，一方面是他在新军中哥老会的地位决定；另一方面也凸显其与清廷势不两立的决心。

西安起义　哥老会担纲

西安光复，军政府成立，军事实力基本上掌握在哥老会手里。以后随着东西路清军夹攻时候，哥老会哥弟们对革命作了巨大的贡献，起了不小的积极作用，可是由于他们不是自觉地参加革命组织，既没有显明的政治目标和行动纲领，也没有严格的革命纪律，还将沾染的许多旧军队的坏习惯带入革命阵营，从而不可避免地在起义过程中产生不少的危害百姓的越轨行动。在满城攻下，军政府成立的初期，万炳南派陈同公开地争着要当大统领，张云山据居南院和张凤翙旗鼓相当的唱对台戏，日常行文在兵马大都督的"关防"旁边盖"洪会公议"的小章才有效，六都督争权夺利，谁也不肯让谁，其余的各大小首领都争着要当大官，要多带兵，他们本来对孙中山先生所倡导的民族民主革命运动的意义并不怎样了解，错误地认为是哥老会出头的日子到了，到处增设"码头"，大量散发"票布"，广收弟兄，擅用公款，处理词讼，干涉地方行政事宜，俨然把"码头"置于地方行政之上，有的甚至于勒索抢劫财物，闹得民怨沸腾，激起地方民众义愤。《清末民初秘密社会的蜕变》也有指出在陕西光复的过程中哥老会确实起了很大的作用。因为当时起义过于仓促，没完整的部署和起义计划，新军进城后各营单独行动，难以节制，于是指挥权就落到了哥老会各级舵把子手中。在起义中，军队有多少在哪个位置新建的革命总司令部都不清楚，但最后在哥老会力量的大力协助下，陕西成功推翻了清王朝统治得以光复。

1911年6至7月间，四川保路运动的发展，鼓舞了陕西革命党人反清起义的勇气。武昌起义爆发后，清朝官吏恐惧不安，唯恐陕西响应，想在西安逮捕革命党人，但又怕激起新军中革命党人的反抗。遂决定把新军分批调离西安，分驻各县，先分散革命党人的力量，然后再进行分别逮捕。10月16日，新军一标一营奉命开往陕南汉中，第二标也得到即将开拔的消息。若新军调离西安，起义就要落空。情况十分紧急。17日同盟会和哥老会双方主要负责人钱鼎（定三）、张钫（伯英）、万炳南、张云山（凤岗）、贺绂之等在小雁塔召开紧急会议，秘密协商，起义时间初步拟定于九月初八（1911年10月29日）。20日，陕西发动当局突然下令，新军二标的三个营将从 24 日起，每天派出一个营分别开往宝鸡、凤翔、岐山等县驻扎。形势发展非常紧迫，革命与反革命已经到了成败的关键时刻。当钱鼎、张钫等得知此情报后，认为事不宜迟，必须在新军还未开拔离开西安前起义，并认为最好把起义时间放在星期天，因为按照常规，这天陆军放假，除各级值日官外，其余均不在军营，起义官兵可以借度假秘密集合，不易被发觉，起义后也不易被镇压。特别是驻守军装局（清军枪支弹药仓库）的巡防队，星期天比其他时间警戒松懈，对于起义军夺取枪炮子单很有利。

九月初一，是个礼拜天，而且这一天新军发饷。一大早同盟会、哥老会和新军的骨干三十余人在西郊新军营盘附近林家坟秘密集会，推举张凤翙为起义首领，钱鼎为副总指挥。并决定当天闻午炮（12：00）起义。仅半天时间，起义军占领了军装局、藩库、巡抚衙门及各署、府，万炳南率部占领了军事参议官衙门。除"满城（八旗军及旗人居住地）"以外，均被起义军控制。23 日晨，起义军向满城发动总攻，仅一天时间，就攻占了满城，西安全城光复。

各派争权　军政府难产

10 月 24 日，起义军领导人在军装局临时司令部开会，讨论新政府组织机构及成员人选等问题。会议期间，在大统领、副统领以及其他主要人选问题上，争论纷纷，意见相左。原来新军中的哥老会头目，一转瞬间，都变成拥有一定军权的实力人物。如西关新军营地的步枪三千枝由军装局取出的各种枪械约两千支，收缴陆军中学堂的枪七百枝，巡防营的约五、六百枝，以及陆军炮营十八门山炮，马、炮两营的马匹等，都被哥老会头目占有。他们同时在省城各街公立码头，召集军队，西安城几乎变成哥老会的天下。当时，同盟会革命党人提出由张凤翙担任大统领，而哥老会方面另有提名，双方争执不休，会议不欢而散。25 日，双方派人继续协商，哥老会万炳南坚持要当大统领，他的部下也威胁说，我们只知有万大统领，不知有什么张大统领。还有人提出让马玉贵担任兵马大元帅等等。本来同盟会革命党人考虑到当前革命尚在紧张进行，如果让万炳南担任副统领，对张云山、马玉贵等哥老会头目能做适当安排，问题也就解决了。但是，由于同盟会有些革命党人，对哥老会带有传统的政治"偏见"，寸步不让，致使双方几乎破裂。这时，驻在旧高等审判庭的张云山和驻在旧督练公所的万炳南，亦不顾大局，插起"洪汉"大旗，俨然与临时秦陇复汉军司令部成对峙局面。后经有关人员积极斡旋，多方调停，哥老会首领思想转变，表示要与革命党人和衷共济，维持艰局。26 日，双方重新进行协商，大家一致拥护张凤翙任大统领，钱鼎和万炳南为副统领。万炳南、马玉贵等人也表示支持张凤翙，愿与张同心协力，互相团结，维持时局，继续革命。

27 日，由张凤翙宣布："秦陇复汉军政府"正式成立。同时还宣布了副大统领和六都督名单，副大统领钱鼎、万炳南；兵马大都督张云山、副都督吴世昌；粮饷大都督马玉贵、副都督马福祥；军令大都督刘世杰副都督郭胜清。六都督全是哥老会头目，而政府机构的负责人和办事人员，多是同盟会革命党人。它既保证了同盟会的领导地位，巩固了新生政权；又照顾了哥老会的要求，增强了革命阵营的团结统一。辛亥革命后，陕西省第一个新生的资产阶级民主政权就正式诞生了。

率军西征　抗击来犯清军

西安起义时，原陕甘总督升允逃往甘肃，被清廷重新启用署理陕西巡抚，勾结陕甘总督长庚，带兵进犯陕西，一路由升允指挥，率陆洪涛、马安良军二十三个营，向长武、邠州（彬县）开来。另一路由陕甘提督张行志指挥，向陇县、凤翔进犯。军政府在布防北路战事时，已经料到清军从长武向陕西进犯的同时，必然要从南路陇州进攻。即决定由副大统领万炳南出守凤翔，又任命赵乃普为凤翔府知府，胡树人为凤翔县知县，协助万炳南共同抗御来犯之敌。万炳南率民军十余营西开，于 1911 年 11 月 29 日（十月初九）到达凤翔。时凤翔已经光复，万将民团收编为五个民团营，每营二百余人，共千余人，分别驻防固关、陇州、千阳一带，修筑工事，积极备战，防敌进犯。

12 月 17 日，清军五个营乘黑夜偷袭固关，民军无备，突遭偷袭，仓促应战，不利，退守陇州。23 日，当晚大雪，民军组织力量，相乘雪夜劫袭敌营，夺回固关。由杨春华率部前往，以当地哥老会杨录作向导，行至平头塬，由于冰天雪地迷失了方向，又与敌军遭遇，双方交战，民军失利。固关不仅未夺回，反被清军追至陇州城下，城内民军准备不及，仓促应战，抵抗不住，陇州被清军占领。清军乘胜东进，又占领了千阳县城，前锋到达凤翔以西的柳林镇。与此同时，陕甘提督张行志率所谓"壮凯军"七个营，自灵台南下，经天堂进驻城北水沟太相似，其前锋已到达北沙凹堡一带。城西的清军和城北的张行志部成掎角之势，两军共约四千余人，包围了凤翔城，城内民军仅二千余人，且武器远不如清军，凤翔危在旦夕。万炳南由于兵力单薄，急向省城求援，军政府令王荣镇、杨汝林、王振海等各率兵一营，迅速增援。又令曹印侯率其敢死军一千二百余人，星夜赶往凤翔增援。1912年1月9日（十一月二十一）万炳南决定将民军分为西、北、中三路向敌进攻。西路，由王荣镇指挥；北路，由朱汉庭指挥；中路由王振海指挥。三路同时出击，结果西、北两路均或胜利，惟中路民军中途触敌地雷，炸死炸伤多人，一时大乱，纷纷后退，指挥王振海奋力督战，又不幸中弹倒地，被俘遇害，民军遂即撤回凤翔。第二天，民军以主力出西门直攻柳林镇之敌，当民军到达该镇时，正值中午，清军正在各村抢掠，未发现民军踪迹。民军出其不意，以迅雷不及掩耳之势直插敌军营，清军集合不及，仓卒应战，顿时大乱，崔正午亲自出马督战，忽中弹倒地，被部下抢走，群敌无首，纷纷溃逃。虽然张行志率队来援，但以天黑，遂退入山中。崔正午受伤后，率部退千阳固守，柳林镇被民军占领。

15日，民军又集中兵力，由凤翔北门出发，向水沟张行志围攻，清军紧闭城门死守，不出城应战。民军集中火力向东城门猛冲猛攻，很快就冲进城内，敌军见城陷，即从西面逃跑，水沟村城即被民军收复。凤翔之围暂时缓解，民军亦得到休整的机会。

1912年2月，全国议和，清帝退位，清朝重臣袁世凯篡夺了大权，陕西这时东、西两路战事结束。3月，张凤翙根据袁世凯的指示，将陕西民军改编为两镇（师），每镇下属两个协。哥老会张云山被任命为第一镇统制（师长），下属两个协，协统领分别为万炳南和马玉贵。值得注意的是，起义后的副大统领万炳南被编为一个协，而地位逊于万的张云山却提升为镇统制，这实际是通过整编分化和削减了哥老会的军事实力；而且是通过张云山与万炳南位置的变化，造成哥老会内部两个首领之间的矛盾，进行分化瓦解。万炳南当然心中不服，声言地位不在张云山之上，也要与他相等。再加上他性格暴躁，"稍不如意便大肆咆哮"，[1]也引起人们的不满，后来虽提出"愿回原籍湖北为民，名义由参谋长陈同接任"。[2]亦为陕西当局接受。

---

① 张钫（伯英）《风雨漫漫四十年》，第59页。
② 全国政协《辛亥革命回忆录》第五辑，第100页。

万炳南被杀经过

停战后，甘肃秦州黄钺民军，受到护理陕甘总督赵惟熙部的进攻，黄钺遂向凤翔驻军万炳南求援，万炳南主张援助，于是回省城西安领取大批枪械子弹。张凤翙因万炳南是哥老会的大哥，人多势众，常按江湖行事，自以为是，特别是在初成立军政府时与自己争当大统领，深恐万炳南以后势力发展太强，将来必是心腹大患，早有置万于死地之意。4月12日，乘万炳南到军械局领枪和子弹时（位置在西安西门城墙内），张凤翙亲自带卫队数十人，登西城墙向南侧，看见万炳南及手下正在往车上搬运枪弹，在万毫无防备的情况下，高喊万旅长、万旅长。万出门仰视城墙之上，张下令向万开枪，万已知危急，一面高喊："翔初你这是干啥？"一面找隐蔽处所。慌忙中向机器局南池塘奔跑，张在卫兵未打中万炳南的情况下，一把夺过卫兵的枪，让卫兵弯着腰，把枪架在卫兵的背上扣动了扳机，打死了万炳南及其参谋魏伯铭等三人，万倒毙在池塘边。据当时报载，万被枪杀的罪名是"平时颇有野心"，又到西安索子弹12车，"挟之出城"。[2]这些理由显然是难以服人的。接着，张凤翙任命郭胜清为第一协统领，又命陈雨亭带兵火速赶赴凤翔，强迫遣散了万炳南部下的亲信。此后，哥老会曾在西安发动过几次小的兵变，均被镇压。其中有一次就杀死肖辅汉等11人，其他被作为"万、姚、肖之余孽"者处死者达数百人，"几无日无之"。[3]万炳南被枪杀时，张云山刚回长安县（今长安区）老家扫祖墓未归，但后来知道了此事，也没说什么。陈殿卿则和哥老会其他首领向来不合作，起义后当了张凤翙卫队统领，成为其亲信。至此，张凤翙权利大大增强，哥老会的实力则大大削弱，保留下来的张云山等一些军队，也多是对张凤翙尊服的。

万炳南后嗣不详。

口述者：陕西辛亥革命研究专家　张应超

---

① 《民立报》1912年4月26日。
② 张钫《风雨漫漫四十年》第103页。

由号官到师长——张云山

张云山

张云山（1877—1915）字凤岗，陕西长安人。父母早逝，两兄长外出谋生，他寄居族人家中。稍长帮人劳动糊口。光绪二十六年（1900），唐才常在南方举义反清，张在西北起兵响应，因唐军失败而未能如愿，只身返回长安，入巡防队当兵，经友人推荐入武备学堂当号兵、号目。三十年（1904）再入陕西常备军，次年任常备军司号长；宣统元年（1909）春陕西陆军混成协（简称"陕西新军"）正式组成，张任协司司号官。张早年在陶模军中就加入了哥老会。由于他的积极活动，宣统二年（1910）初开"通统山"

堂时，即吸收了1000多名哥弟，绝大多数是新军中的士兵。这时，陕西新军下级军官中的同盟会员已由4人增为29人，其中钱鼎、张宝麟具有同盟会与哥老会双重身份。张等哥老会头目积极与钱鼎、张宝麟等人交往，促进了同盟会与哥老会的初步联合。又经过两三个月的工作，各营队哥老会头目都表示愿接受孙中山的主张，并愿意"跟着党人干"。从而促成了同盟会、哥老会双方于宣统二年六月初三（1910年7月9日）在西安大雁塔"歃血为盟，共图大举"。辛亥年四川保路运动和武昌起义的消息传到西安，同盟会与哥老会两方主要负责人钱鼎、张钫、张云山、万炳南等聚会秘商，拟定九月初八（10月29日）举事。

八月三十（1911年10月21日）那天，得知官府要将新军中革命力量最强的两个标队调往外县，原定举事日期已缓不济急，钱鼎提出召开紧急会议，研究应急对策。经反复协商，改为九月初一（10月22日）提前起义。九月初一上午，张等在西安西郊林家坟秘密集会，推举张凤翙为首领，钱鼎为参赞，并决定当天闻午炮起义。会后，张等指挥部队进攻"满城"西面。当晚，起义军定名为秦陇复汉军，设总司令部于原军装局。次日黎明，各部起义军互相配合攻占"满城"，至下午3时西安全城光复。九月初四（10月25日），张凤翙召集各起义军将领在军装局开会，协商军政府的大统领和副统领人选问题，由于张云山与万炳南都争着要当大统领，会议不欢而散。后经多方协商，九月初六（10月27日）在咸宁县署再次开会，正式推举张凤翙为大统领，钱鼎、万炳南为副大统领，并宣告秦陇复汉军政府成立。这一决定"引起张云山的不满，他遂召集心腹在自己住所竖起'洪汉'旗帜，命令各码头大事招兵买马"，俨然与张凤翙领导的军政府形成对峙局面。嗣经众首领反复协商，军政府于九月初八（10月29日）召开大会，宣布另设六个都督，张任兵马都督，才使事态平息了下来。秦陇复汉军政府成立后，清廷急调清军从东、西两面夹击秦陇复汉军。西安起义时逃亡兰州的卸任陕甘总督升允，被清廷启用署理陕西巡抚兼办军务。此时，河南清军攻陷潼关，东路告急。大统领张凤翙亲赴东路督战，张云山被调回省垣主持防务。未几，东路潼关收复，而升允又纠集大量甘军再犯陕西，长（长武）、邠（彬县）、汧（千阳）、陇（陇县）各县相继失陷。张云山急赴乾州挑起守城重担。升允率甘军20个营，分两路进击陕西乾州（乾县），一路经长武进攻邠州（彬县），一路由固关进攻凤翔。

1911年11月21日，升允所率甘军占领长武。张自请率向字营西征，在长武冉店桥将清军击退，西路战事暂时缓和。12月23日，当升允率甘军先后攻占邠州、永寿，进逼乾州时，张在乾州收容西路散兵，加强城防固守，夜间在城上多设灯光，并自握军号不时改变各种号音。清军不悉内情，不敢贸然攻城；但城北高原险要，尽为清军所占。

1912年1月20日张凤翙自乾州回省城后，张与马玉贵会同各路官兵继续保卫乾州。张亲临城楼督战，昼夜加强巡逻防范，清军虽多次使用山炮、挖地道、架云梯、派先锋队攻城，都未得逞。升允技穷，令管带罗开福跪城门诈降，被张识破，并督队痛击，诈降清军被迫逃遁。2月12日清帝退位后，升允仍顽固地指挥甘军袭击礼泉。张派参谋雷恒焱面见升允，"告以清帝退位，应罢兵息民"。升允残暴地将雷处死，投入枯井，继续令甘军进逼咸阳。张派特使给甘军马安良送去清帝退位布告，要他停战议和。3月8日，张与马安良正式议和，西路战事结束。张积极提倡男人剪发辫，妇女放足；赞成张凤翙禁种鸦片，并亲赴乾、邠属区宣讲禁令；他颁布告，劝谕清军官兵、地方官吏，幡然变计，投诚军政府；号召哥老会哥弟维持社会治安；赞助创立同志小学和设立普云堂药铺施舍医药；重视社会贤达，派专人持函请宋伯鲁出山，委以参谋官重任。1912年3月，袁世凯就任临时大总统后，以光复西安有功，授张云山陆军中将衔，补秦军第一镇统制职。不久，又下令缩编秦陇复汉军为两个师，张任第一师师长。同年8月，陕西同盟会与统一共和党陕西支部合并成立中国国民党秦支部，选张凤翙为支部长，张云山等为评议员。

1914年夏秋间，袁世凯命陆建章为陕西将军，接替张凤翙之职。陆建章裁汰陕军，又将张云山的第一师缩编为混成旅，给张以旅长兼陕北镇守使的名义，却又多方设置障碍，使其无法到任。此间，张延揽文人学士，搜集古董字画，哥老会袍哥习气渐消，学会了投机钻营的官场妙术，认陆建章为义父，结纳陆的左右，投其所好，有求必应。仅一年，陆等就将张从禁烟所刮得的财物掠夺一空。他愤恨咯血，一病不起，于1915年6月逝世。

口述者：陕西辛亥革命研究专家　张应超

北洋"新"干将——陈树藩

陈树藩（1885—1949），字柏森（柏生），陕西安康人，清光绪十一年（1885）年生于一个贩绸商人家庭。父亲陈声德，四十岁出头才得他这根独苗，从小教他学习儒家经典，望他考取科举，踏上仕途。陈树藩十八岁时，光绪帝下诏废科举，陈声德的愿望落空。1905年，陕西成立陆军小学，陈声德遂将陈树藩送到该校学习。第二年，清政府陆军部开办保定陆军速成学堂，陕西陆军小学决定保送三十名优材生前往深造，陈名列其中，与同学张钫等，进入保定陆军速成学堂炮科学习。1910年，毕业返陕西，被分配到陕西陆军混成协炮兵营当排长，不久又调任军械官。

1911年10月10日，武昌起义爆发，消息传到陕西，陕西革命党人井勿幕、井岳秀、张凤翙、钱鼎、张钫联合洪门帮会首领万炳南、张云山、马玉贵、刘世杰等密谋发动西安起义。陕西护理巡抚钱能训、将军文瑞等极度恐慌，为了防止西安新军起义，他们收缴了新军的子弹，同时派出侦骑四处捕捉革命党人，西安城内空气紧张。由于陈树藩是军械官，西安起义前夕，同盟会陕西支部长井勿幕约陈树藩密谈，劝其加入革命阵营。此时，陈树藩已意识到清王朝气数已尽，加入同盟会对自己会有好处，于是，同意加入同盟会。

1911年10月22日上午，西安起义爆发，陈树藩领着起义新军及时冲进军装局弹药库，取出急需的子弹和炸弹，经过一天一夜的激战，两千旗籍骑兵被歼，将军文瑞投井自杀；六营巡防兵缴械投降，护理巡抚钱能训被俘，西安光复。

西安光复后，同盟会和哥老会因领导权问题而意见分歧。为稳定局势，防止内部火并，西安起义的主要领导者、同盟会员、原新军管带张凤翙于10月25日召集各界重要人物到军装局开会，陈树藩也参加，经过一番争议，最后，双方勉强达成一致协议：以张凤翙为大统领，万炳南、钱鼎为副大统领，组成了秦陇复汉军革命军政府，其他人员也有一定职务，如张云山任兵马大都督，马玉贵任粮饷大都督，刘世杰任军令大都督。张钫提出任陈树藩为张云山的参谋长，但遭到万炳南、张云山的反对，张凤翙、钱鼎也不表态。结果，自认为立了大功的陈树藩捞不到一官半职，一怒之下，跑到渭北投奔井勿幕，帮助井勿幕组织民军。不久，山西革命党人电请张凤翙派兵援晋，张凤翙才任命陈树藩为河东节度使，指挥陈树发、严飞龙、王飞虎三个标，渡过黄河，占领了山西运城。

毅军赵倜率兵攻打潼关，陕西东路战事吃紧，张凤翙紧急命令陈部回师陕州增援。陈树藩派陈树发等率部增援，自己坐镇运城。陈树发也盯着运城这块肥肉，按兵不动。结果，误了战机，使军政部副部长、东路征讨军都督张钫（伯英）战败，丢失了灵宝、阌乡、潼关。陈树藩十分恐慌，只得向张钫请罪。后陕西西路战事吃紧，升允率领的西路甘军占领醴泉（礼泉）逼近咸阳。张凤翙命陈树藩增援，陈靠着"刀客"出身的严飞龙等收复醴泉，陕局平定。民国成立之后，袁世凯将陕军编为两个师（师长张云山、张钫）和四个独立旅，陈树藩部被编为独立第四混成旅，陈任旅长。

陆建章督陕，改编陕军，陈树藩见风使舵，给陆建章及其子陆承武送去一批上等烟土和古玩珠宝，还和陆承武结拜为兄弟。这样，陕西两个师三个旅先后被裁减吞并，唯独陈树藩的第四旅得以保存。

陈树藩依附陆建章，引起陕西革命党人的强烈不满和指责，陈树藩一面为自己辩护，一面秘密收留一些被裁下来的民党官兵，掩护一些被陆建章追捕的民党人士，渐渐得到民党人士的谅解。但是，这样一来，陈树藩又受到陆建章的猜疑，陆建章密令陈树藩逮捕军中的反陆分子，陈树藩权衡得失，将王飞虎、郭坚等暗中送出，然后谎报王等已潜逃，陆建章虽怀疑和不满，一时也无可奈何。

1915年，陆建章积极拥护袁世凯称帝，被封为一等伯爵，陕西人民对他十分痛恨。1916年5月初陕西模范监狱犯人越狱，陆建章派军警沿途搜捕逃犯，就地正法，许多行人、乞丐亦被误杀，西安城内尸横街头，血水四流，惨不忍睹。陕西人民怒不可遏，发起了一场"反袁逐陆"运动。尤其是渭北各县，声势浩大。

陈树藩当时任旅长兼陕南镇守使，陆建章命陈树藩率部由同州、蒲城向西，陆承武率"中坚团"由西安往北，两下夹攻，围剿渭北郭坚、曹世英等反陆"股匪"。陈树藩感到陆建章已失尽民心，倒台是迟早的事，因此，暗中也参与反陆运动。陈树藩还未出发，忽接到部下胡景翼的密报，说陆承武率"中坚团"已进驻富平，他们准备乘对方立足未稳之时发动夜袭，活捉陆承武。对此，陈树藩感到左右为难，"中坚团"是陆建章手下最精锐的部队，有一旅之众，而胡景翼只率游击营三百余人，阻止已来不及，增援又怕战败而连累自己，因此，陈树藩只派亲信崔式卿率便衣百余人，子弹数万发，到富平观战。不料，胡景翼夜袭成功，"中坚团"缴械投降，陆承武被活捉。陈树藩又惊又喜，即奔赴富平。有了陆承武这个人质，他敢于公开反陆建章。在胡景翼、郭坚等人的拥戴下，陈树藩于1916年5月9日就任陕西护国军总司令，宣布陕西独立。他任命胡景翼为左翼支队长，向西安以东地区挺进；委任郭坚为右翼支队长，向西安以西地区挺进；他则指挥其余部队向西安附近集中，对西安实行大包围。

与此同时，陈树藩派人见陆建章，软硬兼施，陆建章见大势已去，只好答应和平解决，最后达成两项交易：陆建章向"北京政府"保荐陈树藩取代他出任陕西督军；陈树藩则负责释放陆承武，保护陆家生命财产安全，送出潼关。随后，陈树藩亲自护送陆承武回西安，又亲自护送陆家老少出潼关，但他等不及"北京政府"的委任，便于1916年5月18日自任陕西督军，通电全国。不久，"北京政府"也发表陈树藩督理陕西军务的命令。这样，陈树藩初步掌握了陕西的军政大权。

1916年6月6日，袁世凯在全国人民的唾骂声中死去。6月7日，陈树藩即通电全国，取消陕西独立，吹捧袁世凯为"中华共戴之尊，民国不桃之祖"。陈树藩的行为，即遭到陕西革命人士的斥责。然而，袁世凯的继任者段祺瑞对陈树藩却大加赞赏。6月10日，段祺瑞发出命令，委任陈树藩为将军府汉武将军，7月，正式任命陈树藩为陕西督军。1916年任陕西护国军总司令。自此，陈树藩投靠段祺瑞，成为北洋军阀皖系军阀的得力干将。

1916年7月，黎元洪继任大总统，为削弱内阁总理段祺瑞的军事势力，提出各省"军民分治"，任命老同盟会员、云南腾越人李根源为陕西省长，段祺瑞暗中授意陈树藩发动陕人反对李根源赴陕。先是指使旅京陕西同乡会中的陕南老乡请愿，反对李根源任省长；接着又操纵陕西省议会致函黎元洪，不欢迎李根源来陕。但两计不成，李根源还是入陕就任省长。之后，陈树藩处处与李根源作对，并派亲信监视李根源的行动。1917年5月，"府院之争"的结果，段祺瑞被黎元洪免职，陈树藩作为段祺瑞皖系的干将，当即通电宣布陕西独立，脱离中央。6月，陈树藩将李根源赶出陕西。7月，段祺瑞平定了张勋复辟，"再造共和"，重新组阁，陈树藩兼任陕西省省长，集陕西军政大权于一身。

陈树藩当上陕督之后，便积极扶植个人势力，打击革命力量，他把同学、老乡刘世珑、曾继贤、张宝麟、张飞生、张丹屏等提升为团长、旅长，而反袁逐陆立了大功的民党人士胡景翼仅委以团长，高峻为副团长，曹世英部连正规军也没编上。刀客出身的郭坚，缺乏政治思想，易为利用，所以编为游击营，后又改为警备军，负责监视李根源。但受李根源感召，诚心拥戴李根源领导，使陈树藩恼羞成怒，借讨伐张勋为名，命郭坚率部出征。郭坚刚过黄河，陈树藩即电请山西督军阎锡山出兵堵剿，又命胡景翼、王飞虎截断郭坚归路。王飞虎部下杨虎城深明大义，网开一面，使郭坚逃回陕西咸阳。陈树藩将警卫军副统领耿直提升为统领，令其率部围歼郭坚。耿直与郭坚是患难之交，暗中夜入咸阳，面见郭坚，经过计议，决定郭坚败走凤翔，耿直回城后，再派人与渭北的高峻等联系，协同行动，举义反陈。

1917年12月，陕西国民党人士响应孙中山护法反皖的号召，高峻首先在渭北白水宣布独立，通电讨陈。陈树藩大为震惊，急令胡景翼、王飞虎等率部前往围攻。警备军统领耿直趁西安城空虚，准备举事。后耿直听取骑兵连长刘锡麟的建议，派出排长连安儿行刺陈树藩，但行动稍有疏忽，被陈树藩逃脱。接着，耿直率六百人与陈军三千之众激战一昼夜，然后退出西安，与郭坚所部会师户县（今鄠邑区）一带，并当即召开军事会议，成立陕西靖国军总司令部，率军围攻西安，拉开了陕西驱陈运动的序幕。为解燃眉之急，陈树藩以陕西省省长为饵，引河南镇嵩军统领刘镇华入陕，西安之围方解除。但是，陕西靖国军不仅没有被消灭，反而越来越壮大，胡景翼也在三原起兵反陈。1918年8月，三原籍人士、老同盟会员于右任抵达三原，被推举为陕西靖国军总司令。

为了增强实力，扩充军队，打击靖国军，保住督军的地位，陈树藩决定在陕西大种鸦片以征款。1918年春开始，陈树藩通过各县县长明令农民公开种烟，强令各县按耕地面积的百分之五十交纳烟款。开放烟禁后，陈树藩从中捞到了巨额款项，但给陕西人民带来的痛苦和损失则无法估算。陕西的粮田逐年减少，从产粮区变成缺粮区，陕西吸食鸦片烟的人数达二、三成，造成了极大的危害。陕西人民对陈树藩恨之入骨，驱陈运动持续深入地发展。

　　1920 年 7 月，直皖战争爆发，几天之间，皖系战败，段祺瑞下台，陈树藩失去靠山。为了保住地位，他又派亲信携重礼奔走张作霖、曹锟门下，改投直、奉军阀。同时，为了讨好靖国军，陈树藩将 1918 年 9 月诱捕囚禁的靖国军第四路司令胡景翼释放回三原。但是，陕西人民驱陈的呼声高涨，教育界首先行动。9 月，西安各校教职工为抗议陈树藩克扣经费，摧残教育，联合发动陕西教育界第一次索薪罢教风潮，受到各界人士尤其是青年学生的广泛支持。11 月 6 日，为此再次罢教，各省立学校校长亦联名总辞职。

　　与此同时，陕西各县商民代表也于 9 月间汇集西安，抗议陈树藩强派捐款两百万两，印发纸币五百万元并强换现金的暴敛行为。代表们在西安湖广会馆召开驱陈大会，成立陕西各界驱陈联合会，决定派代表赴京请愿，要求撤免陈树藩职务，否则停止纳税。

　　在此期间，陕西旅京学生也在北京中山公园召开驱陈大会，遥相声援。10 月旅京陕西学生同学会和三秦公民救陕会分别上书"北京政府"，要求立即撤免陈树藩职务。11 月，两会再在关中会馆召开紧急联席会议，决定再次上书，召集同乡大会开展大规模驱陈运动，并致电陕西靖国军总司令于右任，请予支持。为保住自己的地位，年底，陈树藩提出陕人治陕的自治主张，企图拉拢民心，但遭到陕西各县各界人士的相继抵制。

　　1921 年 3 月，陈树藩为改变困境，率部袭击靖国军，但遭到失败，驱陈斗争更趋高涨。陕西旅京、旅沪学生纷纷集会，决心铲除陕西祸根陈树藩。4 月，陕西靖军各路将领通电北京，痛斥陈树藩祸陕罪行，呼吁各界"共剪凶顽"。在这种形势之下，把持"北京政权"的直、奉军阀也无法再保陈树藩。5 月 25 日，"北京政府"宣布免去陈树藩职务，由直系第二十师师长阎相文出任陕西督军。

　　对于"北京政府"的任免令，陈树藩拒不接受。曹锟、吴佩孚大怒，决定调阎相文第二十师和吴新田第七师入陕。当时，陈树藩手下有三个师，刘镇华的镇嵩军也有三个师，此外，还有地方军，兵力有十几万，陈树藩认为足以抵挡入陕的直军。然而，他做梦也想不到，和他称兄道弟的省长刘镇华，早已暗中投靠了曹锟、吴佩孚。当直军一进潼关，刘镇华便引导直军直逼西安，陈树藩如梦初醒，由于刘镇华部下张治公网开一面，才能仓皇逃出西安到了郿县（眉县）。陈树藩还想指挥部队反扑，然而，驻守咸阳的刘世珑师和驻守兴平的张金印师很快战败投降，陈树藩只得率卫队骑兵连逃奔汉中，到陕南镇守使张宝麟处，仍以陕西督军名义对汉中各县发号施令。然而，他同样做梦也想不到，张宝麟也暗中投靠了曹锟。

1921 年 8 月 23 日，陕西督军阎相文在督署内突然吞服鸦片烟自杀，第十一师师长冯玉祥接任陕西督军。冯玉祥派第十一、第七师由宝鸡、安康两路夹攻汉中府，陈树藩仓皇逃往四川。最后，陈树藩撤下残部，经万县到汉口，再转上海。

此后，陈树藩在津、沪、杭等地当寓公。1926 年 9 月张作霖部在北京逮捕了42 名陕西籍学生，他们在北京上学期间参加"共进社"组织，这个组织是共产党的外围，主要成员为在京的高校学生，总部设在三眼井。当时共产党派方仲如、何尚志负责营救工作，首先通过陕西辛亥革命元老师子敬出面营救，师去找卫戍司令于珍，会同各校极力交涉，先后有大部分学生被释放。但仍有杨晓初、雷郁青、原禾生、何寓础、梁鼎等五名中坚分子，被认定为共产党员而坚持不放，并要就地正法。师子敬当即去找陈树藩，请他出面找张作霖特批，并对陈说："过去人们反对你是为让你走革命救国之道，今见死不救，定将受后人唾骂，请从长计议，还是把好事做到底吧"。陈即去电话找张作霖核准，将杨等五人释放。

抗日战争开始后，拒绝当汉奸，避走四川。抗战胜利后回杭州居住，曾反对蒋介石发动内战。1949 年 11 月 2 日，陈树藩在杭州病逝。

口述者：陕西辛亥革命研究专家　张应超

师子敬次孙后裔　师大中

文韬武略将军——张钫

张钫，字伯英，号友石。光绪十二年六月十六（1886 年 7 月 17 日）生于河南省新安县铁门镇书香门第之家。其父张清和，字子温，曾任陕西武备学堂监学，陕西乾州（乾县）、鄜州（富县）州判。光绪三十年（1904）考入陕西武备学堂（该学堂 1906 年名为陕西陆军小学堂），1907年毕业，成绩优异，擢送保定陆军速成学堂第一期炮科学习。受孙中山先生革命思想影响，在保定陆军学堂学习期间加入同盟会。从保定陆军速成学堂毕业后，他被分配到陕西新军任职。与保定陆军速成学堂同学，新军中同盟会骨干钱鼎（定三）、党仲昭（自新）等人在西安南院门创建武

张钫，一九四六年七月三十一日，晋升陆军上将，时任军事参议院副院长

学研究社，公开名义是军事研究机构，实际是新军中同盟会会员的秘密据点。此间，张钫与陕西同盟会领袖井勿幕、钱鼎等联络哥老会力量，宣传革命思想，发展同盟会员，成为新军中革命党人的骨干和主要领导者。宣统二年（1910）六月初三，与井勿幕、钱鼎等和哥老会首领万炳南在西安大雁塔寺血结盟，共同反清；1911 年夏的四川保路运动给陕西革命党人以极大鼓舞，10 月 10 日武昌起义的消息传入陕西，在西安的同盟会员联合新军、哥老会准备 10 月 29 日起义。因形势突变，张钫与钱鼎等又商定提前举行起义，请日本士官学校毕业学生、新军参谋兼二标一营管带张凤翙任西安起义的总指挥。西安起义。之后，被任命为东路征

讨大都督，出兵潼关，攻打清兵，屡战屡胜，名声大振，时年 26 岁。

张钫。一九四六年七月三十一日，晋升陆军上将，时任军事参议院副院长 .jpg

在陕西辛亥革命诸领袖人物当中，不讲好张钫的故事，就会出现短板，许多重要事件张钫均参与其中。大的方面有西安辛亥举义的主要策划人、参与者；与清军作战东路战役总指挥；靖国军副总司令；袁世凯窃取辛亥革命果实，复辟称帝，被袁诱捕入狱。及至蔡锷的护国军讨袁成功，张钫才被释放。陕西渭北等地成立靖国军，于右任任总司令，张钫任副总司令。1930 年后他出任国民党第二十路军总指挥兼任河南省代主席；抗日战争爆发，受命任国民党第一战区预备总指挥。1938 年调任国民党军事参议院副院长，后任院长。解放战争后期，蒋介石委任张钫为鄂豫陕绥靖区主任，1949 年底在四川率部起义，对和平解放四川做出了贡献。而另一方面，张钫还为文物收藏、地方教育做了诸多贡献。

中华人民共和国成立后，张钫被推选为全国政协委员；1951 年，应中共中央统战部邀请，到北京参加统战部举办的学习班，并受到中共中央领导人毛泽东、周恩来、朱德等同志的接见；毛泽东见到他时，称他是"中原老军事家"；1966 年在北京病逝，享年 80 岁。

辛亥起义　崭露头角

前面讲到，张钫毕业于保定陆军速成学堂炮兵科，而这所学校也是同盟会发展组织的重要地点之一，蒋介石、蒋光鼐、张群等均是张钫的同学。一大批学生在校期间，接受孙中山革命思想，加入中国同盟会。1909 年 8 月毕业后被分配到陕西新军，任陕西陆军混成协炮队排长，后升为队官（连长）。在西安新军中，他积极同革命人士站在一起，1910 年 7 月 9 日（农历六月初三），陕西同盟会哥老会和新军中领导人在大慈恩寺（大雁塔）举行结盟仪式，张钫位列其中，此次仪式史称"大雁塔歃血盟誓"，标志着陕西三股革命势力为了一个共同目标进行了有机的团结，在实际反清斗争中，哥老会、新军已经接受同盟会的领导。1911 年 10 月 10 日（农历辛亥年九月初八），武汉同盟会革命党人首先起义，武汉光复。消息传来，陕西革命党人立即响应，22 日发动了新军和会党起义，经过激战，不到两天时间，就占领了省城西安。使这座历史古城，在这时也结束了封建帝制的统治。

西安起义是辛亥年各地武装起义的继续，是陕西同盟会革命党人数年长期不懈努力的必然结果。但是在西安起义发挥重要作用的是张钫和他的同学钱鼎。革命党人积极准备起义的同时，陕西当局也紧张地策划镇压革命党人的阴谋。特别是湖北革命爆发后，清朝官吏更是恐惧不安，唯恐陕西响应，遂决定把新军分批调离西安，分驻各县，避免新军在西安聚集。武昌起义后陕西的起义也在紧锣密鼓的策划中，14日，张钫、钱鼎参加满城一个同学的婚礼为名，趁机进一步侦查满城情况。为攻打西安清军巢穴进行了积极的准备。16日，新军一标一营奉命开往陕南汉中，第二标也得到即将开拔的消息。若新军调离西安，起义就要落空。情况十分紧急。17日张钫、钱鼎、张云山、万炳南、贺绂之等，秘密在小雁塔召开紧急会议，认为形势紧迫，不能再等渭北发难，应在西安立即起义，并认为最好把起义时间放在22日，因为这天是星期天，按照常规，新军除各级值日官外，其余均不在军营，官兵可以借度假秘密集结。特别是看守清军枪支弹药仓库的巡防队，星期天警戒松懈，便于夺取枪炮子弹。20日，陕西当局突然下令，新军所属二标的三个营将从24日起，每天派出一个营分别开往宝鸡、凤翔、岐山等县驻扎。并阴谋在第二标离开西安以后，立即逮捕革命党人。形势发展非常紧迫，革命与反革命已经到了成败的关键时刻。当张钫等得知此情报后，认为事不宜迟。张钫、钱鼎在讨论起义问题时，怕谈话被人偷听泄密，遂"用笔记录要点，达四小时之久，说话不到二十句，笔谈则用一百多张。谈毕将纸烧毁，才相对一笑'大事定矣'"。在决定起义指挥人选时，意见有所分歧。多数革命党人认为，钱鼎在新军中较有才干和威信，富于革命热情，不怕牺牲，又兼同盟会和哥老会双重身份，在双方都有号召力，由他担任总指挥较为合适。但是，钱鼎本人却认为，起义事关重大，自己才干和威望都不够胜任此任务，他向大家推荐二标一营管带张凤翙担任起义总指挥。21日晚，张钫和钱鼎到张凤翙营中秘密接洽，张凤翙听了关于起义的布置安排后，表示应允并指出，既然已经决定起义，就要先发制人，不能等到晚上，以防走漏消息。于是三人议定，22日早晨，立即召集主要头目到营房旁林家坟开会，最后决定起义总指挥及作战的详细步骤。直到深夜二点多，决定辛亥革命起义命运的秘密商谈才结束。接着，张钫等人又连夜通知各有关负责人和同盟会的个别骨干人物，在新军操场秘密接洽，告知他们关于起义的时间变动的决定，以及林家坟开会需要讨论的问题。接洽完毕已是22日早晨，这一夜，西关驻扎的新军"士兵多未就寝"，上上下下都在十分紧张地准备起义事宜。

1949 年 8 月，张钫于台中，与在台子女最后一张合照

首先集中力量攻占军装局，由新军中的革命党人党自新、张钫、朱叙五、余永宽、陈得贵、郭锦镛等各带骑、步兵十数名，赴军装局汇集；钱鼎和张仲仁带队由西门入城，转赴陆军中学堂抢枪支和攻占藩库；张凤翙和刘伯明由西城门入城，经西大街直赴军装局做接应；张聚庭带数十人，改换便衣，暗带枪支，散布各城门附近，以为迎接。会议不到半个钟头就结束，大家立即回营准备行动。早饭后，震撼陕西全省的辛亥革命终于在省城西安爆发了。

张钫、朱叙五率领新军以去灞桥洗马地为名，先后进西城门按原计划顺利到达军装局。党自新也率队由城南门进城，然后分两路向军装局进发。当各路新军陆续开到之前，军装局周围已三五成群地聚集了数百名徒手兵和哥老会哥弟。张钫早已与他们事先联系就绪。上午 10 点多钟，张钫一到军装局，当机立断，下令冲入局内抢枪，并命令抢到枪弹后，立即"枪上刺刀，子弹上膛，非新军官兵不准入内"。第二天张钫率攻打满城，点燃火药库，造成混战局面。待起义军全部攻入满城，起义获得成功，秦陇复汉军政府成立，张钫负责军令府；不久，秦陇复汉军副大统领钱鼎在渭南遇难，军政府任命张钫为秦陇复汉军东路征讨大都督，经过整顿，补充兵源，增加编制，率部在潼关一带与清军激战。在与清军相比兵力悬殊、武器装备又很差的情况下，潼关三失三得，张钫竭尽全力，率部保卫了陕西的东大门，成为陕西辛亥革命的著名将领。

1912年1月，"中华民国"建立后，张钫任陕军第二镇统制，11月，所部改编为陕西陆军第二师，任师长。1914年6月，出任陕南镇守使；"二次革命"及后来"北京政府"派兵"围剿"白朗起义时，张钫奉命入四川及陕南征剿，持消极态度，为袁世凯所忌，1915年去兵权，调北京任将军府参军。

讨袁护法　靖国宿将

张钫本人毕竟是行伍出身，心系军队，而军中诸将是始终牵挂他。寓居北京期间，他看到袁世凯倒行逆施，不得人心非常气愤，派人与于右任、陈其美联络反袁，并赴上海面觐孙中山汇报讨袁方略，孙中山委其为中华革命军陕豫联军总司令。他策动陈树藩、刘镇华起兵讨袁，又以筹办河南民团为名回豫组织讨袁军。

陈树藩与张钫均系保定陆军速成学堂同学，共同参加辛亥起义，曾经关系甚密。而刘镇华本是河南巩县（今巩义市）人，陕西起义时，因河南形势紧张，到潼关投入时任东路大都督张钫军中，南北议和停战以后，张钫任秦陇复汉军第二师师长，刘镇华因系清末秀才，通文墨，即在第二师司令部任书记官。后"北京政府"令陕西整编军队，裁汰冗员。第二师因人员多，编制少，张钫遂将刘镇华、王天纵、憨玉琨、张治公等河南投陕人士编为一个标，定名为"镇嵩军"，王天纵任标统。以后王天纵去职，刘镇华接任。陕豫协商，将"镇嵩军"送予河南驻防，驻地豫西嵩县，军饷由河南供给。1914年，赵倜督豫，将"镇嵩军"扩编为协，刘镇华仍任协统。1916年陈树藩督陕，认为自己队伍不够用，遂与赵倜联系，请刘镇华回陕援助。这一下便成为"引狼入室""请客容易，送客难。"刘镇华在陕西盘踞十年之久，对陕西的祸害不浅。

据《纪念张钫先生文集》一书所载夏梦九撰《刘镇华与张钫、陈树藩关系点滴》介绍，关于张钫被袁世凯拘押北京一事，经过是这样的。1915年5月张钫被免去陕西第二师师长职，调北京任将军府参军。时袁世凯酝酿帝制，张对此倒行逆施极为不满于1916年3月私自离京，到郑州约见刘镇华并说："我想在豫陕活动事情，准备约你带领镇嵩军做基本。"刘镇华假意说："我和镇嵩军都是老师长培养出来的，跟着您做基本，我很同意。"刘即一面妥为招待，一面向赵倜报告。赵即电令刘："你陪伯英到开封玩两天"。到了开封，赵倜一面款待，同时向袁世凯报告。袁指示："亲自押解来京。"至蔡锷的护国军讨袁成功，袁世凯于1916年6月病逝，张钫才被释放。1917年张勋复辟时，总统黎元洪电令各省出兵讨伐。张出任陕西讨逆军第一支队司令，设司令部于潼关。张勋复辟很快失败，张撤销司令部返回西安。嗣因遭陈树藩打击、猜忌而离开陕西，居留天津、北京。

　　1918年孙中山发动反对北洋军阀的护法运动时，张钫应胡景翼、曹世英等人之邀请回陕，与国民党元老于右任先生等组织靖国军，8月中旬到三原，被推举为任陕西"靖国军"副总司令，率军反抗北洋军阀及其在陕西代理人陈树藩及刘镇华的专制统治。张在靖国军任副总司令的几年时间里，主要负责军事工作，协调军内关系有效的开展北洋军队对靖国军的进攻，其中几次遇险。有一次在周至县城，张钫指挥靖国军部队把陈树藩的部队打退后镇嵩军部队前来支援，攻势甚猛，张及部队困入周至城中，突围不得，张钫来到城头，让双方停止打枪，并高喊："你们现在都长成人了，会拿枪打我了？连一条路也不让了？"双方由此息战，到了傍晚，张钫率队趁夜色突围，向西撤退到凤翔，与第一路军郭坚会合。足见张钫在靖国军和镇嵩军中的威望。张钫在靖国军还有一事，与敌军短兵相接，又化险为夷。1919年2月16日（正月十六），张到岐山布防，因陕西都督陈树藩请奉军许兰洲、直系张锡元入陕追剿靖国军，已步步逼近，驻岐山的李夺催促张钫离开县城，退到安全地带，张认为防御工事坚固，在前线便于指挥，没有离开。是夜，郭坚派人向张钫报告说：许兰洲部已到凤翔联系，约在岐山以东某地接洽议和，请张在此等候，以免多跑路。17日，张钫借机带卫队到岐山以北周公庙游览，当晚住在庙内。天有不测风云，次日早，奉军一部沿北山搜索前进至周公庙，与张的卫队遭遇，张边打边退，侥幸逃脱，但有士兵负伤，张的堂弟张铮殉职。

儒将风范　保护文物

　　在张钫的家乡河南省新安县铁门镇有一个"千唐志斋博物馆"，1996年由国务院公布为全国重点文物保护单位。这要从张钫酷爱书画、志石说起，张自号友石主人，常和章太炎、于右任等学者交往，一同鉴赏古玩。与康有为交好，曾邀请康至铁门家中小住三日，并为张钫花园书写"蛰庐"。当时于右任曾搜集魏碑四百余方，辗转运至西安碑林。张钫毕生搜求寻访，共购得唐代墓志碑刻一千余方，运抵祖籍，创建"千唐志斋"。使诸多文物得以保护至今，而免遭破坏。

张钫从 20 世纪 30 年代初期，开始搜集唐代墓志，全国各地凡有唐代墓志者，他不惜重金购买，经过近五年的努力，收藏唐代墓志一千多件，成为首屈一指的收藏大家，"千唐志斋"便是在此基础上修建起来的。这里所藏除唐代墓志以外，尚有北魏、西晋、五代以及宋、元、明、清志石，上下纵横一千多年，犹如一部志石历史，也称得上一座独一无二的墓志博物馆，其中不乏名家高手的墨迹，如唐代武则天执政时期的宰相狄仁杰撰写的《相州刺史袁公瑜墓志铭》和赵孟頫书写的《宜武将军达鲁花赤珊竹公神道碑》等，还有一些无名氏撰写，志主为勋臣贵戚且史书有传的珍贵史料，以及足以代表书法流派，从中可以寻绎出唐代书法源流轨迹的珍贵文献，还有被称为近代书法艺术三绝的章太炎撰文、于右任书丹、吴昌硕篆刻的张钫父亲《张子温墓志铭》等，都足以为后人瞠目。

博物馆书画部分中也是珍品琳琅，书法有清代王子弘所书行草条幅，北宋米芾所书行草对联，明代董其昌所书行草横批，清代孟津王铎所书行草中堂，刘镛所书草字条幅，陈鸿寿所书汉隶对联，邵瑛所书狂草条幅，以及韩东篱、张人杰、靳志、刘承烈、许震等所书的对联、楹联、条幅、横幅、单幅等等。还有蒋介石撰文、贺耀祖书写的隶体《张母王太夫人寿序》长篇。画有清代大画家、号称"扬州八怪"之一的郑板桥画并题咏的风、雨、阴、晴竹枝四态一组屏扇和名为《醒》的竹幅写竹，有王纯谦手指画的兰草和题咏，还有汉画线刻佛经故事与汉武帝梦境浮雕等等。

据统计，到目前为止，唐人墓志共出土三千五百多件，千唐志斋博物馆藏有三分之一。更为可贵的是收藏的书画中有许多稀世珍宝，如堪称国宝的武则天造字十九个，狄仁杰的《袁公墓志铭》是迄今能看到的唯一的狄氏手迹。

千唐志斋收藏的唐代墓志，为研究唐代的政治、经济、军事、文化、对外关系提供了重要资料。同时，这些文献资料，补充了史书之所缺，其中一些墓志又为研究书法艺术和书法源流提供了第一手的善本，所有这些都是张钫为祖国保护文物做出的重要贡献。

热心公益　捐资助学

张钫既是军事家，还是实业家、教育家、慈善家 1921 年秋，张因父亲逝世，返回河南新安服丧。在家乡期间，他支持当地文化教育事业，创办张钫铁门小学，资助新安县成立了续修县志局，又与友人王广庆开办陕县观音堂民生煤矿，同时创建民生煤矿公司小学，使附近农民子女及旷工子弟就近上学。1928 年秋，南京政府任张为河南省建设厅厅长兼省赈务委员会主席。他据河南实际状况，提出整治河道、兴修水利，设立了水利局，又多方筹措经费，创办了河南省水利工程专门学校（现黄河水利职业技术学院），培养水利人才。1939 年张又在嵩县德亭镇创办"嵩岳中学"，后因日军轰炸，学校迁至新安县铁门镇，1943 年因日军进攻停课，日本投降后恢复上课。

抗日战争全面爆发，日军侵占河南后，大批难民逃往陕西。张钫倡办了麟凤煤矿公司、勉县民生煤矿公司。于 1943 年在西安创办西北中学，解决河南同乡逃难子女就学事宜，该校在新中国成立后由西安教育局接管，改名为"西安市第六中学"。

抗日战争期间，张以河南同乡会会长身份，利用他与陕西政界友人的关系，救济和安置了大批难民，又解决难民子女及河南大学迁到西安的师生的吃住问题，被河南难民誉为"老乡长"。

1945 年 5 月，张钫当选为国民党第六届中央执行委员；1947 年出任国民政府顾问，被授予陆军上将军衔；1948 年 10 月，任徐州"剿共"总司令部政务委员会常务委员；1949 年夏被任命为豫陕鄂边区绥靖主任，12 月，策动并参加了国民党第二十兵团陈克非部在四川郫县（今郫都区）起义。张钫的这一壮举，对和平解放四川、保全成都市人民的生命财产作出了积极的贡献。

1951 年，中共中央统战部邀请张到北京，任第二届全国政协委员、民革中央团结委员会委员，中央文史馆副馆长。1956 年，参加全国人大和政协视察小组赴河南参观。

晚年的张钫响应周恩来关于撰写文史资料的号召，从 1960 年起，写出约 30 万字的回忆录，记述了从清朝末年到 1949 年起义几十年间许多重大的历史事件和重要历史人物的活动，是研究中国近现代历史的珍贵史料。

1966 年 5 月 25 日病逝于北京，享年 81 岁，其回忆录《风雨漫漫四十年》，于

1986年出版。2018年1月经其外孙女李鸣修改、订正又增加了大事年表后重新出版。

纪念馆记录张钫人生

张钫纪念馆位于河南省新安县铁门镇西后街路北,与千唐志斋一路相隔,坐北朝南,房舍绝大多数为砖木结构,主体部分,为三进的四合院连环结构,布局严谨,错落有致;占地4200平方米,有房屋120余间,是一座布局严谨、独具特色的民国民居建筑群。纪念馆按照张钫的人生阶段,被分为12个展厅;张钫后人捐赠的数百件张钫遗物,被分散摆放在多个展厅。张钫印鉴、抗战胜利纪念章及张钫手书的《孙子兵法》、穿过的大棉袄、家传的象牙筷等旧物带着历史的味道,真实还原了张钫的一生。5号展厅是"核心",记录的是张钫在辛亥革命前后的事迹。展厅内,悬挂着张钫在1913年任陕军第二师师长时的戎装照,英姿飒爽、威风凛凛。墙上还有一篇张钫于1912年写的《辛亥革命一周年抒怀》:"秦中起义,于今一载。最可惨而不能忘者友人刘粹轩、钱定三……皆磊落光明,有死无降。与当世英雄豪杰再做一番事业,以造福于万姓慰已死之友,吾无憾矣!"此外,张钫在开封的旧居尚有三处:1、乐观街,现开封市草制品厂,原来的建筑已被拆除,1948年开封解放初期,中共开封市委就设在这里;2、开封山货店街原19号院,现鼓楼新天地;3、曹门里朝阳胡同(亦称火神庙后)路北19号,唯一现存;铁塔知止亭今日尚存,亭北侧立有《知止亭碑记》一方,系张钫所撰,被列为"河南省文物保护单位"。其他故居此处不再赘述,张钫在西安的花园—来园,系建于抗战开始后,为躲避日本飞机轰炸对母亲及家人的危害,在西安南郊皂河畔征地二百余亩,修建的住宅及园林。园内分设蟠桃园、梅李园、苹果园、杏园,并广植玫瑰、牡丹。皂河由东南角流入,由西北角流出,何两岸种有翠竹和芦苇。新中国成立后由长安县(今长安区)政府接管,后改为西北局高干疗养院,1958年建成丈八沟宾馆。

张钫身后有子十一人:广超、广勋、广居、广益、广成、广武、广平、广威、广远、广瑞、广明。女七人:广仁、广娴、广敏、广琴、广琨、广深、广珍。

口述者:张钫嫡孙　张　桓

采访人:张应超　马　正

从驿传房经丞到清廷的掘墓人——焦子静

焦子静，名冰，是陕西辛亥革命骨干人物中，他原为清政府陕西按察司驿传房经丞，较早具有反清思想，加入同盟会后，成为负责人之一，同时他将自己奉银，开办健本学堂、公益书局，使之成为陕西辛亥革命的重要据点，同时也培养了大批同盟会革命党人，为陕西辛亥革命作出重要贡献。

焦子静，光绪四年五月（1878）生于陕西省富平县东上官村。其父亲焦德禄，清末任陕西按察使衙门驿传房驿丞。主管全省司法、狱政、考核官吏等文书的收发、传递事务。1882年父亲因病早逝，焦子静仅四岁，随后他在家

焦子静

乡私塾读书至 14 岁，被亲友送至西安，接替父亲原职任驿传房学吏（学徒）。1896年春，秦、晋两省驿站交接公文发生重大失误，后任陕西布政使及护理巡抚端方要求严查此事，并要召见当事人。当时驿传房诸人都不敢前往应对，"焦子静挺身而出，毅然前往，面见端方。端方见之而怒说：'驿传房经丞为何不来，而差你无知的孩子前来？焦子静毫无惧色回答说：巡抚召见的是能事者，故差我来见，而能事者不在年幼，为什么要以年幼来论之，巡抚有什么事请问之'。"[1]端方很诧异，认真询问了驿传房各种情形，焦了如指掌，对答如流。由此深得端方赏识，端方

---

[1]《陕西省志》，第七十九卷，人物志，第 127 页。

询问了焦子静个人情况，认为他是个有胆有识的人，只是年少且读书不多，要求他"殷勤求学、博览群书、勿怠勿荒。"后来数年焦子静刻苦自学，并向衙门内朋友虚心请教，端方也不时过问他的学习情况，文化知识提升较快。在端方的关照下，焦子静被委驿传房经丞，兼管三原驿站。

他秉性沉着，心怀宽广，素有大志，善交朋友，少言寡语，不只担任省城驿传工作，还兼理三原驿站职务，因之收入尚丰，而驿传任务，就是代官府传递重要公文，来往人员频繁，消息比较灵通。再因该房属于官府的内部的一个机构，更不易被人所疑忌和识破。兼之当时陕西各大宪的书史，如布政司田斌丞、纪朗亭，提学司的党崝五等均系富平同乡人，素与焦友善，特别是按察司班头王茂亭与焦关系密切。因为具有这些客观条件，焦能首先倡议与张铣（拜云）等合股设立公益书局，又尽力筹措开办健本学堂，一个共同目的，就是为了策动陕人的革命。而焦所在驿传房便形成了策动革命的中心枢纽，焦本人就形成了一个中坚人物了。另外还与蒲城人张东白（维寅）、李良材桐轩、李仲特、井岳秀，朝邑人吴星映（宝珊）等人交好，又与张拜云、任师竹等进步知识分子组织"自治社"，以开通思想、提倡地方自治，改造社会。

光绪三十一年（1905）冬，井勿幕由日本回国返陕，发展中国同盟会会员，焦由张拜云、吴宝珊介绍加入。次年春，出席了井勿幕在三原主持召开的陕西同盟会第一次会员会议。会后，受井勿幕委托，与李桐杆等人负责陕西同盟会事务，曾介绍范凝绩（紫东）、刘渭滨、杨介等加入中国同盟会。与其他同盟会骨干人物广泛联络，主要有：常铭卿、陈会亭、程孝先、范味腴、李天佐、马彦翀、宋向辰、杨铭源、景梅九、董雨麓、任师竹、李仲特、李桐轩、井岳秀、张奚若、严庄、邹子良、师子敬等人。因为驿传房的特殊性质，为陕西辛亥革命的贡献也是巨大的。可以随时发现清政府逮捕、追杀革命人物的信息，提前发出通知，暗中帮助逃避。1904年于右任因《半哭半笑楼》诗具有革命思想，引起清政府注意，遭到陕西巡抚升允密报捉拿，朝廷的批准文书经过驿传房被焦子静获悉，他急忙让朋友李雨田通知正在开封参加会试的于右任躲避上海，免遭毒手。再就是拯救陕北定边县郑庠（思诚）一事，使人感动。郑系陕北三边一带的一位侠客，善骑射，因家务诉讼该县酷吏受贿，被押在监房，并对他重刑拷打，后由郑的党徒趁夜色自监劫出，两腿受伤，由朋友背负逃来西安，住在北大街某车店。马彦翀赴

焦子静与家人合影

北关工作，路过该店，见有这样一位魁梧壮士，坐在车后，即非店主人，又非赶车夫，认为必有蹊跷，即上前攀谈，得知原因，遂约至健本学堂，详述经过，均感不平。由校长王子端代写一申冤诉状，控告县官，不料诉状递上之际，该县捉郑归案的通缉令也到省上。幸亏有按察司班头王茂亭通风报信，才把郑隐藏在驿传房，住了数日，风声稍松，连夜送他出城，并让他回去多加联络，第二年省城发动辛亥起义，郑带数百匹马队前来帮助，共襄大事。

光绪三十四年（1908）重阳节，焦子静与井勿幕、郭希仁、李仲特、张翊初（赞元）、柏惠民（筱余）、高明德（又明）、马彦翀、景梅九等省内外同盟会员20余人，同"慕亲会"首领吴虚白等以祭轩辕黄帝为名，集会盟誓，确定"驱除鞑虏，光复故物，扫除专制政权，建立共和国体"的奋斗目标。为了使集会顺利进行又不引起清政府的怀疑，焦子静假托上宪需要黄帝陵碑石拓片，在按察司衙门办理了公文，并安排几位同盟会员假充拓字匠，其他有的扮作皮货商人、入山打猎者等，先期至黄帝陵布置，使会议按期召开。参加人庄严宣誓："共赴国难，艰辛不辞，绝不自私利禄，绝不陷害同仁。"这次盟誓，在一定意义上说是陕西同盟会革命党人向清政府封建统治的宣战，而祭文也可以说是一篇向清政府封建统治发出的檄文。

这一年，焦子静还与张拜云、吴宝珊等人创设了公益书局，开办之初地址在西安竹笆市北段，后搬至南院门。迁入此处后，附设公益印字馆，对外以经销文具、纸张，办理印刷业务，实际除销售一般文化读物、课本外，以解决经费短缺问题，主要经销从日本及上海等地运进的《民报》《铁券》《夏声》等宣传反清革命的书刊。同时焦子静还委派师子敬赴上海购置印刷机械，将采购回来的新文化书籍和进步杂志进行翻印。

最早传入陕西的《饮冰室文集》等出版物，经同志阅读研究，还认为那些新政改革，可以争取清廷实行君主立宪，图强兴国，比较相信康、梁的君主立宪主张。1905 年秋，孙中山先生由欧洲到了日本，受到各地留学生的热烈欢迎，井勿幕也在日本，由中山先生邀集大家筹商，明确指出我们为了加强革命力量，应即建立一个统一的革命组织，决定改组"兴中会"和一些地方性的小组织，成立"中国同盟会"，公推中山先生为总理。通过同盟会宣言，提出"驱除鞑虏，恢复中华，建立民国，平均地权"的革命纲领，期待大家在这个纲领下联合起来的路线将是坚定的。且坚定号召"敢有为石敬瑭、吴三桂之所为者，天下共击之！敢有帝制自为者天下共击之！敢有垄断以制国民之生命者，与众共弃之！"。然后遣派代表，分别回国，组织进行。井勿幕就被派为回陕工作的代表。井先到省城，再回蒲城，并到三原、富平各地展开宣传和组织活动。到省就和焦子静联系，住在健本学堂，在驿传房开会，宣示了同盟会的革命大纲，反对康、梁的君主立宪。并阐明清王朝，非我族类，其心必异，如不彻底打倒清王朝，革命就难成功。大家一致同意成立"陕西同盟分会"，推举李异材（仲特）为会长。其他同志仍和过去一样，能宣传的宣传，能联络的联络，使陕人革命也走上了资产阶级民主主义的道路。也可以说，这是陕人革命的一个转折点，才为陕人革命开始了一个新的时期。

他还筹措经费，与张拜云、吴宝珊、等创办了健本学堂，该校校长由王桎（伟斋），继由王子端担任，常任教员有常铭卿、陈会亭、程孝先、范味腴、李天佐、马彦翀等，兼职教员有宋向辰、杨铭源、景梅九、董雨麓等。不拘形式随时来校讲话者有井勿幕、任师竹、李仲特、李桐轩、井岳秀、张奚若、严敬斋、邹子良、师子敬、焦子静等。经常向学生宣讲清王朝如何丧权辱国和所属贪官污吏如何的压榨剥削。并指出清朝鞑虏，非我族类，因而对学生灌输了很多的民族意识和革命思想。其实当时满、汉族等级森严，学生感触深刻。比如满族人生下来就有俸禄可享，而汉族人只能受压迫、歧视。章炳麟的《驳康有为论革命书》、邹容的《革命军》及陈天华的《警世钟》《猛回头》等进步书报，秘密推荐给同盟会员及进步师生。

由于有健本学堂作掩护，就招纳了许多知识分子和各地的革命党人。如井勿幕、吴希真等，很多革命同志，每由外地活动来省，即住在该校。而该校专职教职员和不断来校讲话的同志，也均教学其名，革命其实。即有时有些风声，以有学校作挡箭牌，幸均化险为夷，平安渡过。

由同盟会会员常自新、景梅九等人在该校任教，井勿幕、李仲特、李桐轩、郭希仁等同盟会骨干人物亦常到该校讲演，哥老会首领张云山、万炳南等也到这里与同盟会员接头。健本学堂除培养了胡景翼（笠僧）等一批优秀青年。

1911年10月，西安起义成功，27日成立秦陇复汉军政府，焦被军政府任命为渭北民团使兼游击司令，负责安定渭北社会秩序。10月28日，他与同盟会会员李天佐、井岳秀、常自新及陆军中学学生董方亭、李藩侯等人到达富平，说服当地哥老会首领向紫山率领哥老会武装赴省城为革命军效力；又派人分赴高陵、蒲城、白水、澄城等县编练地方武装，巩固辛亥革命成果。

1913年春，焦子静当选为第一届国会众议院议员。4月国会在京召开会议，他便将所编练的队伍，交李天佐统带，偕同陕西很多民党议员杨铭源、寇遐、李含芳、杨诗浙、马彦翀等赴京任职。不料车至郑州，闻袁世凯、赵秉钧唆使洪姓匪徒暗杀宋教仁于上海车站，闻讯大愤，及至北京，就合各省民党议员一体，便与袁世凯党徒对立起来，而他尤为愤激，在袁党下手撤换辛亥革命的四都督如广东胡汉民、江西李烈钧、安徽柏文蔚、湖南谭延闿时，他就四处奔走、联系，掀起二次革命即"癸丑之役"。失败后，仍回京潜居。十月袁世凯就任正式总统，即下令驱逐国民党议员出京，遂回陕筹商讨袁之策。

1914年秋，袁世凯派亲信陆建章主陕。焦子静表面上与陆周旋，暗中却与李岐山、景梅九、胡景翼、井岳秀等密谋反袁逐陆，还出面营救被陆关押的国民党人士数十人出狱。他积极筹集枪支，利用过去所组民团基础，结合陈树藩、李天佐、胡景翼、井岳秀、李岐山等，详慎计划，密谋逐陆。并闻西南各省已揭开讨袁，民党多人，旅居上海。在广东肇庆，已有护国军务院的组织。他又派由马彦翀赴沪联系，将陕西先逐陆后讨袁的部署计划，向军务院汇报，军务院还汇来活动费数千元。

1916 年 5 月，逐陆之役爆发，陈树藩就任陕西护国军总司令，焦任先锋第二营营长。在与陆建章谈判和平解决方案时，被推举为渭北的民党人士代表，奔走于两军之间，对和谈成功做出了贡献。

陆建章离陕后，主持陕政的陈树藩投靠北洋军阀段祺瑞，在陕西实行专制统治，引起陕西民党志士的强烈不满，掀起了反段讨陈的斗争。为请示机宜，焦赴上海谒见孙中山，被委任为西北护法军招讨使。1917 年 9 月返回陕西，联络高峻、耿直、杨虎城等反对陈树藩的统治。

1917 年 12 月 3 日，高峻在白水起义，以西北护法军总司令名义发出通电，讨伐陈树藩，终因势单力薄而失败。焦又赴广东谒见孙中山，汇报陕西战况。嗣后，奉孙之命，与部分国会议员前往云南与滇、川、黔联军司令唐继尧联络。唐拟请焦出任西南盐运使，焦坚辞未就。

第二次国会恢复，焦子静赴北京，任唐继尧驻京沪联络代表。

1923 年曹锟贿选总统。焦坚决反对，南下云南、上海等地，一度任滇、川、黔联军第八军军长。

1927 年，受冯玉祥聘请，担任国民革命军第二集团军高等顾问，联合山东有关人士，组织游击队，参与北伐。

1929 年陕西大旱，旅居上海的焦子静被举为陕西赈灾会主席。他及时以实物、捐款转输陕西赈济灾民。

蒋、阎、冯中原大战爆发后，被冯玉祥再度聘为第二集团军高等顾问，参加倒蒋斗争。

"九一八"事变后，焦子静目睹民族危亡，义愤填膺。

1933 年冯玉祥在察哈尔组织抗日同盟军，焦子静抱病前往襄助。行到北京，得知抗日同盟军遭到日、蒋军队合击而失败，悲愤之下，病情加重，遂返回陕西。到家之后，得知乡邻杨振昌等 70 余家向焦家借钱未还，遂召集债户，备酒席招待，并当场焚毁债据，告知债户免去债务。债户十分感激，联名赠送了题有"冯驩高风"的匾额，但他并未悬出。

1939 年 7 月蒋介石电谕西北行营主任程潜向焦子静转交蒋的亲笔信，请其出山襄助抗战，并汇款 5000 元安家。他复信给蒋，告知自己病情严重，力不从心，所汇之款作为抗战费用。1945 年 7 月 9 日，焦子静病逝。友人在西安开会追悼，曾有人挽云："勿幕曾吃公益饭，笠僧原系健本生"。亦足以说明焦与陕西辛亥革命的关系。

焦子静后人情况：他供养育五子五女，长子焦援、次子焦拯，留日回国后任汉口石膏局局长（均就读于健本学堂，参加过辛亥革命，后留学日本）、三子焦辛亥（早逝）、四子焦天佑，改革开放后任富平县政协委员、五子焦天恩系双胞胎。小女儿焦双十民革成员，西安市政协委员，曾撰写回忆焦子静文章多篇。焦子静嫡孙焦鸣皋系次子焦拯之子，北京辅仁大学数学系和法律系，新中国成立后就读于西北工业大学企业管理系，先后供职于西北电管局灞桥电厂、火电公司、1957年支援新疆电力建设，任新疆电力安装公司计划科科长、副总经济师。

口述者：焦子静重孙　焦　波
采访人：张应超　马　正

八方风雨会中州——胡景翼

胡景翼，字笠僧，光绪十八年五月（1892年6月）生于陕西省富平县侯家堡。早年入私塾读书发蒙，后进入陕西辛亥革命摇篮——西安健本学堂学习，1910年加入中国同盟会，1911年武昌起义时，在陕西举兵响应，任第一标统带。民国成立后赴日本留学。1914年回国，在陕西地方军陈树藩部下先后任营长、团长等职。1917年参加组织陕西靖国军，任第四路司令兼第七路总指挥。1922年冯玉祥任陕西督军时，他任第一师师长。第一次直奉战争中，率部到河南援助直系，直系败后，驻河北正定、邯郸一带，归附直系曹锟、吴佩孚。1924年10月第二次直奉战争期间，又暗与冯玉祥、

胡景翼

孙岳联合倒直，发动北京政变。后与冯、孙组织国民军，任副司令兼第二军军长。11月，任河南军务督办。1925年4月病逝于开封。胡景翼的一生尽管短暂，但是作出了可歌可泣的成绩，有近代史专家这样评价说，如果笠笙不死，孙中山的"联俄、联共、扶助农工"的新三民主义就有可能得以实施，国、共的历史都将会重写。

胡景翼的老家在富平县陵怀堡，因父亲胡彦麟（角亭），少年时读过私塾，家有田产，后辍学学习经商，从商号账房升任经理。因常年在外，家中无人照料，举家迁至岳父的村子侯家堡。胡彦麟见多识广，重义轻利，思想进步，关心国家，

对腐败无能的清政府尤为不满。他为人侠义，性情豪爽，是位具有远见卓识的好父亲。这对胡景翼产生了很大的影响。著名学者章炳麟（太炎）和胡彦麟有过来往。他对胡彦麟说："励生是今世少有的天才。……如果没有胡大人的严正督导，励生所就未可知也。"他还在《富平胡太公墓志铭》中写道："关中盛耶，今之王气不在秦，关中衰耶，蓖井之间何以有斯人？"[①]

鸿鹄之志

胡彦麟有六子一女，胡景翼为长子。胡彦麟特别重视对子女的教育。为了让孩子有个好的学习环境，胡景翼六岁时举家又从地处偏僻的侯家堡，迁到富平重镇庄里镇。进入魏家祠堂办的私塾读书，启蒙先生姓杨，在近六年学习中，将《百家姓》《三字经》等启蒙课本读得滚瓜烂熟。胡景翼的聪明好学，先生已教不了他了，就举荐他跟父亲到三原读书，拜关中有名的学者赵如笃为师，读"四书""五经"。这些古文虽有些佶屈聱牙，枯燥乏味，却为他以后参加革命奠定了很好的文化基础。胡景翼崇尚健体，在读书的同时，又拜鹞子高三的大弟子金仲为师，成为高家拳的再传弟子。当时井勿幕等人在孙中山革命思想的影响下，1908年成立了同盟会陕西分会，经常来三原开展革命活动，宣传孙中山的民主革命思想。这对少年的胡景翼产生了极大的吸引力，在他稚嫩的心灵中播下了反对封建专制，向往民主自由的种子。

当时的革命以剪辫子、放小脚为形式，反对满清政府，开展解放妇女运动。15岁的胡景翼，以"十五龄人"为笔名，仿照"天足会"的宣传，编写了劝妇女放足的传单，四处张贴。这一行动，实际上是响应革命的第一步，从此他的思想激进，向往推翻封建统治、封建压迫。此前他和同学王绍猷游历陕西耀县（今耀州区）药王山，祭祀药王孙思邈，在药王殿的墙壁上写下"我本一只猴，深山任我游。他日成正果，定要反天宫。"尽管他的志向朦胧，但造反思想油然而生。

1908年同盟会员焦子静等人在西安开办"健本学堂"胡景翼听说后向父亲说明了想去西安上学的想法，取得父亲的支持，随后考入了西安健本学堂。这里任

---

① 《富平胡太公讣告》，陕西省社会科学院图书馆藏书。

课的老师大都是同盟会员和进步人士。他们利用课堂，揭露清政府丧权辱国，腐败黑暗，宣传民主革命的道理。这些新鲜的思想，给了年轻的胡景翼以极大的激励。该校校长由王柽（伟斋），继由王顼（子端）担任，常任教员有常自新（铭卿）、陈同熙（会亭）、程孝先、范味腴、李天佐（襄初）、马骧（彦翀）等，兼职教员有宋元恺（向辰）、杨铭源（西堂）、景定成（梅九）、董雨麓等。不拘形式随时来校讲话者有井勿幕、任尹（师竹）、李异材（仲特）、李良材（桐轩）、井岳秀（崧生）、张奚若（耘）、严庄（敬斋）、邹子良（炎）、师守道（子敬）、焦子静等。经常向学生宣讲清王朝如何丧权辱国和所属贪官污吏如何的压榨剥削。并指出满清鞑虏，非我族类，因而对学生灌输了很多的民族意识和革命思想。其实当时满、汉族等级森严，学生感触深刻。比如满族人生下来就有俸禄可享，而汉族人只能受压迫、歧视。章炳麟的《驳康有为论革命书》、邹容的《革命军》及陈天华的《警世钟》《猛回头》等进步书报，秘密推荐给同盟会员及进步师生。由于有健本学堂作掩护，就招纳了许多知识分子和各地的革命党人。如井勿幕、吴聘儒（希真）等，很多革命同志，每由外地活动来省，即住在该校。而该校专职教职员和不断来校讲话的同志，也均教学其名，革命其实。即有时有些风声，以有学校作挡箭牌，幸均化险为夷，平安渡过。这里是宣传革命的重要场所，是同盟会活动的秘密据点，是培养革命人才的摇篮。

联络新军

由同盟会会员常铭卿、景梅九、马彦翀等人在该校任教，井勿幕、李仲特、李桐轩、郭希仁等同盟会骨干人物亦常到该校讲演，哥老会首领张云山、万炳南等也到这里与同盟会员接头。胡景翼再也坐不住了。他组织同学演讲，慷慨激昂，大声疾呼："列强环逼，清廷无能，堂堂中国就被瓜分了，我们就要做亡国奴了！国家兴亡，匹夫有责。我们岂能眼看着鞑虏的蹂躏，而干作亡国奴吗？"他仿效陈胜、吴广"斩木为兵，揭竿为旗"，组织同学制作了20几支木枪，进行操练。

1910年3月，在井勿幕等人的介绍下，19岁的胡景翼加入了同盟会，以一位自觉的革命者，投入了民主革命的洪流。

1908年10月，渭北蒲城县发生反动政府迫害进步学生的"蒲案"，全省各地声援"蒲案"的学生运动此起彼伏，接连不断。1910年，学生运动进入高潮。省高等学堂、师范学堂、农业学堂等先后爆发声势浩大的罢课运动，胡景翼作为健本学堂的学生代表，来到各校慰问学生，结识了一批思想先进的学界领袖。其中有高等学堂的马彦翀、王嘉宾，师范学堂寇遐、陆军中学堂的王一山（亦山）、农业学堂的张养诚（义安）、王盈初。一系列的革命运动，不但同广大进步知识分子结成广泛同盟，也使胡景翼思想进步很大，在斗争中锻炼了自己，使他变得成熟，变得善于思考。

要推翻清朝封建统治，就要建立自己的武装，要在新军、哥老会中发展同盟，共同担负起反清任务。随后，根据同盟会领导人安排，做好联络"刀客"和"新军"的工作。渭北各县，是"刀客"们活动最频繁的地区。少年时代的胡景翼就崇拜"刀客"，崇拜他们侠肝义胆，疾恶如仇；崇拜他们杀富济贫，英勇无畏。胡景翼首先后结识了富平乡党"黑瘠背"王守身、"胡老六"胡彦海、"马老二"马正德、"石冷錾"石象仪等一批有名的"刀客"和"柴伙会"（帮会）头目田玉洁、田春耕等。这些人后来大都成为井勿幕和胡景翼所率义军的骨干。富平当时还有个哥老会头目叫向紫山，很有实力，手下哥弟众多，波及面很广。胡景翼想做向紫山的工作，但向被县衙关在监牢。胡景翼通过做工作，里应外合，救出了向紫山。出狱后，向紫山带领1000多人的队伍投入了革命。在做"刀客"和帮会工作的同时，得知陕西新军中，有大量的哥老会成员。胡景翼利用健本学堂练武场练习武术，赴新军营盘比武，喝茶等机会结识了新军中哥老会头目钱鼎（定三）、张云山、万炳南等，并发展众多新军群成员加入同盟会。为了方便工作，胡景翼也参加了哥老会。

歃血盟誓

1910年7月9日（农历六月初三），同盟会、哥老会和新军中的领导人在省城西安南郊大慈恩寺（大雁塔）举行结盟仪式。参加的人有井勿幕（文渊）、钱鼎（定三）、张钫（伯英）、胡景翼（笠僧）、邹子良（炎）、李仲三、张光奎（聚庭）、张云山（凤岗）、万炳南等三十余人。胡景翼以同盟会员和哥老会哥弟双重身份参加结盟仪式。大雁塔歃血结盟，标志着同盟会陕西分会和哥老会联盟的正式形成。这里面胡景翼的功劳是最大的，因为在当时的环境下，许多早期同盟会员系资产阶级知识分子，他们文化程度较高，深受学而优则仕的影响，认识不到刀客与哥老会、新军才是武装夺取政权的中坚力量，甚至于许多人不屑于与他们为伍。胡景翼也的联络工作，恰恰弥补了这一短板。

药王山起义

1911 年 10 月 10 日，武昌起义的炮声打响了，陕西革命党人深受鼓舞，他们连日召开会议，加紧起义的准备工作。十二天后的 10 月 22 日西安举行起义（又称陕西举义）。义军很快占领西安城，成立了"秦陇复汉军政府"，推举张凤翔为大统领，并勿幕为北路安抚招讨使。听到西安起义胜利的消息，受陕西同盟会委托，在渭北联络革命志士，组织各地武装力量，准备起义的胡景翼十分激动。他连夜率领队伍上了耀县（今耀州区）药王山，插起了"兴汉灭满，光复中华"的大旗。胡景翼率领义军挥师南下，一路势如破竹，攻克了耀县（今耀州区）、富平、三原等渭北重镇，成立了渭北起义军总部。年仅 20 的胡景翼被陕西军政府任命为，秦陇复汉军第一标标统（团长），开始了自己戎马倥偬的军旅生涯。

西安光复后，陕西各县先后政权易手。但是，在革命浪潮的冲击下，摇摇欲坠的清政府惊慌失措。在向武汉进攻的同时，又慌忙命令赵倜从河南进攻陕西潼关，妄图占领西安。陕西西部，原陕甘总督升允纠集甘肃新军、民团，分两路向咸阳、宝鸡进攻，企图夹击围剿陕西的革命军。为迎击清军的多路进攻，陕西军政府一面派军进驻潼关，一面派军抵挡西来之敌。不料甘肃来敌凶猛，西线全线崩溃，西安告急。为了组织力量抗击，并勿幕派胡景翼率两营兵力，西进增援。胡景翼率军直取三水（旬邑）城，清军望风弃城向西南张洪方向而逃。胡景翼乘胜追击，包围了张洪，扼守要隘，多次打退了清军的轮番冲击，死死卡住退路，打得清军狼狈不堪，抱头鼠窜。三水县（今三水区）的胜利，扭转了西线的战局。充分显示了胡景翼这位初出茅庐的青年指挥官，运筹帷幄的军事指挥才能。

辛亥革命后，名清封建统治虽然被推翻，但是袁世凯轻而易举地窃取了革命的果实，登上了"中华民国"大总统的宝座。陕西大统领改为大都督，张凤翔也背叛革命，追随袁世凯，处处打击、排挤革命党人。并勿幕、郭希仁等众多辛亥革命骨干人物不得不解甲隐退，有的出走他乡，有的办学从事教育。政局出人意料地急剧变化，特别是并勿幕的退隐，使胡景翼心灰意冷。

1912 年秋，胡景翼同原在农业学堂罢课结识的朋友张义安、冯毓东等东渡日本，进振武预备学堂学习军事。经于右任、井勿幕的介绍，胡景翼有幸进入孙中山先生在日本举办的"浩然庐学社"学习，见到了他仰慕已久的孙中山先生。这成了胡景翼革命生涯中又一个新的转折点。胡景翼对孙中山先生说："来日我一定要打进北京城，请先生主持大计。"这誓言后来成为胡景翼将军终生的奋斗目标。

结束了几个月的"浩然庐学社"的学习生活，胡景翼准备回国。临别时，孙中山先生握着胡景翼的手，说："你的家乡在陕西，陕西革命的大事就托给你了。"肩负着孙中山先生的重托，怀抱着伟大的革命理想，胡景翼踏上回国的征途。

胡景翼回国之时，正是袁世凯践踏共和，阴谋称帝之时。为了复辟的需要，袁世凯把他的部属和前清同僚委以重任，把持了国家的军政大权。同时又遣兵调将奔赴全国各地，夺取地方政权。陆建章就是袁世凯派往陕西的军政要员。陆建章一到陕西，大肆逮捕革命党人，迫害进步人士，残害人民群众，时人称之为"陆屠夫"。陕西革命处于低潮。

胡景翼经河北、山西回到陕西渭北，找到先期回国的张义安、冯毓东，又通过他们见到刘允丞、史可轩等人。

这时，在陕的老同盟会员、著名的革命党人郭希仁，隐居在华山脚下，以讲学为名，秘密从事革命活动。得到郭希仁的行踪，胡景翼立即约冯毓东等来到华山脚下，拜见郭希仁，向他传达孙中山先生对西北革命的关怀和指示。和他一起

富平县文庙

分析国内和陕西的形势，为了重建革命武装，胡景翼决定投靠陈树藩。胡景翼到渭北蒲城县见陈树藩。陈树藩只给了他一个差官长的闲差。经过种种努力，胡景翼终于取得了陈树藩的信任，当了备补连连长，不久又被提升为游击营营长，驻守富平。

活捉陆承武

1915 年 12 月，袁世凯冒天下之大不韪，公然背叛共和，宣布称帝，激起了全国人民的愤怒。孙中山先生立即发表了《讨袁檄文》，蔡锷将军宣布云南独立，兴师讨袁。在陕的郭坚、曹世英、高峻等，积极响应孙中山先生的号召，1916 年 3 月在白水县城举起了讨袁的义旗。胡景翼派张义安、岳维峻等到渭北各县联络民军，招集旧部，同时利用矛盾，做陈树藩的工作，准备起义。这年 5 月初，陆建章的儿子陆承武，带领 3000 多人的"中坚团"进驻富平。胡景翼认为这是逐陆讨袁的极好机会。当时，胡景翼的游击营只有 300 余人 200 支枪，和陆承武的力量相比，简直是

胡景翼

以卵击石。但胆大心细的胡景翼，谙熟兵法，以拜见陆承武为名，详细掌握了"陆"军的部署情况。出其不意，突然发难，活捉了陆承武。

听到胡景翼活捉陆承武的消息，各路民军都赶到富平，群情激愤，要求杀了陆儿子，推举胡景翼任陕西护国军总司令。胡景翼冷静地分析了当时的形势，为保存革命实力，力排众议，推陈树藩做了护国军总司令。陈树藩任护国军总司令后，兵分两路向西安进发。陆建章极为恐慌，只好答应陈树藩的要求，立即离陕，让出陕西督都的位置。但陈树藩就任陕西督都后，就背叛了护国军，成为袁世凯的帮凶。袁世凯倒台后，他又投靠段祺瑞，和陆建章一样，继续排挤、打击革命党人。陈树藩把自己的亲信安插进胡景翼的部队，企图牵制、监视胡景翼的行动。并把胡景翼的驻防从渭北调到商洛龙驹寨（今丹凤县），以限制其发展，割断胡景翼与曹世英、郭坚等人的联系。企图用釜底抽薪的办法分化瓦解护国军。

对陈树藩的阴谋诡计，胡景翼早有觉察，他将计就计，以守为攻。驻军龙驹寨后，胡景翼对部队进行了整编，开展练兵活动。出陈树藩的意料，胡景翼在龙驹寨，不但没有受到限制，部队反而由 10 个连扩大为 15 个连，而且军事素质有

了很大的提高。

倒陈伐段

1917 年 9 月，孙中山在广州成立护法军政府，就任海陆军大元帅，发动了讨伐段祺瑞的护法战争。渭北的曹世英、高峻，西安的耿直，响应孙中山纷纷起义，举起了倒陈伐段的旗帜。

1918 年元月，驻军三原的张义安，对陈树藩派来旨在对付护国军的驻军，发起突然攻击。张义安以一营的兵力，歼灭了陈树藩的一个旅和一个整团，取得了三原起义的胜利。之后，胡景翼、曹世英也赶到三原，两军会师，成立了陕西靖国军。

靖国军的成立，使陈树藩惊慌失措，坐卧不安。陈树藩软硬兼施，挑拨离间的阴谋败露之后，恼羞成怒，公然派兵攻打三原靖国军总部。胡景翼和曹世英出其不意，主动出击，一举粉碎了陈树藩的进攻。靖国军乘胜追击，除用一部分兵力留守三原，其余部队兵分东西两路，合围西安。张义安率西路军，进驻西安附近的甘家寨，以一个营的兵力粉碎了陈军三个营的进攻。在泾阳、三原战役结束后，胡景翼派冯毓东、李虎臣、康指定、邓宝珊，挥师南下，支援张义安。靖国军以凌厉的攻势摧毁了陈军在西安西郊的防线，从西、南两面包围了西安。曹世英、郭坚、高峻率领的东路军连克新筑、十里铺、光台庙，直逼韩森寨，从东、北两面对西安形成了包围。

在靖国军东西两路大军的夹攻下，陈树藩惊慌失措，一面向北洋政府告急，要求增援；另一方面以省长相许，向豫西的刘镇华求救。刘镇华本来就是个鼠首两端的野心家，对自己盘踞于豫西一隅早就不满。陈树藩的求援，正好合了刘镇华的野心。于是，刘镇华亲率 5000 人马，开进潼关。刘镇华的入关，对靖国军十分不利。胡景翼审时度势，下令靖国军从西安撤军。西路军退回三原、泾阳、富平，以泾河为防线。东路军回到渭北原先驻地休整。

靖国军作战虽勇敢，但缺乏统一的指挥，这是军家的大忌。胡景翼、曹世英、刘允承等商议，决定请在上海的于右任先生回陕主军。1918 年 8 月，于右任从上海回到渭北，担任了陕西靖国军总司令，从北京回来的张钫担任了副总司令，全军实行了统一的编制。四分五裂的靖国军，从此有了统一的指挥。靖国军虽然有了统一的指挥,与陈树藩的战争也暂时停了下来。但靖国军仍处在陈树藩的包围之中,处境仍然十分危险。胡景翼决定向陈军包围薄弱的东部发展。胡景翼去渭南固市找故友姜宏模。姜宏模建议胡景翼同陈树藩和谈。胡景翼接受了姜宏模的建议。但出人意料的是,陈树藩根本没有和谈的诚意,反而借和谈之机,将胡景翼劫持回西安,拘禁起来,时间长达三年之久。

1920 年,是军阀混战,风云变幻的一年。直系势力伸进陕西,要赶陈树藩下台。陈树藩走投无路,决定以释放胡景翼为条件,和靖国军讲和。就这样,胡景翼结束了近三年的囚禁生活,回到了渭北,担任了陕西靖国军总指挥。

1921 年 5 月,曹锟"北京政府"下令撤去陈树藩陕西督军的职务,由直系师长阎相文接任。7 月,阎相文、吴新田、冯玉祥率部进陕。陈树藩准备武力抵抗。冯玉祥与胡景翼暗中联系。在冯玉祥和胡景翼的夹击下,陈军土崩瓦解,陈树藩逃进南山。

曲折发展

阎相文进陕,以直系取代了皖系。对靖国军来说,无异于前门驱狼,后门进虎。阎相文进陕,首先把敌对的矛头指向靖国军。到陕不久,阎相文就指使冯玉祥,诱杀了靖国军第一路军司令郭坚。这急功近利的鲁莽做法,激起了靖国军将士的愤怒和不满,受到上司吴佩孚的训斥。阎相文气急相加,服毒自尽。由冯玉祥接任了陕西督军。

冯玉祥上台后,和阎相文一样,并没有放弃消灭靖国军的企图。不过他汲取了阎相文的教训,采取了委婉的做法。他派人斡旋,试图收编靖国军,但没有结果。

吴佩孚坐镇洛阳,虎视眈眈。冯玉祥控制了西安、关中、陕南大部。坚守渭北的曹世英、高峻、胡景翼等只有两万人马,而且装备落后,粮饷不足。形势对靖国军十分不利,胡景翼等为靖国军的前途日夜焦虑。

刘允丞、续桐溪向胡景翼提出,接受改编,暂且换旗,保存实力,东出潼关的建议,得到胡景翼的赞同。为了稳定局势,缓和冯、胡之间的矛盾,北洋政府派何遂来陕调解,决定将胡部改变为一个师,由胡任师长,直受吴佩孚节制。

1922 年 4 月,直奉第一次战争爆发。吴佩孚命令冯玉祥移军河南。为东出潼关,谋求发展,胡景翼也决定率部进军中原。

冯玉祥一到郑州，就遭到河南督军赵倜的两面夹攻，向胡景翼告急，要求增援。胡景翼不计前嫌，立即出击，解了郑州之围。郑州一战，改变了冯玉祥对胡景翼的敌对情绪。为以后的冯、胡联盟奠定了基础。

冯、胡虽然取得了郑州反击战的胜利，但没有得到吴佩孚的赏识，反而成了打击、排挤的对象。冯玉祥到河南任督军不到半年，就被吴佩孚调到北京南苑坐了冷板凳。胡景翼被任命为京汉铁路线的护路使，驻军顺德（河北邢台），负责正定到彰德（河南安阳）一段的护路任务。

1923 年 2 月，京汉铁路爆发了"二七"大罢工。吴佩孚下令镇压工人，胡景翼拒绝执行吴佩孚的命令。对胡景翼的做法，吴佩孚大为不满，下令胡景翼南下，攻打北伐军。胡进翼以军备不齐，粮饷不足为借口，又一次拒绝了吴佩孚的命令。

曹锟贿选和吴佩孚的"武力统一"政策，激化了内外部的各种矛盾。在孙中山的支持下，胡景翼、孙岳、冯玉祥结为反直联盟。1924 年 1 月，孙中山在广州主持召开了国民党第一次代表大会。明确地提出了反对帝国主义，打倒军阀的革命目标。会后，孙中山派人向胡景翼传达了会议精神，指示他联合北方进步势力，发动反直系军阀的斗争。

1924 年 9 月，"江浙战争"爆发，揭开了第二次直奉战争的序幕，胡景翼盼望的时机终于到来了。他立即和刘允丞、续桐溪，商定了一个倒曹灭吴的计划。

胡景翼分析了曹、吴的内部情况，选择其中实力最大，和吴佩孚矛盾最深的冯玉祥，作为联合的重点。胡景翼先请孙岳面见冯玉祥，然后又派李仲三再见冯玉祥。冯玉祥同意和胡景翼合作，确定了推翻曹锟，解决曹吴，赶溥仪出紫禁城的计划。大政方针已定，冯玉祥令胡景翼火速率部进京。胡、孙、冯反直三角联盟正式形成。

北京政变

1924 年 9 月，第二次直奉战争爆发。曹锟任命吴佩孚为"讨逆军"总司令，率 25 万大军北上迎击张作霖。吴佩孚命令第三军总司令冯玉祥出兵古北口，胡景翼作援军，策应前方。让自己出兵古北口，冯玉祥认为吴佩孚是排除异己，有意刁难，十分不满。胡景翼要求后勤补给，也遭到吴佩孚的拒绝。这成为冯玉祥、胡景翼决心回师倒戈的导火索。

冯玉祥受命后，迟迟不发，秘密地进行着回师倒戈的准备工作。他以京城空虚为借口，向曹锟推荐孙岳任北京卫戍副司令，作为内应。又派蒋鸿遇为留守司令兼兵站总监留守北京，监视曹、吴的行动。待一切部署就绪后，冯玉祥才率部开拔。

胡景翼担任第二路援军司令。在临行前，胡景翼把刘允丞、续桐溪、李仲三找来，部署了周密的回师计划。他托李仲三联系冯玉祥，令李虎臣留驻通州作策应，派续桐溪去承德争取米振标，托刘允丞向孙中山汇报。请孙中山出师北伐，共讨曹、吴。

冯玉祥到古北口后，以筹措军饷为由，驻足不前，设法与奉军联系。奉系军阀张作霖，也派人到古北口见冯玉祥，要求冯玉祥与奉军统一行动，共伐曹、吴。心有灵犀，双方一拍即合。但刚愎自用的吴佩孚却蒙在鼓里，对冯、胡、孙的三角联盟，及冯军与奉军、皖军的结盟，毫无觉察。在冯玉祥的默许下，奉军不费吹灰之力，攻占了天险九门口等三道关，打开了通往山海关的道路。在喜峰口，奉军也击败了直军王怀庆部。败讯传来，在北京的吴佩孚坐不住了，亲率精锐急忙赶赴山海关。吴佩孚一走，京城空虚，为胡景翼、冯玉祥回师北京，创造了极为有利的时机。邓宝珊按胡景翼的安排，到古北口见冯玉祥，通报了情况。冯玉祥决定立即班师回京。

胡景翼立即下令全军撤离战场，南下接应冯玉祥。胡景翼密令岳维峻袭击王怀庆部，割断王怀庆和吴佩孚间的联系。然后兵发榆关，堵住吴佩孚陆路回师的通道。又命邓宝珊、李纪才直奔京津，在丰台、玉田、滦州一线布防。令留守通州的李虎臣，策应冯玉祥进京。配合邓宝珊、郑思成，形成对唐山和天津的包围，堵死吴佩孚从海上回师京城的通道。胡景翼的这些部署，有力地配合了冯玉祥回师北京的军事行动。

1924年10月22日午夜，冯玉祥的先头部队在孙岳的帮助下，一弹未发，开进了北京安定门，占领了城内的交通要道，包围了总统府，囚禁了曹锟。23日黎明，冯玉祥的大队人马开进了北京城，控制了北京的整个局面。25日，在北京北苑召开了政变后的第一次军事会议。会议决定，冯玉祥、胡景翼、孙岳各部改组为"中华民国国民军"。冯与胡、孙商议，邀请孙中山北上，主持大计。北京政变的消息不翼而飞，很快传遍了大江南北，长城内外，吴佩孚这时才如梦初醒。得到北京政变的消息，吴佩孚急忙挥师天津，以曹锟的名义，电令江苏、湖北各军火速北上增援，讨伐冯玉祥。

李虎臣、李纪才、张之江、刘郁芬等兵陈杨村以西，准备向吴佩孚发动进攻。岳维峻、邓宝珊已占领了唐山。兵临城下的吴佩孚，困兽犹斗，拒不投降。胡景翼下令总攻击，取得了杨村战役的胜利。吴佩孚看大势已去，只好从塘沽下海，向南逃窜。胡景翼进驻天津，讨吴战争宣告正式结束。

北京政变，吴佩孚大军受挫，迫使曹锟下台，把末代皇帝溥仪赶出了皇宫，为中国的旧民主主义革命写下了光辉的一页。

接到冯玉祥、胡景翼的邀请电报，孙中山决定即日北上。这时，翻手为云，覆手为雨的张作霖，违背当初的承诺，率师进山海关，直逼京、津。并公然拥戴段祺瑞任反直军统帅。国民党内对孙中山北上一事，争论不休，莫衷一是，使孙中山的北上，迟迟不能成行。

合作决裂

为了早日实现国家的和平统一，使人民免遭战乱的涂炭，孙中山冲破重重阻力，毅然决定北上，并发表了《北上宣言》。孙中山和夫人宋庆龄到上海，因交通受阻，改道日本到达天津。胡景翼在北京心急如焚，度日如年。这时的冯玉祥私心膨胀，置大局于不顾，把心思用在争夺地盘上。任命胡景翼为河南军务督办，孙岳为河南省省长，企图把胡、孙赶出京津，以利自己的发展。

与此同时，冯玉祥在天津举行了包括奉系张作霖、皖系卢永祥在内的三方会议。会议期间，屈于段祺瑞、张作霖军事上和政治上的压力，冯玉祥采取了"高揖群公，急流勇退"的态度，拱手把北京政变的胜利成果，让给了段、张这两位军阀，以新的军阀独裁代替了旧的军阀独裁。

天津会议使胡景翼大失所望。摆在他面前的唯一出路，就是南下中原，积蓄力量，以图东山再起。跟军阀多年打交道的教训，教育了胡景翼，军阀们是靠不住的。于是，他把希望的目光投向了中国共产党，社会主义的苏联。在屈武的引见下，胡景翼在苏联大使馆，见到了李大钊，并要求他南下指导工作。李大钊的接见，使胡景翼又一次柳暗花明，获得了"激流勇进"的信心。

荟萃中州

胡景翼的国民二军，在击败了吴佩孚残部和憨玉琨的抵抗之后，经郑州，进驻开封。他遵照孙中山先生"除恶务尽"的指示，出兵豫西，追剿吴佩孚，围困鸡公山。吴佩孚走投无路，只好带领残部窜进湖北，溜进湖南，投靠了军阀赵恒惕。

段祺瑞就任"中华民国临时执政"，各地纷纷来电祝贺，为其歌功颂德，称其为"临时执政"。唯独胡景翼在来电中，称他"段大元帅"，并在电文中控诉、训诫军阀的罪恶，招来段祺瑞的极端不满。

河南地处中原，是京汉铁路和陇海铁路的交汇处。南下可控制长江中下游，北上可图京、津，控制华北，地理位置十分重要。因为孙岳不愿来河南，胡景翼又兼任了河南省省长。这一切为胡景翼实现自己的伟大抱负，创造了极为有利的条件。

胡景翼在组建新政府时，采取了"豫人治豫"的方针，受到河南人民和各界人士的拥护和爱戴，迅速稳定了中原局势。新政权成立后，清乡剿匪，惩治腐败，发展交通，兴办教育，对河南的经济建设和文化教育的发展，做了许多有益的工作。胡景翼也并没有忘记国民二军所处的险恶形势。他下令整顿队伍，加强军事训练，提高军事素质，时刻准备应付可能发生的大战。

胡景翼认为，对付反动军阀，必须贯彻孙中山先生联俄、联共、扶助工农的三大政策。他邀请李大钊到河南，共商革命大计。为国共在河南的合作奠定了基础。苏联驻华大使加拉罕，应胡景翼的邀请访问开封。不久，苏联又派遣西纳尼、魏金斯基等30多人到郑州担任国民二军的军事教练。同时，胡景翼又派党必刚、师哲等30多人到苏联基辅军事学院学习。苏联又无偿援助国民二军大批枪炮、弹药和新式武器，大大改善了部队的武器装备。

李大钊、王若飞先后派刘天章、潘自立、史可轩、邹钧等许多优秀共产党员、进步青年来国民二军工作，开展革命活动。在胡景翼的要求下，广州黄埔军校输送杜聿明、张耀明、马志超、王太玄等一大批优秀军事人才，到国民二军担任职务。徐向前、阎揆要也从黄埔军校来参加国民二军的工作。

许多国民党的高级干部和知名人士也相继到达开封，如于右任、李根源、刘允丞、张季鸾、焦子静、马彦翀等直接参加国民二军的军务、政务、外务工作。

日本友人、朝鲜革命志士也来开封访问。一时间，海纳百川，宾朋如云，河南开封成了革命者的云集的地方，出现了"八方风雨会中州"的空前盛况。

豫西大战

段祺瑞早就对胡景翼怀恨在心，对中原出现这块"赤色"地区惶恐不安，决心以武力消灭之。1925年1月，段祺瑞任命憨玉琨为豫陕甘"剿匪"副司令，接着又唆使张作霖、阎锡山、刘镇华配合憨玉琨围攻国民二军。在段祺瑞的支持下，盘踞在豫西的憨玉琨，很快发展到10万人马，对国民二军造成很大威胁。为避免战乱再起，胡景翼电致刘镇华，调国民二军留陕部队来河南，让憨玉琨部返回陕西，遭到刘、憨的拒绝。并指使其部属王老五、张德胜不断挑衅，一手制造了"禹州事件"。为顾全大局，稳定局势，胡景翼在处理这件事上作出让步。但刘、憨以为胡景翼软弱可欺，得寸进尺，极力扩大事态，连续攻占了国民二军控制的登封、密县、并向郑州前进。大战一触即发。

主动出击

1925年2月中旬，胡景翼得到驻京代表张季鸾密报：张作霖、阎锡山、刘镇华在太原聚会，准备联合行动，消灭国民二军和三军。胡景翼看一场大战在所难免，于是主动出击，决定亲任总指挥，给憨玉琨、刘镇华以沉重打击。

2月18日胡景翼到郑州，第二天就召开了军事会议，确定了速战速决的作战方针。胡景翼命令岳维峻为右翼前敌总指挥，率本部人马和杨瑞轩、史可轩、田生春沿陇海铁路西进，打击正面来犯的敌人，直捣洛阳。任命邓宝珊为左翼前敌总指挥，率本部人马和李虎臣、蒋朗亭，并建国豫军、国民三军从密县、登封迂回出击，包抄敌军右侧直下偃师，同正面攻击部队会师洛阳。令米振标坐镇开封，以防山东张宗昌。令李纪才驻守豫东，以防山西阎锡山和湖北萧耀南。

2月22日，胡景翼下达了总进攻的命令。两路大军以迅雷不及掩耳之势，向刘、憨发动了全面进攻。右路军利用陇海铁路之便，迅速逼近，势如破竹，使憨玉琨不得不放弃荥阳、汜水、巩县（今巩义市），退守黑石关。憨玉琨惊慌万状，一面向刘镇华紧急求援，一面组织残余势力负隅顽抗。在黑石关前，憨玉琨命令部队多次冲锋，均告失败，不得不下令西撤，炸断伊水铁路大桥。

刘镇华接到憨玉琨的告急，亲率柴云升、马瑞旺等赶赴洛阳。刘镇华到洛阳一看情况不妙，急令憨玉琨集中兵力到伊水西岸的偃师，固守伊水桥头，又令袖手旁观的张治公立即投入战斗，拖延时间，以待奉军和晋军的支援。

急智克敌

这时山东都督张宗昌从徐州来点电，以"援胡讨憨"之名，行"援憨讨胡"之实，要求西进，企图造成国民军腹背受敌之势。胡景翼接受了李根源急中生智，提前报捷的建议，使张宗昌失去了借口，打消了西进的念头。

修复伊水铁路大桥，成为国民军西进，剿灭憨玉琨、刘镇华的首要。按工程要求得25天，胡景翼组织铁路工人，只用了天就完成了修桥任务。岳维峻率师攻占了偃师，兵临洛阳城下。两路大军会师，一举攻下了洛阳城。憨玉琨如丧家之犬，逃回嵩山老家，服毒自尽。

刘镇华带领残兵败将，狼狈西窜，途中遭到邓宝珊、田玉洁、冯毓东的突然袭击，全军覆没。刘镇华渡过黄河，侥幸逃生。

豫西大战沉重地打击了段祺瑞的嚣张气焰，充分显示了胡景翼将军杰出的军事才能，这是他戎马生涯中最辉煌的杰作，为他"以豫为基，推行主义于全国"的宏图大略奠定了基础，对中国民主革命的发展起了极大的推动作用。

屠城惨案

1924年10月，冯玉祥发动北京政变，与胡景翼、孙岳组成国民军，河南被划为国民军的势力范围，胡景翼以国民军第二军军长身份具领河南军务督办。然而，尽管脱离北洋军阀，倾向革命，但国民军以客军治豫，军纪很坏，进入河南后，各路败兵与土匪纷纷归其麾下，迅速膨胀，成为"匪来如梳、兵来如篦"的另一种荼毒百姓的祸殃。时年20岁，也是河南人，原籍距离禹县不足200里的中国口述历史的创始人郭廷以曾说过，河南兵匪一家，国民二军的胡景翼几乎全是土匪队伍。两个多月后，为收缴禹县警团枪械，国民军与地方武装发生冲突，胡部遂派重兵围城洗劫禹县，纵兵烧杀抢掠，酿成惨绝人寰、骇人听闻的禹县屠城大案，成为民国史上挥之不去的阴霾与耻辱。惨案发生后，豫省哗然，然胡景翼仅将该旅团长王祥生枪决，布告缉拿在逃的曹士英，来草草结案，以安地方。惨案的直接凶手曹士英原系国民二军收编的直系残部，也有为国民军扬善弃恶的历史学者，故意把这次屠城的罪行算在了北洋军阀头上。

将星陨落

1925 年 3 月 12 日，孙中山先生在北京突然病逝。这时正是国民二军攻克洛阳，取得决定性胜利的时候。噩耗传来，胡景翼悲痛欲绝，精神受到沉重的打击，右臂上的疔疮复发，病情急剧恶化。经医治无效，1925 年 4 月 10 日，胡景翼将军在开封与世长辞，享年仅 34 岁。

胡景翼将军逝世全国震惊，北京、西安、开封、郑州都举行了隆重地悼念活动。5 月，胡景翼将军的灵柩由豫归陕，安葬于华山北麓的王猛台下。1936 年 10 月，胡景翼将军生前好友冯玉祥等，在河南郑州修建了一座气势宏伟的 "胡公祠"，作为胡景翼将军的永久纪念。

立诚中学

胡景翼先生灵柩于 1925 年 11 月安葬于华山北麓王猛台下。于右任撰写了墓志铭并赋诗一首："太华云开，中原天晓。振臂一呼，豪杰多少。为将为儒，为僧为佛。胸有千秋，心无一物。亦孙亦徐，亦关亦岳。国之少年，世之先觉。王蠋为友，王猛为邻。古今百战，独为蒸民。灵兮归来，我亦雪涕。十亿劳民，一声万岁。"陵园现在华阴市荣誉军人疗养院内。

先生身后有子一胡希仲，孙子四人：长孙胡畯、次孙胡膺、三孙胡畋、四孙胡畸。

口述者：胡景翼嫡孙　胡　膺
采访人：张应超　马　正

蒲城李氏家族

"一家人四口，革命的两双"这是陕西辛亥革命先贤，新中国成立后曾任中华人民共和国教育部部长的张奚若对陕西蒲城县李氏家族的评价。说的当时李异材（仲特）、李良材（桐轩）兄弟的夫人已去世，而晚辈李博（约祉）、李协（仪祉）兄弟又未成家，两代人参加同盟会，共同投入到推翻清朝封建统治滚滚的洪流当中。而且现在李氏家族迄今拥有50多名高级知识分子，其中有13人载入《蒲城县志》。他们为民谋福祉，成就斐然、耀世卓绝、彪炳史册。

数学家李仲特

李异才（仲特）生于咸丰八年（1858）晚号一如居士。蒲城东乡富原村人，世代务农，家道殷实。李仲特兄弟二人，其弟小他两岁。1888年，李氏兄弟俩同时参加同州府院试，当时西方科学初入中国，提学使柯巽庵（绍忞），独出心裁，增加了算学试题，全场考生皆瞠目结舌，唯独李氏兄弟用心算得到答数而震惊学使等人，而被选拔入三原宏道书院。

李仲特自幼熟读四书五经，好天文数理。在前清，大多数国人还不知算学为何物的时候，他没有任何参考读物的情形下，通过刻苦钻研，不但求出质数的平方根，而且著书《开方数理图论》，影响后世（原稿现存于西北大学图书馆）。毕业后，李仲特应聘入陕西舆图馆，参加陕西省地图测绘，后被浙江学使徐季和所聘做幕僚，给他以"国士"级的丰厚待遇。李仲特不负众望，测绘完成了绘制《秦晋豫三省黄河图》等。李仲特在工作之余常独自"夜观天象，按图索骥"，逐渐通晓了各大恒星和行星的名字及运行规律。他偶得古代算学《算法统宗》一书并刻苦钻研，从而对数学产生了浓厚的兴趣，自此，李仲特把毕生的精力都投入到对数学的研究上。他对曲线、椭圆、圆周率、对数等的研究，均具有开创性，尤其对微积分的研究，更是引起国际数学史专家的重视和推崇，成为造诣很深的数学家。1930年，在李仲特72岁高龄之际，完成了他最后一本数学专著——《级数比类》第五卷，为我国数学的进步和发展作出了杰出的贡献。

1898年，李仲特应陕甘总督之聘，赴兰州兰山书院担任主讲，教授数学。后回西安受聘于陕西高等学堂任算学教习。在当时科考的大环境下，李仲特却刻苦钻研数理化等自然学科，更学以致用，自制测量仪器，在野外实习，进行测量计算绘图。1903年，四川省筹划兴建川（四川）汉（武汉）铁路，跨江越涧，穿山过岭，地形十分复杂，进行科学准确的测量，是首当其冲的难题。时任四川提学使的郑叔晋，久闻李仲特大名，重聘李仲特到成都，担任工程师，负责勘察测量川汉铁路。李仲特还极力倡导并参加西潼铁路筹建工作，倡议开发延长油田、兴办北山牧场。凡此种种，李仲特已经大大超越了"数学家"这一名号，致力于为民谋福祉。

1905年冬井勿幕受孙中山委托，由日本回到陕西，创建同盟会陕西支部，并迅速在陕西开展工作，发展同盟会会员，李仲特加入同盟会并成为骨干人物。1906年春，井勿幕二次赴日本，向同盟会总部汇报陕西开展革命活动情况。行前在三原北极宫召开同盟会陕西支部第一次会议，推选李仲特为同盟会陕西分会会长。从此以后，李仲特真正成为反清志士，并承担起陕西同盟会繁重的组织宣传工作。1907年重阳节与同盟会盟友恭祭黄帝陵，誓言推翻腐朽封建王朝、建立民主共和政府，"誓共驱逐鞑虏，光复故物，扫除专制体制，建立共和国体，共赴国难，艰巨不辞"。革命成功后，民国建立伊始，李仲特却婉拒一切委任，或飘然远行，或杜门学佛。尽管如此，历任政府官员皆礼聘李仲特为顾问、谘议，李仲特亦为之尽心尽力，以尽国士之责。1937年春，李仲特结束了他伟大传奇的一生，时任陕西省政府主席、李仲特的好友邵力子为其写了墓志："生平行谊，略近禹墨，厚人薄己，衣不帛，食不肉，夏不持扇，淡于荣利，独喜科学，好著书……皆苦思冥索不屑傍依，其天性也。"

李仲特

陕西"易俗社"创始人李桐轩

李良才（桐轩）生于咸丰十年（1860年），号莲舌居士，李仲特胞弟。1878年，李桐轩与胞兄李仲特同科考中秀才，后去华州任私塾师。1888年因其参加同州府院试成绩优异被选拔入三原宏道书院。1902年与同县举人张拜云在同州创办"求友学堂"，以科学知识和爱国思想教育学生和子女。1904年李桐轩的两个儿子李约祉和李仪祉同时考入京师大学堂，他作诗六首相送，诗中有云"唯华人兮神明胄，不可奴兮不可虏""人生自古谁无死，死于愚弱最可耻"。

李桐轩

1905年，他应知县李体仁之聘重修县志。同年，井勿幕由日本返陕发展同盟会组织，李桐轩弟兄率先加入。1906年任蒲城高等小学堂教习，次年与同盟会会员常自新等组织蒲城县教育分会；1908年他与焦子静、王子端、张拜云等在西安创办健本学堂，成为同盟会会员聚会的重要据点，更是培养革命骨干的重要场所。1910年，陕西谘议局成立，李桐轩、郭希仁被选为副议长。议员柏惠民（筱余）、井勿幕、李仲特等均为同盟会会员，他们积极联络一些思想开明的议员，宣传革命思想，开展革命活动，有效地利用了谘议局这个合法的机构。同时，谘议局还是陕西同盟会员秘密活动的据点，一些会议就是在这里召开的。

在谘议局任副议长时，短时间内就将新军督练公所总办王毓江弹劾，使王受到应有的惩处。事件起源是：1909年后，新军中大部分士兵站到同盟会革命党人一边，同情或者积极参与革命活动。但是，新军的大权掌握在督练公所总办王毓江手中。王是陕西巡抚恩寿的亲信，曾认恩寿为"义父"，由于恩寿保荐得任陕西兵备道兼督练公所总办。[①]他既有实权，又有靠山，是一个极端仇视革命的反动官

---

① 《讨王毓江之檄文》，载《民立报》，1911年2月15日。

僚。他对新军的控制非常严密，"到陕伊始，即将二标标统李大鹏无故撤差，改委其同乡契友周殿奎。"大批任用亲信，"各营管带若张正已、张国溶、王通、王仁沛、陈家浴、王占彪、方桐封均系王道戚族门生。"①结果，陕西新军两标六营及马、炮各营队等官佐，二百余人，王的家乡几乎占五分之三，其党羽尚不计算。新军从上到下，无不充斥着王毓江精心培植的爪牙。革命党人在新军中仅仅担任着队、排的下级军官，权力极小，而且活动处处受到阻碍。因此，不拔掉王毓江这颗毒牙，对革命活动非常不利。王毓江虽然腰壮气粗，有恃无恐，但也有致命的弱点。他和恩寿勾结在一起，狼狈为奸，大肆贪污，声名狼藉。在王毓江任陕西粮道时，就因指示部下随意更改各地征收军粮的价格，从中搞鬼，而闹得怨声载道，担任陕西新军督练公所总办后，又卖官受贿，"凡委一统带需贿一千金，委一管带需贿八百金，其余札委队官、排长一切人员，皆有一定之价值"②。由于王毓江借新军为恩寿中饱私囊，培植亲信，贿赂成风，军政两界，败坏达极点，陕人无不痛恨。同盟会决定从这一点着手，把王毓江赶出新军，为进一步联络新军创造有利条件，同时借以打击巡抚恩寿在陕的反革命嚣张气焰，发展革命形势。

1910 年冬，李桐轩、郭希仁利用他们所担任的陕西省谘议局副议长身份，借北京咨政院开会议事的机会，以谘议局的名义，把王毓江的罪状以及恩寿与王狼狈为奸，互相包庇的种种劣迹上告咨政院，要求查办。在各方面的压力下，清廷不得不下令恩寿查办王毓江罪行。

1911 年 10 月 22 日，西安起义而举义胜利，但清政府为了阻挠陕西革命成果，派河南赵倜率毅军从东路向西安进攻，原陕甘总督升允率甘肃新军及团练从长武、凤翔向西安进攻，对西安形成夹击之势。外界音讯中断，西安告急。陕西军政府派出多人赴鄂、蜀求援。李桐轩与鄂军大都督黎元洪相识，故派他冒性命风险去武昌请援，向湖北军政府通报信息，与革命军进行联络。民元后，李桐轩婉拒陕西军政府委任，赴京担任全国读音统一会会员，研究制定国音字母并为之撰写专著，他自创的《注音字母教学法》，利用纸牌游戏，贯穿识字全过程，使学习者易

---

① 《帝国日报》，1910 年 10 月 21、22 日。
② 《帝州报》，1910 年。

学易记兴趣不减，且学之数日可通。

后李桐轩担任陕西修史局总纂。在与修史局修纂孙仁玉同心协力整理史稿时，常常研究社会教育问题，深感戏曲对移风易俗有着重大作用，遂与孙仁玉等发起创办陕西易俗伶学社（后改名为陕西易俗社）。该社以"辅助教育，启迪民智，移风易俗，推陈出新"为宗旨，按照资产阶级民主制度制定章程，建立领导机构。李桐轩先后担任第一任社长、评议、编辑及名誉社长等职。他用后半生心血倾注于易俗社，被誉为陕西"新剧界之星宿"。李桐轩极力提倡使用白话文。他编写的《甄别旧戏草》，对过去流行的几百个剧目，进行了分析评价，划分为可去者、可取者与可改者三大类，取舍标准"以影响于人心为断"，《甄别旧戏草》是评判传统剧目的重要理论著作。李桐轩在 20 年间编写了《一字狱》《孝子金》《文山殉国》《鲁相拔葵》《人伦鉴》30 多本等以表现社会现实题材见长，文笔犀利，泼辣深刻，直指封建统治者极其爪牙的剧本，皆为宣扬爱国思想、破除封建迷信、提倡科学民主的新戏剧本，无怪乎时人评论："其为戏也，若陶渊明之诗，冲微淡远，耐人寻味，选句之佳，尤非他人所能及。"他的遗著还有《民兴集》《兵农说》《慈幼篇》《集孟政谈》及《莲舌居士传》等十多种。

教育家　戏曲研究者李约祉

李约祉（1879—1969）名博，别号金粟逸农。早年就读于三原宏道高等学府，1904 年秋，与其弟李仪祉一同考入京师大学堂（北京大学前身）。就读期间，目睹清廷腐败，民不聊生，兄弟二人侠义之心顿生，加入同盟会，不顾个人安危，组织联络革命党人，宣传民主。1908 年"蒲案"，发生，清政府把此列为重案要案。李约祉、李仪祉兄弟二人联络革命同志，动员在京同乡声援进步学生，为受害师生奔走呼吁。1904 年，于右任因所著《半哭半笑楼诗草》涉及反清，陕西巡抚恩寿密令三原知县德锐拿办。李约祉从其父亲处得知此讯，立即相告于父，时于右任在开封赶考，李雨田出资星夜差人急赴开封告知，才使于躲避上海，免于灾难。1909 年，李约祉从京师大学堂毕业回陕后，先后担任省立女子高等小学、女子中学校长，并在陕西教育厅任督查主任等职，自此开始了他几十年的教书育人生涯，并为之做出了重大贡献。他本着"女子教育乃国民教育之本"的理念，在被委派督办延安、绥德、榆林等地学务时，创办了蒲城女子小学，此举在那个时期意义之重大，不言而喻。

1912 年，其父李桐轩与孙仁玉、高培之等辛亥革命参加者创办了"易俗社"，李约祉继承父志，在易俗社早期，先后担任社长、评议长、教务主任、编辑主任等重要工作；创办《易俗日报》，为易俗社、为秦腔的发扬和传承，作出了不可磨灭的贡献。1921 年，李约祉率领易俗社甲班学生组成分社赴汉口演出，为让外省人对秦腔有所了解，他印发张贴《戏报》、编印《说明书》、出版所编演的剧本等诸多方法扩大宣传，收到预期效果，使秦腔这一古老剧种与新兴的易俗社蜚声武汉三镇及长江两岸，演出长达一年半之久而不衰。他还主动向外省剧社学习观摩，曾得到欧阳予倩及楚、汉剧名家的指点。

李约祉一生撰写了《算卦骗人》《千字鞭》《假斯文》《庚娘传》《优孟衣冠》《韩宝英》（亦名《石达开》）等二十多部剧本，还写完了其父桐轩公未写完的《刀客王改名轶事》一文（载入《蒲城县志》和《陕西文史资料选辑》第一辑）。其作品寓深刻内涵，反封建迷信，抨击时政、抨击假丑恶于幽默风趣、嬉笑怒骂之中，真正做到了寓教于乐、教化民心，故其作品长演不衰，深受民众喜爱，一扫戏剧动辄满场帝王将相、才子佳人的颓风，用实际行动将易俗社的真谛诠释得淋漓尽致。

抗战时期，李约祉任蒲城县县志馆馆长，编写了几十万字的地方史料。20 世纪 40 年代初，受各方敦请，出任蒲城县参议会会长，常常不顾自身安危为民请命。1946 年，陕西大旱，蒲城尤甚，李约祉多次亲赴省城，请求救灾。1949 年后，年逾古稀的李约祉被选为陕西省第三届人大代表，多次以爱国之心，提出利国利民的建议，并撰写回忆录，体现了"老骥伏枥、志在千里"的可贵精神。

十年浩劫中，无比敦厚、一心为民、广结善缘、笔耕不辍的李约祉同样也逃脱不了家被红卫兵洗劫一空、身被无情摧残的噩运。在他 88 岁时，被遣送至蒲城老家。1969 年，在整整 90 年前出生的破窑洞中的土炕上，李约祉口颂"欲穷千里目，更上一层楼"，缓缓而终。其夫人——孙中山先生之秘书长、《大公报》创始人及总编张季鸾的胞妹——张季珍自此无心恋世，不久便追随甘苦与共的丈夫于泉下。

中国近代水利事业奠基人——李仪祉

李仪祉，名协，字宜之，后更为仪祉。生于 1882 年正月初三。父李桐轩、伯父李仲特，都是清末关中地区很有影响的学者，皆为同盟会会员。

李仪祉

伯父李仲特是数学家，"耽历算之学，搜求中西天文数学之书，孜孜研习，著述不休"；父亲李桐轩是易俗社创始人，"好为古文辞，尤究心于社会风气之纠正，民间教育之普及"。二位先辈对李仪祉的影响颇深。

1898 年，在推崇八股的清末年间，李仪祉却以精于数学，考取了"省试"秀才第一名，次年又考入专门学习西学的泾阳崇实书院，师从与康有为齐名的维新志士、近代著名教育家刘古愚先生。

李仪祉对中国民主革命先行者孙中山先生十分仰慕，在崇实书院组织同学参加主张妇女放脚的天足会，撰文《女子不缠足歌》和《天演论》等，还撰写了《权论》和《神道设教辟》，反对封建迷信，提倡人性解放，探讨社会改革问题，其时年仅 17 岁。

1901 年，李仪祉由崇实书院考至省城西安关中学堂。1903 年，他应商州中学堂堂长于右任先生相聘，赴商州中学堂任教员，不久代理校务。1904 年，李仪祉和哥哥李约祉同时考取北京京师大学堂（北京大学前身）。次年，时年 23 岁的李仪祉，为反对清政府同美国签订中美不平等条约，上书清廷侍御使王仙洲，尖锐地指出——"天下事以千万人之力成之而不足，以一人败之而有余，历观历史，从古如斯，但不意此等事乃见于先生，先生不为全国人民计，独不为一身名誉计乎？"即此数语，既表现出他大义凛然的正气，又彰显出他不惧权势，反封建的无畏精神。

1909 年，李仪祉从北京京师大学堂毕业，请辞清政府委派其为某部录事，由陕西西潼铁路局派赴德国柏林皇家工程大学留学。1911 年，辛亥革命爆发后，他立即回国，意图报效国家，参加反清革命斗争。1912 年，众辛亥革命参加者创办三秦公学，李仪祉参与其中，并出任教务主任。众多社会名流和学者任教，其中高等学堂毕业生马彦翀出任事务主任。学校课程设置合理，优秀学子汇聚，有魏野畴（中共陕西军委书记）、刘天章（中共山西省委书记）、杨钟健（地质学家、古生物学家）等革命家和科学家，对政界、思想界、教育界曾产生过巨大的影响。1913年他二次赴德国继续求学，1915年至1922年，李仪祉留德学成归国，即协助张謇在南京创办河海工程专门学校，任教务主任并教授，并兼任南京高等师范学校教授、中国科学社学董事、南京鼓楼公园工程师。1919年，反帝爱国的五四运动爆发，他倾情竭力支持学生的爱国行动，亲率学生上街参加游行示威，并在街头激情讲演。1922年下半年至1927年，李仪祉应民国陕政当局的聘请，就任陕西省水利局局长兼陕西渭北水利工程局总工程师。后离陕就任上海港务局局长、重庆市政府工程师、北京大学、南京第四中山大学、河海工科大学教授等职。

　　1925年初，孙中山在中国共产党的支持下，倡导召开国民会议，废除不平等条约，打倒军阀，实现国内和平。时任陕西省教育厅厅长兼西北大学校长的李仪祉联合西安各界进步人士积极响应，成立陕西省国民会议促成会，反对皖系军阀段祺瑞召开的善后会议，他被推选为出席全国国民会议的陕西省的代表。

　　1928年，李仪祉担任华北水利委员会主席，精心筹划了白河水利，并亲自勘察了运河和淮河。1929年，他任导淮委员会委员兼总工程师、兼北方大港筹备处

李仪祉（左一）视察泾惠渠

主任、浙江省建设厅顾问，倡办华北灌溉讲习班，设置黄河水文站。与此同时，他拟定了导淮计划，设计了杭州湾新式海塘，还在天津创办了中国第一个水工实验室。

1930 到 1932 年，他担任陕西省政府建设厅厅长、陕西省水利局局长，并兼任全国救济水灾委员会委员兼总工程师和中国水利工程学会会长。

1933 年夏至 1937 年，他任黄河水利委员会委员长兼总工程师、全国经济委员会常务委员、兼任扬子江水利委员会顾问、任国立中央研究院评议会会员、中美工程师协会董事、清华大学名誉教授等，仍任继续担任陕西省水利局局长，还协助杨虎城将军在故乡蒲城创办尧山中学，并担任校董。

据不完全统计，李仪祉一生就任职务竟达 72 个。他所担任的一切职务绝不务虚挂名，仅以 1923 年至 1925 年，他担任陕西省教育厅厅长、兼任西北大学校长为例，就足以证明其求真务实，鄙视虚荣的君子之风。他亲自动手，为西北大学编写教材，给学生上课，筹建实验室，并亲赴京、津、沪、宁筹集办学经费。

西北大学在 2012 年 10 月隆重庆祝建校 110 周年之际，在校园建立三座雕像：西北大学创始人张凤翙、在国际享有盛名的物理学家侯伯宇和近代水圣李仪祉，以激励后人奋力前行。

1938 年 3 月 8 日，李仪祉先生终因劳心劳力过度，不幸英年早逝，享年 56 岁。李仪祉逝世噩耗传出，国内外唁电如雪纷至。关中的老百姓痛哭流涕者比比皆是，为失去这位国内外著名的科学家，为人民谋福祉的卓越水利大师而深感痛惜。在西安参加追悼会的军、政、水利、文艺各界名流和群众达万人之多。当李仪祉的灵枢出西安城时，大雪纷飞，沿途老百姓进行公祭。在安葬时，泾阳、三原、高陵等县送葬的民众达 5000 多人。

李仪祉的一生，是为祖国水利事业奋斗的一生。他呕心沥血为祖国水利建设事业鞠躬尽瘁，死而后已。中国的四大水系黄河、长江、淮河、海河都烙印下了他治理、建设的坚实足迹。

李仪祉遗体葬在泾阳县王桥镇泾惠渠畔，后建设仪祉陵园供后人的拜谒瞻仰。二十一世纪后，经陕西省委、省政府同意，陕西省发改委批复立项，由陕西省水利厅主持在原址兴建了李仪祉纪念馆。2012 年 8 月 22 日建成开馆。全国政协原副主席、原水利部长钱正英为李仪祉纪念馆题写馆名。全国政协副主席陈宗兴为

李仪祉纪念馆题词 "治黄导淮保华夏安澜功追大禹，凿泾引渭泽三秦沃野惠及万民。"现在李仪祉纪念馆景区内的水文化大道可欣赏泾惠总干渠的景色；馆前文化广场上的 8 根文化柱展示了李仪祉的功绩，百米浮雕墙镶嵌着群山河网、"关中八惠"和秦人治水的画卷；2000 多平方米的纪念馆展示了古代、近代治水历史，及陕西省未来水利规划和水文化。以告慰李仪祉先生在天之灵。

李氏长辈人优秀，后人中受良好家风、家教影响，人才辈出。李仪祉长子李赋宁，1941 年以优异的成绩毕业于清华大学研究院，任清华大学外文系教授。首倡开设莫里哀专题课，法国文学史、英国文学史等课程。1946 年秋，被清华大学选拔公费留学美国耶鲁大学研究院，学习古英语、拉丁语、英语史、中世纪英语文学、莎士比亚等课程。1948 年，他在获得耶鲁大学英国语言文学硕士学位后，继续攻读博士学位。1949 年，在海外求学的李赋宁得知祖国解放，作为一个满腔热血的爱国知识分子，迫不及待地回到了祖国，受聘为清华大学外语系副教授。1952 年，李赋宁被调至北京大学西语系任教授。李赋宁教书之余，尚有《李赋宁论英语学习和西方文学》等著述，他的著作《英语史》更是被誉为"英语史教学研究之里程碑"，作为 20 世纪的优秀著作，入选《中国文库》。历任第五、六届北京政协委员，第六、七届九三学社中央委员，兼任深圳大学外语系主任、九三学社中央参议委员、国务院学位委员会学科评议组特约成员、中国外语教学研究会副会长、中国外国文学学会常务理事、陕西省比较文学学会名誉会长、北京市翻译工作者协会副会长等职。李赋宁的博士研究生，大多在中央政府部门做领导工作，外交部部长李肇星就是李赋宁的得意门生。

李仪祉次子李赋洋，1942 年毕业于西北大学，1960 年陕西师范大学生物系创建初期，李赋洋就向领导开创性地提出要相应地建立教学实践基地"生物园"，但是当时由于各方面条件还不具备没能实现。此后在李赋洋的一直坚持和努力下，1963 年，陕西师范大学生物系生物园终于获准建成，李被任命为生物园主任。他把全部精力和心血都用在生物园的发展上。

李仪祉长孙李星，清华大学毕业后留学美国，获博士学位，1991 年回国。任清华大学教授、博士生导师、CERNET 网络中心副主任、赛尔网络有限公司副总经理、首席技术官，中国教育和科研计算机网专家委员会委员、美国 Sigmaxi 科学学会会员、洲际研究型网络协调委员会（CCIRN）联合主席，曾任亚太网络工作组（APNG）主席，亚太网络信息中心（APNIC）理事会委员。

李星自 1994 年，担任中国教育和科研计算机网 CERNET 的主要技术负责人，设计建设了"中国教育和科研计算机网 CERNET 示范工程"，该项目获 1996 年国家教委科技进步一等奖；承担国家"九五"重点科技项目计算机信息网络及其应用关键应用技术研究，2000 年获中国高校科技进步一等奖；2001 年被科技部等四部委评为"九五"国家重点科技攻关计划重大科技成果；1998 年开始研究下一代互联网技术，主持建立了中国第一个 IPv6 试验网络 CERNET-6BONE；2006 年李星作为主要技术负责人研制成功"中国下一代互联网示范工程 CNGI 核心网 CNGI-CERNET2/6IX"，获 2007 年国家科技进步二等奖。

李星从 2006 年开始进行 IPv4 到 IPv6 过渡技术的研究，是国际互联网标准组织 IETF 中 softwire 工作组的发起人和技术顾问，是中国大陆首个非中文相关标准 RFC4925 的第一作者。他是 7 个 RFC 的作者，其数量在中国大陆作者中名列第一；他发明了无状态、基于运营商前缀的翻译技术 IVI，已经成为 IETF 的核心系列标准 RFC6052、RFC6144、RFC6145、RFC6219。

李星还是国家自然科学基金项目高速试验网 NSFCNET 的主要技术负责人，承担国家有关的科技攻关、自然科学基金、国家重点信息网络工程等项目，在国内外学术刊物和学术会议上发表论文百余篇，获国家"科技进步奖"二等奖 3 项，教育部"科技进步奖"一等奖 2 项，中国高校"科技进步奖"一等奖 1 项。被评为"全国优秀留学回国人员"，获国家教委跨世纪人才基金，国家杰出青年科学基金以及国务院颁发的政府特殊津贴待遇。令人称道、赞叹不已的是，李仪祉、李赋宁、李星祖孙三代三人在不同年代作为清华大学教授，都是为国尽忠、为民造福的俊杰，被称为"三代清华人"。

李仪祉次孙李嵩，系陕西师范大学物理系教授，退休后致力于弘扬李仪祉精神，收集整理李仪祉先生事迹，目前已整理年谱 30 万字，另有画传、遗稿待出版。

李仪祉的二侄子李赋都，1903 年出生，水利博士、著名的黄河问题专家、水利工程学教授。少年时代时，李仪祉先生就把他带出故乡，先后在西安、南京、上海等地求学。1923 年，李仪祉先生负债资助他去德国汉诺威业大学攻读水利专业。

1928 年，李赋都怀着满腔报国热忱，学成回国，随李仪祉先生在导淮委员会工作，为其德国导师方修斯教授担任顾问。叔侄、师徒在近一年的协作共事中，风餐露宿，马不停蹄地奔波于淮河上下，实地勘探淮河、运河水系，并制定出疏导规划。岂料国民党政府并无开发黄河水系的诚意，而是企图借李仪祉先生的名望，以导淮之名与英政府交涉退还庚子赔款，充作军费之用，叔侄二人遂愤然辞职。

1932年，李赋都二次赴德国留学，在德国参加了恩格斯教授主持的黄河实验，撰写了《黄河的治理》论文，对黄河上、中、下游的治理，治本与试验等进行了系统的论述，被授予博士学位。1933年底，再次学成回国的李赋都，在叔父李仪祉先生的亲自指导下，历时两年，备尝艰辛，终于在天津建成了中国第一个"水工试验所"，李赋都被董事会聘任为所长。水工试验所的建立，为我国各种水流的定量分析和直观研究提供了必要的条件。试验所建成后两年期间，在李仪祉先生的直接指导下，所长李赋都和工程师刘崇质、马修文等人主持进行了永定河官厅防洪坝消力试验、黄土河流预备试验、卢沟桥滚水坝消力试验、彭仲氏堰口公式检验试验、黄土渠冲淤及押转力试验等，并取得非常理想的成果。1937年，在日寇的狂轰滥炸中，"中国水工试验所"和李氏叔侄多年花费的心血所积累的大量资料包括300多张极有价值的图纸，以及珍贵的第一手试验资料毁于一旦。

1948年10月，受西北农学院之聘，李赋都出任该校水利系主任。1949年5月西安解放，李赋都被任命为该校院务委员会主任委员。他深感荣幸，倍受鼓舞，满腔热情地投入到教学、教务工作之中，并亲自编写了《河流总论》《静水力学》《水的循环》等论著，深受学生欢迎和爱戴，为新中国培养了众多水利人才。

1950年，李赋都调任西北军政委员会水利部长。他不辞劳苦，亲赴西北王雀实地考察，查勘了新疆大泉河、大海河水库、乌拉摆水电站等工程。1954年他当选第一届全国人民代表大会代表。1955年，李赋都调任黄委会副主任，后兼黄河水利科学研究所所长。

李仪祉四侄李赋丰　继承叔父遗志　贡献陕西水利

1937年，遵照叔父李仪祉意愿，19岁的李赋丰考入西北农学院农田水利系，毕业后参加陕西婿惠渠的建设。新中国成立后，任大荔洛惠渠工程处工务科长，负责全面的技术工作。1952年，陕西省水利局为了加强陕北水利的技术领导，任命李赋丰为绥榆水利工程处总工程师，李赋丰和8位同事共赴陕北，开始了建设榆林水利工程的艰难困苦工作。李赋丰用了三年的时间，一边工作，一边考察，掌握了榆林水力资源等一系列的第一手资料，并据此制定榆林地区水利规划图。1963 年，百忙中的李赋丰总结了赴榆修水利的部分经验，发表了《关于榆林地区发展淤地坝的意见》《陕北水利治沙》等论文。

十五年的辛苦工作成绩斐然：李赋丰和他的同行们修建成了能够灌溉五千亩以上土地的渠道二十多条，有效灌溉面积达 74 万亩，水土保持初步治理面积达 5427.2 平方公里，修梯田 46.5 万亩，坝地 11.3 万亩，打水井 6133 眼，基本实现了川地水利化。依据当时的粗略估计，占全区 10 % 的水浇地产量达到全区的 50 %，李赋丰为改善榆林的贫困面貌，提高当地人民的生活质量做出了杰出的贡献。迄今为止的五十多年里，由李赋丰主持设计施工改造的各项水利工程，从未发生过一起事故，至今仍然在榆林的农业灌溉中发挥着重要作用。

李氏家族十分优秀的人物还有：北京农业大学教授李赋镐、中华护理学会理事李赋惠、陕西省水电工程局高级工程师李赋英、北京协和医院抗癌专家教授李昆、美国纽约图书馆前馆长李昌、安徽大学教授李晟、中国人民解放军原总后勤部油料专家中将李昂、天津通用机械厂总工程师李暹、宁夏广播电视大学教务处处长教授李冬；武汉医学院外事处处长教授李昊、北京大学客座教授李量、北京积水潭医院主任医师李景英、高级英语翻译李昉、钢琴演奏家李晴、美国某卫生机构负责人李嘉因、陕西英博律师事务所律师李嘉曦等等，其他众多的李家成员，几乎都在文教系统供职。

口述者：李仪祉嫡孙　李　昺

采访人：张应超　马　正

爱自由如发妻——于右任

于右任

于右任（1879.04.11—1964.11.10），陕西三原人，中国近现代著名政治家、教育家、书法家。早年是同盟会成员，长年在国民政府担任高级官员，参与创办复旦大学、上海大学、国立西北农林专科学校及私立南通大学，被誉为草书圣手。

光绪二十一年（1895年），以第一名成绩考入县学。1897年，在三原宏道书院、泾阳味经书院和西安关中书院继续求学，受教于刘古愚，与吴宓、张季鸾并称为"关学"余脉。同学中有李约祉、李仪祉、南岳峻等。1898年，参加岁试，以第一名成绩补廪膳生，被陕西提督学政叶尔恺誉为"西北奇才"。

1903年冬，于右任在他的诗集《半哭半笑楼诗草》首页，印有他散发全身的照片，旁题对联为："换太平以颈血，爱自由如发妻。"字里行间充满了强烈的爱国激情和反抗精神。1904年春，于右任与南岳峻一同前往河南开封，参加礼部会试，即春闱。参试的举人考取者称为"贡生"。

1905年，于右任出钱、出关系并聘用马相伯、叶仲裕、邵力子等共同另行筹组复旦公学（今复旦大学），中秋节正式开学。

1906年4月于右任为创办《神州日报》赴日本考察新闻并募集办报经费，在日本得会孙中山，并加入同盟会。回上海先后创办《神州日报》《民立报》积极宣传民主革命。1912 年"二次革命"
失败，《民立报》被查封，于避居
日本，从事反袁斗争。

于右任创办的三份报纸

1918 年陕西靖国军兴起，对抗
北洋政府，靖国军各路司令请于右
任回陕统领，出任总司令。

1922 年 10 月，于右任创办上
海大学并担任校长。1924 年，国民
党在广州召开第一次全国代表大
会，于右任当选为中央执行委员。

1926 年，与冯玉祥、刘觉民等人解救西安之围，出任驻陕总司令。担任国民
政府审计院院长、监察院院长。

1928 年 9 月，担任私立南通大学（Nantung University）校董（1930 年 11 月，
私立南通大学更名为私立南通学院）。

1929 年始，从事历代草书之研究，1932 年发起成立草书研究社，创办《草书
月刊》。

1932 年秋，筹备建设国立西北农林专科学校（今西北农林科技大学）。

1964 年，因为政治原因而长期郁闷成疾，病逝于台北。

伯母抚养　恩重如山

于右任刚满 2 岁时，生母赵氏便病逝了，父亲于新三，尚在千里之外的四川
做生意，其伯母房太夫人抚养长大。

房太夫人虽家用颇紧，但仍坚持送于右任去念私塾。于曾在《怀恩记》一文
中回忆道，"伯母督课每夜必至三鼓，我偶有过失，或听到我在学校嬉戏，常数日
不欢。"于右任远在四川的父亲也亲自抄写书文寄给儿子阅读，希望他将来做个有
出息的读书人。每年清明节，房太夫人还会把于右任带到其生母墓前，告慰赵氏，
你儿子今年几岁了，读了什么书等等。所以于对房太夫人很是敬重。

于右任 16 岁时房太夫人给于娶高仲林为妻，次年于夫人为于右任生一女，取
名于秀芝。

文人雅士　家国情怀

换太平以颈血，爱自由如发妻。

1900 年，八国联军攻占北京，慈禧太后和光绪皇帝逃至西安。清廷对外国列强卑躬屈膝畏惧无比，对国民却依旧趾高气扬盘剥压迫。

此后几年，清廷愈发腐败颓废，我行我素。于右任有一个保留一生的习惯，那就是将所见所闻所经所历都写成诗句留存，所以三年下来，忧国忧民痛斥清政府的诗已然成集印行，并故意散开辫子，照了一张披头散发的照片以明心志，旁题他自己写的诗句："换太平以颈血，爱发妻如自由。"家国情怀，可见一斑。其中有 "女权滥用千秋戒，香粉不应再误人"，惹恼慈禧太后。

清政府看到诗集后勃然大怒，对于下了通缉令"无论行抵何处，拿获即行正法"。陕甘总督升允等各级官员闻讯而动，消息很快传遍了三原县城。当时于正在开封参加会试，毫不知情，幸亏乡党李雨田托人带信才逃过一劫。

李雨田在三原县城开了家恒盛药店。于右任每日去念书都会经过药店门口。久而久之，李雨田察觉这个少年虽家境贫寒但器宇不凡，很是喜欢，平日里常以文具、糖果相赠，一日还说："读书如有所需，我全力帮助。我默视你很久，坚信你日后必有所成"。见到通缉令后，他当机立断，花重金雇了县城一个绰号叫"飞毛腿"的人给于送信。那时期日俄战争在我国东北爆发，时局动荡，礼部将本应在北京举办的会试改在开封进行。会试前，清廷接陕甘总督升允关于于右任"逆竖昌言革命，大逆不道，请旨查究拿办，以遏乱萌"的奏文，即下密旨："革除其举人，无论行抵何处，拿获即行正法。"，"飞毛腿"，揣封信件，飞快赶往开封寻找于右任。他读信后大吃一惊，赶紧遵嘱前往"爱我救我之雨田二叔"在禹州所开的商号避难。用他的话说， "披衣散发三千里"才到了南京。

此后，便如人所熟知，辗转上海和日本，忙于组复旦公学，入同盟会，办《民立报》等等事宜。只有家乡出了大事，他才会赶回三原。

世间百态　情感人生

于右任在上海工作之余，他也会和一些志同道合的朋友去江浙一带游玩。他的第二位夫人黄仁爱就是在苏州游玩时结识的。

　　那应该是 1910 年年尾到 1912 年年初之间发生的事。一个周末，于随友人来到苏州，正赶上当地一门大户人家的小姐正在招亲抛绣球。小姐姓黄，名仁爱，是个受过良好教育的闺秀。黄仁爱以诗句出题，欲寻觅一个能和她产生精神共鸣的才子。那时于右任刚三十而立，才貌不凡。友人便打趣说，你学问高，不如你去和小姐对一句。于游兴正高，便欣然前往，不料真的就此俘获了黄家小姐的芳心。于是黄仁爱便抛下绣球，正中于右任的怀中。

　　黄仁爱不介意于已有妻室，她愿与于相伴终生。定居静安寺路（现南京西路）并生下一子取名于望德。

　　民国初立后的十几年，可以说是于右任事业上一个十分重要的阶段。除了继续办报办学校，还在政治上有所作为。因为与冯玉祥、刘觉民等一起解西安之围有功，他被任命为驻陕总司令并担任国民政府审计院院长和监察院院长的职务。

　　于当监察院院长时，院长室秘书的是王鸿俊。王鸿俊曾撰文回忆说："由于先生之故，不仅黄夫人对共产党人十分同情，高仲林夫人在南京除对我多方照顾视如子侄，且对被捕在押的共产党人亦同情，如对师露冷烈士及在押的余大奎同志均予照顾。先生两个侄女均与共产党人结婚。西安解放前民盟成员王菊人被捕在押，高夫人曾多方营救，并照顾其家属。"事实上，于在上海的寓所早已成为一些进步人士的"避难所"。

　　1927 年 4 月 12 日，以蒋介石为首的国民党新右派在上海发动反对国民党左派和共产党的武装政变，即"四一二"反革命政变。当时，张保全被杀手所追捕，一路逃到于家，藏身于黄夫人的卧室中。怎料杀手紧追不放，闯进家中，硬是把他从卧室里拖了出来，然后装进麻袋，连戳数刀后，再拖出大门，运上车抛入黄浦江中沉溺。

　　张保全的父亲张静秋是国民党审计部的专员，是于右任的部下，也是他在味经书院求学时的同学，关系甚好。张静秋后来在日军轰炸重庆时被炸死，是于以旅渝陕西同乡会会长的身份，为他召开了追悼会。于说保全死于"四一二"事变，其兄弟根全死于"三一八"事件，其父又因抗日而死，真是"满门忠烈"。

　　于右任是个很有魅力的人，居然有名妇人找上门来对他说："你不是主张恋爱自由嘛，今儿就看上您了。"于笑着说道："那也得双方都愿意啊！黄夫人虽然去世，我家里有位好老伴，可是离不了的。"然而，于右任为了工作居无定所，他从不管家事，生活需人照顾。于是续娶了陈氏、原氏两位夫人。

陈原两位夫人在香港同居一宅，比较亲密。陈氏在生下四个子女（次子于彭以及绵绵、想想和无名三个女儿）后逝世。1934 年前后，原氏别恋，于右任挽留无效，便道"好，我老了，她能及时嫁人，免得将来无所照顾。"

于右任最后一位夫人名叫沈建华，是重庆美丰银行的行长康心如的养女。康心如祖籍陕西城固，生于四川绵阳。早年加入同盟会，不久赴日留学，归国后办报办书局。他当上美丰银行行长后，大力支持民主革命和进步人士。毛泽东、周恩来等人去重庆，也都住在他家里。

得知于要到重庆工作，康心如便盛情邀请他住在康宅，并指定养女沈建华照顾起居。虽然两人年龄悬殊，但沈建华对于的为人和才气敬慕不已，而沈建华的悉心照料也让于心生暖意。两人成婚后，沈建华于 1939 年在重庆诞下一子，取名于中令。

1949 年，于右任从重庆登机离开大陆，客居台北至去世。沈建华年纪尚轻，不愿空守余生。她给周恩来写了一封信，表明了自己想改嫁的想法，称其子于中令已经十余岁，不便跟随，请求总理将他送到台北，与于右任团聚。周恩来于是通过于的好友、香港民主人士吴季玉，将于中令送到了于右任身边。

投身军界　文武双全

1917 年北洋军阀废弃约法，推翻国会，孙中山发起护法战争，于右任积极响应，返回陕西组织靖国军任总司令，支持广州政府，维护约法，反对复辟。在陕同奉系、直系及当地军阀混战 5 年。1922 年 5 月陕西靖国军解体，于到上海向孙中山汇报了陕事经过，并协助孙中山进行中国国民党的改组工作。此时，东南高等师范专科学校学生驱逐了不称职的原校长，请于出任校长。于接受邀请，建议把校名改为上海大学。1922 年 10 月 23 日，上海大学成立，于到校讲话，宣布就职。翌年 4 月，李大钊到上海，任该校讲座教授，并推荐邓中夏、瞿秋白到上海大学协助办校。在于和邓中夏、瞿秋白、叶楚伧、邵力子、刘觉民等人的努力下，上海大学很快成为第一次国共合作时期在国内很有影响的一所大学。

1926 年"三一八"惨案发生后，于对爱国学生的遇难十分痛心，亲自筹款，帮助陕西旅京学生会安葬死难和抚恤受伤的陕籍学生。后受李大钊之请，赴莫斯科敦促冯玉祥回国参加北伐，并解被刘镇华围困的西安城围。冯、于回国后，于9月17日在绥远五原（今属内蒙古）誓师成立国民军联军，冯任总司令，于代表国民党和国民政府监誓、授旗，并任副总司令。接着，于随援陕先头部队，经宁夏、固原、平凉等地进入陕境。11月下旬，刘镇华全线溃退，西安解围，于以国民军联军驻陕总司令的名义进驻西安，代行全省政务。12月22日，于和联军驻陕副总司令邓宝珊发表就职宣言，提出废除旧的政治体制、统一全省财政等12项整理陕西军政的计划，号召民众"共同起来呀！建设美满幸福的新生活吧！"1927年2月，根据联军总司令部决定，将西北大学改建为西安中山学院，还创办了西安中山军事学校，为革命培养人才。此前后，联军驻陕总司令部发布许多法令，取消苛捐杂税，减少农民地租；政治部和教育厅还翻印了大量革命书籍，并允许各种进步书刊公开发行。在于、邓的支持和大批回陕的旅外学生推动下，全省工、农、学生、妇女运动蓬勃发展，出现了陕西近现代史上少有的革命高潮。"四一二"蒋介石叛变革命，国民党省市党部接连召开讨蒋大会。于在4月27日陕西省党部召集的大会上，痛斥蒋介石"叛党叛国之罪恶"。[①]

宁汉合流以后，国民政府任命于右任为陕西省政府主席，未到任。1928年2月出席国民党二届四中全会，被推选为国民党中执委会常务委员、国民政府常务委员，还被指定为军事委员会常务委员。在同月下旬召开的国民党中央政治会议上，又被推为国民政府审计院院长。1930年11月，于在南京出席国民党三届四中全会，被推为主席团五成员之一。这次会上，他被推选为国民政府委员兼监察院院长。第二次国共合作期间，于与中国共产党保持着良好的关系。1938年1月，中国共产党领导的《新华日报》在武汉创刊，于应邀为该报题写报头；到重庆后，于仍通过屈武与中共保持联系。汪精卫公开投降日寇后，他口诛笔伐，并赞成将其永远开除出国民党。于还为《大公报》撰文，首倡将对中国含有篾意的地名"印度支那半岛"改名为中南半岛。1945年9月，毛泽东赴重庆谈判期间，曾专程去看望过于。于亦设宴款待毛泽东。

[①] （1927年5月17日《汉口民国日报》）。

情系祖国　盼望统一

1948 年春，于出席在南京召开的第一届"行宪国民大会"，与孙科、李宗仁、程潜、莫德惠、徐傅霖六人竞选副总统，落选后仍任监察院院长。这时，他极力希望通过和谈解决中国问题。1949 年 2 月 15 日，由颜惠庆、章士钊、江庸、邵力子组成的"上海人民和平代表团"到北平、石家庄等地，与毛泽东、叶剑英等中共领导人协商和谈事宜。2 月 27 日，颜、章等人返回南京时，于亲往机场迎接。同年 4 月，国共和谈在北平正式举行。李宗仁原拟派于作为特使去北平，于亦欣然受命，并做好了动身的准备。但正在北平参加和谈的国民党首席代表张治中认为，于暂不离开南京可以促使南京政府批准和谈协定，待南京政府批准和谈协定后，由于到北平主持签字。李宗仁接受了张治中等的建议，于遂未能成行。周恩来闻知，对于的处境十分担忧。当国民党和谈代表黄绍和代表团顾问屈武携带《国内和平协定》草案去南京复命时，特别请屈武到南京后立即转告于，"如果南京政府拒绝批准这个《国内和平协定》，我们渡江占领南京时，希望于先生在南京不要动，到时候我们会派飞机接他来北平，将来同张澜、李济深和沈钧儒先生一道，组织新政协，我们一同合作。"屈武到南京后向于转达了周恩来的意见，但这时他已身不由己。4 月 20 日，国民党拒绝接受《国内和平协定》，人民解放军发起渡江战役。国民党军政机关撤往广州，于被"护送"至上海。25 日由沪抵穗，继续主持监察院院务。7 月 16 日，国民党中常会正式决定成立挽

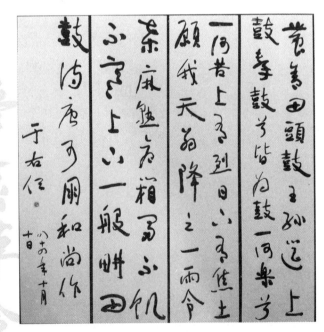

于右任书法

救残局的最高决策机关中央非常委员会，蒋介石、李宗仁为正副主席，于是九委员之一。广州解放前于到香港，11 月 26 日奉召到重庆，28 日离渝，29 日被迫飞抵台湾；原配夫人高仲林、长女于芝秀等亲属仍留在大陆。暮年孤独无依，深念大陆亲人，抑郁苦闷，无以释怀，于 1962 年 1 月 24 日写下了脍炙人口的《国殇》的人间离情绝唱。于是近现代学术成就最高的书法宗师。他编著了易识易写、准确美观的标准草书，自成一家，被誉为当代"中国草圣、书圣"。他的草书，根基于北魏，宗法于章草，融会四体之妙，博采众家之长，达到了挥洒自如、炉火纯青的境地。海峡两岸同胞，都视"于草"为瑰宝，能得其寸楮片纸，均奉若拱璧。1962 年的元旦，于右任在台湾"监察院"参加了开国纪念会后，感到身体不适，便在日记中写下这样一句话：

"我百年后，愿葬于玉山或阿里山树木多的高处，可以时时望大陆。我之故乡，是中国大陆。"

1964 年 11 月 10 日病逝于台湾。

口述者：于右任侄孙女　于　媛
采访人：张应超　马　正

191

秦陇复汉军"丞相"——郭希仁

郭希仁

郭希仁（1881—1923），原名忠清，字时斋，一字思斋。陕西临潼人。郭幼读经史，清光绪二十四年（1898）中秀才，翌年于本县横渠书院学习程朱理学及文辞。二十八年（1902）冬，郭考入陕西大学堂，受梁启超等影响，因批评时政，于二十九年（1903）四月被开除，同年秋中举，得陕西学政沈卫批准，免试入宏道高等学堂读书。三十年（1904），郭会试未中，于三十一年（1905）主讲渭北学堂，著《圣迹备考》，为学生讲孔子传略。三十二年（1906），郭任临潼横渠学堂教习。

清光绪三十三年（1907）春，郭得渭南知县张育生资助赴日本考察政治、教育，对日本明治维新后军事、教育、工农业生产、交通及商业诸方面的成绩深为赞许。在日期间，郭与陕西留日学生中的同盟会会员亦有接触，对革命派批判孔子君主至上思想的观点并不赞同，希望在保留封建皇权的前提下"设法改良"。

希仁与井勿幕关系甚密，他与井相商，把革命推到"新军""哥老会""慕亲会""刀客"中去。于是，联系他们，共同组成"同盟会"，并编了"通统山，同盟堂，梁山水，桃园香"四句隐言为联系讯号。清光绪三十三年八月，陕西同盟会在西安大雁塔召开会议，决定重阳节（10月15日）要在黄陵祭祖，借以表示光复民族的决心，公推郭与张赞元起草祭文。祭文中提出了"驱除鞑虏，光复故物，扫除专制政体，建立共和国体"的奋斗纲领。

自日本回陕后郭曾筹划创办通俗报纸，以开发民智、鼓吹改良，但未获批准。从清光绪三十四年（1908）起，郭先后赴渭南、富平、蒲城、华州（华县）等地演讲,宣传君主立宪思想,提倡兴办女子学堂,希图通过演讲实现自己的政治理想。

清光绪三十四年（1908）九月,陕西蒲城县令镇压进步师生,酿成席卷全省、震动全国的"蒲案",此案发生后,郭坚定地站在进步力量一边,与陕西提学使余堃进行面对面的斗争,成为陕西知识界颇有声望的人物。同年冬,郭与进步人士贺绂之、曹印侯、刘蔼如等在西安创设丽泽馆,组织讲演,研究学问,并刊发《丽泽随笔》,宣传革命思想。因丽泽馆与马开臣家书铺毗邻,郭结识了马开臣、景梅九、李岐山等中国同盟会骨干人物。宣统元年（1909）十月,陕西谘议局成立,郭被举为副议长。同年冬,郭由陈会亭、景梅九介绍加入中国同盟会。丽泽馆、谘议局成为同盟会会员秘密聚会的据点。

清宣统二年（1910）三月,井勿幕回陕研究反清起义计划,调整同盟会陕西分会领导人,郭被举为负责人;四月,又被举为陕西谘议局进京请愿代表,赴京与其他省的代表联合上书清廷,要求召开国会,被拒绝。郭赴京后,被同盟会会员举为陕西分会会长。同年冬,同盟会会员彭世安、张聚庭联合陕西新军军官30余人,掀起反对陕西新军督练公所总办王毓江的斗争。郭与谘议局另一副议长、同盟会会员李桐轩以谘议局名义,把王吞没款项、滥用私人、招纳贿赂、营规不肃等罪状控告于清廷资政院,迫使陕西巡抚恩寿将王撤职。

1911年10月22日,西安起义爆发。当晚,郭被请到起义指挥部主持内务。23日西安全城光复,郭当晚起草了西安光复后的第一份安民布告,并于次日以秦陇复汉军大统领张凤翙的名义发布:"各省皆变,驱逐满人,上征天意,下顺民心。宗旨正大,第一保民,第二保商,三保外人。回汉人等,一视同仁。特此晓谕,其各放心。"[①]27日,陕西军政府成立,郭被任命为军政府高等顾问和总务府参政处负责人,在调解哥老会与军政府领导人之间的矛盾、加强陕西军政府领导人之间的团结方面,做了大量工作。军政府这一时期的文件、布告多出自其手,许多行政事务多由其决定,时有"郭丞相"之称。

辛亥革命后,局势稍有平静,郭与井勿幕主张裁兵简政以休养民力恢复元气。对于清末的积弊,欲一举而廓清之。可惜当时一些同志,多在地位权利上相争,

---

①转引自《中华民国的创立》

并无远图，对于他的努力反多非议。因而事多受阻。

1912 年 6 月 23 日，郭与张凤翙、陈树藩、王锡侯等发起成立统一共和党陕西支部。两天后，并勿幕等开会，将同盟会陕西分会改为陕西支部。8 月，同盟会陕西支部与统一共和党陕西支部合并成立国民党秦支部，郭被选为干事。袁世凯任中华民国临时大总统后，陕西都督张凤翙向袁妥协，郭以足疾为由辞去军政府职务，回到家乡临潼。1913 年 1 月，郭离陕赴京，3 月在北京入基督教；不久辞去国会参议院议员，与李仪祉一起赴欧洲考察，他西游欧洲，历经俄、德、法、英、意、比、瑞、荷诸国，悉心考察其政治、经济、教育、农林、水利及风俗习惯等，将其所得载于日记。同时目睹欧洲许多国家水利工程发挥的作用，力劝原在德国读铁路土木工程的李仪祉改学水利；10 月，回国家居。1914 年，郭上书全国水利局总裁张季直，建议兴修西北水利，防涝减灾。

1915 年，袁世凯阴谋复辟帝制。郭在华山下共学园聚徒讲学，一时有志之士从学者有三四十人；讲学者有刘蔼如、孙岳、续西峰、邓宝珊、史可轩等，共学园成为民党志士"策划讨袁之枢所"。陕西将军（1914 年袁世凯下令将各省军政府督都改称将军）陆建章下令缉捕郭，遂于 1916 年春避居山西。陈树藩督陕时，郭返陕任省禁烟局坐办，赴关中西部查禁鸦片，颇见成效。1917 年秋，郭任陕西省水利分局局长兼林务专员。他即调查泾河谷口，疏浚草滩，修理申店滻河渠以及莫陵庙灞河堤等水利工程，并为水利立法、设计、奖励不遗余力。可惜遭逢世变，兵火不熄，人民穷困，财力不济，未能大有作为。时值雨涝，泾河泛滥，郭亲赴被洪水冲毁的龙洞渠查勘，并向省长陈树藩呈送了《复勘龙洞渠工及治标治本办法》。1920 年，李仪祉学成归国，郭希仁乃举荐仪祉接任自己的职务，使原来的计划如泾渭等渠，得以逐步实现，关中一带的水利方初具规模。

陈树藩投靠北洋军阀后，张义安、董振五、邓宝珊、胡景翼、曹世英等于 1918 年 1 月在三原树陕西靖国军旗，讨伐陈树藩。2 月，郭奉陈命到三原劝靖国军停止讨陈，被拒绝。4 月，郭任陕西省教育厅厅长，先后设立音韵研究所、国语讲习所、孤儿院、通俗图书馆等。五四运动时期，郭坚持尊孔读经。1920 年 8 月孔子诞辰时，郭下令各校师生一律赴文庙朝拜，西安女师教务主任王授金拒绝朝拜，并在本校召集大会，批评孔子思想，郭下令追查，后又以"违反定章"为由，把王免职，王义正词严，与郭笔战，痛斥郭"束缚言论，压制思想"，此即当时闻名全国的评孔风潮。郭在进步师生的强烈谴责下，仍声言要把提倡新思潮者"根本推翻"。当年关中大旱，华洋义赈统一委员会开会，商议某灾区当急赈之事，而因一"洋员"多方刁难，数次议不能决。希仁在会上愤而怒斥"洋员"："你这个洋人，视我中华人命如草芥，今天先杀了你再议赈"！即握拳相向，众委员大惊，上前解脱。于是议立决，第二天即进行赈济。同年，郭辞水利分局局长职。1921年，华洋义赈会修灞、浐、潏等河堤五处某"洋委员"勒不发款，希仁扶病到会与之抗辩，该"洋员"惧其威直，乃立即如数发款，使工程得以如期告成。他为人民利益勇于斗争的精神由此可见一斑。同年 6 月，郭辞去教育厅厅长职务。

郭为官廉洁并捐薪助教及水利事业，辞职后仍以余薪 3000 余元捐赠孔教会、芸阁学社、咸林中学等，任水利分局局长时，也曾捐薪为局中购置测量仪器。

1921 年 8 月，陕西督军冯玉祥聘郭为督署顾问。其一生著述有《水利谭》《春秋随笔》《儒学纲要》《圣迹备考》《从戎纪略》《六十年交涉纪略》《国史讲演录》《思斋文存》《说文漫录》《欧洲游记》及自述、日记等数十种。

1923 年 5 月 21 日卒于西安，享年 43 岁。死后无以为敛，友人赙金帮助治丧，归葬于故里。

口述者：陕西辛亥革命研究专家　张应超

大无畏者——茹欲立

茹欲立

茹欲立 1883 年出生于陕西省泾阳县鲁桥镇（今属三原县）。光绪二十二年（1896），茹欲立 13 岁，随兄茹欲可就读于朱佛光先生门下。14 岁与兄同入泾阳崇实书院，为高才生，"邑中耆硕交称之"。时于右任入味经书院求学。由于志趣相投，兄弟 2 人遂与于建道义之交，结翰墨之缘。他常随其兄与于右任、李约祉、李仪祉、程运鹏（抟九）、张宗福（景秋）诸人相聚，共议国家大事及世界形势，以学问事功相砥砺。

父茹琬（字玉卿），原居茹王堡（泾阳县交龙堡），后在鲁桥镇略置产业，遂定居。有 5 子 1 女。

长子欲可，字怀西，清末登进士，曾任广东兴宁县知事，政声卓著。辛亥革命前加入同盟会，民国既成，以才望选为临时参议院议员，1914 年，不幸患猩红热卒于北京；次子茹欲立；三子欲进，字仲郢，民初留学日本，归来矢志教育，以图振兴，五子欲成，字季玉，亦从教，不幸均因肺病早亡；四子欲涵，字容甫，早年服务乡梓，后主持家务，新中国成立后病故。

清廷腐败　激发爱国情怀

1898 年，慈禧太后突然发动政变，康梁维新惨遭失败。时年 15 岁的茹先生即萌发欲光复中华，必须以武力反清的思想。

1900 年 8 月 14 日（光绪二十六年七月初二），八国联军占领北京，慈禧太后携光绪皇帝经山西逃来西安。同年农历十一月初，列强提出和议大纲 12 条（即辛丑条约初稿），流亡西安的清廷，奴颜签字承认。条约规定：1、中国赔款白银 4.5 亿两；2、划定北京东交民巷为使馆界，允许各国驻兵保护，不准中国人在界内居住；3、清政府保证严禁人民参加反帝运动；4、清政府拆毁天津大沽口到北京沿线设防的炮台，允许列强各国派驻兵驻扎北京到山海关铁路沿线要地。该条约是帝国主义列强强加给中国的又一奴役性条约。它的签订进一步加强了帝国主义对中国的全面控制和掠夺，标志着中国已完全沦为半殖民地半封建社会。消息传出，茹欲立气愤至极，即约田种玉、徐朗西等同学数人，赴三原城东木塔寺，秘密集会声讨清政府的卖国行径，并立誓以推翻清政府为己任。并在塔东砖墙上刻 "祀春" 二字，作为纪念。

这年，清政府为了标榜 "新学"，将泾阳的味经、崇实两书院并入三原宏道书院，更名宏道学堂。茹欲立乃与于右任同学于宏道。1903 年春，总教习薛寿轩以右任出言不逊，悬牌申斥，中有 "暴戾恣睢"，于见后大怒，召同学开会说："'暴戾恣睢'是太史公所以罪盗跖之词，现在，总教习加之于我，我倒成了盗跖一类人物了，这我还承受得了？这个学堂我住不成了！"遂离校而去。茹与李仪祉兄弟为此与学校当局进行斗争，总教习以 "辞职" 相威胁。当时，有人劝总教习不必生气，说："闹事的于伯循（右任）已经走了，你还是当你的总教习吧！"

1904 年，于右任应商州知州杨宜瀚（字吟海、四川人）之邀，任商州中学堂监督。时值茹先生与李仪祉毕业，乃约二人同往商州任教。这座地处偏远山区的中学堂，随之 "学风大进，人文蔚起"。是年底，于将校务交由茹、李二人代理，赴开封会试。此前，有忌恨者，搜得于著《半哭半笑楼诗草》一本及其披发握刀照片一张，以为罪证，向清廷告密。陕西巡抚升允请旨斥革究办。不久，清廷颁下密旨，着即捕拿归案。李约祉得知此事，与程捭九、李雨田及于父商议，派人日夜兼程前往开封送信。于得信逃往上海。茹与李仪祉风闻后，因二人为于所荐，恐累及杨公、遂同时辞职。

离开商州后，茹先生暂隐鲁桥镇北峪口山寺，自学并辅导其弟欲进读书。徐朗西先生亦应邀参加研读，遂将书屋取名 "峪云精舍"。

赴日留学　创办革命刊物

光绪三十一年秋（1905），清廷决定由高等学堂、宏道学堂、师范学堂选派陕西首批留日官费生。茹先生与同学徐朗西、李元鼎、张季鸾等 15 人为宏道学院所选。一行人由监督徐炯带领，从西安出发，步行 11 日到郑州，乘卢（沟桥）汉（口）铁路至汉口，改乘江轮抵上海。逗留一星期，做出国准备。10 月到达日本东京后，各校招生期已过。日本教育家孙森一郎先生，特地为留学生创办了一所具有中学程度的日语学校——济美学校。不少留学生无心学习，茹欲立学习十分刻苦，并常劝同学："要很好掌握日本的先进科学知识，必须要打好日语基础。"后来由于经费困难，这所学校就停办了。在报考学校时，茹为留学归国后能进入军界，实现其以武力推翻清王朝专制统治的夙愿，不顾当局对留学生学习科目的限制，毅然考入振武学校习军事。

1905 年 8 月 20 日，孙中山先生在东京成立了中国同盟会。茹先生抵达东京后，受孙中山先生革命思想的感召，即与李元鼎等数人，经井勿幕介绍率先加入。同年冬，日本文部省颁布《取缔清韩留日学生规则》，严格限制入学自由，禁止从事爱国活动，并驱逐革命党人出境。为了反对日本政府的无理迫害，8000 多名留学生举行总罢课。茹等同盟会员发动领导陕西学生参加了此次斗争。至 1906 年秋，陕西旅日人员中同盟会会员已发展到 20 多人，旋即成立同盟会陕西分会。选举白秋陔（长安人）为第一任会长。

1906 年，陕西发生了农民反对盐斤加价和西潼铁路加收亩捐事件。为了支援陕西人民的反清斗争，同盟会陕西分会决定由陕西同乡会出面，召集部分陕、甘留日学生创办《秦陇》杂志。党积龄任总经理。由于该刊的编撰工作未吸收革命青年参加，而尽为"进士馆"人所掌握，这些进士考虑的是自己的身份、地位、前程，他们写不出像样的文章，又拒绝对外征稿，茹欲立、李元鼎等曾主动投稿，又以"措辞过激"而不用。后来几经周折，高幼尼应党积龄私人之请出面主持，第一期勉强出刊。但其内容未起到鼓动革命的作用，令留学生大失所望。

嗣后，以茹欲立、井勿幕、李元鼎等同盟会会员为首的渭北留日学生酝酿另办刊物。茹提出以"夏声"二字作为刊名，经讨论通过。当时日本禁止留学生反清，故该刊以"开通风气，涮除敝俗，灌输最新学说，发挥固有文明，以鼓舞国民精神为宗旨"。设有论著、时评、学艺、文艺、杂纂、时事汇录、列国时局一览、附录（多社会调查材料）等栏目。并决定在东京的渭北学生均为撰稿员。同时对外广泛征稿，编辑工作由发起人轮流担任。于是，大家分头开始了积极的筹备工作。

办刊物必须要有经费，这对官费留学生来说，是一大难题。正当大家焦急万分，无可奈何之时，茹欲可被广东省派往东京考察，参加东京博览会。茹欲立立即前往陈说：渭北留日学生拟筹办刊物，苦于经费不足。兄长慷慨解囊，捐赠200日元，并嘱茹欲立代为祝贺。学生们得到这笔资助后，又向各省留日同学及来日考察人士发起募捐，3元、5元、10元、20元不等。经费问题遂得以解决。经过数月的筹备及征稿、撰稿、编辑，1908年2月，创刊号出版。

封面刊名《夏声》两个大字由茹先生以魏体楷书题写，他并以"皮生"为笔名，在论著栏中发表了《述德》一文。后又以"皮生""大无畏"等笔名撰稿多篇，力主民族民主革命，反对君主立宪。所撰《策国民之前途》一文，揭露了清廷"立新法""施新政"的虚伪性。他写道："夫以为是之政府，而日日言立宪，五年、十年、十五年之预备期限，常视吾民之举动以为伸缩。而又于立宪之预备之时期，宣布言论、集会之苛虐条件，以为摧抑吾民之具。吾民犹日彷徨焉，望政府予以参政之权，得以訾其长短，岂不甚慎！"。1908年11月，第一批陕西留日官费生先后学习期满归国，《夏声》杂志亦随之停刊。该刊虽只发行了9期，但在揭露列强侵华的图谋，抨击清政府所谓"新政"和"预备立宪"的骗局，陈述陕西民生疾苦，论说西北的经济、军事、人民的觉悟对于中国沉浮的重要性等诸多方面，为辛亥革命做了舆论准备。

1908年秋，茹先生以优等生毕业于振武学校，校方曾奖给军用望远镜一架，但因其曾经参加领导反清学潮，留学生监督不承认其资格，因此未能进入日本陆军士官学校学习，并被遣送回国。先生想投笔从戎的愿望终成泡影。

西安首义　任职秦军政府

回陕后，茹欲立往返西安、三原、泾阳等地，联络同盟会员，从事秘密活动。在此期间，通过邹子良、焦子静与新军中的同盟会员钱鼎、张钫、张光奎等人相结识，共商如何训练新军并进行革命发动工作。

1911年10月22日，陕西革命党人响应武昌起义，在西安举义旗。由钱鼎、张钫、张光奎提议，推张凤翙为首领，茹欲立与郭希仁、李元鼎等共同筹划光复后事宜。27日，秦陇复汉军政府成立，茹欲立出任秘书长。不久，军政府改组，总务府总揽一切，又任总务府参政处参政，兼河北安抚使（辖渭河以北各县）。其时，因革命政权尚无实权，加之新军军官多为哥老会成员，兵不归队，将不从令的现象十分严重。茹到三原，二标三营不服调遣，遂回省复命。不数日陕军政府发出"委井勿幕、茹欲立对调札"。札中云："……兹查有河北安抚使茹欲立……干练明敏，可充北路防御招抚，兼筹备财政使之任，即着克期北上，进屯同官，渐图榆延。"茹欲立即刻赴同官（今铜川）布置防务。此时，清涧惠又光在延安聚众响应，茹遂与惠取得联系，陕北局势乃得以稳定。

1913年，国会成立，茹欲立被举任众议院议员，并赴北京任职。袁世凯为了进一步拉拢进步党，于1913年7月任命该党熊希龄为国务总理。进步党人声称要组成"第一流通人才和第一流经验"的"名流内阁"。9月，内阁组成，只有司法、教育、交通、农工商各总长之职由进步党人梁启超、汪大燮、周自齐、张謇分别担任，财政由熊希龄兼理，而外交、内务、海军、陆军等重要部门则牢牢控制在孙宝琦、朱启钤、刘冠雄、段祺瑞这些袁世凯的嫡系军阀、官僚手中。宪法还来不及制定，袁世凯对国会施加压力，于1913年10月当上正式总统。其后，他决心把政党和国会一脚踢开，于1913年11月4日以京师大学堂戒严处查获李烈钧与国民党议员数十封往来密电为由，借口国民党参与叛乱，下令解散国民党。下午，北洋军警即查封国民党本部。5日又包围国会，收缴国民党籍议员的证书、证章。2天之内被收缴证书、证章的议员达430余人，超过国会半数，致使国会因不足法定人数而关闭。12日，袁世凯下令，取消各省议会中国民党议员的资格。1914年1月10日，袁世凯宣布解散国会，将议员资遣回籍。而陕西当局仰承袁氏旨意，四处捕杀革命党人，形势急剧恶化。茹欲立被迫再次东渡日本。蔡锷起义后，回国积极参加护国运动。

渭北靖国　于北洋军阀对立

1916年5月，陕军营长胡景翼发动富平兵变，活捉陕西督军陆建章之子陆承武，旅长陈树藩（柏生）通电全国，就任陕西护国军总司令，宣布陕西独立，逼陆建章献城赎子。陈树藩充任陕西督军，随即通电取消独立，尊袁（世凯）、投段（祺瑞），并加入"督军团"摇身一变成为北洋集团附属军将领。茹欲立多次劝其回到革命党人一边，陈仍一意孤行。

1917 年春，于右任受命于孙中山先生，由沪返陕，主持组建西北军。在西安、三原等地，曾与茹欲立等人秘密接触，筹商大计，由于种种原因，终无成议。至 8 月中旬，于右任黯然返沪。临行前，曾对茹先生说："柏生（陈树藩）既已死心附北洋军阀，你留其身边，恐遭意外，莫如跟我南下，另作图谋。"茹沉思片刻，毅然回答道："不，我决定留下。我想他不敢对我怎么样。同时，有我在他身边，他总还有所顾忌，不能为所欲为。再者，时局多变。我留此，将来或有所为"，于右任独自返沪。

同年 12 月，高峻白水首义，通电反段倒陈。次年（1918）1 月 25 日张义安在三原起义反陈，27 日陕西靖国军成立。陕局发生急剧变化，茹欲立暗自心喜。2 月，靖国军进逼西安，3 月，陈树藩乃以陕西省省长为诱饵，求告河南军阀刘镇华，刘率镇嵩军入陕助陈作战，靖国军因彼此互不统属，号令不一，节节失利。8 月 8 日，于右任、张钫通电就任陕西靖国军总、副司令，设司令部于三原。茹即与于右任暗通消息，加之靖国军改编后，兵力有较大发展，因而战争进行得很顺利。关中各地，除西安到潼关的大道外，几乎尽为靖国军所辖。9 月，胡景翼被陈树藩软禁于西安。后陈树藩让井勿幕以"调人"身份前往三原，收束胡部，瓦解靖国军。井至三原，于右任大喜过望，委以靖国军总指挥之职，11 月，井勿幕被害，靖国军军心受挫，于总司令焦虑万分，一筹莫展。正当此时，段祺瑞又给陈树藩来电表示："限阴历年内务必联合各军平陕。如弟力有不足，再当以国防军相助。"茹看到电文后忧心如焚，遂决定亲往靖国军司令部。陈树藩深知茹欲立和于右任的友情极深，当于回陕后，对茹表面尊重，暗中却严加监视。茹乃与李元鼎（为督军府参议）秘密商议，趁 1919 年庆祝元旦，防范稍懈之机，微服潜赴三原。于右任见茹、李二人于靖国军危难之际携重要情报前来相助，喜出望外，即委茹欲立为靖国军司令部总参议，并于 1 月 9 日致函孙中山先生，请其速派兵援陕。但由于南方政府内部的分裂和权力之争，民主革命处于低潮，孙中山先生亦无能为力，唯寄希望于"和议"。5 月后，和谈破裂，陕西靖国军仅保有三原、高陵、泾阳、富平、耀县（今耀州区）及渭南、临潼、蒲城、白水、同官、淳化之一部，继续与陈树藩等北洋势力对峙着。

停战以后，靖国军司令部除领导各路军防范北洋军的再次进攻外，主要是在辖区内兴办文化教育事业，发展农田水利，募款赈灾，减轻民众负担，整饬军纪，提高官佐文化政治素质，提倡地方自治，推行民主政治。在这些工作中，茹欲立一直是于总司令的参谋和助手。于在三原创办渭北中学时，茹即建议并以司令部名义要求各县驻军在当地兴办学校，各路将领纷纷带头兴学创校，共达十数所。

1920 年 7 月，直系入陕后，采取了消灭、拉拢、收编的政策，以图瓦解靖国军。胡景翼表示接受直系改编，并在靖国军中开展受编活动。于右任曾偕茹欲立等数人前往高陵，欲说服驻高陵的曹世英部共挽危局，至则见曹、胡已同流，乃归，绕三原不入，径往城北东里堡半耕园（今靖国公园）。此时，靖国军除一部分为奉军许兰洲收编外，其余各部都先后接受了直军改编，唯曹世英部杨虎城、李夺、麻振武等坚决反对受编。

1922 年 1 月 17 日，胡景翼所部突然包围驻在三原县城南街的靖国军司令部，夺走印信，焚毁公文，尽逐办公人员，并扬言将攻东里堡，捉拿于右任。消息传来，在半耕园的总司令部参佐人员，夜聚一堂，莫不为靖国军的前途担忧。此时，茹欲立首先发言道："靖国军、靖国军，其任务为靖国，今陈、段虽倒，而陕权又落入闫、吴等北洋军阀之手，靖国军之任务并未完成；再者，中山先生'驱除鞑虏，恢复中华，建立民国，平均地权'的革命纲领尚未完全实现，吾等革命党人，岂能放弃武装斗争？因之，靖国军总司令部必须存在，靖国军的旗帜绝不能倒！"茹欲立简朴的一席话，像一剂兴奋剂，使在座者精神为之一振。经大家商议，为保障司令部人员的安全，还是先避一避。次日黎明，于右任等一行数十骑，冒雪北走淳化县方里镇，投奔于鸣岗部。

1922 年 3 月，驻武功的杨虎城派参议韩望尘送来口信，请于总司令一行去武功。于右任即日起程赶赴武功，抵达武功后，立即组建了总司令行营。茹仍任总参议。随后，重建总司令部于凤翔。

是年 4 月，第一次直奉战争爆发后，驻陕直军大部调出潼关参战，总司令部命杨虎城部乘机出击马嵬，李夺、麻振武策应，待两军在马嵬会合后，再图围攻兴平、咸阳之敌，向东扩大战果。杨军初取大胜，全歼闫治堂第二十师的两个营，占领马嵬。次日直军大举反攻，杨虎城以未能与配合作战的李、麻部取得联系，退回原防，直军尾后，全力猛扑，杨军在武功东与之激战半月之久。鉴于形势不利，杨虎城退至岐山桃园。于右任偕茹欲立等亲往慰问。5 月 8 日转移至凤翔田家庄。于见大势已去，乃与茹欲立、杨虎城等人商议，决定让杨率部暂去陕北休整，并遣散总部。于右任与茹等参佐数人，于端午节夜围坐土坑上，举行了最后一次会议，决定大家分头出陕，至上海会合。茹因老母病重，回家探视后，亦赶往上海。及见于总司令始知陈炯明叛变，中山先生亦退居沪上。原来欲借南方力量重整旗鼓的计划，已无法实现。

茹欲立在沪停留期间，与于右任、徐朗西过从甚密，密切关心国内局势变化，盼望有机会东山再起。1923 年 8 月，母卢夫人病逝，归陕奔丧，从此家居。他痛国内局势之"以暴易暴"，生民涂炭，遂不复从政，悉心钻研书法艺术和中国文史。

1923 年茹欲立在沪期间，曾写有《章太炎三体石经考歌》一首。6 月 14 日由于右任先生呈太炎先生审阅，太炎先生欣然做了几处修改。茹先生非常珍惜，原稿一直保存至今。

盛情难却　国民政府就职

1928 年 2 月，南京国民政府撤销了原在大革命时期由国共两党合作成立的监察院，另行组建一个"审计院"，主管中央及地方政府的财务审核事宜，独立行使职权。3 月，《审计院组织法》公布，任命于右任为该院院长。7 月，审计院在南京正式成立。在此之前，于右任多次函电邀请茹欲立前往襄助。他本已无心从政，加之，1927 年"四·一二"政变发生后，他的长子志卓（当时在上海大学就读，原为"共进社"成员，后加入共产党），自上海逃归，备述蒋介石在上海捕杀共产党员和进步人士的行径，故对于右任的邀请一再婉谢。后于又专门派张庚由回陕敦请，并许以"合则留，不合则去"，茹以友情难却，勉为其难，遂赴南京就任审计院副院长。

同年 8 月，国民政府成立监察院，先后任命蔡元培（未就）、赵戴文（仅就职 3 个多月）为院长，但都有名无实。于右任当时受到冷遇，于是年 9 月负气离开南京，蛰居上海。其间，审计院的工作一直由副院长茹欲立主持。直至 1930 年 11 月，国民党三届四中全会召开，推于右任担任监察院第三任院长。次年 2 月，于在南京就职。与此同时，审计院更名为"审计部"，隶属监察院，茹先生为首任部长。

茹欲立在主持全国审计工作的 4 年中，除逐步完善了中国的审计法规，改变了"中华民国"成立后多年来财务出纳混乱无章的局面外，还先后主持和创办了

《审计院公报》和《审计部公报》，该刊为"中华邮政特别立券之报纸"，公开发行，使国家审计工作处于群众监督之下。他还十分重视对其部属思想品德方面的教育，在《审计部公报》中经常摘录《总理遗训》，以为自己和全体部属的座右铭。

他常说："国家的钱都是人民的血汗，就是一分钱也不能用之不当，"在财务审核中要求：凡不合规定的开支，无论是哪个部门，哪个人，一律不予报销；账目不清楚，发票有问题的，必须查清；凡有虚报冒领或超出预算者，无论多少，一律剔除。问题严重的，他必亲自过目，核查无误，始予签字盖章。茹欲立此时身居部长，位高权重，按规定有一辆专用汽车，但他严格要求自己，除因公外出乘坐外，上下班总是步行。

自审计院改部后，根据新颁布之审计法第21条规定：各省的决算由各省审计处审核。又根据《审计部组织法》第15条规定：审计部于各省设立审计处。但立法院对审计处组织法却迟迟不予制定。茹欲立到任后即致函监察院，请其催促立法院"速草定各省审计处组织法"。后又多次催问，但组织法始终未见颁发。他以审计部现有人力，承担了中央及全国各省的全部财务审核工作。

1932年夏，蒋介石同日本签订了《淞沪停战协定》。在此前后，国民政府发布了"十二号训令"，将军务费由每月1800万元减至1600万元。同年3月，蒋介石正式出任国民政府军事委员会委员长，当即加紧准备对中共领导下的江西中央苏区进行第4次围剿。1932年7月18日军政部长何应钦到沪，在对记者谈话中公开诉苦："剿共军约60万人，约半年可告一段落。剿共经费原支2000万元，今减至1300万元，非常困难。"于是，蒋介石即下令财政部增加军务费预算。同年9月，财政部致函审计部，附直字六零零号支令通知一纸，给军政部军需署追加6月份军务费100万元。9月16日审计部函复财政部："二十一年六月份已支付一千五百七十三万一千四百六十元六角六分，此次支令列数显有超越碍难签发。"

同年11月11日，财政部又函送直字第六一二号等支令通知，追加军需署7月份军费500万元。茹见函怒不可遏。虽然审计部主持财政拨款审核工作，实际只有签字盖章之责（财政部发出的支令通知，须有审计部长的签字盖章，中央银行始能拨款），却无监督各方之权。但茹欲立硬是以国民政府发布的"十二号训令"为依据，不予签字。

茹欲立多次公开拒绝追加剿共军务费，激怒了蒋介石。蒋乃召见于右任，责成于从速解决这一问题。于坐不住了，几乎天天登门劝茹"姑予签字"。茹欲立大义凛然，对老友说："'一·二八'十九路军在淞沪抗战，没有法案，没有预算，可是来多少，我签多少，那是打日本，应该签；如今给军需署追加巨额军务费，是用来打中国人。这个字，我绝不能签！"于内心也觉得茹欲立说得对，但仍劝先生"还是签字为妥"。这时，于、茹意见分歧已十分尖锐，茹欲立毅然决定弃职，并避居杭州。一天，陈树藩派人来请茹吃饭。去后，见于右任也在座。于仍促劝他签字，但茹欲立断然拒绝并表示他要辞职。不久，就移住上海徐朗西先生家（徐、于二人因意见不合，早已断交，他知道住在徐处，于是不会来的）。到上海后，茹欲立即将书面辞呈寄往南京，并在《申报》上刊登《茹欲立鬻字为活》的广告，以示其决心。1933年1月，茹欲立正式离职，李元鼎升任部长。

此后，茹欲立闲居南京棉鞋营，与于右任不再往来，以卖字维持一家人的生活。审计部部属同仁见老部长生活艰难，出于对他廉洁和为人的崇敬，每月自愿捐赠3元、5元，由同乡、同学李瑞峰、曹雨亭送至家。茹对大家的帮助感激万分，但却表示不能接受。经李、曹二人再三申明，他只好同意"暂借"，并要求曹、李二人负责立摺登记清楚，表示以后有条件时一定要如数偿还。

1936年西安事变之后，陕西政局仍是蒋介石脑子里一个大问题。一日，蒋在庐山忽然想到茹先生和张季鸾的关系，即电召张上山，嘱其去南京请赋闲索居的茹欲立主持陕政。他心知蒋氏的用心，即以开玩笑的口气对老友说："双十二事变时，是周恩来救了蒋的命，他应该请周先生出任陕西省政府主席"。于是，二人一笑了之。

国难当头　国事不容不知

1937年7月7日卢沟桥事变后，中日战争全面爆发，南京屡遭敌机轰炸。茹欲立于9月初托人将眷属送回陕西老家，自己滞留南京。为了与抗日军民共同坚守南京，他在院内草草筑一防空洞，储备了一些粮食。亲友或劝："先生一无官守，二无言责，自当及早避难归陕。"他在致友人李子宏先生的信中坦陈了他当时的心情："自'九一八'后，吾人之所以倡导全国，而促政府之决心者，则曰抗战、抗战而已。幸也，自西南事件、西安事件两次所表见之象征言，前者见政府之不欲再作内战，后者见全民之要求统一与领导之人，故使二十年来接踵不断之内争，归于无有，而又有共产主义者之舍其所事，而趋于举国一致之救亡主义。于斯时也，而有卢沟桥，虹桥两事件发生于南北，则舍抗战之外，岂复有吾人所可能通行之道路？故为政府计，不抗战，则国亡而政府随之亡；为国民计，不抗战，则国亡而民亦俱亡。语曰：皮之不存，毛将焉附，正谓此也。今大战既开，将士奋身，吾辈手无斧柯，力微螳蜋者，故无所用其枭张恣号，以炫耀于俗，而窃取强勇者之称，亦宜镇静不扰，从容坐啸，使前方无后顾之忧，全民资领导之助。不此之务，而乃欲东突西窜，置己身于万全，弃民众于不顾，试思破巢之下岂有完卵？沦亡之后，谁得安居者乎？故吾今之所为，至于如此而已！然亦何能以血肉之躯，与飞机炸弹比其强弱哉。院中树荫下，备有草草防空壕一所，闻警急时，则群趋而避诸其间，致足乐也。"并在信末尾给子女附言道："日前李君子宏从西安来函慰问，且盛有所称述，吾以书答之，此其中之一段，今抄寄汝等，可共读之，解者为不解者讲述之。庶几吾此次不轻于移动之心理，与夫凡为中国之国民者，皆须有一致之存念，汝辈当共谕之。不然，则此次抗战、抗战云者、皆何人之心理也，世界人莫明其妙矣！"

他还经常给子女们写信，教育他们要关心国家命运。信中写道："国家不幸，吾辈又不能加力，此次抗战结果未可知，假使战不利于我，有待于将来者实多，复兴之责，即在尔等。""汝辈既幼弱，未能效力国家，实亦无法，然当求学自立，谋储后日之能力，以备其时之至，若此时不知奋勉，将来终为无用之人，于国于家于己身，三者皆无益也。吾虽老矣，犹思随国民之后，尽吾一己之责，不敢自外人群也！但恨手无斧柯，不获尽吾所能耳！"他将其读过之报纸陆续寄给儿女，并嘱咐："汝等年虽小，国家事不容不知，寄归报，宜细读之，他日成人后，当思有益国家也。""汝辈在家读书，且须时常留意抗战新闻，养成将来为国家服务之精神，如不知爱国，则一切智识，尽归于无用也。"他还要求孩子们要从事抗日宣传，"在乡间，见人有询以抗日事者，勿惮烦劳，多为讲述，则尽我国民之责矣！"当他听说西安有特务机关，内中还有日本人，来信慷慨陈词："此时遇有日人，即当以敌视之，如有军事行动，即当枪杀，以绝后患，何能听其存在耶？"儿女们担心他的安全，盼望他回来时，他以《南京在后方》诗一首示儿女："南京在后方，我辈本徜徉。念彼荷戈士，哀哉为国殇。同舟宜共济，大厦要扶将。不离南京去，南京在后方。"

当时，国民政府一方面高喊要"固守南京"，另一方面又宣告迁都重庆。是年10月间，南京国民党及政府五院等机关纷纷撤往重庆。而国民党党、政、军的主要人物差不多都云集武汉。武汉三镇实际上已成为国民党的临时首都，南京实际上已被放弃。

11月中旬，审计部最后留守的一批职员也要离开南京，好多老部下如曹雨亭、岳介藩、王鸿俊等都来劝茹欲立和他们一起撤离，他表示坚决要与南京共存亡。王鸿俊等回去将行李搬至茹家并说："先生不走，我们也不走！"为此，他犹豫了好些天，直至十一月下旬，南京城内已隐隐听到前线的炮声，才与好友张景秋、刘绍文、曹雨亭、王鸿俊等随着大批难民离开南京至浦口，乘船沿长江至安徽巢县。在巢县停留期间，与县民众教育馆的一位有爱国思想的正派青年馆长黄远余相识，积极参加抗日宣传。他的爱国热忱，深深感动了当时在巢县驻防的一位防空司令（姓名不详），亲往拜访，见茹整日奔走于风雪严寒之中，乃将其夫人的围巾赠予。时隔不久，南京失守，安徽吃紧。防空司令决定派其护兵葛永茂送几位老先生回陕。一行人行至巢湖时，遇上了土匪。当土匪知道茹欲立是原审计部长时，说："你是审计部长，我知道你没钱！"只把张、刘等人的行李翻了翻，他的行李连看也未看。茹欲立等人辗转苏、皖、豫、陕，虽颠沛于硝烟战火之中，仍不忘宣传全面抗战之主张，历时两月有余，始归故里。身着羊皮袄1件，小提箱中藏《杜诗镜铨》1套《说文解字》4册，屈原赋1本而已。

政见不同　弃官回归故里

茹欲立回陕不久，于右任专程从武汉飞陕，先去蒲城县荆姚镇见李元鼎（李亦为参政员），又偕李赶至三原北城田家壕茹欲立家共叙友情，老友们以共赴国难的心情捐弃前嫌，重归于好。

1938年7月6日，国民党参政会首届会议在汉口召开，茹欲立以无党派人士的身份，出席了会议。期间他结识了周恩来、林伯渠及邹韬奋等人，广泛阅读中共报刊、文件及毛泽东有关抗日战争的论著，因而对中国共产党的主张和方针、政策有了一定的了解。一次，他在会上斥责国民党元老张继说："你不必说了，你光看国民党的报纸、文件，执片面之词，请问我这里这些共产党的文件资料，你看过没有？"问得张面红耳赤，张口结舌，无以为答。

1940年4月，参政会在重庆举行一届五次会议。孙科5日在大会上作了《中华民国宪法草案》起草经过和内容说明的报告后，国民参政会宪政期成会提出了"五五宪章"修改草案，要求在闭会期间建立常设机构——国民议政会。结果引起国民党一些参政员的坚决反对，竟有人站起来破口大骂。其他参政员莫不悲观寒心，对宪政前途大失所望。茹欲立当即声言："既不让自由讨论，各抒己见，那还开会干什么！"遂愤然退出参政会。于右任、李元鼎及康心如和各方好友一再劝解，但他决心已定，并当即购机票返陕。至家，即书面抗议，提出辞职。参政会秘书处复函：参政员无辞职之说。但茹欲立从此不再出席参政会，还将寄给他的办公费退了回去。在国民参政会中，以罢会表示抗议者，他为第一人。

抗日战争期间，茹欲立主要靠卖字的收入养活子侄亲属近二十口人，生活艰难。特别是日寇逼近潼关，陕局吃紧，求书之人更少，生活难以为继。为了省钱，夫人常携孩子去火车站买煤渣，买生虫的面粉，冬天则常以红薯为食。国民政府曾先后任命他陕西省政府高等顾问、晋陕监察使等职，均被拒绝。他宁可让子女辍学，求职养家，有时也接受朋友的接济，但誓不食嗟来之食。就是卖字，他也不是来者不拒。1942年前后，当时的陕西省政府主席祝绍周为其母祝寿，知省审计处第一组长宋方毅为茹老部下，乃遣宋去三原请茹欲立为其母写寿屏，并表示润笔从优，茹当面回绝。后来有人问："你给石凤翔（西安大华纱厂经理）他妈都写哩，为啥给祝绍周他妈不写？"茹答道："石凤翔是商人，他以纱布赚别人的钱，我以字赚他的钱，我们都是做生意哩！祝是省主席，他是官，我是民，我就是不给他写。"

对蒋灰心　情倾陕甘边区

1943年至1945年初，民盟西北总支部酝酿成立时，杨明轩、郭则沉等人多次奔走于西安、三原之间，数次与茹欲立密谈，希望他出任领导。他对民盟的宗旨、主张表示赞同，也提出了一些建议，积极支持该组织的活动，最终却以"年事已高、活动不便"为托词，婉谢不就。茹欲立对各党派一视同仁，认为各党派均有活动的自由，有宣传其主张的自由，他不参与，但也愿意认真研究各党派、特别是中国共产党的主张和政策。

早在二十年代中期，中国共产党成立不久，马克思主义刚刚在国内传播之初，茹在三原就阅读过他所能得到的每一期《向导》周报（中共中央机关报）及《独秀文存》等。对其长子志卓参加"共进社"和中国共产党的活动从未干预。甚至在 1926 年冬季，魏野畴、耿炳光、王鸿俊等共产党员在王家后楼开会，（当时茹家住在前院）他发现后，还站在大门外放哨。在出席国民参政会期间，他广泛接触中共的参政员及各方人士，并注意阅读双方文件，公开反对国民党右派的主观偏执。先生在反对国民党的同时，对共产党表示了积极的支持。解放战争中，从国民党的报纸上看不到战争的真实情况，他的老友李文卿先生家中有一台收音机，他经常由北城翻河坡至东关，与李先生一起秘密收听解放区的广播。

1945 年，陕西进步人士通电要求释放杨虎城将军，茹欲立率先签名。1946 年3、4 月间，《秦凤日报工商日报联合版》两次遭国民党特务捣毁，他得悉后，立即致电该报慰问并严厉谴责国民党政府的法西斯行径。电文中有"日将出兮爝火熄"之句，以喻人民解放战争即将全面胜利，国民党反动统治即将灭亡之意。1946 年，国民党政府召开"国民大会"，他被选为"代表"，但他断然拒绝出席，可是国民党的报纸却捏造并刊登茹某人赴南京开会的消息。国民党三原县党部对茹的活动亦有所闻，因之，家中常有不速之客来访，进行探听监视。他对此表面上毫不理会，然暗中仍提高警惕，多加防范。1948 年，茹欲立先后送子侄 4 人去解放区。临行，对孩子们说："你们放心去吧。这儿有什么事，我应付得了！"他身居国民党统治下的反共前沿小县，和进步人士多有交往，所以对于自己处境之险恶是心里明白的。曾对儿女们说："处这个乱世是不容易的，是要动一动脑筋的"。当时陶峙岳驻军三原，敬仰茹的为人，多次拜访；其他国民党高级军官（如驻三原的兵团司令裴昌会）如上门拜访，也勉强与之周旋。这都是茹的"韬晦之计"。可是，茹活动的全部轮廓以及子女多人皆表现"左"倾则是人所共见的。1949 年初，陕西国民党有关当局下达的三原县 29 人黑名单上，茹欲立名列其首。

1948 年冬季某天，胡宗南亲赴三原看望茹欲立，先一日，胡宗南命三原县政府专门通知茹家，说胡要拜访。他得悉此事，次日即外出躲避。岂知胡亦诡谲，唯恐茹白天避而不见，直等到傍晚时刻始去北城前街茹家，适他外出刚归，只得会见。1949 年春，驻扎三原的国民党三十八军军长姚国俊忽接西安绥靖公署密电，命令其撤离时，裹挟茹欲立南下，"……如其不走，就地处决"。姚驻防三原后，曾慕名拜会，交谈后更加敬重，因而对胡的命令未曾执行，并持电稿找胡说："这个任务，我无法完成"。胡接过电稿强辩说："这电报不是我发的。"不久姚被撤职，由副军长李振西代之。三原县解放前夕，胡宗南又令原陕西保安司令张坤生携路费接茹欲立赴西安，拟与张凤翙等人一起胁裹南逃，张坤生托人转告茹欲立："请先生绝对不要去，最好能避一避。我过几天回去，就说未找见人。"

中国共产党有些领导人对茹的为人早有所知。解放战争期间，在国民党三十八军任职的中共地下党员赵明同志和茹欲立常有联系，对他的处境十分了解，有些情况也随时向关中地委反映。1948 年秋，解放军和蒋军正酝酿着生死大决战，地下斗争也步入激烈时期，民主人士陆续转入解放区。当时西北局指示关中地委，由书记赵伯平具名致函茹欲立，转达西北局书记习仲勋邀请他去延安，"共襄西北解放盛举"的意向，并由关中地委安排游击队武装接送全家进边区。他对党的关怀表示由衷的感谢，但考虑全家出走震动太大，必然累及其他进步人士及亲友；更不愿为自身安全而使游击队战士遭受伤亡，因此，决定不走。

1949 年 4 月，茹欲立曾托地下交通员给中共关中地委书记赵伯平带去一封用铅笔写在火柴盒内的密函，大意言：关中一带麦子已经成熟，农民均盼望麦客尽快南下收割。暗示解放军进军关中解放西安时机已成熟。

1949 年 5 月 13 日，驻守三原的最后两营国民党军队弃城而逃。傍晚，县长石仲伟率自卫团及警察局亦离城遁去。14 日凌晨中共领导的三原县大队从北门进城，控制了县城。茹欲立倾听动静，一夜未眠。黎明即外出观察，见解放军已进城，即回家叫醒在家的子女："解放军都进城了，快起来迎接。"

共和国后　焕青春不老松

中华人民共和国成立后，茹欲立为第二、三、四届全国政协特邀委员，并出席了历次会议。1949 年 10 月，西北军政委员会成立，出任西北军政委员会委员。后又被任命为西北检察署副检察长。1955 年曾被选为陕西省人民代表大会代表。

1958 年人民公社成立。嗣后，"左"倾浮夸之风盛行。当时茹欲立身居三原北城，眼见群众被组织去大炼钢铁，遍地成熟的庄稼无人收获，而大炼钢铁又无实效，劳民伤财，使党的威信下降，他感到十分痛心。他直言不讳对总路线、"大跃进"和人民公社三面红旗发表了一些不合时宜的言论。1960 年在省委统战部的授意下三原县民盟支部出面对他组织长达半个多月的批判，错误地扣以"三反分子"的帽子。1962 年中央开始纠正"左"的错误，他个人问题虽未得到正确的结论，但是，他仍感到十分欣慰。他向好友及子女表示："共产党只要顺乎民意，真正做到'有错必纠'，就能得到民心，就能把国家治好。"时隔 4 年，"十年浩劫"的狂风恶浪又席卷了神州大地。初期，他家中财物虽被"红卫兵"查抄（所幸书籍，碑帖未动），一笑置之，每日除关心社会上事态的发展，仍保持读书、写字、看报的生活常态。及至后来发展到学校停课、工厂停产，整日游行、辩论以至武斗，人民生活受到严重干扰，国家陷入混乱状态，许多党和国家领导人被揪斗，被残害。茹欲立目睹这些现象，深为国家前途忧虑。常仰天长叹："这种人为的灾难，何日方能结束？"整日郁悒不欢。

1971 年，"军宣队"进驻省政协，举办所谓的"民主人士学习班"。茹欲立被召参加，并作为重点对象，大会小会批判其所谓"反党反社会主义言论"。时他已 88 岁高龄，仍要集体住宿，排队吃饭，直至肝炎复发，风湿关节炎加重，仍不许回家休息。1972 年春，突然声音嘶哑，经确诊为喉癌。同年 10 月 10 日与世长辞，葬于家乡三原县鲁桥镇峪口山。

茹欲立去世后，其家属将收藏的书法作品数十件捐赠三原于右任纪念馆，作长期陈列。为缅怀他高尚的爱国思想，刚直不阿的人格气节，弘扬其书法艺术，于右任纪念馆建有《三原茹欲立先生纪念碑》一座。

茹欲立身后有四子四女：依次为，长子季札；长女靖芝；次子（早夭）；三子士安（1920—2003），1947 年毕业于陕西师范专科学校，后又毕业于西北大学考古专业。历任西北历史文物陈列馆负责人、西北文物清理队长、陕西文物管理委员会委员、半坡博物馆馆长等。中国考古学会会员、陕西省博物馆学会名誉理事，陕西省美术家协会、省书法家协会会员。传略辑入《中国当代书法家大辞典》《中国美术书法界名人名作博览》《中华人物辞海》《世界文化名人辞海》《中国当代艺术界名人录》等。）；次女斑兰；三女小斑；四子遂初（1932 年生于南京，1949 年后任新华通讯社西北总分社、西北军政委员会新闻局摄影记者。后任西北画报社记者组组长、人民画报社摄影记者。作品有《渔家女》《汲》等。《引水上山》1959 年获匈牙利第三届国际摄影金质奖章，《秋色》1981 年获第六届亚太区摄影竞赛亚洲文化中心奖。1985 年为报道海上丝绸之路，他奉派前往泰国、孟加拉国、印度、巴基斯坦采访，拍摄了许多与海上丝路有关的历史遗迹以及当地的风光和风情，除在《人民画报》上报道外，还编辑出版了《陆上与海上丝绸之路》画册。80 年代初他还和他人合作，编辑了大型画册《中国出土文物》。九十年初，他又主持编辑了大型画册《中国自然景观》，该画册由中国画报出版社分别用中文和英文出版。是新中国成立后最早在国际影展上获金奖的摄影家之一。此外还有众多的摄影作品和摄影图片分别编入《中国》《江山如此多娇》《中国新文艺大系——摄影集》大、中型画册。近年主持编辑的中型画册有《万里长城》《万万荡古城》《承德避暑山庄及周围寺庙》等）；四女香雪。

口述者：茹欲立嫡孙　茹小石

采访人：张应超　马　正

西北军火制造第一人——高又明

高明德（1886—1951），字又明（后以字行），
晚年号师佛子，泾阳县人。陕西辛亥革命先驱，
陕西同盟会核心人物。三原宏道高等学堂肄业，
积极从事反清活动，早年从戎，声名赫赫。他多
次秘密潜入上海，学习制造炸药火炮技艺，孙中
山对他委以制造军火的重任，亲书"博爱"横幅
相赠。西安辛亥起义，他出任军政府军械官，西
安辛亥起义的武器炸弹，均为他制造，陕西东西
战役均资其力，他制造的"麻辫子"炸弹威镇战
场。第二次直奉战争后，出任国民二军兵工局、
火药局、铸造局三局局长，统筹军火军需。他被
誉为西北军火制造第一人。

高又明

中年的他定居西安。发展民族工商业、文化事业，实业救国，成绩斐然。西
安人熟知的阿房宫电影院、西京国货公司、西北饭店，都是他参与创办的。他又
被誉为西北工商文化界范蠡式的人物，他还是一位学识渊博，精于鉴赏的收藏家，
任"长安青门斋"顾问 13 年。他收藏的珍贵文物字画 16 件被陕西省博物馆收藏。

他晚年写的回忆录《如是我见我知录》等以及收集保留的辛亥文物是研究近
现代历史的重要史料。他与众多先贤及其后人的情谊感人肺腑，催人泪下，写下
了高季维、柏筱余传略。

书童立志　接受革命思想

1886 年，高又明出生陕西省泾阳县高家堡村，其父高一龙因打抱不平得罪豪

绅，离乡出走，高又明时年只有 12 岁，担当起了家庭生活的重担，时正值清政不纲，腐败无能，丧权辱国，接触到民间秘密反清结社组织，刀客、慕亲会、三合会等，逐渐产生反清复国思想，因无力延师，经高人指点和引荐，遂到本县桥底镇柏家村给柏森当书童，为柏森器重，视为子侄并为其子柏筱余（10 岁）伴读，他们就读于三原宏道高等学堂，更进一步接触到当时的进步思想，受到当时陕西关学的熏陶，和关中三李的民族气节的感染，读史明志，接受新思想、新潮流，所以有了更强烈的反清意识，多方结交志同道合的进步人士和民间组织，加入民间秘密反清组织。清光绪二十九年（1903）高又明因柏家商务事赴四川，在重庆结识陕籍进步学生井勿幕（时高 17 岁，井 15 岁）和四川进步青年熊克武等，极其相近的少年求学经历和志同道合的志向，让他们相互敬慕，常相约小酌于酒肆、茶楼，谈论义愤亡国灭种之险，寻求富国强民之道，后约定井去日本留学，求救国之道。高返陕联系志士同仁，以伺机而动。

光绪三十一年（1905）冬，井勿幕奉孙中山之命，带着同盟会救国主张，返陕创建同盟会组织，领导反清革命。当时的陕西在清王朝的残暴统治之下，风气闭塞，交通阻梗。革命党人言械则接济为艰，筹饷更呼吁无门，真可谓困难重重。但是，井勿幕不畏艰险，知难而进，足迹遍涉西安及渭北多县，点燃反清革命火种，发展同盟会员。当时年仅 19 岁的高又明经井勿幕介绍首批加入同盟会，接受孙中山的三民主义、民主共和思想潮流并且为之奋斗实践终身。成为陕西同盟会中的骨干人物，积极从事反清革命活动。

二个会议　决定革命方略

1906 年春，井勿幕和高又明等筹划在三原北极宫柏筱余家的宅院召开了同盟会陕西分会第一次全体会议，当时陕西同盟会人数较少，书生造反，力量单薄，井提出联合会党、刀客力量组织联盟，共同反清，但由于陕西同盟会成员大部分人是知识分子，不屑与会党为伍，不愿意联合社会上的工农和结社组织，使井勿幕的正确主张没有被采纳。高又明积极支持井勿幕的正确主张，当勿幕初次回陕运动时，高又明介绍会党首领--僧人吴虚白与井勿幕结识。一日，井勿幕、郭希仁、高又明、吴虚白四人在西安会晤，井君曰："欲作一事，人才缺乏，钱难，欲罢之，又不肯，责任如此，奈何？"吴即应曰，"那只有通而变，否则兵无粮自散，况无兵乎？古之设教，精神专一，动静合用，纯以文士，终属空谈，无能济世"。井君深以为然，遂与高合议，仿孙文、黄兴之风格，付清实践，使陕西形势得以较大发展。陕西辛亥革命秘密运动时期常效仿慕亲会之作风，盖以此为始由。

高又明

高又明在此期间负责管理"柏氏花园"的革命工作。泾阳柏氏花园，是同盟会员柏筱余家的花园。里面草木茂盛，四季花香，环境幽雅。这里是西安去渭北必经之地，交通方便。因是私人园宅，管理严密，外人是不能随便入内的，因此，成为同盟会在渭北秘密聚集的一个重要场所，同盟会秘密活动时期许多重要会议都在此召开，许多秘密活动都在此进行。

1910年4、5月间，井勿幕由上海回到西安，根据东南各省革命党人的意见，准备在西北发动起义。于是，井勿幕在柏氏花园召开了同盟会陕西分会会议，参加会议的除井勿幕外，还有焦子静、宋元恺、樊灵山、柏筱余、高又明、吴虚白、张赞元、马彦翀等二十余人。会议进行了二十多天，有些与会者没有坚持始终，会议决定推动同盟会会务的一系列重要事项，明确了进一步开展工作的任务。井勿幕在柏氏花园水榭亭前感慨地说："他日国事克定而吾人尚在者，复置商会于此，斯不朽之盛事，媲美兰亭矣。"高又明曰："陕西革命事业实于此胚胎焉。""柏氏花园"会议决定：1. 推井勿幕、宋向臣、邹子良、柏筱余四人为会长，总揽渭北会务；2. 西北军火无源，实为革命之首要，由高又明专司炸弹制造及炸药之研制配备；3. 会后与西安郭希仁、张赞元、李桐轩、钱鼎等联络，完善一切，取得一致行动，联络新军、哥老会、刀客会反清力量，为陕西发动起义做好必要准备；4. 督导渭北各县成立同盟分会，订立会章，开展基层工作。这次会议高又明既是与会者，又是组织者，同时距离辛亥首义时间更近，他更感重任在肩，时不我待。

黄陵祭祖　凝聚革命力量

1907 年，陕西同盟会在大雁塔召开会议，讨论贯彻同盟会纲领，井勿幕、焦子静、郭希仁、高又明等人参加，会议筹划议定重阳节祭扫黄帝陵，商议仿慕亲会的形式祭拜，以表示复兴民族之决心。随即开始秘密筹划，组织秘祭黄帝陵并决议废除清朝纪年，改用黄帝纪年。一日，郭希仁、张赞元在三原北极宫高又明旧宅中相见，谈及祭黄帝陵事，二君欣然承诺并草拟誓墓文稿。高又明以此草稿为本，分别和同盟会中人焦子静等商议，并经井勿幕修改定稿后由高又明抄录留存。重阳节井勿幕、高又明、柏筱馀、吴虚白、郭希仁、焦子静、吴希真等二十余人抵达黄陵，大家齐集在黄帝陵前，举行了庄重、有声有色的感天地、泣鬼神的秘密祭祀黄帝陵活动。以会党的庄严形势，注入民主革命内容，史称之为"反清誓师大会"。祭典仪式是仿"慕亲会"供奉佛祖"达摩"的仪式进行的，既隆重又朴素，向黄帝行祭奠跪拜大礼，然后恭读祭文，祭文读到慷慨激昂时，竟有一些人情难自持，有呜咽流涕者，有顿足捶胸，号啕大哭者，若丧考妣，井勿幕看到这样的情景，深切地感到这种庄重、有声有色的活动仪式，远比单一的文字宣传更加深刻有效。所以与同志们商量研究，仿照"慕亲会"的活动方式，并且加以改良，作为以后在反清联盟组织中开展工作进行活动的基本形式。重阳节秘密祭黄陵是陕西的同盟会与各会党初步综合统一后，一次较大规模的重要联合行动，这次活动在政治主张上明确提出"誓共驱除鞑虏，光复故物，扫除专制政权，建立共和政体"，体现了同盟会的宗旨。这次活动激发了大家的革命意志，加强了感情交流，加强巩固了反清联盟的基础。

高又明在 20 世纪 40 年代，"为昔日亡友同志计，为革命史征计"，写成了《如是我见我知录》一书，记录了诸多辛亥革命参加者的奋斗历程。最为关键的是他将《祭黄陵誓墓文》，原文誊抄件存放于原籍，他在祖屋翻箱倒柜，竟然寻到了时隔四十年的物件，使这一珍贵资料得以保存并公布于世。否则，这件轰轰烈烈的同盟会辛亥革命前最重要的活动，就会随着参加者的仙逝而烟消云散，成为研究者之憾事。

手巧心细　制弹技术高超

高又明支持井勿幕联合会党、刀客，共同反清的正确主张，经多次讨论和实践，使井越发坚定了信念，毅然决然与会党联络，逐渐说服党内各同志，在1908冬召开的同盟会陕西分会成立大会上，终于通过了联合会党、刀客共同反清的决议，扩大了同盟会力量，使陕西的反清斗争取得了重大进展。

宣统元年（1909），高又介绍柏惠民、吴希真等人加入同盟会，还与柏惠民在三原创办勤公社，由上海购进宣传新思想的书报分发各县，联络同盟会会员与学校师生，使之成为同盟会在三原的一个秘密据点。柏筱余一生为革命捐款捐物不遗余力毁家革命，可歌可泣。在西安起义时，革命军缺少武器弹药，高又明、于右任联系作保，柏筱余以家产做抵押，从德国进口大炮弹药，在当时革命前程未卜的情况下，能如此以家产抵押，对保卫了新生革命政权，做出了极大的贡献，难能可贵。同年七月，同盟会人井勿幕新军中人钱鼎（亦同盟会人），哥老会张云山、万炳南等在大雁塔结盟，后人称三十六兄弟，以合"天罡"之意。同年秋，三原勤公社得张警吾、谢埔等诸人为之佐，富平有焦子静，蒲城有王敢陈、寇遐，礼泉则有罗少鸿、晁式之，乾县则有吴希真，户县（今鄠邑区）则有崔宝航，兴平则有张复堂、史可轩，武功则有张仲良，泾阳县则有王善僧、周伯敏、高季维、李春堂，耀县则有成柏仁、于鹤九、胡定伯，白水则有曹俊夫，纷纷成立分会扩张势力，会员已逾千人，为后来九月一日（农历）起义打下了良好的基础。

不久，上海同盟会组织派技师温自强来陕西传授炸药制造技术。高向其学习，他刻苦钻研，很快掌握了这门技术，在淳化县通润沟设厂制造炸弹，使陕党人拥有了自己的兵工厂，得以制造枪械弹药，为筹备起义创造条件。其后，熊克武（化名刘一峰）来陕视察，仍认为革命党人军火不足。由于交通不便，在外购买运输困难，军火问题还是得靠本省自己解决。于是高随熊到上海，继续学习无烟炸药的制造技术以便制造军火。在沪期间，他与于右任、宋教仁、陈其美、谭人凤等同盟会重要人物多有交往。"要革命、惟不怕死、正义、毅力而不趋富与贵耳。"他是这样说的，也是这样做的。故他学成后迅速返回陕西，继续制造枪械弹药。

宣统三年（1911）二月，他同柏筱余、王吾尘及王麟编等经洛阳、武汉到上海，将一些武器运陕以备起义之用，西安起义时，这批武器发挥了重要作用。

孙中山先生给高又明题词

宣统三年九月初一（1911年10月22日）西安起义，九月初二（10月23）西安光复，九月初六（10月27日）秦陇复汉军政府成立，高任军政府军械官，负责筹备军械，制造地雷、炸药、抢械，组建炸弹队，东西战场的战事尤为壮烈，他奔走于东、西战场，保证了民军的武器供给，清军未能越雷池一步。他还发明制造了一种"麻辫子"炸弹，像链球一样扔得很远，威镇清军。在乾州保卫战中，神袍手王克明，竟把一发炮弹直接打入清军炮膛，炸毁之。敌军大惊，谓我军大有人在，急移余炮去，至今该炮弹壳保存在胡景翼家人中。高又明为保卫新生政权，贡献颇多，被誉为"陕西革命军中制造军火的首倡者和先行者"。为嘉勉其功绩，孙中山亲书"博爱"二字相赠。

同盟会人反袁二次革命时，宋向辰奉孙中山命由日返陕活动，在西安组织乐群学社，系中华革命党秘密机关，高又明积极参与其中。

1918年，陕西靖国军兴，于右任为总司令，高担任陕西靖国军总司令部军械处处长兼胡景翼第四路军军械处处长等职，历尽艰辛，为靖国军筹备军火、药品等，同北洋军阀作战数年。1922年秋，陕西靖国军总指挥胡景翼接受冯玉祥改编后随冯部离陕赴豫。1924年他又在胡景翼的国民二军任军械处处长，担任兵工局、火药局、铸造局三局局长，总理统筹军火军需。并参与1924年胡景翼、冯玉祥等发动的北京政变，是胡景翼的得力助手。1925年初熊克武派旦懋辛与胡景翼会商进攻武汉，响应南方革命军，高均参与其事。

1925 年 3 月 12 日孙中山先生不幸逝世，4 月 10 日胡景翼将军病逝，情况突变，革命形势急转直下，国民二军失败，时局混乱。高又明由河南旅居北京，考察全国革命形势，以图后举。期间收集散落于民间的文物古迹，后辗转回陕。

富国强民　从事实业救国

1930 年，高又明回到西安，秉承孙中山先生旨意"自辛亥革命以来，各地商务凋敝，民不聊生，唯一挽救的方法是开办实业"。潜心发展民族工业、商业、文化事业，致力实业救国，经世致用，振兴中华。他投资房地产，创办"广济大药房"。与友人窦荫三、寇遐、南汉宸、杜斌丞、韩望尘等人集资创办西安集成三酸厂、西安阿房宫电影院、西京国货公司等。与友人发起创办"西北饭店"，并在经营最困难时出任总经理，使经营走上正轨。

西安集成三酸厂成立于 1932 年，当时以窦荫三、张希仲、高又明、叶禹甸（又作玉田）为董事，主持日常业务。同时又选出了李霞若、孙善初为监察人，任命张希仲为经理，叶禹甸为副理。厂址则设在西安城内西部的香米园 55 号院内，面积约 2400 平方米。起初资金仅三千五百元，几年后既增至十二万余元。集成三酸厂是西北地区第一个现代化的股份制化工厂，不仅解决了十七路军修造军械所需要的三酸（硫酸、硝酸、盐酸），还以七折的优惠价格，供应陕甘宁边区政府，并根据杨虎城将军授意，以钟楼门市部作铺保，营救过中共地下党员。对西北地区的轻工业和民用品做到了及时的供应和支持，如对火柴、制革、印染、造纸等工业的发展，起了一定的促进作用。由于高又明长期制造、管理军火，对化工很有研究，所以对集成三酸厂的生产管理是很内行的。

高又明同友人刘文伯、阎瑞庭、韩敦厚堂、张德枢、郭叔藩、续范亭、刘梧岗等发起组建了西北饭店。在组建西北饭店的文件中他们写道："西北宝藏丰富，地广人稀，赤俄为邻，时启窥伺。关心国是者，无不以开发西北为当务之急，而开发西北，必自开发陕西始，开发陕西尤必自开发西安始。"20 世纪 30 年代，他们就喊出了开发西北、开发西安的口号。西北饭店也是当时西北地区首个实行股份制管理的中西结合的庭院式现代一流酒店。为助杨虎城主陕需设招待所联络各方起了很大作用。

西京国货公司成立于 1931 年。当时为抵制日货，使用入股、募股的方法，成立了西京中国国货股份有限公司（简称西京国货公司），在很长一段时间是西安最知名的商场之一。阿房宫电影院也是当时西北首个现代化的股份制电影院，是西安电影院的鼻祖，创立于 1932 年，开创了西安电影的第一个黄金时代。

1932 年，高又明与于右任，张伯英、张寒杉诸君创建青门书画社，他们精于经史考据，书法绘画，擅长鉴别古物，故以收藏交流为主兼办展览，以普及提高中国传统文化，提高秦人的文化素养在这一方面，做出了很大的贡献。1936 年大不列颠万国博览会因故宫文物南迁在民间征集展品，高又明有六幅唐人佛像画入展，弘扬了中国文化。1937 年初，田亚民、张广居携张钫之书函，在西安东木头市 22 号拜见高又明先生，欲在西安发展，几经交谈遂接受高又明的建议在南院门 18 号办长安青门斋，以田亚民为社长，张广居为副社长，原青门书画社之先贤：于右任，张钫，高又明，张寒杉等均为顾问，以助青门斋。当时抗战初期，西安是大后方，全国书画家多聚于此，高又明先生久居西安，承上启下，组织资源，田亚民等具体实施为书画家们办会展，义卖，以维持画家之生计有创作的条件，如关山月当时居住柏树林，吴作人等亦活跃其中。1945 年抗战胜利，为了适应全国之形势青门斋又增聘王子云、徐悲鸿、齐白石、张大千为顾问改青门斋为青门美术供应社。众多书画家之作品又多由青门书画供应社分销北京、上海等地。青门美术供应社由田亚民，张广居，曹金水等具体负责，至四十年代前后青门社发展有袁白涛，马克明，刘自棸等书画师，还有方济众，徐庶之，黄胄等画师，1946 年聘赵望云任副

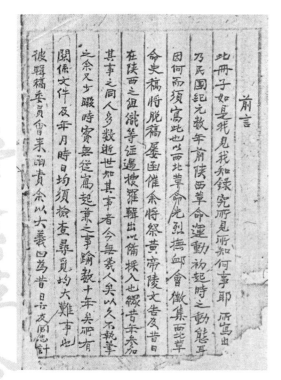

高又明《如是我见我知录》

社长，传承中国书画，继而孕育发展形成长安画派，长久不衰，为书画传播起了历史性作用，青门社和北京荣宝斋，上海朵云轩齐名的中国书画三大著名传承发展地。故曰：北京琉璃厂，西安青门社。

高又明晚年，写了一些所亲历、亲见、亲闻的辛亥资料，是非常珍贵的。现在能见到的有三篇文章及一些零星资料，他在 1944 年写的《高季维传略》，1946 写的《泾阳柏筱馀先生纪念碑》。1948 年左右写的《如是我见我知录》回忆录。

纵观高又明的一生，总是站在时代的最前列，青年时期投身革命，中年时期实业救国，晚年著书立说；一生精鉴赏，善收藏；各个领域多有建树，做到了立德、立功、立言之人生三不朽，堪称人生楷模。1947 年冬，中国同盟会纪念会成立，给高又明发函说："又明老同志硕望所孚，功于党国。"并为他颁发了陕盟字第 002 号证书。

辛亥革命研究专家、陕西省社会科学院张应超在 2009 年出版的《高又明先生纪念集》序言中写道："辛亥革命时期，又明先生的贡献是多方面的，最突出的应是为革命党人制造军火。……孙中山先生为又明先生题写"博爱"大字以示嘉勉，章太炎、于右任、胡景翼等著名辛亥革命志士均有墨宝相赠，足以证明先生在辛亥革命史上的功绩。"

西安市文联原巡视员王民权在《〈如是我见我知录〉刍议》中写到："毋庸赘言，《如是我见我知录》，无疑是研究陕西辛亥革命的重要文献……其史料价值是很明显的。……关于这场革命的直接材料又少而又少的今天，更其显得弥足珍贵……"

1951 年 5 月 22 日高又明先生病逝，终年六十五岁。按照他生前的安排，家人将其安葬于西安城南，北里王村之东。

口述者：高又明子女　高启纶、高启雄、高启宏、高葆英、高菊英
采访人：张应起　马　正

秦中杰士——焦易堂

焦易堂先生

焦易堂（1880—1950）又名希孟，武功县河大村人，清末秀才，后又入北京中国公学政法科学习。1909年在陕西自治研究所学习，毕业后加入同盟会。1910年任武功县劝学所所长，1911年与张仲良等革命人士，领导武功光复。嗣后参加陕西新军，在张凤翙大统领行营任参军，参加抗击清军残余的战斗。

辛亥革命后，焦易堂在陕西都督府供职，任陕西同盟会干事，后被选为陕西省议会议员和国会议员。先后断然拒绝袁世凯、曹锟等人高官厚禄的引诱，致力于二次革命、护国运动、护法战争、反曹贿选、策应北京政变、迎孙中山北上，参与北伐战争。还将自己的儿子步辕从上海派回陕西，参加靖国军起义。焦步辕后在岐山战斗中捐躯。1916年，焦易堂在上海谒见孙中山后，奉命秘密来往于广州、上海、天津、北京、西安等地开展斗争。1919年，焦在广州护国会工作，次年任北方军事特派员，随后又任广州孙中山大元帅府参议。在河南省曾聚资印发《三民主义》20万册，极力宣传孙中山的革命主张。孙中山对他给予了高度赞扬说："易堂兄，秦中杰士也，为国奔走有年，于民国创建颇有功焉。其为人也，端直温厚，不类近世子。"还指出："经画西北，具见周详，毅力热忱，殊堪嘉尚。"1925年，孙中山在北京逝世，焦易堂参加了守灵、护灵、送灵等活动。1926年，任北伐第二军宣慰使，促使冯玉祥、岳维峻等出师响应，使北伐取得重大胜利。

1928 年出任国民政府立法院委员兼法制委员会委员长,1930 年兼任考试院考选委员会委员,并被选为国民党中央候补执行委员。1933 年与戴季陶、于右任、张继等国民党元老,力主发展大西北教育事业,振兴农业,以济民生,创办西北农林专科学校(今西北农业大学前身)。并先后

1923 年 8 月 "中华民国" 陆海军大元帅府给焦易堂先生的派状

在本县河道地区捐薪俸,办起民生小学和民生中学。主持举办了全国首次武术考试和表演。1935 年出任国民党中央最高法院院长,同年被选为国民党中央执行委员。在任期间,清理积案,整理编写判案,健全终审制度。坚持正义,主张早日结束训政,实行宪政,还政于民。为此,引起蒋介石的猜忌,于民国 1941 年被迫辞去院长职务。1945 年抗日战争胜利后,蒋介石挑起内战,焦易堂对此非常反感,曾说:"蒋介石违背中山先生遗训,所作所为,全出一己之私。" 1946 年,焦易堂当选为第一届国民大会代表。1949 被迫去了台湾,1950 年 10 月 20 日在台北病逝,终年 70 岁。

思想进步　追求真理

焦易堂幼时家贫,14 岁才开始读书,20 岁时,常游览周、秦、汉、唐胜迹,抒发豪情,立志复兴民族、振兴中华。

1908 年,武功县财政收支民局局总张围州,克扣私塾先生黄清泰的 80 文铜钱补贴,并蛮横无理,横加斥责,扬言要惩办黄清泰。焦易堂、张仲良闻知后,十分气愤,即与黄清泰等二十多名秀才联名上书,揭发局总的不法行为。但因省、县官吏狼狈为奸,沆瀣一气,告状屡遭失败。焦易堂和张仲良毫无气馁,促黄清

泰上京联名告御状，终于告倒了张围州。这场斗争迅速传遍乡间，人们无不拍手称快，同时也更激发了焦易堂与贪官污吏斗争的决心。

1909年，清廷预备立宪，各省设立自治研究所，焦易堂前往西安陕西自治研究所求学，结业后返回乡里。在乡间，他目睹了清官吏的腐败和人民的痛楚，逐步树立了复兴民族、重振中华的志向。此间，他闻知孙中山先生在南方发动群众，联络有识之士，组织武装起义，推翻清廷的消息后，心潮激荡，热血沸腾，这年经井勿幕介绍加入同盟会。

1910年，焦易堂任武功县劝学所所长，期间利用公暇之余，常在乡间演说，宣传孙中山先生的革命思想，宣传妇女放足，男子剪发。

井勿幕、宋向辰，邹子良等同盟会骨干，在泾阳县"柏氏花园"秘密聚会，传达孙中山鉴于南方起义屡受挫折，欲改从西北发动起义的主张。会后，张仲良在武功四处奔波，宣传孙中山先生的主张，接纳同仁，酝酿建立革命组织。经过努力，形成了以焦易堂、李向荣、郭仁普、黄清泰等十多人为骨干的武功同盟会成员组成基础。数月后，武功同盟会成立，张仲良任主持人。

共商大计　声援首义

1911年8月，井勿幕来到武功，偕张仲良访焦易堂。为避人耳目，焦易堂邀井、张到长宋乡上庄堡其舅父崔振元家共议革命之事。井、张委托焦易堂负责联络关中西部志士，负责陕西同盟会与上海同盟会联络的工作。井勿幕离武功之后，焦易堂奔忙于西安、武功、扶风、凤翔等地和郭希仁、曹印侯、张渊、南兆丰、南南轩、李向荣、王诚斋联络，筹商起义。

1911年10月10日，武昌起义一声枪响，举国为之振奋。焦易堂急驰西安，与郭希仁、曹印侯等运筹帷幄，策动西安起义。10月22日，革命党人联合哥老会掌握的新军发动了西安起义，当晚张凤翙约郭希仁等在军装局组设革命军总司令部，打出了"秦陇复汉军"旗号，张凤翙任大统领，委任焦易堂为大统领行营记室参军，为其出谋献策。10月23日，经过一天的激烈战斗，革命军占领满城，西安全城光复。焦易堂即返武功与张仲良联系武功光复工作，经过权衡利弊，拟以和平方式光复武功。在他们的斡旋下，10月底的一天清晨，武功城乡民众纷纷举起"兴汉灭旗"白旗，拥入县城游行，在没动一刀一枪的情况下，武功县城和平光复。

1911 年 11 月，原陕甘巡抚升允率甘肃清军分两路向陕西进攻，一路从平凉进攻陇州（陇县）、凤翔；另一路从天水进攻长武、邠州（彬县），在重兵压境，威逼西安，军情万分急迫的情况下，武功民团 1200 人，兵分两路，一路由焦易堂、郭宰承、张丙寅、郭仁甫率领疾驰凤翔，一路由张仲良、李向荣率领增援乾州（乾县）。焦易堂在凤翔的保卫战斗中，与万炳南紧密配合，协同作战，挫败了清军的反扑，并缴获了大量的枪支弹药。

当选国会议员　参加讨袁逐陆

1912 年 1 月 7 日，南京临时政府成立，给张凤翙颁发"中华民国军政府秦省都督印"。此时，焦易堂在都督府任职，并兼陕西同盟会干事。

1913 年 12 月，被选为第一届国会参议院议员。1913 年 4 月 8 日，"中华民国"第一届国会在北京正式召开，焦易堂、李龙门、张蔚森、窦应昌等人作为参议院议员参加了会议。1914 年 1 月 10 日，袁世凯解散国会，招降纳叛，对议员实行金钱收买政策。他认为焦易堂是民党议员中有影响的人物，秘密委托山西军人任鸿山，以五万元重金和要职相许，劝焦脱离民党，遭到焦的严词拒绝。焦易堂回到陕西，积极参加讨袁逐陆运动。1915 年，焦易堂为报告陕西革命情况，由西安赴沪，准备东渡日本谒见孙中山。焦易堂在省城，藏匿在莲花池庙中及东大街精业公司，与张渊、南南轩、张子宜、杜友梅等联络回族首领张老九欲炸毁都督府。由于张老九带着炸弹向都督府投掷未响，焦易堂自告奋勇，愿亲自去投炸弹，他化装成商人，身着丧服，手提某商号灯前往都督府墙外，连投二弹也未响。后见张渊才知炸弹系由王一山同志处装好送来，因炸药受潮，故未爆炸。

1916 年元月末，焦易堂、李向荣参加了陕西讨袁义勇军西路司令吴希真在乾县五凤山召开的秘密会议。决定 2 月 17 日（农历正月十五）晚，关中西部各县同时夺取地方武装。后因有人被捕叛变，起义计划落空。3 月 18 日，焦易堂的战友杜友梅、南南轩等人被陆建章逮捕，他们 17 人被枪杀于西安北门外火巷口，张渊于 4 月 28 日在甘泉县被捕遇难，后称"十八烈士"。

长子捐躯　孙中山电唁

1917 年 6 月，民国议员全体赴沪，焦易堂也离开北京去上海，到孙中山身边工作。焦密令其子焦步辕和李向荣回陕，随同曹世英、胡景翼发动革命，讨伐陈树藩。李任陕西靖国军团长、焦步辕任营长，转战于陕西扶风、岐山等地。

1918 年 2 月 10 日李向荣、张仲良、黄彦英、焦步辕等带领各自组织起来的反陈武装，攻克武功县城。张仲良之子在攻城时阵亡。同月，李向荣和焦步辕在增援岐山靖国军与陈军的战斗中牺牲。孙中山得到消息后，电告焦易堂"哲嗣从戎殉国，志节炳然，尚冀为国自重，勉抑哀感"。

1918 年，陕西民党人士响应孙中山领导的护法运动，竖起靖国军旗帜，孙中山特委任焦为陕西劳军使，回陕西宣慰靖国军。孙中山先后两次电告孙洪伊、徐朗西接洽。

在孙中山大元帅府工作

1913 年，焦易堂入北京中国公学学习法律，此后他主要追随孙中山先生参加

焦易堂（前排左一）随孙中山及夫人出席中国国民党广西支部成立大会

革命和工作，是陕西辛亥革命先贤中在孙中山身边工作时间最长的人员之一。

1918 年 4 月，广州政府中的桂系陆荣廷、莫荣新暗通"北京政府"，欲改组大元帅府为七总裁制，制约孙中山。焦易堂坚决反对七总裁会议制，在珠海召开的一次西南代表和大元帅代表会议上，焦以护法国会议员代表资格反对此举，仗义敢言，针锋相对，使多数与会者折服，以致改组阴谋未能得逞。

1918 年 5 月，焦易堂奉孙中山之命赴天津同景梅九、续西峰、杨仁天、冯钦哉、刘觉民等设秘密机关，负责与孙中山之间的联系，开展宣传及联络西北军人及各界人士，以在北方打开新的工作局面。

1920 年，焦易堂与国会议员谢良牧商议，拟分化北洋势力，联段祺瑞派以击曹锟，取得孙中山的同意后，焦到天津天津见段祺瑞，密言："民党与北方势力对峙，非国家之福，如能接受三民主义，与民党合作，民党人士不愿与你争军政大权。"段祺瑞应允，并先后派光云锦、徐树铮唧命南下，谒孙中山面商合作事宜。段祺瑞虽无诚意，但北方直皖两系由此生隙，而有直皖之战。

1921 年 12 月，焦易堂随孙中山参加了中国国民党广西支部成立大会并在会上致辞。1922 年 6 月 16 日凌晨，陈炯明公开叛变，孙中山蒙难登上"永丰舰"。焦易堂冒着枪林弹雨匍匐数小时来到白鹅潭，租乘小船登上永丰舰，见到孙中山。当时孙中山因数夜未眠，面带紫色，眼球布满红丝。焦请示行动方案，孙中山指示说，南方革命一时不易集事，北方人情尚厚，嘱咐焦先返回北方宣传三民主义，组织同志，为革命再起准备。并表示北方革命军如有基础，有前往北方之意。

焦易堂自 1917 年赴广东参加护法运动后，和孙中山有多次书信往来。其中一部分没有收入《中山全集》，在其他地方也未发表过，是研究孙中山先生政治思想与革命策略的珍贵史料。

1. 1918 年 3 月，孙中山读完焦易堂所述其父母焦心通暨崔氏行状后，欣然为其撰写了《焦心通先生暨崔太君行状书后》，高度评价了焦易堂父母的教子有方。其内容如下："自古贤者多渊源于家学，而母教之孕育，关系尤伟。是以教子贵有义方，贤母令妻，为女教之典范。易堂焦君，秦中杰士也，为国事奔走有年，于民国创造颇有功焉。其为人也，端直温厚，不类近世子。予每觉其立身，必有所自，及读易堂所述其先德心通先生暨崔太君行状而益喻。嗟乎！自欧风东渐，家教之美几绝，于是社会之风趋下，而国脉日微。爱国者宜思有以救之。民国七年三月，香山孙文。"①

2. 1918 年 2 月 10 日（农历除夕），焦步辕（焦易堂长子）在增援岐山靖国军与陈树藩军的战斗中牺牲。孙中山电告焦易堂："顷通十四号手书，敬悉。哲嗣从戎殉国，志节炳然，尚冀为国自重，勉抑哀感。赴欧特使，以今日南方尚未得各国承认，未必有效。文苟驽钝所及，此后或以私人名义往赴欧美，以冀尽个人之责职，亦甚有益，惟当勉力图之耳。专复，并颂议祉 萱甫兄均候。"②

3. 1923 年 3 月 23 日，孙中山复函给时在北京的焦易堂，称赞他为党宣传事业所做的工作："易堂兄执事：三月九日来函诵悉。执事仍驻北方，为党宣传，并决心非必不得已，即专注意宣传事业，不欲他往。兼已印刷：《三民主义》《五权宪法》等演说词数万份，分送各界。阅之致（至）为欣慰。吾党主张，以大多数人民未能了解，故于推行时每多阻碍，此在北方，更觉较甚。得执事在彼宣传，必见伟大之效。尚祈宏此远谟，以竟将来水到渠成之全功，为至望也。专复。即颂，时祉，孙文。"③

4. 1924 年 9 月 27 日，焦易堂写信向孙中山汇报北方军事状况。10 月 8 日，孙中山在复函中对其在北方的工作给予高度的评价。堂兄鉴："九月二十七日函悉。经画西北，具见周详，毅力热诚，殊堪嘉尚。际此沪苏酣战，奉师南下，我军长驱，直捣洪都，尤望西北各省乘机响应，使贼首尾不相顾。至北伐各军名称，西南各省多数主张建国军名义，吾党早有建国方略、建国大纲之宣布，当然改为建国联军，以期一致。此复。顺颂勋祺孙文。"④

5. 1919 年 1 月 5 日，焦易堂、童萱甫等组织成立了"世界和平共进会"，请孙中山担任理事长，孙中山复函：比诵惠教，敬悉。诸兄发起世界和平共进会，所以诱导国人者，用意甚盛！惟文近于外事，实觉无能为助。承推任理事长一职，殊不能当，尚希另推贤能，以裨进行。方命之处，幸为鉴谅。此复，并颂道祺。"⑤

---

①据《国父全集》第四册。
②据《国父全集》第三册。
③据《国父全集》第四册。
④据党史会藏原件影印。
⑤据《中央党务月刊》第十一期 "特载"《致广州焦易堂童萱甫》。

6. 1919年3月11日，孙中山回复焦易堂的来函，表达了当时他面临的经济困难："顷诵手书，备悉。经营实业固今日扼要之计，惟文近日经济异常困难，不能为兄之助，甚为歉仄，尚冀谅之。此复，并颂近祉。"①

1922年至1924年期间，孙中山给焦易堂写了5封信，涉及国会、立宪、政党政治等。

1. 1922年9月14日，孙中山给焦易堂的复函指出："易堂兄鉴顷得手书，具悉一切。国会事得诸兄在京努力奋斗，当有贯澈之望。如不得已而调和折衷，总以无悖于法为依归，最低限之让步，当以去吴景濂之议长及议员中不良分子，庶使国会空气稍得清明。鄙见如此，请诸兄斟酌进行为望。此复。敬颂台绥孙文。"②

2. 11月22日，孙中山批焦易堂函："作答：现适奇困，俟稍宽松，当为设法，望同志为国奋斗。着寄书去北京，答函抄底。"③

3. 11月22日，焦易堂写信向孙中山汇报北京情况。11月26日，孙中山给焦易堂的复函中指出："易堂我兄惠鉴：顷接十一月二十二日手书，具悉一切。罗案虚实，既付之法廷（庭），自有水落石出之日。本党议员表示无所偏倚，以静候法律之解决，态度致为公允。吴景濂之横行无忌，实为国会之羞，诚不可无以膺惩之。所望兄等为国奋斗，贯彻始终，使小人屏足，正气得申也。本党议员当此财政竭蹶之时，团体开会及交际各费，竟至无从筹措，深为廑念。此间适值奇困，莫能为助，尤所歉然。俟有机会当为设法，请勿为念。所索各书，当饬事务所照寄备用。日来政变，诡异万状，如有所见，希随时函告，为荷。余不一一。此复。并候台绥孙文。"④

4. 12月5日，焦易堂致函孙中山，汇报了自己对"北京政府"争权夺利、政局瞬变的看法，孙中山表示赞同，批阅这封信时指出："代答：对于政局主张极合，各同志能本主义以奋斗，甚为快慰云云。各书当速寄去。"⑤

---

①据《中央党务月刊》第十一期"特载"《致上海焦易堂》。
②据《国父全集》第三册。
③据《国父全集》第四册。
④据《中央党务月刊》第九期"特载"《复焦易堂》。
⑤据《国父批牌墨迹》。

5. 12 月 21 日，孙中山批焦易堂函："作答：溥泉（编者按：指张继）因家稍延，但必来。"[①]

1924 年末，孙中山在天津肝病发作，此时，焦易堂一直工作在孙中山先生身边。12 月 31 日，孙中山扶病入京，经协和医院确诊为肝癌，焦易堂随孙中山先生到北京治病，并秘密与国民军联络，观测时局变化。1935 年 3 月 12 日，孙中山先生病逝于北京，焦易堂为护陵组成员。

3 月 19 日，孙中山家属在协和医院为孙中山遗体举行宗教祈祷礼，据 1925 年 3 月 20 日天津《大公报》载《昨日孙中山移灵之详情》中记：举榇者，皆为民党要人，为张继、于右任、汪兆铭、戴传贤、宋子文、喻毓西、陈友仁、邹鲁、邵元冲、姚雨平、焦易堂、邓家彦等。

负责整理《圣作贤述》《总理遗教》，各界政要纷纷题跋 1929 年 4 月，焦易堂将孙中山先生多封亲笔信原件裱编成《圣作贤述》和《总理遗教》，并将其送达国民党各位要人拜读。戴季陶、胡汉民、于右任、孙科等要人纷纷题跋。

在国民政府的任职

焦易堂先后任立法院委员，法制委员会委员长、最高法院院长。1928 年 11 月 7 日至 1936 年 9 月 5 日期间任立法院委员，兼法制委员会委员长。1935 年 7 月 22 日至 1940 年 9 月 26 日，任最高法院院长。1936 年 9 月 5 日，辞去立法院委员职务。1940 年 9 月 26 日，辞去了最高法院院长、最高法院庭长职务。

1929 年至 1931 年期间，任国民政府考试院考选委员会委员，国民政府禁烟委员会委员，陕西弭灾水利促进会执行委员，高等考试典试委员会委员等。

1942 年 8 月 18 日，任国民政府委员会委员，1943 年 10 月，被聘为国民政府顾问。参加了第一次到第六次国民党全国代表大会，当选三届、四界中央候补委员，五届、六届中央委员。

1948 年 3 月 29 日—5 月 1 日，第一届国民代表大会在南京召开，焦易堂作为第一届国民代表大会代表参加了会议。

---

① 据《国父全集》第四卷

焦易堂的论著

焦易堂一生的论著涉及政论、法学、医学和其他如：文史、经济、管理、水利、教育等。

政论方面有三民主义与世界大同、训政与村事，其他文章有自卫与自治、钱币革命的研究、孔子学说与中华民族发展之关系、礼制服章、黄河两岸开湖计划、以大禹治水之精神正人心兴水利除水害、创造新国际以求世界之和平、女子对于维持世界和平的责任、实施三民主义的乡村教育、博爱与慈悲、对于国民经济运动的小建议等文章发表在中央党务月刊、广播周报、新陕西、国民经济建设等期刊上。

于右任在《焦公易堂权厝志》一文中对其担任最高法院院长一职工作做了评价：二十四年任最高法院院长，凡五年。清理积案整编判例；健全终审制度，减轻人民讼累；国人至今称之。

1929 年 1 月 29 日，立法院第十次会议决议，指定委员傅秉常、史尚宽、焦易堂、林彬、郑毓秀组成了民法起草委员会，在《中华民国民法》的制定过程中，采取了分别起草、分别通过的方式，即按照总则、债编、物权编、亲属编、继承编的顺序，分别制定颁布实施。到 1931 年 5 月 5 日，随着亲属编、继承编颁布施行，民国民法典全部完成，前后历时两年。

焦易堂的论著《两年来政府整理行政法规之经过》发表于《中央党务月刊》1930 年第 27 期。《新中国法系与世界大同》和《继承人对于被继承人债务之责任问题》发表于《法学季刊》1930 年第 1 卷第 1 期。

1933 年至 1935 年期间，焦易堂多次在中国立法院、最高法院总理纪念周会议上做报告，报告的题目有：五权宪法的研究，立法院应注意的几个问题，现行诉愿法与行政诉讼法之修正意见，整理行政法规之经过，研究行政法学之必要，司法官应有之道德与技能等。

保护国粹　弘扬中医中药

焦易堂酷爱中医学，极力提倡发扬中华中医药，保护国粹。他曾被聘任为中央国医馆馆长数十年，提出以现代科学研究中医药，力主中西药结合，拟定中医药发展方案。他主持国医馆不仅逐步建立起各类研究委员会，创办了中医药杂志，编辑出版了部分中药教材，而且在各省市和国外华人居住地区建立起国医馆支馆。一些省市还办起西医学校。抗战期间，他先后在南京设立中医救护医院，创立中国制药厂，开办中医医务人员训练班，为战时服务。

1929 年 2 月国民政府卫生部通过了余岩提出的"废止旧医以扫除医事卫生之障碍案"，同年 3 月，在焦易堂等人积极的筹备下，成立了"全国医药团体总联合会"，并在上海召开第一次会议（后称此日为"国医节"）。当时身为中央委员的焦易堂，到处为中医鸣不平，维护国粹。直到 12 月，国民党政府迫于多方面的压力，撤销了废止旧医的提案。

1930 年 1 月，全国医药团体总联合会裘吉生等建议政府仿国术馆例筹设全国性的学术机构—国医馆，并附馆章。1931 年 3 月 17 日，"中央国医馆"在南京正式成立，行政院任命焦易堂馆长，选举陈立夫为理事长。国医馆"以采用科学方式整理中国医药，改善疗病及制药方法为宗旨"，下设秘书、医学、药学、推行 4 个处。焦易堂延聘专家，广征论评，制定国医药标准大纲以继方审议统一疾病名词，纂辑分科标准书，及订正旧有参考书。计划循序的进行工作，筹设分馆支馆、统辖医药团体、审定国医资格、监督国药商及核验成药及领导医药学校。抗战胜利后，各地的分支馆先后恢复或重建，其中包括江苏、上海、甘肃、广州、湖南、湖北、北平天津、台湾、香港等国医分馆。

作为法制委员会委员长的焦易堂和副理事长彭养光一道，走访各位委员，进行解释工作，终于使国医条例在法制委员会获准通过。1936 年 1 月 22 日，《中医条例》得以公布。从法律条文上使中医的地位得到了保障。1932 年 10 月，行政院发布训令，称"中央国医馆所有学校一律改为学社，不准立案，不得列入学校系统"，要剥夺中医的合法地位。直到 1938 年 1 月，在焦易堂和中医界人士的督促和直接参与下，支持中医的陈立夫出任重庆政府教育部长，国民党政府教育部终于颁布了"中医学校通则"。

焦易堂论著《中国的医学》发表于《文化建设》1934 年第 1 卷第 1 期。1935 年 10 月，焦易堂为《针灸杂志》二周年纪念特刊题字。同年，焦易堂论著《药物图考序一》发表于《医界春秋》1935 年第 104 期。1937 年，焦易堂为《中华医药》创刊号撰写《发刊词》。1938 年，焦易堂论著《医药与国防》发表于《新运导报》1938 年第 16 期。

1937 年 2 月在国民党五届三中全会上，焦易堂等 53 位中央委员提出"责成教育部明令制定中医教学规程编入教育学制系统以便兴办学校而符法令案"，再次要求将中医教育纳入教育体系。此提案通过时，抗战已全面爆发。1947 年 9 月，在中央国医馆常务理事会上，焦易堂等人拟订方案，继续进行中医教科书的编写，并推选焦易堂、陈郁、施今墨等 10 人为教材审查委员。

1937 年 8 月，日军飞机轰炸了南京，焦易堂目与赈务委员会委员长朱子桥（庆澜）将军在南京老虎桥设立了中央救护医院，并在下关设立诊疗所，焦易堂任董事长。建院不久，收容了数千名伤病官兵。每天都有中医师轮流前往，免费为伤病员诊病、施药。南京沦陷后，中医救护医院于 1938 年迁至重庆瓷器口，过多方努力，医院拥有了 200 多张病床，具有了一定规模。

1937 年抗日战争爆发后，中央国医馆随政府西迁四川巴县（今重庆市巴南区），军民急需医药，焦易堂积极组建以科学方法研究及制造中药的现代中成药厂，并很快在重庆投入生产，1941 年，又促成侨领陈嘉庚参与投资，使中国制药厂扩大了规模。

1946 年，中央国医馆馆长焦易堂，中国宗教徒联谊会总干事长卫立民，南京市名中医张简斋、隋翰英、施今墨等 20 余人发起筹建首都中医院。1948 年年，建于南京毗卢寺首都中医院正式成立，并举办了中医进修班，招收学员数十人，为国家培养了一批医务人才。

1945 年 2 月，焦易堂在全国中医师公会联合会成立大会上的讲话，对自己所做的一切作了高度概括。"中华自然科学落后，唯医药一科有独到之学与术，与西方医药科学殊途同归，足以自豪，……易堂十余年，奔走呼号，已为新学于法律、教育、考试诸方面，争得应有地位，今后更愿追随诸君子后，努力勿懈，愿共勉之"。

1950 年 10 月 28 日，焦易堂因病溘然与世长辞于台湾大学医院，享年 70 岁。去世后，台湾国民党政府成立了于右任、居正、邹鲁、陈诚等 35 人组成的治丧委员会。11 月 16 日上午 10 时，国民党政府在台北中山北路极乐殡仪馆举行公祭，蒋中正、宋美龄、于右任等各界近 200 人参加了公祭和安葬仪式。同日上午 12 时安葬于六张犁极乐公墓。

焦易堂逝世 10 周年，台湾中医药界为他铸造半身铜像一尊，于右任特为铜像题词，辞曰："猗嗟焦公，志虑忠纯，有才济世，有术活人。金匮窥秘，壶中布春，杏林世仰，阙功无伦。"

公祭中，中国国民党中央改造委员会暨中央执监委员会、第一届国民代表大会代表全国联谊会、立法院、司法院暨所属最高法院、行政法院、公务员惩戒委员会、中央国医馆台湾省分馆苏锦全等、如皋旅台同乡会、陕西旅台同乡会、陕西国民大会代表联谊会、治丧委员会等发表了祭文。于右任、陈诚、王宠惠、丁惟汾等近百人及立法院考试院、最高法院、西北农学院校友会台湾省分会等赠送挽联。蒋中正、于右任等题赠"痛失耆勋""痛失耆旧""永怀元老"匾额幛词。陈果夫等数十人发来唁函唁电。

口述者：焦易堂外孙女　邱晓真
采访人：张应超　马　正

漫西居士——李元鼎

李元鼎（1879—1944），字子彝，亦作芝逸、子逸，号老曼、鲁曼和漫西居士（其家在漫泉河之西南自居），蒲城县荆姚镇中街村人，与号称"西北革命巨柱"的井勿幕有同邑之谊，亦为井勿幕坚定的追随者和陕西革命元老级人物。1905年留学日本，先后就读于济美、经纬二校和早稻田大学，同时加入同盟会，与陕籍同学创办《夏声》杂志，宣传革命思想。井勿幕回陕进行革命活动，曾帮助设计 "通讯横斜格""纵横连系法"等联络方法，以确保便捷机密。1909年回国，任陕西谘议局秘书长，曾以清朝 "永不加赋"祖制，抵制清廷增征田赋税银的命令。1911

李元鼎

年西安起义后，参加秦陇复汉军并相继担任参议兼文书、军政府秘书长、军政府教育司长等，倡办三秦公学、同州师范、凤翔二中，选派百余学生出国留学，还扶持创办易俗社。1914年陆建章督陕后去职北游，归则杜门不出，"专事吟咏"。1918年11月闻井勿幕兴平遇害，径赴三原靖国军总部，出任总部秘书长。靖国军解体后，归隐蒲城。1928年，应聘国民党中央党部编纂委员会编纂，继任审计副部长、部长及监察委员等职。抗战期间连任第一、二届参政员，1943年接替宋联奎任省临时参议会议长。翌年8月病逝于蒲城老宅。李元鼎诗文丰富，为大儒毛俊臣弟子中颇得其师衣钵者，有《老曼斋诗存》传世。

1905年，孙中山在日本创建同盟会，李元鼎等率先加入，投入推翻清王朝封建专制制度的斗争。1908正月，与井勿幕、赵世钰、茹欲立等在东京创办《夏声》

李元鼎和留日同学合影

杂志，揭露清王朝的黑暗统治，宣传救国思想。李用罍空、鲁曼等名，在《夏声》上发表了一系列文章。在《敬告陕甘父老》一文中，他猛烈地抨击苛刻的赋敛及吸食鸦片、强迫女子缠足等社会弊病的严重危害。他喻列强为巨盗，疾呼："巨盗至，将蹂躏我河山，践踏我田园，发掘我祖宗坟墓，吸取我人民之膏血，祸将不远矣！"

宣统元年（1909），李由日本回国，任西安府实业中学堂教员。同年，陕西谘议局成立，李任秘书长。由于他与副议长郭希仁、李桐轩及常驻议员井岳秀均为同盟会员，所以陕西谘议局实际为同盟会革命党人所掌握，谘议局也成为同盟会员秘密活动据点。

1911年10月22日西安起义爆发。翌日，李即到新成立的秦陇复汉军政府任秘书，后又负责秘书厅事务。清帝退位，共和告成，李任陕西军政府教育司长。民国初年陕西教育计划的制订、三秦公学的创办、派遣留日学生等教育界重大事宜，均在他直接领导下。

1914年，袁世凯亲信陆建章主陕，李去职。时教育司有3000两白银的节余经费，秘书常某按旧例向李建议：以半数归司长，其余由秘书、科长平分。李听后勃然动怒，严厉申斥这种中饱私囊的"旧例"，并令秘书将节余经费如数上缴。卸职后他漫游北平、山西等地。返回西安后，闭门读书写诗，忧国忧民之心，屡见于诗文。1918年11月，井勿幕遇害身亡，李悲愤异常，在悼诗中写道："烈烈寒风拂晚营，赤光芒角见沉星，遗尸马革凭谁裹，抢地呼天泪满膺。"痛惜之情跃然纸上。随后，李由西安赴三原靖国军总司令部，被于右任委任为总司令部秘书长。1922年，陕西靖国军解体，李与于右任、茹欲立商定取道甘肃、四川南下，追随孙中山。李先行，但到事先约定的地点，未能与于右任相见，只好返回故乡。

1926年冬西安城围解除后于右任为国民军联军驻陕总司令部总司令，请李出任要职，李不愿接受。1928年应于之邀，赴南京任国民党中央党部编纂委员会编纂，国民政府审计部副部长、部长、监察委员等职。李任审计部部长期间，曾筹设各省审计处，对审计人员采取了考试任职的录取办法。

1935年因对蒋介石私自拨款之事不满，他毅然辞职回到陕。期间，支持杨虎城在家乡蒲城创办尧山中学，并担任校董。

抗日战争期间李连任第一、二届国民参政会参政员。1940年1月，担任国民参政会华北慰劳视察团团长，率团遍历陕、晋、豫、鄂等省抗日前线和后方，返渝后据实写出报告，揭露阎锡山、汤恩伯、胡宗南等消极抗战、积极反共的行径，重庆《新华日报》曾全文刊出。1943年2月，国民政府公布李元鼎为陕西省第二届临时参议会议长。他不畏权势，根据议员的权利义务，向国民政府揭发陕西省主席熊斌等人把西安出土的沙金变卖巨款贪污的丑行，此即轰动一时的"黄金案"。当国民政府派员调查此案时，李呈交的证据达30余份。熊斌终以在陕西秽声四播而被调离。次年8月16日，李病逝于蒲城荆姚镇旧宅。生前诗作甚丰，诗稿《老曼斋诗存》收入5000余首。

李元鼎书法

口述者：李元鼎侄外孙　王利平

采访人：马　正

三朝元老——师子敬

师守道（字子敬，后以字行），清光绪元年（1875）年农历六月初十生于陕西省富平县师家堡，三岁母丧由外婆接至金城堡，并抚养长大，与金城堡邹继孔（东山）结为异性兄弟，（外婆家亦姓邹）相互照料，共读私塾五年，清光绪十五年（1889）进入蒲城县署户房习吏事，后其师傅张某（富平庄里大南巷人氏）见祖父已学成，即让他代行其责，张回庄里只领年俸而不署事。清光绪二十五年（1899）安葬父母灵柩后始与张怡韵成婚，与邹继孔住在一起，由祖父出资，由邹在富料理家事，因受孙中山革命思想影响，1906 年春加入同盟会。新中国建立后历任西

师子敬

北军政（行政）委员会委员，西北监察委员会副主任，西北军政委员会土地改革委员会委员，西北军政委员会政治法律委员会委员，西安市政协副主席等职。1964年11月21日积劳成疾，病故于西安，享年89岁。

师子敬在蒲城县衙时，与井岳秀私交甚厚，并结干亲家，井的子女均称他为"干大（爸）"。井岳秀的弟弟井勿幕在日本求学，受中山先生革命思想影响，加入同盟会，并通过其在陕广为宣传，为革命准备力量。1905年冬勿幕回陕运动革命，师子敬与李仲特、李桐轩、常铭卿、焦子静、寇遐、马彦翀等三十余人入盟，随后即在蒲城与李仲特、李桐轩、陈会亭、常铭卿、李天佐、井岳秀密谋革命，组织"自治社""天足会"，并利用蒲城高小学堂教育分会设夜校识字班，编写新剧本，街头演出，宣传革命思想，发展同盟会员，并参与1906年冬发生在蒲、富一带农民反抗西潼铁路路捐，进城交农活动。井勿幕在三原北极宫召开会议后，师子敬与邹子良来富平联络杨介石，宣传发展组建了同盟会在富平的组织。

1908年10月蒲城知县李体仁因仇视革命，借词取缔蒲城教育分会，对蒲小师生捕押刑讯，妄图抓捕党人破坏其组织，后在同盟会陕西支部的领导下，取得胜利，因此发生在蒲城，故称"蒲案"，发生的当天，李体仁拷问到被捕学生孙逢寅（又名亮功，井岳秀大女玺玉之夫）时，孙答"我只是在校念书，因年小没有参加活动，我干大可以作证为保"。李体仁问："你干大是谁？"孙答："是师子敬！"，李听后警惕地说"哼！还有他哩"。时师子敬在大堂听知李体仁已怀疑自己，即往井岳秀家，将情况告与井妻，并拿出200两银票，托井妻为受刑师生购药治疗，闻井岳秀去了李天佐家，师子敬即赶往南乡西陈庄李家堡子，当时李正在家办葬母之事，陈会亭亦在此点主，幸免于难，当时商定去省告状。当夜井岳秀越城返家作了安置，拂晓返回李家与师子敬、陈会亭同行，经韦庄，过渭南，而至西安，协同陈向各方报告"蒲案"发生经过，控诉李体仁的血腥暴行，很快在全省形成一场波澜壮阔的反封建压迫运动，并得到北京、上海及留日学生的正义声援。各地革命党人和各界进步人士纷纷向陕西当局提出抗议和质问，省内商州、凤翔、同州等地中学，三原宏道学堂以及西安和各县的不少学堂相继罢课，以示声援。省城的高等、师范、陆军等学堂的师生代表在省教育总会集会抗议，马彦翀、寇遐为西安学生总代表，以教育总会名义发出三项决议：一、各学堂一致罢课，声援"蒲案"师生；二、推举代表向巡抚衙门请愿；三、坚决要求惩办李体仁。次日即到巡抚衙门请愿。西安各界人士还隆重为"蒲案"死难学生原斯建举行了追悼会，到会三百多人。西安高等学堂的祭文写道："何日杀贼，粉身碎骨，剖心致祭，慰君幽魂。"西安师范学堂的祭文写道："宁牺牲夫六尺兮，毋坏我辈自由，……祝群起以沁航兮，誓破釜而沉舟。"在上海的陕西籍学生和知识界人士，把"蒲案"的新闻交于右任在《舆论报》上发表。留日的陕籍学生通过《夏声》杂志发表"蒲案"消息，要求申明公理。当时刚从北京师大学堂毕业在京的蒲城籍学生李博（约祉）、李协（仪祉）等人，联络陕籍京官刘华、晏安澜等在京进步人士共三十多人，具本参劾李体仁。历经五个多月，清廷只好将李体仁"即予革职，不准援例捐复"，并作了罚银和经济赔偿总之"蒲案"对陕西革命形势的迅速发展，起了很大促进作用。

"蒲案"发生后，师子敬即到全省策划声援蒲案运动中心——公益书局，任总经理。该书局系同盟会设立的重要秘密联络据点，系张拜云、焦子静诸人合资开办。这里秘密购运革命书籍，散布传播革命思想言论，同时购置印刷机器一套。公益书局还是外县的同盟会党人和进步人士到此居住、省城的会员到此交换意见的主要场所。陕西同盟会能够团结许多进步人士，公益书局起了很大作用。

为培养革命人才，焦子静，张拜云，吴宝三还在西大街富平会馆创办健本学堂，师子敬也参与经办及从事管理工作，为兼课教师，并以书局资金，周转于学校，年终结账，统与焦、张二位东家算清。在陕同盟会策划研究革命活动中，焦子静的谋划甚众，而师子敬能纵观全局客观地提出果断决策，故在当时获得了"焦谋师断"的誉称。

1911年广州黄花岗起义失败后，井勿幕召集陕西同盟会负责人开会，决议在陕西发动起义，分工由师子敬到甘肃联络当地革命党人，促进陕、甘合作。

1924年9月首都革命，也称北京政变，国民军兴，胡景翼为国民革命军副总司令兼国民二军军长，并出任河南省军务督办，胡邀请师子敬任河南制造局局长，因为他曾任陕西秦风银行行长，对财政工作比较熟悉。在河南不到两年的时间，他为河南的钱币发行、国民二军的军费开支绞尽脑汁，作出了一定的贡献。期间，胡和李大钊联系密切，并通过李大钊和苏联驻中国大使馆外交人员加拉罕取得联系，请他们到开封国民二军军部，得到苏联的认可与支持，随后由苏联派来的顾问、教官数人统一交给师子敬接待，安置住铜元局。

随后胡为了进军湖北，追歼吴佩孚，调师子敬任豫南道尹（住信阳），以加强豫南政界和进军做准备，胡私下对他说："我官大了，逢迎颂扬多了，除师哥外听不到指责了，是很危险，你出去替我考查一下，关于我们对行政得失和改进，解决百姓苦难，都能得到相应处理。"师子敬即用省长名义通知各县"今后所有文武官员到各县视察或处理公务，不准迎接招待，违者以贪污论处"。这一措施，深得民心。他还协助处理、解决许多冤案。对民间情况了如指掌，当地称他"包公在世"，河南对胡更加拥戴信爱。1925年胡景翼右臂生疔，久治不愈于4月10日病逝，年仅34岁。胡景翼逝世是对中国革命的一大损失，他拥护孙中山先生"联俄、联共、扶助农工"的思想并积极践行。

按照胡景翼遗嘱，岳维峻继任国民二军军长，他未听取众多人士的建议，在奉系、直系、皖系生存夹缝中采取"花打四门"的军事行动，致使全军失利。国民二军在豫西全线溃败，岳维峻逃往山西，被阎锡山扣留。这时在河南境内只有任豫南道尹师子敬与守军蒋郎亭师，艰苦抗击40余日，使敌方未越雷池一步，但国民二军大势已去，终以和平谈判而结束，师子敬与蒋朗亭师撤离信阳时，民众赴站欢送，当时群众代表说："我们不能忘记师道尹之清廉辛苦，更不能忘记胡督办真诚爱民。"他从河南退出后来到北京，到京后即被疑为国民军密探遭被捕，后经陈树藩营救获释。

1926年9月张作霖部在北京逮捕了42名陕西籍学生，他们在北京上学期间参加"共进社"组织，这个组织是共产党的外围，主要成员为在京的高校学生，总部设在三眼井。当时共产党派方仲如、何尚志负责营救工作，师子敬的老友蒙兰亭之子蒙仲穆（中俄大学学生、党员）也被捕，其妻王云竹（新中国成立后任陕西民进主委）即来找他，求出面营救，他即去找卫戍司令于珍，会同各校极力交涉，先后有大部分学生被释放。但仍有杨晓初、雷郁青、原禾生、何寓础、梁鼎等五名中坚分子，被认定为共产党员而坚持不放，并要就地正法。候又可（共进社代表）与方仲如（共产党营救代表）、蒙仲穆又来找师子敬协商办法，方仲如说："杨晓初原系国民二军的军需，其他均非共党，请师伯无论如何设法营救。"师认定要帮陕西乡党，当即去找陈树藩，请他出面找张作霖特批，并对陈说："过去人们反对你是为让你走革命救国之道，今见死不救，定将受后人唾骂，请从长计议，还是把好事做到底吧"。陈即去电话找张作霖核准，将杨等五人释放。

1946年为省党部开会追悼刘允臣，师子敬应邀参加，但主持军统特务张海如在会上一开始就大放厥词，请到会的元老出谋划策，消灭共产党，而对追悼之事却只字未谈。会上另请一辛亥革命元老发言，又讲"中庸"之道约一小时，接着师子敬发言，他不畏强暴直白地说："我什么都不懂，即不懂经济，又不懂军事，更不懂政治，我只知道民为邦本，本固则国宁，谁爱百姓，百姓就拥护谁，谁害百姓，百姓就反对谁，现共产党同我们争老百姓，谁得到老百姓的拥护，谁就能胜利。"这一席话使与会者听后目瞪口呆，张如海亦无法反驳，只好散会。

1947年3月胡宗南占领延安后，西安省党部开祝捷大会，请师子敬参加，他拒不出席，却跑到易俗社看戏去了。后受命请他的孙仁山（胡宗南的军法处长）受了胡宗南的责骂。1948年7月国民党杀害民盟负责人杜斌丞，在陕辛亥革命元老纷纷指责当局，对杜遇难表示哀悼。但同时陕西省主席祝绍周调离陕西时，西安市议会为祝送行，歌功颂德，给祝送金钥匙，师子敬闻之非常气愤，指责此举会遭到百姓唾骂，他说"我是市民，以平民身份求你，我的名字师子敬三个字，声明不在送金钥匙的市民之内，认贼作父，吹捧求荣，师子敬绝不也"，"舔尻子的事，我们陕西人就是不能做"。说完负气而到青年报社见了主笔梁益堂，说明详情，第二天报上将此事作为新闻报道，公之于世，当日报纸顷刻销售一空，当西北王胡宗南看完报纸，气得面目铁青，下令砸了报社。1948年7月7日，当董钊任省主席后，师子敬在其就职典礼讲话时说"要发扬陕西自辛亥革命以来在反袁护国拥护孙中山革命精神，不畏强暴，反对黑暗统治，三秦子弟抗击倭寇，血洒疆场，爱国护民的光荣传统，害老百姓的事绝不能干"，"我们陕西人的事，应由我们陕西人自己管，不要舔人家的尻子，希望主席能这样去办"。结果搞得董钊啼笑皆非，还得带头鼓掌致谢。随着国民党反动统治的土崩瓦解，他曾鼓励董钊搞陕西境内的局部停战和谈，积极与共产党合作，救百姓于水深火热之中，终因客观条件不允许而未果。

1949年5月西安临近解放，胡宗南指派省党部副主任杨尔瑛负责胁迫师子敬撤离西安，他拒不从命，当5月18日张凤翙、马彦翀、寇遐、李藩侯等元老被胡宗南裹挟飞往汉中，准备送往台湾。5月19日胡宗南知师子敬未走时，再次派副官乘车来接，他将伤腿让其观看，说腿病很重不便行动，这个副官看到右小腿紫黑色伤口，二寸长还有浓血水，返回复命。

1950年4月10日中央人民政府第六次会议通过任命师子敬为西北军政委员会人民监察委员会副主任委员。中央人民政府17次会议通过他任西北政治法律委员会委员。中央人民政府21次会议通他为西北行政委员会委员。中央29次会议任他为西北行政委员会西北监委副主任。1950年10月抗美援朝开始，他又任中国人民保卫世界和平反对美国侵略委员会西北区筹委会委员。1957年反右运动扩大化被错误定为右派分子，1961年中共西安市委以（010）号文件上报陕西省委，要求摘掉师子敬、马彦翀、亢心裁、张士心等四人的右派帽子。1961年6月15日，西安市委统战部正式通知市政协，传达陕西省委文件精神，摘掉师子敬、马彦翀、亢心裁、张士心右派帽子。6月28日，西安市政协召开第80次办公会，宣布了这一决定。

1964年11月21日积劳成疾，病故于西安，享年89岁。

口述者：师子敬次孙　师大中

采访人：张应超　马　正

从优贡到反清志士——马彦翀

马彦翀 50 岁时摄于天津

马彦翀 （1886—1964），名骧，字彦翀，号本善，陕西商州龙驹寨（今丹凤县城）人。生于清光绪十二年十月十八日（1886 年 11 月 13 日）。1904 年考中秀才，1905 年考入陕西高等学堂，同年加入中国同盟会，积极从事反清革命，曾在 1908 年著名的"蒲案"斗争中，被推举为陕西高等学堂总代表。"中华民国"建立后，曾任孙中山大元帅府参军、陕西招讨副使、察哈尔省政府秘书长、天津市政府秘书长等职。在天津市长张自忠将军因有军职不在天津时，马彦翀即以秘书长代行市长职务。1937 年天津沦陷，马彦翀辗转回到西安，任行政院参议、陕西省政府设计委员、西安红十字会会长、西安易俗社常务理事。

清光绪二十八年（1902）二月，商州知州尹昌龄创办的商州中学堂，马彦翀参加考试并被录取。光绪二十九年（1903）于右任中举后，应其熟人、继任商州知州杨吟海（宜瀚）之请，任商州中学堂监督（校长），随后于右任又请其在三原宏道学堂读书时的同学李仪祉、茹欲立到商州中学堂任教。马彦翀学习成绩优异，深得于右任、李仪祉、茹欲立的器重，并受他们的革命思想熏陶。该校的赵俛威总教习思想激进，授课时经常告知学生：清王朝腐朽不堪，贪官污吏横行霸道，尔等青年，应即努力奋发，急起直追，否则将会有亡国灭种的危险。宣传进步思想的老师中还有寇庆煜、王式金、寇逸琴等。经老师的宣传鼓动，马彦翀接受了民族革命的进步思想。清光绪三十年（1904）又与赵俨威、寇逸琴二位老师同去湖北武昌求学，抵达安陆县（今安陆市）后，又结识了一批革命党人，均认为时不我待，应立即返陕策动革命。马彦翀随即从湖北回到陕西，光绪三十一年（1905年）报考陕西省高等学堂，以高分被录取。同年冬，在陕西省高等学堂读书的马彦翀，经井勿幕与李天佐介绍，加入同盟会，成为陕西同盟会的早期会员。

马彦翀在高等学堂一面求学，一面积极参加同盟会组织的革命活动，与井勿幕、李天佐、焦子静、高又明、任师竹、王子端、师子敬、张奚若、陈会亭、李仲三、寇遐、严文轩等同盟会革命党人，均成为陕西同盟会员中的骨干人物。期间张拜云、焦子静、吴宝珊等同盟会革命党人在西安南院门创办的公益书局，以经营省外各地书报为掩护，把同盟会的秘密反清报刊和各地出版的进步刊物，夹在一般书报之中转运到陕西省内各地，对马彦翀等陕西革命党人，阅读革命刊物，接受革命思想熏陶起到了积极作用。

马彦翀到省城早期接触的进步人士中，焦子静对他起到了指路人和领路人的作用，是马非常敬重的良师和益友。焦子静年长马彦翀八岁，是陕西辛亥革命的重要领导人和宣传组织者。他们共同加入同盟会，参加辛亥革命；1912年"中华民国"成立后，共同当选为国会议员；一起积极参加参加反对袁世凯复辟帝制和驱逐袁世凯的亲信陆建章统治陕西的斗争；后又同赴上海、广东等地追随孙中山，参加护法和驱陈（树藩）运动。

马彦翀在高等学堂求学期间，还作为高等学堂总代表，积极参加了对陕西辛亥革命有重要意义的反清斗争——"蒲案"。"蒲案"发生后，省高等学堂和师范学堂的师生首先得讯，接着很快在陆军中、小学堂、西安府中学堂、健本学堂、师范附小及甘园女校等处传开。各学堂广大师生对蒲城县令李体仁的暴行无不愤慨，纷纷推举代表到省教育总会所在地的长安学巷集会，公推省高等学堂学生总代表马彦翀和师范学堂学生总代表寇遐主持大会，报告"蒲案"情况。会议通过三项重要决议：（1）各学堂一致罢课，支援"蒲案"无辜遭受酷刑的师生；（2）推举代表向巡抚衙门请愿；（3）要求清政府严惩罪魁李体仁，不达目的，誓不罢休。会后，马彦翀、寇遐两位代表受大会委托，连夜起草请愿书，次日上午即去巡抚衙门请愿，接待官员理屈词穷，一味应付。二人回校后，分别向本校师生作了传达，师生们对满清官吏官官相护腐败现象深表愤怒，到校外进行呼吁宣传。

为了具体策划指导运动开展，各学堂都相继成立了临时组织；许多学生还写信给家乡，请求家乡的州、县学堂一致行动。接着，商州、凤翔、同州等地的中学堂、高等小学堂也都群起响应。

1908年12月13日，西安各校学生代表三百多人，在卧龙寺为"蒲案"斗争中死难学生原斯健举行声势浩大的追悼会。陕西高等学堂学生总代表马彦翀和师范学堂总代表寇遐及其他各方面的代表都满怀沉痛和愤慨参加追悼会，马彦翀致悼词。"蒲案"斗争的胜利，使马彦翀在反清革命实践中得到有力的锻炼。

1909年，在同盟会革命党人的支持下，省城农业学堂和陆军小学堂因学生不满学校的教学和生活举行罢课。省高等学堂学生马彦翀和省师范学堂学生寇遐、健本学堂学生胡景翼等到省农业学堂慰问罢课学生。随后陆续有学生加入同盟会，反清革命力量得以壮大。

这一时期，省高等学堂也发生学潮。起因是省高等学堂监督周镛（石笙）解雇进步教师张子安。张时任地理教习，因未参加谒圣礼而遭侮辱，张提出抗议而被解雇。马彦翀又组织学生开展声势浩大的罢课活动，以示抗议。罢课学生撤离省高等学堂，分别住在城内咸阳、商州、醴泉（今礼泉）、蓝田各州、县会馆，以蓝田会馆为总机关，准备在渭南成立公学。陕西当局为防止事态扩大，撤销了学堂监督和庶务员，由陕西省教育总会会长出面调停，答应了学生要求，罢课方结束。

马彦翀还同杨仁天、王雨村、李葆亭等同学在南院门秘密筹设"觉社"，其宗旨是唤醒人们热爱祖国，提高文化、科学水平，每星期天轮流发表进步演讲，主要以禁烟、放足为题，揭露民族危机，教育人民发愤图强等，给听众灌输革新思想。"觉社"在辛亥革命成功后的1912年4月报省民政厅核准备案，先后发展会员300余人，每月出会刊一期，印500本。1913年10月解散。

1906年前后，焦子静、王子端等同盟会革命党人在西大街富平会馆创办健本学堂，所需经费由焦子静筹措。专职教员王子端、常铭卿、陈会亭、李天佐、马彦翀与兼职教员宋向辰、杨铭源、景梅九均为同盟会员；井勿幕、李仲特、李桐轩、井岳秀、张奚若、邹子良、师子敬、郭希仁等同盟会重要人物，亦经常到该校给学生讲课。授课教员，多属义务，不支薪金。该校既给学生讲授正常课程，更重要的是在学生中宣传革命思想，揭露清政府对外丧权辱国，对内压迫人民的种种罪行。健本学堂实际成为接待各地革命志士进行反清斗争和发展同盟会员的秘密场所。

1909 年马彦翀由省高等学堂毕业，随即任健本学堂专职教员，成为胡景翼的老师。胡景翼比马彦翀小六岁，对马彦翀尊敬有加，见面总是尊称先生。由于马彦翀等人进步思想的影响和引导，胡景翼进步很快，在辛亥革命时期多有贡献。胡景翼在 1916 年 5 月陈树藩任陕西督军后任陈部团长，同年秋率部驻防马彦翀老家商州龙驹寨，对马家关照有加。胡景翼任国民二军军长和河南省军务督办后，请马彦翀任国民二军总部顾问。

马彦翀在健本学堂任教时，曾与李天佐住同一宿舍。井勿幕从外地活动回到西安，也常到健本学堂留宿，与马彦翀经常彻夜长谈。

1910 年春，郭希仁、焦子静、邹子良、李襄初、王一山、马彦翀等十余人，在大雁塔召开秘密会议，研究反清革命大计。同年四月，推举郭希仁为同盟会陕西分会会长，其时郭希仁的公开身份是陕西谘议局副议长。

辛亥革命爆发前夕，马彦翀、胡鹤汀受井勿幕、焦子静委派，借给延长石油矿购买机器为名，拟赴日本为陕西同盟会革命党人购买枪械、炸药。马彦翀同井勿幕、焦子静筹得部分银两，又回龙驹寨老家取得一千两银票，由洛南经潼关，到达洛阳。又换乘火车，经郑州至北京。

当时去日本的路线有海路和陆路，海路是经上海乘轮船赴日，时间较长，费用较高。另一条线路为陆路，经北京、东北、朝鲜，乘海轮赴日。这条线路用时少，费用低。马彦翀、胡鹤汀去日本选择了陆路。二人在北京逗留期间，四川、湖北、湖南等各省准备反清起义的传讯已沸沸扬扬。随后，10 月 10 日武昌起义爆发，马彦翀接到西安来电，停止赴日本，即刻返回陕西。马彦翀即同陈会亭、范味腴从北京绕道天津、保定、石家庄等地接洽有关事宜后，进入河南渑池，被驻渑池的清军周符麟部扣押。后经多方辩解，解释他们系学生，结伴回家，范味腴是四川人，要回四川，西安为必经之路。由于理由充分，得免于难，但是不准他们西进陕西，因此时西安起义已经爆发。数人只好又返回北京。

马彦翀在北京期间接焦子静命令，让其赴南京面竭孙中山临时大总统，汇报陕西情况。他们遂绕道秦皇岛，乘轮船到上海转赴南京。当时，陕西起义后战火四起，东路赵倜、西路升允两路清军夹攻陕西，革命军损失惨重。孙中山就任中华民国临时大总统后，陕西都督张凤翙派李桐轩、甘锡泽等人数次到南京求援。

陕西革命党人在南京上书孙中山，恳请援助陕西，孙大总统电令湖北都督黎元洪派兵驰援。在南京陕西革命党人推选马彦翀、甘锡泽、王凤文三人为赴鄂请援代表，到武汉觐见黎元洪，汇报陕西战事，商请调兵。黎元洪派刘公由鄂西驻军中抽调劲旅西进援陕。援军乘船沿汉江逆流而上，行进速度缓慢，经协商又派马彦翀走陆路赴鄂西见刘，引带刘军赴陕西。部队行军到鄂、陕交界的荆紫关时，清帝已经退位，陕西形势缓解，鄂军来援与否不能确定，又派马彦翀回陕请示。马

马彦翀书法（藏于咸阳市博物馆）

彦翀于 1912 年 3 月中旬到龙驹寨后，通过龙驹寨营务处致电陕西军政府。陕西都督张凤翙电告驰援军队返回湖北，命马彦翀速回西安。陕西停战后，1912 年 4 月初，"秦省临时议会"成立，马彦翀当选为议员。同年 4 月 28 日三秦公学在西安成立，田蕴如任校长，李仪祉任教务主任，马彦翀任事务主任，6 月 23 日正式开学。1913 年春，马彦翀、焦子静等被选为国会众议院议员，离开陕西赴北京就任。

1914 年 1 月，袁世凯解散国会，6 月初撤换陕西都督张凤翙，由其亲信陆建章接任陕西都督。马彦翀东渡日本，拜会孙中山先生，奉命回陕西策动反袁逐陆斗争。1916 年 5 月陕西都督陆建章垮台，同年 6 月袁世凯病死，黎元洪继任大总统，国会恢复。马彦翀赴北京开会，并把全家接到北京居住。1917 年孙中山在广州成立护法军政府，马彦翀追随孙中山到广州。孙中山任大元帅，任命马彦翀任大元帅府参军。1919 年护法军政府解散，马彦翀追随孙中山到上海。1920 年马彦翀父亲马超林在老家病逝，马彦翀因工作事务繁忙，未能回原籍奔丧，在上海为父亲举行追悼会，孙中山先生出席追悼会，并送题有"哲人其萎"的挽幛。

1922 年黎元洪再次就任大总统。参、众两院议员在到北京集会。当时众议院中有诸多党派，马彦翀参加由国民党分支出来的"民宪同志会"，强调法制，成立了宪法起草委员会，马彦翀是"民宪同志会"领导人之一，还当选为众议院全院委员长。

陕西省丹凤中学创始人
马彦翀 先生
（1886-1964）

马彦翀雕像

1924 年，曹锟、吴佩孚攻打东北军阀张作霖，冯玉祥、胡景翼由古北口撤军，与留守北京的孙岳联合，同年 10 月发动了"北京政变"（又称"首都革命"），曹锟政府垮台。同年 12 月，国民军副司令兼第二军军长胡景翼率军南下河南，在开封就任河南省军务督办。特聘马彦翀任国民二军总部顾问。1925 年 4 月胡景翼在开封病逝，岳维峻继任国民军第二军军长兼河南省军务督办，马彦翀仍任国民二军总部顾问。

1926 年国民二军在河南与镇嵩军混战惨败，随之瓦解。马彦翀寓居北京，深居简出。

1934 年抗日名将张自忠任察哈尔省主席，请马彦翀任省政府秘书长。1935 年，马彦翀随张自忠调往天津，张任市长，马彦翀任市政府秘书长。因张自忠担任军职，不常在天津，便由马彦翀代行市长职务。1937 年卢沟桥事变爆发，日本侵略军全面发动侵华战争，攻占北平。马彦翀于同年 7 月 29 日下令天津驻军，向日军进攻，以解北平之围，终因援军不继，不得不退出天津。

天津沦陷后，马彦辗转回到西安，但时时关注 38 师在前线动向，时刻和张自忠、李文田等保持着联系。1937 年 10 月 8 日，国民政府发表第 2479 号公报，因"天津市市长兼陆军第 38 师师长张自忠放弃责任，遗失阵地，着张自忠撤职查办"。随后将张自忠软禁在山东省主席韩复榘住南京办事处。马彦翀此时因患咳血症在西安体养，得悉张自忠被撤职后，便由西安飞赴南京，把张自忠任察哈尔省政府主席、天津市市长等情况极为详尽地写了一个报告，列举了察哈尔"大境门事件"，天津"大沽口金刚桥"事件经过和张自忠处理态度，并将张担任天津市市长期间去日本访问，《香月细目》签订背景、过程以及他在最后 8 天里接替宋哲元担任了冀察政务委员会委员长、代理秦绍文担任北平市市长几件事进行了说明。随后去找行政院长张群，托他把报告转呈蒋介石委员长。张群对马彦翀委托的事情没有拒绝，并表示一定把报告立即呈送蒋，承诺请蒋介石接见马，倾听当面陈述。没过几天，张群来到马彦翀驻地，说蒋委员长认真地审阅了报告，要亲自接见。蒋介石在他的官邸灵园竹林中接见了马彦翀。见面后，很客气表示："你的报告，我已认真看了，很好。"并肯定马是为了替张自忠剖白，专程从西安赶来，万里不辞，很够义气，请马彦翀放心，张自忠的事他会很好地解决，给张自忠一个交代。同时表示已安排马彦翀留在南京，出任行政院参议。

随后，马彦翀又去见了张自忠，告诉了他见蒋的情况，以及所写的报告内容，认为蒋介石委员长应该说话算话，他所受到的不白之冤会很快得到洗清。1937 年12 月 7 日，第一战区接蒋介石来电，批准张自忠以中将部附名义暂代 59 军军长。至此，张自忠的不白之冤彻底得到平反昭雪。

马彦翀回到西安，受聘任西京市红十字会会长。他在任职期间，大力扩充"红

1938 年 4 月马彦翀在华山留下摩崖石刻 "白银世界"（华山擦耳岩）

十字"会医院，为西安市医疗事业增添力量，1938 年春，龙驹寨双槽一带农民受封建迷信的宣传，在"黑煞道"的诱骗下，向驻扎在龙驹寨的国民党军队攻击，遭到国民党军队的屠杀。时任陕西省政府主席孙蔚如请马彦翀回龙驹寨安抚群众，制止驻军残害百姓。马彦翀回到故乡后，召开群众大会，向农民讲说迷信之害，平息了"黑煞道"事件。他深感要改变地方群众落后、愚昧的状况，非得从教育上入手不可，便用祖产土地 85 亩（平旱地 70 亩，水地 15 亩）为经费，创办了私立仁义小学，1942 年，又和地方开明人士协商，筹捐巨资，以紫阳宫为校址，创办了私立凤麓中学，为地方培养了数以千计的人才。

1949 年 5 月西安解放前夕，国民党当局以"照顾"为名，胁持马彦翀及张凤翔、寇遐、李藩侯等陕西辛亥革命元老到汉中，欲将他们送到台湾，几位元老均不愿去台湾，设法转往兰州。兰州解放后，经彭德怀安排，把他们送到西安，体现了中国共产党对辛亥革命老人的关怀和爱护。此后，马彦翀定居西安。

中华人民共和国成立后，任西安市人民代表、西安市政协常委、西安市红十字会常务理事。马彦翀晚年响应国家号召，撰写了《我在陕西辛亥革命前后》《焦子静的革命活动》（与师子敬合撰）《张自忠任察哈尔主席》《解放前的西京红十字会》等多篇文史资料，根据自己的亲身经历的往事，为后世留下了许多清末到民国时期的珍贵史料。1964 年 8 月 12 日马先生在西安逝世，享年 78 岁。

综观马彦翀先生的一生，早年为推翻清王朝的封建统治，上下求索，追求真理，冒着生命危险，积极进行反清革命斗争。"中华民国"时期，仍以国家利益为重，以民众福祉为己任，为西安红十字会及易俗社的文化事业勤勉辛劳。他造福桑梓，捐资在家乡创办仁义小学、凤麓中学，为家乡的教育事业做出了突出贡献。他还是一位书法家，其书法作品伴随着他的足迹留在粤、沪、华北、西北等地，有摩崖石刻在华山（擦耳岩"白云世界"为马彦翀所书）之巅，有的被博物馆收藏。总之，马彦翀先生的事迹，值得后人树碑立传。

口述者：马彦翀七孙　马　正
采访人：张应超

由同盟会骨干到红学专家——景梅九

景梅九

景梅九（1882—1961）名定成，字梅九，山西运城人。1897 年到太原，就读于晋阳书院、山西大学堂西斋。1902 年由清廷保送到日本留学，入帝国大学预科。在日本加入同盟会并担任山西分会评议部部长。他办报、结社，宣传革命，回国后在陕西高等学堂任教员。1911 年在北京创办《国风日报》，辛亥革命后任山西军政部部长。1913 年当选为第一届国会众议院议员。

1915 年，袁世凯解散国会，他先回山西，因晋督阎锡山已倒向袁世凯，又避陕西三原，与李岐山、邓宝珊、续范亭会盟于白水曹世英家，组织西北护国军，共图讨袁。

1916 年，袁世凯复辟称帝，景拟《讨袁世凯檄文》，义正词严，铁笔诛心，国人争诵，被推为"讨袁檄中第一文字"。

1923 年他在广州参加了中国国民党改组会议，坚决拥护联俄、联共、扶助农工的三大政策。此后冯玉祥、胡景翼率领国民军在河南反对直系军阀吴佩孚，景在胡部供职。"四一二"政变时，景避难庐山，旋回太原，策动反蒋。

1934 年杨虎城聘景来陕，创办国学社，出版《出路》杂志，并执教陕西商专，宣传抗日救国。

抗日战争爆发后，中共组织决定在西安办一民间报纸，宣传党的团结抗日路线。遂由南汉宸等以同乡关系，请景任社长，恢复《国风日报》。

1947 年夏，景在山西民众推戴下，率请愿团赴南京要求撤换阎锡山。当他到南京知道蒋、阎沆瀣一气之后，毅然与蒋决裂，赴上海，参加李济深、蔡廷锴等发起成立的中国国民党革命委员会，当选为首届民革中央监委。

中华人民共和国成立前夕，林伯渠、董必武、李济深联名邀景赴京共商国是，景因病未往，后被选为西安市人民代表、政协陕西省第一届委员会委员，还受聘担任西北历史文物研究委员会委员和陕西省文史研究馆馆员。

学习世界语 研究红楼梦

留日期间向大杉荣先生学习世界语。回国后积极支持世界语活动，曾在北京世界语专门学校兼任教授，热心推荐李乐三、李瑞甫、张希涛等山西青年到该校学习。1930年在太原创建世界语学会，自任会长。1931年在运城中山中学、第二女子师范开办教授世界语。1932年在西安自办《出路》杂志，该杂志长期宣传世界语。1935年创建西京世界语学会，该学会得到杨虎城将军的支持。住会常务秘书为景梅九的女婿世界语者相立三。他精通日、英文及世界语，是中国研究世界语的先驱，曾翻译过但丁的长诗《神曲》、托尔斯泰的剧本《救赎》和泰戈尔的小说《家庭与世界》。

景还是当代著名的学者、诗人、文学家、书法家。在文字训诂方面的造诣，使他享有"南章（太炎）北景"的盛誉；所著辛亥革命回忆录《罪案》一书，1924年由京津印书局出版后，曾风靡一时；他的《〈石头记〉真谛》，与蔡元培的《〈石头记〉索隐》、胡适的《〈红楼梦〉考证》、俞平伯的《〈红楼梦〉辨》，被推为开中国红学研究先河的专著。

倡导放足 宣传禁烟

1904年山西留学生在日本组织同乡会，景梅九被推举为会长，他利用假期。在太原、运城、安邑等地开演讲会，宣传民主革命思想，反对封建三纲五常、三从四德、倡导放足、禁烟等。以至为此而成立了回澜公司。

1905年他在家乡安邑发起成立"天足会"，开展"天足运动"，率先不让自己家的女子再缠足。为在全社会推动天足运动，他拟定了四条办法，包括出嫁女子不放足不准乘轿及动用鼓乐伞扇，妻妹有不放足者暂停选举权，不能受聘学校教职工等等。为禁烟，他和李岐山商议，学习外国公司的办法，招股集资，创办"回澜公司"，公司对外出售禁烟药物，经办禁烟事宜。

加入同盟会 组织"明明社"

1904年景梅九刚到东京留学，和秋瑾女士交往过从甚密，经常在一起议论革命事，擘画宏图，共商大计，又常以诗文酬答，并共同创办《白话报》，作为革命宣传的向导。1907年秋瑾遇害，他以饱蘸血泪之笔书写《横海》《一夕雨》等作品，载在《第一晋话报》发表寄托哀思。

1905年冬谷仲言（即谷思慎）介绍景梅九加入同盟会，谷是同盟会山西分会长，景随即担任山西分会评议部部长，同时他还以留学生山西同乡会会长的身份，组织领导山西同盟会工作，并回省秘密运动。景梅九为了掩护革命，便于活动，在东京成立"明明社"。它实际上是同盟会的一个外围组织，开始山西、陕西及西北方面在海外进行有组织的革命活动，专介绍西北各省人士入会。凡入会者先经"明明社"审查后，再介绍加入。在日期间李烈钧、唐继尧、杨少石等也经常来"明明社"同景梅九交流，从事革命活动。景梅九还参加组织了豫、晋、秦、陇四省协会，联合各方面力量协调行动。1906年在井勿幕主持下，同盟会陕西分会（东京）以明明社为会址成立。到会二十余人，通过了分会章程。

1908年景梅九与井勿幕由日本回到西安，在陕西高等学堂任教。与马开臣、李仲特、王一山等陕西志士秘密聚会，同年由井勿幕主持组建同盟会陕西分会，推李仲特为会长，由景梅九拟四句八言密语为革命约章："秘露死决、接交宁缺、分途并进、破坏建设"。共同遵守，自此党人组织益加严密。

景梅九参加反对君主立宪派斗争，他参加创办了《第一晋话报》《晋乘》《汉帜》等报刊，激扬文学，指点江山，在当时的论战中发挥了积极作用。

景梅九还参加了同立宪派的实际斗争。1907年十月以梁启超为首的立宪派政治团体"政闻社"在东京锦辉馆召开成立大会，景梅九受同盟会总部指派，和宋教仁、张继、黄复生，谷思慎等赶到会场把梁启超轰下台，他们接着另行开会，抨击立宪派的保皇谬论，宣讲"反对君主立宪，打倒清朝政府，实现民主共和"的纲领，受到群众热烈欢迎。1909年11月，以同盟会会员为主的革命文学团体"南社"成立，景梅九也参加了活动，与柳亚子诗文唱和。

与清廷、列强开展斗争

景梅九在东京同帝国主义与清政府展开了面对面的斗争。一次是山西矿权斗争，1906 年春，清政府答应把山西矿权出卖给英国福公司。景梅九以留学生山西同乡会会长身份，以同盟会员为骨干，发动保卫矿权斗争，历经两年艰苦斗争，1908 年迫使清政府答应赎回山西矿权自办，在北京签订了赎回公司。

另一次是争河南矿权斗争。1910 年景梅九在东京被河南留学生开展争矿斗争推举为回国觐见代表。前往清政府外务部面见政府要员，他大义凛然、慷慨陈词、力争河南矿权。后来山东发生争矿权斗争，景梅九还代写撰文，批驳外交当局，积极支持他们斗争。

当时东京同盟会的重大活动景梅九几乎都参加了，他吃苦顽强紧张的工作精神与作风很受同志们赞赏，公认"景梅九号称最积极"。这时的斗争，已表现出他的社会活动家的才干，组织领导能力，机警、幽默、爽朗的性格，而且在斗争实践中初步形成了权威，树立了在西北革命中的地位。

1907 年景梅九同山东革命党人陈干、商震相偕回国。到青岛办震旦公学。当时，德国占领者与当地人民矛盾尖锐。景梅九组织青岛船厂工人同盟罢工，虽半路流产，但有一定意义。后从青岛回太原，在太原直接运动山西革命，同时致力于西北革命。景在山西大学堂发表演说，大造革命舆论。

景梅九在太原与井勿幕等陕西革命党人共同制定秦晋两省及西北地区的革命计划，决定秦晋两省联合发动起义，相互策应。为实施革命计划，井勿幕回陕西开展活动，景梅九则回家乡安邑、运城进行起义的准备。他创立了安邑县教育会，担任教育会长，以此掩护发展革命组织。介绍李岐山、郭朗清等人入会，在家乡播下了火种。他们开展的反封建势力斗争得到了教育界师生拥护，增强了同盟会对晋南知识阶层的影响。

他在山西起义前后积极参与军事、政治、经济等方面决策，如分兵南北，筹措款项，组建新军等。民军南下时，他任总参谋长。1912 年 11 月，他参与成立了同盟会运城支部。太原光复后，他由京返晋，即出任山西军政府政事部长。主持内务、外交、财政、交通等。1911 年 12 月运城光复后，就任秦晋联军军需局长，12 月 13 日，清军攻占娘子关，山西形式一时趋紧。景梅九亲赴前线，协调秦晋革命力量，建立河东晋军政分府，屹立于清军"围剿"之中，起到了全省民党政权行政中心的作用。

民国成立，景梅九出任山西稽勋局长。他主持开会悼念烈士，抚恤烈士家属，精心处理善后事宜。做了许多有益的工作。同年秋，同盟会改组为国民党，他经张继介绍加入国民党。1913年当选为"中华民国"首届国会众议院议员。

孙中山赴晋　景梅九全程陪同

1912年4月，孙中山辞去中华民国临时大总统，投身发展实业后应袁世凯邀请，8月24日北上到达北京。在此期间，山西军政府电请孙中山来晋考察。9月17日，孙中山在京乘京汉铁路专车向太原进发。同盟会山西支部推选景梅九为特别代表前往石家庄迎接。孙中山当晚在景陪同下宿于车中，他再次聆听孙中山教海："革命党人应以唤起民众服务民众为己任。"18日早，他们到达太原，由阎锡山陪同乘马车入城。19日上午孙中山在山西大学堂发表了演说，号召全国同胞奋勇直前，不避险阻，实现真正共和的目标。下午在同盟会山西支部欢迎会上，景梅九代表全体同盟会员致欢迎词，孙中山作了重要讲话。会后孙中山与全体会员一起合影留念。

20日上午由景梅九引导孙中山至同盟会事务所举行茶话会。下午，各省旅晋公会，师范女校和景梅九创办的太原第一女子工厂等单位，联合在参谋司举行欢迎会。21日，孙中山乘专车去天津，景梅九陪同送至石家庄。在专车上，景将他笔录孙中山讲演词送孙中山审阅，后来在《山西民报》发表，留下了这份珍贵史料。当年孙中山太原之行是山西革命党人的一次盛会。

口诛笔伐　立志反袁

景梅九和孙中山、蔡锷、李烈钧等南北呼应，共图讨袁，准备起义。1916年袁世凯称帝，景梅九代表西北讨袁革命力量写出《讨袁檄文》广为传诵。被誉为讨袁檄中第一文。檄文写作时间是1916年1月24日。景在西安东关郭海楼家与同志议起义。夜半，独坐执笔写《讨袁檄文》，同时又写出《告各省将军书》和四言白布告。檄文怒斥："本绍术之余孽，袭莽操之故智，谋破五族共和之均势，希图万世一系之帝业。讽令二三奴儒上劝进表，赂遗各省代表，奉请愿书。借共和以推翻共和，假民意以摧残民意。称帝称皇，有何面目，误国误民，全无心肝。"这是景梅九的一篇力作，义正词严，钢笔诛心，在当时影响很大。写后仅两天，即 1916 年 1 月 26 日在西安景被袁世凯扣捕，随即押送北京与张钫同因于军警执法处监狱。半年后袁世凯死才得以出狱，为此事，他写有专著《入狱始末记》。6月 12 日景梅九被营救获释出狱。他二次重振《国风日报》，国会恢复，西北讨袁护国斗争取得了一定的胜利。张勋复辟，段祺瑞专权，景不畏强权，抨击抵制，不遗余力。

拥护共产党抗日主张

1936 年西安事变后，共产党提出和平解决西安事变的主张。周恩来在南汉宸陪同下造访景梅九，阐释党抗日统一战线政策，勉励他在民族存亡关头，坚持孙先生的革命三民主义，为抗日救国发挥作用。会晤后，景梅九赋诗盛赞周恩来，对他的品质和才干也极钦佩。他支持和平解决西安事变，拥护共产党的抗日主张。

全面抗战开始后，由南汉宸以同乡关系，请景任社长，在西安第四次重振《国风日报》，经常发表反蒋抨阎的文章，宣传党的团结抗战路线。

1938 年景梅九在西安参加各界友人欢迎朱德、林伯渠，彭德怀等中共领导人的聚会，并即席赋诗。《国风日报》1938 年 8 月 27 日头版登载《即席赠朱德将军四首》。诗中有"得赢得胜凯歌旋，二德将军应预言"句，故此诗也被称为"二德诗"（二德指朱德、彭德怀）。同贺龙、郭沫若等也有会面，并有诗词唱和。景梅九曾亲笔致书毛泽东，八路军驻西安办事处还转交过毛泽东写给景梅九的亲笔信。

出版《罪案》记录历史

他的专著《罪案》是一部辛亥革命回忆录，1924 年由京津印书局在北京出版后，风靡一时，蜚声国内外。现已流传很少，各图书馆多视为珍本。1966 年在日本还有大高岩和波多野太郎日文译注本发行。《罪案》全书共 263 小节共 22 万字，既是一部景梅九生平的革命日记，又是研究辛亥革命时期的重要史料，更是一部研究中国近代史和现代史的宝贵资料。其内容主要记述作者赴太原求学，再到北京，继而东京留学，及参加辛亥革命以至成功的经历。通过自己的亲身经历和见闻反思，反映了当年在日本的中国革命党人的活动情况以及辛亥革命时期秦、晋、豫、京、津等地的革命情形，再现了清末民初时局动荡，波诡云谲的天下形势和革命党人舍生忘死，振兴中华的英勇气概，可以说是时代的写照，革命之史诗。

倾心教育　造福桑梓

景梅九及夫人、女儿

景梅九倾心教育事业，一生与教育结缘，出身于"教书匠"家族，到太原上学时，当过一段家庭蒙师，十七岁入京师大学堂，进的是师范馆。从日本回国，首先在青岛从事活动，在青岛筹办震旦公学。回到家乡后即入手组织安邑县教育会，自任会长。后去陕西还是以陕西高等学堂教师身份运动革命。辛亥革命后在安邑办平民中、小学。1930 年景梅九曾任太原和立友仁中学校董，并在运城创办农业学校，后改为职业学校。1911 年，他和夫人阎玉青开办运城女校。1934 年在极端困难条件下在经手筹办：晋兴中学、运城中学、三晋小学。西安解放后还担任过教师，景梅九及其妻阎玉青，妻妹阎雪立，一生为发展民众教育事业克勤克俭，坚持不懈。1947 年阎玉青病危遗嘱将全部遗产用作兴学费用，尽管当时景梅九生活潦倒，但轻易不肯动用，将全部资金捐至运城群立中学作为办学费用，景梅九为此事 1954 年 4 月 17 日撰写《阎氏姊妹兴学记》，勒碑纪念。

口述者：景梅九孙女　景君美
采访人：张应超　马　正

三秦书圣——寇遐

寇遐（1884—1953）字胜孚，号玄疵。陕西蒲城人。1906 年考入陕西师范学堂附属优级选科理化科，经井勿幕、尚镇圭介绍加入同盟会。1908年 10 月蒲城县知县李体仁仇视革命活动，借故捣毁教育分会、县立高小学堂和学生自办的"自治公学"，拘捕县教育分会职员和县立高小学堂师生 70 余人，酷刑审讯，致使年仅 17 岁的学生、同盟会员原斯健重伤身亡，发生了轰动一时的"蒲案"。省城西安及陕西所属 80 余州、县的青年学生掀起罢课高潮，寇被推为师范学堂总代表和西安学生代表，积极参加并领导了这场声势浩大的学生运动，斗争长达 5 个月之久。1909 年毕业后，寇任同州（今属大荔）丰登中学堂监学（教导主任），与该校监督（校长）、同盟会员尚镇圭一起领导陕西东府各县同盟会的革命活动。

寇遐

1910 年秋至 1911 年春，同盟会员李仲三多次去朝邑（今属大荔）联络渭北刀客首领严飞龙，动员其参加反清起义，因严飞龙对李仲三怀有戒心，恐其为清廷暗探，多赖寇遐帮助，使严飞龙所领导的刀客武装成为陕西辛亥起义中一支重要力量。

1912 年 4 月，陕西省临时议会成立，寇当选为副议长；8 月，任国民党秦支部评议员。1913 年，寇遐被选为第一届国会众议院议员。1914 年袁世凯解散国会，驱逐民党议员，寇遐回到陕西。后为反对袁世凯复辟活动奔走各地，积极参加护国运动。1917 年反对段祺瑞解散国会，寇遐随孙中山到广州参加国会非常会议。1923 年，拒绝参加曹锟贿选，再次南下投奔孙中山。1924 年 10 月，寇积极参加冯玉祥、胡景翼、孙岳发动的北京政变。是年 12 月，孙中山北上召开国民会议，寇以代表身份赴天津迎候，12 月 31 日出任临时执政府农商部总长。两个月后弃官随国民二军进驻开封，对胡景翼主持豫省军政多有帮助。1925 年 4 月胡景翼病逝后客居北京，靠卖字和朋友接济度日。1930 年，应陕西省政府主席杨虎城之邀回陕任省政府委员。邵力子主持陕政时，任省政府顾问。1933 年 9 月 13 日寇在西安成立西京金石书画学会，任会长，并编辑出版《西京金石书画集》。1935 年夏，张学良奉蒋介石之命率部入陕"剿共"，寇在张学良和杨虎城的合作中，起过积极作用。抗日战争期间，寇任陕西省临时参议会议员，同情革命，曾掩护过杨晓初等中共地下党员，与著名民主人士杜斌丞、王菊人、成柏仁、武梦名等过从甚密，并给他们以物质上的资助。1947 年，胡宗南、祝绍周杀害杜斌丞，逮捕王菊人、武梦名等人后，寇不惧危险面斥胡宗南，给狱中的王菊人、武梦名送衣物，并照顾其家属。1948 年国民党筹备召开"国大"，当局为粉饰"民主"，请寇参加竞选，答应为其承担竞选费用，遭到严词拒绝。1949 年 5 月 18 日胡宗南逃离西安时，以"保护安全"为名，将寇和张凤翙、马彦翀等裹胁到汉中，拟送台湾，寇等、张凤翙、马彦翀等人坚决不从，遂被送往兰州。8 月兰州解放，彭德怀曾派专人慰问和照顾他们，8 月下旬寇等人回到西安。

中华人民共和国成立后，寇任陕西省人民政府委员。抗美援朝时其出卖墨迹，以所得支援中朝人民的反侵略战争。1953 年 9 月在西安病逝。

寇在书法、金石艺术方面造诣颇深。幼年习颜、欧，尤喜唐代著名书法家李北海，对真（楷）、草、篆、隶都扎扎实实地用过功夫。其楷书取法"张黑女碑""张猛龙碑"等，行草从二王入手，临习"圣教序碑""兴福寺半截碑"。晚年作篆，以隶法直搏，挥洒之际，每见行草意趣，别具秦篆汉隶之风韵。寇遐隶书最负盛名，其用笔方圆相间流利而持重，结体有疏有密宽博而势纵，行款章法别致，字体凝重伟丽，杨虎城在西安九府街（今青年路）新建的"止园"别墅落成时，请其题写门匾。"杨虎城将军墓碑""李仪祉墓碑""王卓亭墓碑"字，均出自其手。西安人民大厦榜书横额，被誉为寇晚年的精心之作。

口述者：陕西辛亥革命研究专家　张应超

封疆大吏之子——张赞元

他是清朝一品大员、封疆大吏、光禄大夫张煦的之子。积极追随孙中山先生，致力于"驱除鞑虏，恢复中华"，走上了与父亲相悖的道路，成为清朝封建统治的掘墓人。

他是日本法政大学毕业生、同盟会会员，历任陕甘同盟会支部负责人、陕西靖国军总指挥署秘书长，是民国时期活跃在三秦大地的政府要员。

思想超前　东渡求学

张赞元，字翊初，1883 年出生在古城西安湘子庙街。祖父张松年，甘肃灵县（今宁夏灵武）人，辛卯科举人，曾任狄道州（今甘肃临洮）训导，因淡于仕途，回乡教书，为清代灵州一代名师。父亲张煦自幼受"以德为先"的家学影响，养成"少笃学，目不窥园"的良好学风，28 岁中举人，32 岁中进士，历官陕西按察使、山西布政使、陕西巡抚、湖南巡抚、山西巡抚，是清代颇有政绩且又有廉名的封疆大吏、一品大员，诰封为光禄大夫。

张赞元，自幼聪颖好学，秉承家训，以德为先。然而，令他不能忘怀的是，父亲张煦服官四十余载，恪尽职守，励精图治，终不能挽救大厦将倾的晚清封建王朝，在甲午战争败后的第二年，抱憾死于山西巡抚任上。

甲午战争，日本居然以蕞尔小国打败"天朝"大国，令人痛心。特别是 1900 年八国联军入侵

张赞元青年时期照

北京，满清政府与列强签订了一系列不平等条约，规定中国赔款 4.5 亿两。这些对张赞元的思想触动较大。他抱着拯救民族和国家危亡，求索中国从积弱走向富强的理想，毅然东渡，进入东京法政大学学习，他克服语言不通，水土不服，一边学习日语，研究法政之道，一边广交天下有识之士。结交了同在一个学校求学的宋教仁、胡汉民、沈钧儒等，又与孙中山、黄兴等相识，并与由四川赴日留学的井勿幕、山西学生景梅九、陕西学生张季鸾、赴日考察的于右任、郭希仁等相识相交成为志同道合的好朋友，为最终走向革命打下了坚实的基础。

入同盟会　推翻满清

1905 年 8 月 20 日，中国同盟会在日本东京成立，受孙中山、黄兴的影响，张赞元积极加入并和井勿幕穿梭往来于陕、甘、川、晋、豫等省留学生之间，协助井勿幕筹建同盟会陕西分会。随后，他又利用甘肃籍的身份，和井勿幕联络甘肃学生筹组甘肃分会。1906 年冬，同盟会陕甘支部在日本东京成立，张赞元被委任为支部事务（支部长），负责日常具体工作，宣传新思想，不断扩大同盟会的影响，壮大同盟会的力量。

1908 年 2 月，陕西留日学生在日本东京创办《夏声》杂志，该杂志主要是宣传欧美资产阶级革命及其社会政治学说，揭露清政府暴虐统治和卖国罪行，声援国内爱国民主运动，提倡自办实业，要求收回路矿利权，大力发展中国民族资本主义经济，并坚决主张采

1934 年 9 月，陆军第 86 师参议张赞元（右一）与师长井岳秀（左二）在榆林镇北台

用革命手段推翻清朝黑暗统治政权，建立一个资产阶级共和国。张赞元和井勿幕、张季鸾等十余人被指定为主要撰稿人。张赞元结合当时的情形以 "子羽" 为笔名发表冒险小说《萍雪缘》，以 "衍初" 为笔名发表理想小说《实窟》，用小说的手法抨击清政府的黑暗和无能，痛斥帝国主义列强的侵略本质，倡导民主、共和、革命的思想，成为民主革命在舆论战线上的积极鼓吹者。

帝陵祭祖　撰写祭文

1906 年春，张赞元和井勿幕绕道回到家乡陕西，秘密发展会员，后经高又明介绍，结交了慕亲会首领吴虚白。他们深感要实现民主革命及推翻清朝这样宏大的计划，必须组建武装力量，联合会党、刀客和新军，必须通过一定的方式，统一大家的思想，规定严密的组织纪律。

1907 年 9 月，井勿幕等在大雁塔秘密开会，决定重阳节当日为轩辕黄帝扫墓，在祖先陵前宣誓，借以表示复兴民族的决心，会议公推张赞元和郭希仁撰写祭文，并约请外省在陕会员一同前往致祭。

会后，张赞元按照同盟会的革命纲领，结合陕西的革命形势撰写了《祭黄帝陵文》，并和曾赴日考察与同盟会会员素有往来、倾向革命、思想开始转变的社会贤达郭希仁反复修改，写就了为后世所称道的祭陵奇文。

1908 年 10 月 15 日，重阳佳节，井勿幕、张赞元、李仲特、焦子静、高又明、马彦翀、吴虚白等以及四川、甘肃、山西、广东等省在陕的同盟会会员，有的扮作商人，有的扮作猎户，有的假借拓古碑之名，有的以游方僧人身份，有的则持官方证明，齐聚桥山黄帝陵。指派总管司 2 人，外巡司 2 人，内巡司 1 人，负责内外警戒工作。同盟会会员、会党及民主革命积极分子 30 余人，按年龄由大到小在祭文上一一具名，仿 "慕亲会" 供奉佛祖 "达摩" 仪式，本着 "祭如在" 的精神，跪伏祖先陵墓之前，向祖先上香，献酒，恭读祭文，明确宣告 "誓共驱除鞑虏，光复故物，扫除专制政权，建立共和国体，共赴国难，艰巨不辞"，实现 "以纾生民之苦，以复汉族之业" 的目的。发誓 "绝不自私利禄，绝不陷害同仁"。

祭文讴歌了黄帝及中华民族的丰功伟绩，历数了清朝统治的累累罪行，以不甘人后的精神，以兼济天下的胸怀，提出了鲜明的政治主张，宣示了坚决的革命决心，指明了实现革命的措施，是陕西版的同盟会政治纲领。祭文不仅政治主张鲜明，态度积极坚决，而且情真意切，文采斐然，人人落泪，呜咽流涕。祭后各人面容好像都有无限心事，起到了很好的宣传和鼓动作用。这次哭祭活动，既奠定了秦晋川甘四省联盟的基础，又为联合会党，聚集革命武装力量，准备发动武装起义作好了准备，受到了孙中山、黄兴的肯定和赞扬，也是同盟会陕西分会对辛亥革命独树一帜的贡献。此后，陕西的革命运动很快发展起来了。这里需要赘述的是，当时同盟会所有活动都在秘密状态下进行，所以参加祭祖人员姓名都是靠回忆列出的，但是祭文是先贤高又明先生用原稿誊抄一遍，存放于三原家中，民国后才得以公布于众，成为辛亥革命重要史料。

辛亥起义　清朝灭亡

1909 年，井勿幕、张赞元受孙中山等的指派再次回到陕西，加紧起义前的准备工作。秋冬时节，张赞元与郭希仁、李仲特、景梅九、焦子静等人在西安丽泽馆召开秘密会议，推李仲特先生为会长，景梅九又作党约八语，相约共同遵守。

1910 年四五月间，井勿幕在泾阳柏氏花园召开了同盟会陕西分会会议，会议开了二十多天，决定了推动同盟会会务的一系列重要事项，明确了进一步开展工作的任务。会议决定西安由郭希仁、张赞元、李桐轩、钱鼎等领导，主要任务是扩大同盟会的组织，力争尽快掌握新军，为西安起义取得成功创造条件。作为同盟会西安地区主要负责人，张赞元不避艰险，与郭希仁、李桐轩等积极开展工作，扩大同盟会的组织。同时依靠钱鼎等在新军中的影响，发展会员，掌握新军。

1911 年初，按照同盟会"南响北应或北响南应"的思路，张赞元出资，在北京利用春节前后各报停刊的间隙和同盟会党人创办《岁华旬记》，又相助同盟会会员、留日同学景梅九将其改为《国风日报》。他和北京的程家柽、杜仲伏等人积极为其筹款，撰写文章。别是建议将先前激烈的言论用"谐评""小说""韵语""吟坛""讽言"等栏目和题材巧妙地掩饰起来，不减战斗性，以便报纸能长久存在下去，发挥更大的作用。

辛亥革命西安首义，张赞元与郭希仁、钱鼎等陕西同盟会革命党人策动新军与哥老会在西安起义并迅速波及陕西四十余县，拉开了北方各省起义的序幕。随后，他又联络曾经在其家作书童的杨升厚，让他在灵武发动起义。1911 年 11 月 17 日杨升厚与高登云领导哥老会在灵州举义成功。

"民国"成立后，袁世凯窃取了胜利成果，用高官收买人心，瓦解斗志。生性耿直的张赞元不愿染指政治，退居读书，研习碑帖，与郭希仁往来尤为密切。1915年10月，他不忍看到袁世凯复辟封建帝制，愤然和井勿幕组织讨袁军，奔走于四川、云南、陕西各地参加护法战争。1918年11月21日，好朋友井勿幕在兴平遇害，张赞元痛心疾首，遂由西安赶赴三原，加入于右任出任总司令的陕西靖国军，任总司令部秘书，与总司令部参谋长彭仲翔等每事相济，共同尽职。1920年担任陕西靖国军总指挥署秘书长，他运筹帷幄，和胡景翼利用暂时的和平时机，实行开明政治，发展文化教育事业，赈济灾民，兴办水利，振兴渭北。

陕北辅政　造福一方

二十年代中期，军阀混战，生灵涂炭。张赞元应井勿幕兄长榆林镇守使井岳秀邀请，担任参议，负责内政、外联，经常往来于西安、太原、北京、蒙古等地，辅政井岳秀在军阀混战时期远离政治，保境安民，在陕北发展经济，舒缓民生，兴办教育，共同在陕北打造了一方"世外桃源"。

1932年，井岳秀部被改编为国民革命军驻榆陆军第八十六师，张赞元仍被聘

1933年，陕西省政府委员合影（左四张赞元委员　左二宁升三委员　右五邵力子主席右三杨虎城主任）

为参议，杨虎城主席请派张赞元长住西安联络一切，以沟通对陕北井部防区的行政关系。

1933 年 6 月，张赞元被国民政府任命为陕西省政府委员，他协助杨虎城将军、邵力子主席做了大量工作，为实现真正意义上的全省行政统一，实现省政府与陕北的联络协调，为三秦大地的战后恢复和灾后建设，尽心竭力。同时，兼任陕西通志馆《续修陕西通志稿》监修，使得该书顺利完成，为后人了解研究陕西省情提供了丰富的资料。

1936 年 12 月 12 日，震惊中外的"西安事变"爆发，作为省政府大员，张赞元前一天还在陪同南京政府要员，晚上回到家第二天即被幽禁。在民族大义面前，他主张全民族共同抗击日本侵略者，同时利用自己的影响，四处活动周旋，竭力促使事件和平解决。

1938 年，日军频频轰炸西安，张家在梁府街 36 号的一间柴房被炸，妻子有孕在身，退任之后担任省政府参议的张赞元，为躲避日军轰炸，他将几个孩子和夫人安置在户县（今鄠邑区）宋村暂住，自己留守西安，坚持工作，为抗战日夜操劳，终因积劳致疾，于 1939 年 9 月 15 日抱憾离世，享年 57 岁。葬于长安凤栖原上的父亲张煦墓园。

口述者：张赞元嫡孙　张　民
采访人：张应超　马　正

报界宗师——张季鸾

张季鸾（1888—1941），名炽章。陕西榆林人，1888年3月20日生于山东邹平，其父于光绪三年丁丑进士，以知县分发山东各地任职。张父"教子孙专致经史，勿循举业，其风操如此"，张季鸾便刻苦求学。1901年，父亲殁于济南，张季鸾随母偕妹扶灵回籍，一家人窘困异常，"既至贫甚，几不能举火"。后就读烟霞草堂、三原宏道学堂，师从关学大儒刘古愚，得到陕西学台沈卫（沈钧儒叔父）的赏识和器重。1905年陕西派遣三十名官费生留学日本，宏道学堂分配名额为十五名，张季鸾、杨铭源、李元鼎、茹欲立等人以优异成绩入选。这年，孙中山在日本改"兴中会"

张季鸾

为"同盟会"，次年，张季鸾经革命先驱井勿幕介绍加入，投身革命。他和国民党元老，大书法家于右任，水利科学家李仪祉并称为"陕西三杰"。

两陷囹圄　矢志不移

张季鸾先生的报人生涯从1908年便开始了，"发愿终身做记者，春风吹动耐寒枝"。在辛亥革命的整个过程中，他的议论以惊涛骇浪之势涤荡着清廷这个封建王朝。仗义执言，难免触犯专制统治的当权者。张曾两陷囹圄：一是痛诋窃国大盗袁世凯在上海暗杀国民党理事宋教仁，一是揭露段祺瑞出卖国家主权与日本达成大借款协定的消息。每次被囚禁数月之久，"几遭不测，经友人多方营救，始得自由"。

1912 年 1 月 1 日，孙中山先生在南京宣布"中华民国"成立，任中华民国临时大总统。张季鸾担任孙中山总统府参军（秘书），参与了《临时大总统宣言》等重要文件的起草工作。他从南京给上海《民立报》拍发孙中山就任大总统的专电，是中国第一条新闻专电。"中国报纸自有新闻电，确以季鸾先生一电为嚆矢"（徐铸成语），这是他对中国新闻报刊事业开拓性的贡献。

秉持原则 "四不"办报

袁世凯出任民国总统之后，解散国会，驱逐民党议员，陕西参加辛亥革命人士遭到贬谪，除部分留学日本外，大部旅居京、津、沪等地，办报者甚众，其中马彦翀、杨铭源、赵世钰主办《民信报》、于右任主办《民立报》、徐朗西主办《民意报》。张季鸾、李述膺主办《中华新报》。张季鸾就是这个时候结束了他极为短暂的政界生涯，专心致力于新闻。1926 年，张与胡政之、吴鼎昌三人接管了《大公报》，从此有了自办的报纸，标志着张季鸾开始步入他办报生涯的鼎盛时期。

同年 9 月 1 日，第一刊报纸刊发他的社评《本社同人之志趣》明确提出："不党、不卖、不私、不盲"的"四不"的办报方针。所谓"不党"，用张季鸾的话说："不党云者，特声明本社对于中国各党阀派系，一切无联带关系已耳。惟不党非中立之意，亦非敌视党系之谓，今者土崩瓦解，国且不国，吾人安有立袖手之余地？而各党系皆中国之人，吾人既不党，故原则上等视各党，纯以公民之地位发表意见，此外无成见，无背景。凡其行为利于国者，吾人拥护之；其害国者，纠弹之。勉附清议之末，以彰是非之公，区区之愿，在于是矣"。

"不卖"就是不以言论做交易，他说"欲言论独立，贵经济自存，故吾人声明不以言论作交易。换言之，不受一切带有政治性质之金钱补助，且不接受政治方面之入股投资是也。是以吾人之言论，或不免囿于知识及感情，而断不为金钱所左右"。

"不私"则是除愿忠于报纸固有之职务外，并无私图，愿向全国开放，使为公众喉舌。"不盲"就是不盲从，不盲信，不盲动，不盲争。与此同时，报纸声明"不以议论作交易，不受一切带有政治性质的金钱辅助，且不接受政治方面之入股投资"。"是以吾人之言论，或不免囿于知识及感情，而不断为金钱所左右"。其宗旨，即在强调独立精神、自由思想的极端重要性，力图保持报纸的独立、客观和公正，颇得中国文人论政及近代西方新闻自由之实质。张季鸾还与他的同仁相约，"三年内不担任有俸给之公职"。他曾拒受国会议员之选，并非自为清高，乃师司马迁"戴盆何以望天"之意。"由新闻界之言论记载皆属政治范围内事，如果参与政事即失立言之自由"，只有保持报纸的独立性，才能有不偏不倚的公正立场。

张季鸾先生的社评文章犀利朴实，言论行谊，有国士风，从不板起面孔训人，终是以情动人，其热情忠悃，常流于笔端。先贤有诗云："从古江山闲不得，半归名士半风流"，将风流潇洒的名士与创造时势的英雄同等看待。

在近代百年中国士林，《大公报》主笔张季鸾先生，不仅是一代风流名士，还是凛凛群惊、标高千古的无双国士，在历史长空留下璀璨的光华。周恩来曾对报界记者说，"要像张季鸾那样，有优哉游哉的气概，如腾龙飞虎，游刃有余"，给予了确切的评价。胡政之先生撰文说："季鸾是一位新闻记者，乃一文人论政的典型，他始终是一个热情横溢的新闻记者，他一生的文章议论，就是这一时代的活历史。读者今日重读其文，将处处接触到他的人格与热情，也必将时时体认到这一时代的历史。"

开办专栏　警惕倭寇

"九一八"事变的前几年，张季鸾发现日本军国主义势力膨胀，觊觎中国，已伸手东北诸省，就在大公报篇累牍地发表社评及专文，呼吁关注东北危机，警惕日本军国主义侵吞中国的狼子野心，眼光敏锐远大。及至事变爆发，组织报道之密集无报能比，在全国最早提出挽救国难之道，严厉斥责不抵抗主义，表现出大义凛然的爱国本色。作为当时全国权威媒体主笔，张季鸾先生深知自己笔下的分量轻重，在《大公报》上开辟了"明耻"和"教战"两个专栏，由王芸生先生编辑，系统讲述甲午以来中国对日本的屈辱史，竟然连载了两年半，洋洋两百万言，无一日中断，每篇开头均冠以"前事不忘，后事之师！国耻认明，国难可救！"

张季鸾当时还创办《军事周刊》，请军事理论家蒋百里将军主编，刊登军事知识，帮助国人掌握战斗本领。张季鸾在社评中说，在物质实力暂不足抵御御侮辱的情况下，全国上下，忍辱奋发，众志成城，百折不挠，化悲痛为力量，沉着顽强，勤俭建国，以图他年之申。

西安兵谏　发公开信

张学良晚年曾说："《大公报》有关"九一八"的报道和社评，文中有血有泪，有些文句，到现在还留在我的脑中，虽然半个世纪过去了。"1936 年 12 月 12 日，张学良、杨虎城发动了震惊中外的西安事变，扣留蒋介石，兵谏要求全面抗战。当时国难当头，举国关注，又出内讧，张季鸾昼夜焦虑，连发社评，呼吁各界镇定团结，维持大局，寻求消弭内忧之方法。大公报报道西安事变进展，中国从清朝以来就积贫积弱，民国以后又连年军阀混战，谈不上基础建设和工业发展，以这样的国力抵抗准备了几十年的日本军国主义是何等的艰难。如今我们没有机会、没有时间再重建一个领导抗日的核心，我们必须团结在当前的抗日政府、抗日领袖之下，才有胜利的希望。

西安事变几天后的 18 日，张季鸾在《大公报》发表"给西安军界的公开信"，严责张、杨立即释放蒋介石，和平解决西安事变。他写道："我盼望飞机把我们这一封公开的信快快带到西安，快快化乖戾之气为祥和。"南京政府按照宋美龄的要求，将这份公开信翻印数万份用飞机运到西安空投散发。

《大公报》社评："给西安军界的公开信"——我们只是爱中国，爱中国人，只是悲忧目前的危机，焚香祷告逢凶化吉。求大家成功，不要大家失败。今天的事情，关系国家几十年乃至一百年的命运，现在尚尽有大家成功的机会，所以不得不以血泪之辞，贡献给张学良先生与各将士……

这份《给西安军界的公开信》，把如此数量的报纸由飞机自空中向西安散发，也成为迄今为止唯一的一次。张季鸾这一封公开信，可抵十万雄师，对发动事变的军人产生了深刻的影响。有当事人说：那篇文章说得入情入理，特别把东北军的处境和遭遇说得透彻极了，我们都受了莫大的感动。还有人说：大公报不支持我们，还有什么话可说？军人们拿着报纸去找副司令，见副司令张学良也正在读这篇文章。张学良直到 90 岁之后仍能一字不差地背出这封信的内容。时至 24 日，在各方的努力下，蒋介石被迫接受停止内战，联共抗日，释放政治犯等条件。从而建立了第二次国共合作的抗日民族统一战线，成为全面抗战的转折点。

文坛巨擘　报界宗师

在整个西安事件的过程中，张季鸾基于国家兴亡、民族生存这一爱国主义立场上，共写下 11 篇社评。他的影响，中国共产党也充分肯定。

20 世纪 30 年代，国民党要求各个报刊一律称共产党为"共匪"，只有《大公报》从未服从这个命令。1935 年，在国民党一片"剿匪"声中，《大公报》就发表了范长江采访延安的稿子，报道了陕北的真相。不仅如此，《大公报》还派曹谷冰踏上去苏联采访的远途，曹谷冰也就成了中苏恢复外交前后第一位连续报道苏联建设成就的中国记者。

张季鸾 1941 年病逝时，毛泽东从延安发来唁电称先生"坚持团结抗战，功在国家。"周恩来、董必武在重庆参加吊唁活动，敬称："季鸾先生，文坛巨擘，报界宗师。谋国之忠，立言之达，尤为士林所矜式。"

自"西安事变"开始，张季鸾先生主笔的大公报，成为中国新闻舆论界宣传抗战的一面旗帜，执国内言论之牛耳，朝野关注，中外瞩目。他提醒国人："莫要眩于日本之假强，而忘却中国之真强，中国过去完全自误，一旦觉醒而奋斗，这种力量比日本不知要强大几十倍，以无穷之抵抗，当有限之侵略，中国最后当然要胜利，当然能驱逐敌军出中国。"

在汪精卫、周佛海投敌叛国的时候，张季鸾的社评驳斥了中国必亡必败的论调，鼓舞了人心士气。抗日战争时期，《大公报》全力宣传抗战，被称为"战时精神长城"。

1940 年，美国密苏里大学新闻学院评选《大公报》为年度全世界最优报纸，并赠送荣誉奖章，在美举行颁奖典礼。同时颁发奖状，原文如下：在中国遭受国内外严重局势之长时期中，《大公报》对于国内外新闻的报道始终充实而精粹，其勇敢而锋利之社评影响国内舆论者甚巨，该报自 1902 年创刊以来，始终能坚守自由进步之政策；在长期作战期间，始终能坚执其积极性新闻之传统；虽曾遇经济上之困难，机器上之不便，以及外来之威胁，仍能增其威望。该报之机器及内部人员，曾不顾重大之困难，自津迁沪迁汉以及渝港两地，实具有异常之勇气机智与魄力。

该报能在防空洞中继续出版，在长时期中虽曾停刊数日，实具有非常之精神与决心，且能不顾敌机之不断轰炸，保持其中国报刊中最受人敬重最富启迪意义及编辑最为精粹之特殊地位。大公报自创办以来之奋斗史，已在中国新闻史上放一异彩，迄无可以颉颃者。

同日，张季鸾与胡政之代表《大公报》对美国广播致辞，题为《自由与正义胜利万岁！》，中国抗战，为不愿丧失独立自由，做日本的附庸。我们军事经济政治的自由，都必须确保，领土不容侵占。我们不做日本的奴隶，也不做日本侵略其他国家的工具，同时我们并不要侵略日本，不侵害日本人民的自由，我们所求，只是与日本平等。这种目的，绝对必要，也绝对合于道理，所以中国人民能以劣势的军备作长期抗战。抗战四年的效果，业已达到一种消极目的，就是日本绝对不能征服中国。我们对世界前途是乐观的，相信反侵略的势力，一定最后胜利，因为反侵略合乎道德。这些七十多年前的铿锵话语，也是今日现实的写照。

秉笔直书　不偏不倚

张季鸾为文为人是厚道的。但是，他的厚道，并非乡愿，并非无原则捧场。当为了公义，他认为必须批评时，他的笔锋又是很锐利的。如他曾撰写过三篇被人们称之为"三骂"的社评，曾经脍炙人口。一骂吴佩孚，是 1926 年 12 月 4 日的《大公报》社评《跌霸》，文中说："吴氏之为人，一言以蔽之，曰有气力而无知识，今则并力无之，但有气耳。"酣畅淋漓，一语中的。二骂汪精卫，是 1927 年 11 月 4 日的《呜呼领袖之罪恶》，指斥汪精卫"特以'好为人上'之故，可以举国家利益，地方治安，人民生命财产，以殉其变化无常目标不定之领袖欲。"三骂蒋介石，1927 年 12 月 2 日发表的《蒋介石之人生观》社评，针对蒋介石因刚与宋美龄结婚而"深信人生若无美满姻缘，一切皆无意味"，并"确信自今日结婚后，革命工作必有进步"的说法，以犀利尖锐的笔触指出"蒋氏人生观之谬误"，"夫何谓革命？牺牲一已以救社会之谓也。命且不惜，何论妇人？""兵士殉生，将帅谈爱；人生不平，至此而极"。社评责问："以蒋氏的结婚后革命工作必有进步的说法来论，南京政府军队有数十万，国民党党员也有数十万，蒋氏能否一一与谋美满之姻缘，俾加紧所谓革命工作？"

张季鸾骂吴、骂汪、骂蒋之时，确实保持着不偏不倚的超然态度和立场。他是无欲则刚，独立不羁。惟因如此，蒋介石亦敬重他的这一气度，在张季鸾后半生一直与之保持良好的私人关系。但是，正因为其与蒋介石私交甚笃，在西安事变当中，张季鸾先生写了一封公开信，以今日眼光看来，不无偏袒。事实上，也正因其超然姿态，以致《大公报》同时受到当时中国政治舞台上两大对立主角的青睐。蒋介石在他的办公桌、起居室、卫生间各放置一份；而毛泽东说，他在延安经常读的报纸就是《大公报》。

张季鸾一生的文章议论，铸成了他那个时代的活历史。而当年的《大公报》，则构建了中国百年言论史上的重要篇章。

情系大公　社会导师

《大公报》取得的荣誉与张季鸾的勤奋和努力是分不开的，张季鸾的名字与《大公报》早已融为一体。五十岁时，张先生唯一的儿子出生。在他五十岁生日时，于右任先生赋诗《寿张季鸾》：

榆林张季子，五十更风流。

日日忙人事，时时念国仇。

豪情托昆曲，大笔卫神州。

君莫谈民立，同仁尽白头。

这首诗可说是对张季鸾多方奔走，动员全民族各方形成统一抗日战线，维护国家统一所作贡献的中肯评价，是由"其最高兴趣和最低享受实造而成之"。他的工作相当繁重，总是亲力亲为，处理重要新闻、主要标题，对于版面安排都要斟酌推敲，反复思考，他每晚工作到两、三点，甚至熬到天亮日出，"治业废寝忘食，故年甫五十，即发白体羸。"

张季鸾为文坦承："我们这班人，本来自由主义色彩很浓厚的。人不隶党，报不求人，独立经营，久成习性。所以在天津、在上海之时，往往与检察机关小有纠纷。""中国报人本来以英美式的自由主义为理想，是自由职业者的一门。其信仰是言论自由，而职业独立。对政治，贵敢言；对新闻，贵争快。从消极的说，是反统制，反干涉。"[1]

---

① 1939 年 5 月 5 日《大公报》香港版社评《抗战与报人》

张季鸾 1941 年 9 月 6 日，因操劳过度，积劳成疾，被肺结核过早地夺去了生命，病逝于重庆，享年 54 岁。次年，李仪祉遗体迁葬于古城西安，全国新闻界为他举行国葬。蒋介石携夫人亲往吊唁，气氛隆重。国共两党对他有崇高的评价，国民政府明令褒扬，全文如下：张炽章学识渊通，志行高洁，从事新闻事业，孜孜矻矻，历三十年。以南董之直笔，作社会之导师，凡所论列，洞中窾要。抗战以来，尤能淬立奋发，宣扬正谊，增进世界同情，博得国际称誉。比年连任参政员，对于国计民生，并多贡献。兹闻积劳病逝，轸悼殊深，应予明令褒奖，用昭懋绩。

张季鸾有三任夫人，分别是：高芸轩（1908），陈孝侠（1934），陈氏夫人（1936）。儿子：张士基（陈氏夫人所生）。孙子：张哲明。有文集《季鸾文存》传世。

口述者：张季鸾嫡孙　张哲明

采访人：张应超　马　正

陕西慈善第一人——张子宜

张子宜，生于清光绪七年（1881）4月27日，兴平南韩村人，名典尧，字子宜，后以字行世。年十五岁，父农民张世全去世，家境贫寒由此辍学。由亲友介绍到县中店铺充当学徒，白天工作，晚间学习。1899年，年十八岁，辞去学徒工作，创设粮铺，经营商业，信用昭著。不久将粮铺改为兴盛荣钱庄（股份制），年仅二十三岁，担任经理职务。由于办事认真，讲信用，很快被推举为全县钱行行长和商会理事。

张子宜

陕西辛亥革命先驱张渊（字深如）思想进步，鼓吹革命，常给张子宜讲国内外形势，世界潮流。张子宜于清光绪三十三年（1907）在兴平由张渊介绍加入同盟会，以商人身份为掩护在兴平县（今兴平市）东门外担任"复幽桑园"经理，负责同盟会员的联络工作。1909年应邀到西安协助张渊主持西安中等实业学堂。1911年，同盟会联合新军、哥老会发动西安起义前，张子宜受同盟会指示，先期回到兴平准备。陕西首义后，他在兴平首先响应，推为民团团长，指挥发动起义，驱逐清吏，率众光复兴平，保境安民。兴平成为陕西西路各县革命军的主力地方之一。和议告成，张子宜到西安，由张渊、刘允丞陪同见郭希仁，报告兴平县（今兴平市）起义情形。不久即委襄办义军，驻扎陕西岐山、凤翔府各地，差竣返省。

民国元年（1912），张子宜先生遂辞去一切职务，当时提倡实业，本着"实业救国"宗旨，于 1912 年 5 月在西安和南南轩等兴办"西安精业染织股份有限公司"，张子宜一直任经理。该公司是民国陕西最早的股份制有限责任公司，亦是最大和股东人数最多的公司，股东包括知名的政界、军界、商界、学界、宗教界和其他知名人士等 50 多人，张子宜是最大股东，股东大多数是辛亥革命参加者。1921 年冯玉祥督陕，常到精业公司参观，并由督署赠以"媲美泊品"牌匾。

基督教传入兴平，传教士们同情中国革命，经常给张子宜讲西方工业革命，而当时我国是农业社会，他对西方工业革命很感兴趣，接受西方民主、自由、平等、博爱思想，受其影响，1904 年张子宜在兴平加入基督教，以后传教士对张子宜革命活动多有支持。他于 1913 年春发起成立西安中华基督教自立会，任牧师、会长，在教会之前冠以"中华"二字，充分表达了他要建立独立、自主、自传、自办基督教会的爱国爱教心愿。该会是陕西境内由中国人自办的最早的基督教教会，成立初期，得到张凤翙等各界人士的支持和赞助。教会日常事务由张子宜主持，1918 年由张子宜经手购地建成西安中华基督教自立会西新街礼拜堂及附属房屋，1921 年冯玉祥督陕时，捐助扩建礼拜堂，该教堂为中国人在西安建的最早教堂。

西安中华基督教自立会与全国各地基督教自立会并无组织关系，由陕西之中华人组织之，主权属于陕西教会基督教徒。乃是中国基督教徒自立的教会，强调中国人自办教会、自传，不受外国的控制，不受外国捐助。表现了民族自尊心和爱国精神。在信仰上互相尊重，爱国爱教。1948 年前后聚会人数约一千多人，在当时西安各教派中人数最多。自立会创立初期创办一所小学，王陆一任校长。1926年刘镇华镇率嵩军围西安城时开办临时难民收容所，民国十八年（1929）年馑创办养老院。张子宜还在兴平复䰾桑园和长安县杜区创立自立会分会，在西安孤儿教养院开设布道所。他创建西安中华基督教自立会的思想，就是今天的中国基督教三自爱国运动委员会坚持自治、自养、自传的原则，超前了 40 多年，即整整一个民国时期，充分表现了一个基督教徒的爱国爱教情怀，他是中国基督教三自爱国运动的先行者，是爱国爱教的典范。

1929 年陕西年馑，饿死二百多万人，1930 年张子宜等十七人发起成立基督教农工服务团（陕西），以改良农业、提倡工业、振兴教育、发扬福音真理，促进人类幸福为宗旨，在泾阳、高陵两县购地 3000 亩以作基产。今存西安南新街礼拜堂

（集贤巷 1 号，西安市保护性建筑）由张子宜等于 1919 年筹建。1914 年，发起成立西安基督教青年会，1922 年任西安基督教青年会会长，1927 年任西安基督教青年会董事长，并在基督教青年会举办禁毒会，英文补习班等。任职基督教自立会、青年会时，他在兴办教育、赈灾救灾、普及文化科技，宣传抗日救亡等方面做了大量工作，影响颇大。时人称张子宜是基督教著名的爱国人士。更为重要的是，张子宜把宗教思想用于爱国和为民服务，用于社会公益事业和慈善事业，在教育、扶贫、济困、救灾、助残等方面发挥有益作用。作为基督教徒，张子宜积极参加反帝反封建革命斗争，为推翻几千年的封建帝制做出了卓越贡献。

1916 年元月民党人士在西安 "反袁（世凯）逐陆（建章）"，策划和发动起义，他是重要组织和领导者之一。他以西安精业染织股份有限公司作为联络通讯和存放武器机构，秘密联络胡景翼、于右任、景梅九等密谋讨袁，与李岐山、张渊、王绍文等在西安策划反袁，他被推举为行动组长，李虎臣来西安为其助手协助工作。景梅九拟讨袁檄文（时称讨袁第一檄文）。陕西督军陆建章不时侦察李岐山和张子宜行踪，张于 1916 年 2 月 22 日夜在西安红十字会租住的宿舍家中被陆建章逮捕，关押于西安西华门陆军监狱。在狱百余日，因是主犯加以镣铐，受严刑审讯，险遭杀头。民党人在西安起义六次，均未成功。王绍文、张渊等陕西著名反袁十八烈士被杀。同年 5 月初，胡景翼在富平发动兵变，活捉陆承武（陆建章之子），下旬经焦子静等营救出狱。和张子宜先后被捕入狱的三十多名西安起义主要人员，唯有张子宜一人出狱幸存。在监狱时，他说若能出狱，将毕生为民谋福祉。不为官，不为钱，不为名，不为个人利益。

"反袁逐陆"胜利以后，为抚恤反袁斗争中牺牲的烈士亲属，与新任陕西督军陈树藩意见相左。屡次拒绝陈树藩封官许愿和给以钱财，致力社会慈善事业。追随郭希仁诸先生修河渠、办粥厂、救济难民，参加地方赈务工作，任陕西赈务会委员。

1920 年春，与张亚雄代表西安基督教青年会赴天津参加全国基督教第八次代表会。会后到北京游历，由石雨琴陪同参观龙泉寺佛教孤儿院，该院规模宏大，印染工艺成绩优良。又参观千佛寺贫儿院（系基督教主办），该院规模较小，人数不多，而小孩精神活泼可爱。回陕后，想起辛亥革命牺牲的先烈遗孤，以及本省连年水旱灾，逐发愿在西安办一孤儿院，收容无依儿童。1921 年冯玉祥聘张子宜为陕西第一平民工厂经理，招收失业青年，学习工艺。1922年春，冯玉祥离陕。张子宜将此厂停办，所余物资，造具清册，函请冯玉祥同意，作为创建孤儿院之修建费，陆承武捐地二十亩，于1922年10月28日创办西安孤儿教养院，任院长，得到高增爵、郭希仁、冯玉祥（孤儿院名誉董事长）等帮助。收养烈士遗孤和贫寒孤儿。院址设在今西安市解放路中段东侧（今西安民生百货大楼处），1927年春，冯玉祥由国民军联军驻陕总司令部拨地给孤儿院一百亩。1937年日寇开始对西安轰炸，1939年是日寇轰炸西安最严重的一年，为儿童安全计，是年12月迁往长安县（今西安市长安区）太乙宫建成65亩地的新院。院总面积240多亩（其中西安城内120多亩，长安县（今西安市长安区）共120多亩），盖房近1000间，树木2500余株以上，收养孤儿最多时超过千人。孤儿院男孩名字中间一个字随张子宜的"子"，女孩名字随夫人"爱"为第三个字，不知道姓的随张子宜姓张，以示平等，思想进步。院内自办中、小学校，有教务、训育、智育、体育、课外操作等部门；开设多种实习工厂，产品一部分自用，一部分外销，栽绒产品远销欧美；建有图书馆、诊疗室、保姆室、阅报室、浴室、礼堂、体育场、游戏

旅京陕西同仁欢迎西安孤儿教养院院长张子宜先生（1934年）

场、音乐队、汽车队；辟有农场、农业试验场、森林场、畜牧业场、菜园、菓蔬园、树木花园等；孤儿院自己的产业包括工业、农业、牧业、林业、商业、房地产、运输业、旅游业（旅馆，今酒店）、文化业（文艺演出）等，对孤儿实行"工读并进"、德智体全面发展。林森、蒋介石、宋美龄、冯玉祥、于右任、张学良、杨虎城、邵力子、王陆一、李仪祉、张季鸾、朱子桥、熊斌等到院参观给以多次帮助，宋庆龄、张静江、戴季陶、班禅、焦易堂、石敬亭、宋哲元、井岳秀、马鸿逵、韩复榘、刘镇华、张钫、张子江、陆承武、张风翙、顾祝同、石敬亭、吉鸿昌、胡景翼、孙蔚如、宋联奎、卫定一等等给以资助。受张子宜慈善精神的影响，多年来社会各界和百姓向孤儿院捐款捐物，捐赠者达千人之上。国际友人经常参观孤儿院，国际组织（如国际红十字会）、国际友人（美国、英国等）也纷纷捐款捐物。1946 年根据国民政府社会部令，改名为西安私立子宜育幼院（于右任书写院名）。同年 8 月，创办"民生市场"（今西安市解放路西安民生百货大楼即上市公司"西安民生"前身，依孙中山三民主义，取名"民生"），任经理。当时为西北最大的五金、百货批发市场，经营所得全部教养孤儿，品德高尚。1947年后学生生活和学业也相应改进和提高，成立了职业班，招收历年院小学部学生和社会学生，学习期限定为三年，除学中学课程外，还学习工、农、商等技术。民国时西安孤儿教养院在全国影响颇大。据 1948 年不完全统计，经西安孤儿教养院救助和教养过的儿童有 14000 余名，是民国时期全国救助和教养人数最多的私立孤儿院。孤儿来自陕西、河南、河北、山西、山东、辽宁、湖南、甘肃、安徽、湖北、江苏、四川及祖国其他省份。1950 年 8 月张子宜无偿交西安私立子宜育幼院由西安市人民政府接办，他的理念和主张至今仍在闪光。他"工读并进"、德智体全面发展、重在教育的办院方针，至今仍具有现实意义。孤儿遍布美国、加拿大、东南亚地区及中国台湾和大陆大部分省份。新中国成立后，张子宜仍任院长，直至去世。据时人这样评论，当时有三个孤儿院办得特别好，一是北京香山兹幼院，熊希龄创办，财力雄厚；二是山西太原孤儿院；三就是西安孤儿院教养院。张子宜是高明的教育家，高妙的经营家，还是高超的管理家，高调的社会活动家。他被称为慈善典范，慈善先生，又被称为文明大叫花子，他将一生奉献给了慈善事业。他创办的孤儿院是中国现代较早设立董事会制的私立孤儿教养院，他主持孤儿教养院长达四十三年，留下了众多的称赞，被称为陕西慈善第一人，现代慈善事业的奠基人，中国现代慈善事业的先行者。

1925 年张子宜为民任陕西省警察厅顾问官，不索报酬。1926 年镇嵩军围困西安城 8 个月，城内饿死几万人，孤儿院无一人遇难。张子宜协助各慈善团体尽量收容难民，发给难民食品、服装、药品，有死亡的发给棺木。有学生断炊者，以个人名义借炊，救济绝食学生（西安解围后，此炊由冯玉祥归还，深受冯玉祥称赞）。1926 年农历十一月国民军联军驻陕总司令部委任张子宜为陕西富秦钱局局长。他迭次辞谢，当局不许。于 1926 年 12 月任陕西富秦钱局局长。1927 年春，流通券作废，张子宜虑民间受损过甚，与民政厅厅长邓长耀、财政厅厅长过之翰商议，每流通券一元，兑换富秦钱局钱票两串文，市民异口同声称赞张子宜，他发行纸币，作为国民革命军金融流通券和货币，发展经济。石敬亭主持陕政，成立陕西平民教育委员会，聘张子宜为委员，他推行平民教育多年，启迪民智，成绩显著。1928 年春，王陆一奉召赴宁，筹组国民政府审计院（后审计部），拟任张子宜为副院长，张子宜迭次谢辞未就。1928 年陕西灾情已现，10 月陕西省主席宋哲元任陕西省救灾委员会委员委员长，委任张子宜为委员，救灾救民，成绩显著。1929 年关中大旱（民国十八年年馑），赤地千里，饿殍遍野，全省 200 多万人活活饿死，200 多万人流离失所，800 多万人以树皮、草根、观音土为食（当时陕西 1000 多万人）有的甚至人人相食，易子而食，惨绝人寰，他致信南京国民政府，来陕赈灾，而孤儿院无一人罹难。时陕西民政厅长邓长耀任陕西省振务会主席，聘张子宜为委员，他虽患肺病三期（三期为最严重），但他协助邓长耀、杨仁天诸先生筹办全省赈务。1929 至 1930 年陕灾严重，省西各县卖儿卖女，青年妇女和女孩以年龄论价，每岁一元，其状甚惨。张子宜找唐慕汾，由北平孝惠学社出资在眉县设立收容所，先后收容女童百余名，后全部送进孤儿院。朱子桥将军在西安筹款，由张子宜在关南会馆处办妇女习艺工厂，收容灾民妇女入厂，纺线织布，灾后送回原籍。年馑期间，他在西安大差市、湘子庙街开办舍饭场，救济灾民。1934 年 10 月，作为陕西代表参加上海全国慈幼领袖会议，提请政府保障慈幼事业，禁贩卖妇孺，救济灾区儿童，组织健全孤儿教养院等。邵力子主陕时，各县税收重，人民负担不平衡，1935 年 3 月成立陕西省捐税监理委员会，张子宜、范紫东等聘任为委员，与诸委员整顿各县税收，减轻人民负担，百姓赞扬。1942 年任陕西革命先烈褒恤委员会采访委员，不忘革命先烈，为编写《西北革命史征稿》做出贡献。

在抗日抗战期间，西安作为西北军事重镇和大后方重要基地，是日军飞机轰炸的重点目标之一。张子宜认为抗战不可能速胜，为躲避空袭，1939年5月孤儿院搬迁到西安南郊新开门村，借祠堂庙宇为教室给孤儿上课。然而仍躲不过日机轰炸，由于右任筹款5万银圆，又募集10万多大洋，于1939年12月建成环境优美安全65多亩地的翠华山北麓长安县（今西安市长安区）太乙宫新院址。张子宜对孤儿们讲："生在苦难之中，而知国家民族同胞困苦的人，是最有价值的人，惟有愈困苦愈奋斗，立志奉献，爱护国家，救助同胞的人，才是有出息有希望的人，长大以后要努力图报社会，我们应艰苦抗战，以求复兴国家，应尽到国民之责任，要有义务之观念"。为当地农民生计着想，在太乙宫建新院址时张子宜高价征地。建

张子宜

新院时，为节省经费，时年已58岁的张子宜带头搬木料，不慎砸伤了右手无名指，从此该指不能活动，落下终身残疾！由于河南、山西等省相继沦陷，大批难民涌入陕西。张子宜调整收容方针，优先收容沦陷区灾童，然后收容陕西孤儿。抗战时期，张子宜孤儿院收养大量抗战或已殉国将士子女，悉心加以教育，俾其成才，抗战胜利后所收子女由本院介绍转入贵族学校。1937年全面抗战开始后，张子宜将150名青年孤儿，通过西安八路军办事处，送往中共领导的陕甘宁边区参加抗日，有的后来成为我党我军高级干部。抗战期间为中共领导的敌后抗日根据地；国民党领导的抗日正面战场；乃至战果辉煌震惊中外的国民党入缅作战远征军，共三支抗日武装力量输送大批热血青年抗击日寇法西斯，有许多孤儿牺牲在抗日前线，晚年张子宜常给家人讲抗战牺牲孤儿的故事，教育后代要热爱自己的国家。同时他还积极宣传抗日。他把慈善事业和民族救亡紧紧联系在一起，他不仅是一位体念民瘼的慈善大家，而且是一位满腔激情的爱国志士。

20世纪20年代末30年代初，由于张子宜担任过多的工作，长时间以来积劳成疾，染上了肺结核，肺病三期（晚期）。连日大口吐血，当时此病又无药可治。但他一直坚持为民工作。一位老中医告诉他，新鲜空气对治疗结核病有好处。从1930年秋开始，他坚持一年四季在室外院子里睡了三年，终于在没有任何药物能治疗的情况下奇迹般的痊愈了。在有病时继续坚持为民工作和与疾病顽强斗争的精神，更加深了人们对他的敬仰。

张子宜同情人民革命事业。1930年营救兴平中共地下党员杨景辉等三人出狱；新中国成立前三次营救保释中共地下党员田静忱（兴平县（今兴平市）第一任县长，西安市政协副主席）；营救过杨嘉瑞（新中国成立后任原兰州军区副司令员、陕西省军区司令员）等多名中共党员。1950年8月张子宜无偿交西安私立子宜育幼院由西安市人民政府于接办，改名为西安市子宜育幼院，张子宜仍任院长。因张子宜对社会之贡献，新中国政府承诺将张子宜和夫人养老送终，逝世后政府进行公葬。后接管干部周克立制造假案，致张子宜蒙冤被拘于西安市人民政府一周。1956年肃反中逮捕了周克立，并被判刑。张子宜冤情大白，并在报上刊登。西安市人民政府任命张子宜为西安市儿童教养院（1956年6月更名）院长，且连续当选为政协西安市新城区第一、二、三届委员会副主席，直至逝世。国庆节时，应邀参加陕西省暨西安市国庆观礼。政府文史工作者采访张子宜1916年领导反袁逐陆的西安起义情形，他想起近50年前为革命牺牲的许多许多战友，80多岁张子宜一天没有吃饭，几天睡不着觉，虽他为牺牲的战友遗属做了很多事，但每想起他们，悲痛之至。1960年前后三年自然灾害期间，政府对张子宜生活特供。晚年张子宜耳不聋，眼不花，身体灵便。热爱新生事物，关心国家大事，事业心不懈，每天看政府给他订的人民日报。在政协活动中，积极提出建议，并撰写了辛亥革命、反袁逐陆、创办孤儿院和精业公司（反袁机构），以及西安围城见闻等回忆文章。

张子宜先生在辛亥之役中，在陕西"反袁逐陆"的斗争中，英勇奋斗，置生死安危不顾，和关心民生疾苦，立志为百姓谋福祉的高尚品德，以及他矢志不渝，含辛茹苦，坚忍不拔，为慈幼事业献身的精神，为当时社会人士所共知、称道和敬仰。民国时流传的歌谣，"陕西有个水利局，西安有个张子宜"就是一个很好的说明。民国时人称张子宜是中国现代慈善事业先行者，张子宜慈善事业之思想，体现了近现代慈善事业之思想，他认为做慈善，是在治理社会和国家，促进社会的改变和发展，改变社会风气和社会结构。1932年春，国民政府主席林森参观孤儿院并在国民政府会议上说，张子宜深受陕西人们称赞。1934年10月，蒋介石和宋美龄首次来陕视察，宋美龄参观孤儿院时，对张子宜慈善精神给予高度赞扬，号召陪同的在陕国民政府要员夫人们向张子宜学习，多做社会公益事业，并给孤儿院多次资助和帮助。于右任多次参观孤儿院书赠张子宜，"博大圣人心，孤儿不孤"。冯玉祥多次参观孤儿院，并对孤儿说："孤儿不孤，因为你们有一个好父亲张子宜。"邵力子主陕时参观孤儿院，号召大家向张子宜学习，杨虎城多次参观孤儿院。被孙中山称为"革命圣人"的国民党第二任主席张静江书赠张子宜，"使施比受更为有福"。报界宗师张季鸾称张子宜创办孤儿院是陕西模范的社会事业。1932年于右任说，陕西有三位备受社会称赞的人，一是水利专家李仪祉，二是报人张季鸾，三是慈善事业者张子宜。于右任多次说，张子宜是陕西慈善第一人。

2012年8月张子宜被中共陕西省委宣传部、文明办遴选为体现陕西精神的杰出人物。称张子宜是陕西宗教界著名的爱国人士；称张子宜为陕西慈善第一人；称他前半生以革命著称，后半生以慈善著名；称他一生为国不谋身，谋事不为己，毕生为民谋福祉。

张子宜先生1964年12月13日晚在西安市东三路家中无疾而终，享年84岁。他逝世的时候，房无一间，地无一亩，也没有存款，为社会无私贡献长达70年。15日西安市人民政府代表政府公葬（土葬）于西安市南郊三兆公墓特干区，1977年3月下旬由家属移葬于故里今兴平市南韩村。2013年5月2日，张子宜墓被兴平市人民政府公布为县（市）级文物保护单位。2018年7月18日，张子宜墓被陕西省人民政府公布为陕西省文物保护单位。

口述者：张子宜重孙　张和平

采访人：张应超　马　正

反袁烈士——张渊

张渊（1868—1916），兴平市庄头镇岳阜村人，字深如，清同治七年（1868）六月二十八日出生。张渊幼时聪慧，深受其父的熏陶影响，入邑庠，跟随本县孝廉高凤冈先生读书，光绪九年（1883）应童子试，时兴平知县王权（甘肃甘谷县人）以张渊学业优异，补为博士弟子员，不久，到三原贺复斋先生讲学的清麓书院就读，历时十年，由此学问日深。他志趣非凡，常常以天下为己任，因此自号"思任阁主人"，又号少房。

光绪二十六年（1900），张渊回到兴平，被知县杨宜瀚（字吟海）指派与本县张元际（字晓山）到上海考察新政，购置书籍仪器，回县后就任高等小学校长。他对教育、实业特别提倡，不遗余力。他曾说："不改革教育，就无法造就人才；没有发达的经济，就不可能使国家富强。"因此，他主持县内高等小学堂多年，坚持以教育为根本，以实业为基础，聘请李元鼎、杨铭源、南风熏、南兆丰等进步人士为教员，使得"兴平学务，卒为陕右之冠"。

于右任先生来兴平担任知县杨宜瀚幕僚，张渊又于他过从甚密，积极接受和民主革命思想，从而坚定了推翻封建帝制的革命思想，后加入同盟会，并担任兴平同盟会负责人。

张渊在担任兴平县小学堂监督时，在学校附设工厂，特别是在南兆丰等人的领导下，在兴平城东门外（现五女墓附近）购地十多亩，建立了"复圃桑园"，名义上种桑养蚕，发展农业，实际上把它作为掩护革命活动的联络点，当时由张子宜任经理，栽桑养蚕，多方购置人力纺织机器，制造毛巾、手帕等工艺品，产品质量尚好，成效显著，对促进地方工商业影响很大。

清宣统元年（1909），张渊以陕西地处西北，风气闭塞，与南兆丰、南风熏等革命党人在知县张瑞玑的支持下，创办了《兴平报》，专以灌输文化，启迪民智为

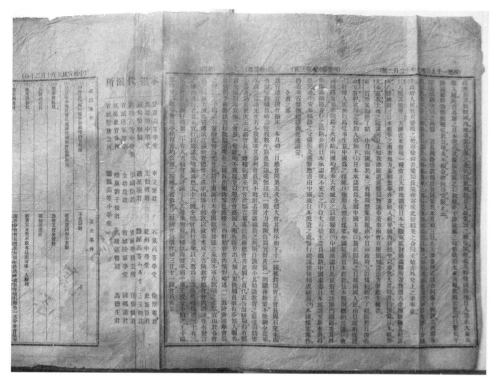

《兴平报》

宗旨，鼓吹革命，联络爱国人士，推翻清廷。后《兴平报》移至省城，改名《帝州报》。

同年，西安府知府尹昌龄在西安创办实业学堂，聘请张渊担任校长，主持学校事务，不到三年，成效卓著。在实业学堂任职期间，他看到日益腐败的清政府假借立宪之名，欺骗国民而实施专制，常常教育学生关心国家民族命运，做革除旧弊、创造时势的英雄豪杰。辛亥前，张渊觉得时机成熟，于是召集部分同盟会人士，先后在实业学堂农事试验场和旧贡院魁星楼开会商议，策动起义。七月又以学生练习武式操为名，从提学使署领取枪械，督使学生操练，组编为寻缉队。武昌起义后，陕西革命党人立即响应，张渊与兴平南风薰、符瑞亭、杜友梅、杨子文、穆仰文等人积极参与，他亲率实业学堂全体师生并联系省陆军中学堂部分师生，组成学生军，攻占衙署和满城，维持秩序。西安首义成功后，张渊、张子宜等人，积极联络兴平地方人士，由张子宜任兴平民团团长，与符瑞亭、杜友梅、杨子文、冯佐、解志毅等人，组织武装、开展斗争，驱逐官吏，维持治安，使兴平社会安宁。

光复西安后，应粮饷都督马玉贵的聘请，张渊任马玉贵的参谋，协办军务，极力协调诸将领间的关系，消除隔阂，使之融洽，团结共事。陕西都督张凤翙以张渊功绩，呈请中央奖给六等文虎勋章。民国元年，张渊被任为岐山县知事，后又迁任陕西省实业公司次长，被推选为全国工商协会陕西代表，参加了南京会议。后又历任省公署行政、总务科科长。民国二年（1913）二次革命失败后，袁世凯擅改约法，解散国会。时张渊担任督署科科长，他爱国心切，每次和人言谈时，都会击案叹息，常说出"我将来成为第二个徐锡麟"的话，并且发誓把实业救国作为他的众生志向。被调为南郑、渭南等县的知事，他坚决拒绝不就职。随后被任命为延长石油厂经理，在三年多的时间里，他苦心经营，多方努力，使厂业日见发达。

袁世凯篡权窃国后，称帝阴谋逐渐暴露，派陆建章为陕西督军，大肆镇压民党志士，企图消灭陕西革命力量。民国1915年12月12日，袁世凯宣布改国号为"中华帝国"，以明年为"洪宪"元年。孙中山即发表《讨袁宣言》，全国沸腾，陕西党人也风起云涌，张渊便潜回西安，暗结同志，密谋大举，配合省内外革命力量，致力于"讨袁逐陆"运动，开展秘密行动。以大莲花池体育场（现莲湖公园）为聚会地点，由张渊与李岐山负责；以兴平会馆（现大麦市街）为联络机关，由杜友梅负责；以精业公司为传达消息处所，由张子宜负责，其余人各找关系，分头进行。张渊联络镖局张怀芳，李岐山鼓动警卫队筹备枪支，杜友梅策动南教场驻军，胡德明发动城隍庙、端履门一带红帮兄弟。城内戒备队亦联系成熟，待机而动。张渊结识的壮士王炳耀，拥有旧部几千人马，他们愿意效死力，相助举事。张渊还到临潼联络李虎臣，请他带人到省城，共同行动，又安排景梅九草拟了"讨袁檄文"。议定于1916年2月3日夜起义，不了事机不密，被叛徒张怀芳出卖，陆建章下令严加戒备，明察暗拿。后又改为年2月19日夜间举事，因故又未成功，南风薰、高子级、吉希文被捕。复谋再举，王绍文、胡德明、方厚庵、张子宜、杜友梅、李桂森又相继被捕。1916年3月8日，杜友梅、李桂森、南风薰、胡德明等17人被陆建章杀害于西安北门外西火巷。

省城内风声日紧，张渊于是前往临潼，欲与革命党人接洽，另作城外举事大计，不料又发生事变，不得已，他遂由三原潜回延安。此时，他还不知道张怀芳已被陆建章副官迟承九收买叛变，当张怀芳与陆建章派的马队去延安逮捕张渊时，他还待叛徒如上宾，被捕时手持《道德经》一卷，神色自若，在押解回西安途中，张怀芳得悉郭坚派人营救，于 1916 年 4 月 28 日，将他杀害于甘泉县甄家湾，年49 岁。张渊连同前被害 17 人，史称反袁"十八烈士"。后在民党人士与家属的努力下，张渊烈士尸骨被搬运回兴平，安葬于岳阜村祖墓地。

口述者：张渊重孙　张元海
采访人：张应超　马　正

辛亥女杰——卢慧卿

卢慧卿

卢慧卿原名毅侠，字慧卿。清光绪十六年（1890）生于陕西省长安区南乡居安坊村一个贫苦农民的家庭。卢慧卿少年时，母亲曾在一位官宦人家作佣工，卢慧卿也常随母亲。卢母勤劳宽厚，卢慧卿聪明伶俐，惹人喜爱。这家公馆的夫人、小姐见慧卿从小丧父，与寡母相依为命，因而对她们母女颇好。卢慧卿对官宦人家待人接物的礼节也耳濡目染，知之甚多。

卢母在西安城内作了几年佣人，又带着女儿回到乡下。卢慧卿十多岁已长得十分标致，不幸的是，她年仅十五岁就被迫嫁给年龄整整大她二十岁的傅二为妻。

傅二本是一名泼皮无赖，后来混到县衙当差，为非作歹，百姓对他十分痛恨。他对卢慧卿动辄打骂，全无夫妻情分可言，后来，竟然强迫卢慧卿去做暗娼，赚钱供其挥霍。卢慧卿多次想以死抗争，但又觉得这样死去，太便宜了傅二这个恶棍，强活下去，说不定有朝一日能遇到一个好人，使自己重见天日。就是靠着这种信念，她才没有像当时的许多年轻妇女那样含恨轻生。

傅二为了能从卢慧卿身上榨取更多的钱财，在西安城西关开了个小茶馆。慧卿名义上是老板娘，但真实身份是不言而喻的。当时，新军（清末编练的新式陆军）的驻地距傅二开的茶馆不远。一些新军官兵闲暇之时，常来茶馆喝茶。卢慧卿年轻漂亮，待人热情宽厚，到此喝茶歇息的人络绎不绝。这些人中，虽然有因贪恋卢美貌前来的，也有一些同情她的遭遇，能使她引为知己的有识之士。慧卿后来许以终身、至死不渝的青年军官张光奎就是其中之一。

张光奎（1879—1937），字聚庭，陕西长安人。其父清末曾任云南江川县（今江州市）知县，因看不惯上司的胡作非为，弃官回陕。张光奎性豪爽，喜交游。青年时投笔从戎，毕业于陕西省武备学堂毕业，新军一标（团）二营左队（连）当司务长。与张钫、彭仲翔、党自新、钱鼎等众青年军官加入同盟会，组织军事研究社。名义上是清军军官，暗中却从事反清斗争。

辛亥首义后，任秦陇复汉军大统领府参政兼东路筹饷大使。

由于慧卿的茶馆平时来往人多，在此地与同盟会会员联络接头不易引起军官的注意，所以，张光奎常以来此喝茶为名，秘密进行革命活动，在新军官兵中发展革命力量。久而久之，张光奎知道了卢慧卿的身世，对她十分同情，卢对张光奎印象颇好，进而互相倾慕。

这时，张光奎年界而立，不幸妻子病逝，儿女年幼，难免使他牵肠挂肚。他看到卢慧卿虽落风尘，但温文尔雅，待人宽厚，如果与自己结为伉俪，既可以帮助她跳出火坑，也能免去自己丧偶扶幼之苦，使自己集中精力投身于反清大业。

卢慧卿也从光奎身上看到了自己生活的希望，促使他们二人结合，还有一个非常重要的原因，当时由于反清斗争的需要，同盟会员建立一个以家庭为掩护的秘密据点，特别要求这个家庭的主妇既要会办事，还要敢担风险。张光奎经过多次与卢慧卿接触，觉得她很合适。陕西同盟分会的领导人对张光奎的想法也深表赞同。1909 年秋，由同盟会员筹集重金交给傅二，由张光奎长期"包下"慧卿，二人移居西安城内早慈巷，开始了新的生活。张光奎与慧卿同居后，经常给她讲述古今中外大事，还特别用梁红玉、秋瑾等女英雄的事迹启发引导她献身反清革命斗争。

卢慧卿这时虽然年方二十，却已饱尝人间的苦难和辛酸。因此，与张一起生活后，对周围的一切都感到新鲜，加之她天资聪颖，又苦大仇深，很快就接受了张光奎的革命思想。她全力以赴地支持光奎参加推翻清王朝黑暗专制统治的事业。她不仅照顾光奎的生活，而且为同盟会保管文件，传递情报。同盟会员在张光奎家中开会，她就主动担任警戒。大家都夸光奎眼力好，找了一个贤内助。

可这时，傅二的魔爪却再次伸向卢慧卿。他贪得无厌，所要愈来愈多。同盟会诸同志难以负担此款，同时，也恐怕反清活动被傅二侦知，报告官府。于是，在西安城外西关另赁房让二人居住。傅二经过一番侦查，一日趁光奎不在家，勾结几名地痞，把她劫到三原痛打一顿，又强迫她再去卖笑。卢慧卿毫无惧色，义正词严地警告傅二一伙不可胆大妄为，又剪发毁容，声明宁死不再当娼。傅二怕逼出人命，就把她交三原的狐朋狗友看管，自己回到西安。看管的人见事情闹到如此地步，也不愿意再给傅二帮忙，遂故意放松看管使她乘机逃回西安，与光奎团聚。

傅二见制服不了她，其原因还在张光奎身上，于是，就向张挑衅。他以霸占他人妻室的罪名，告到官府，由长安县衙出面逮捕了张光奎。同盟会员张钫等人利用各种社会关系进行疏通。卢慧卿也典当衣物，竭力为营救张光奎筹集资金，又时时前往狱中探望，告知消息，使他不致过分焦虑。审讯时，卢慧卿多次上堂作证，诉说傅二逼良为娼，丧尽天良，坚决要求与其脱离夫妻关系。经过一番艰苦的较量，傅二打输了官司，卢慧卿与张光奎名正言顺的结为伉俪。

1911年春，广州黄花岗起义失败，同盟总部会决定秋天在南北方各省同时举行起义。陕西的同盟会员立即紧张地行动起来。张光奎与钱鼎、张钫等新军中的同盟会骨干人物，夜以继日地进行起义前的准备。卢慧卿为同盟会员传递情报，保管文件，探听消息，成为同盟会活动中不可缺少的助手。

武昌起义爆发后，陕西当局十分惊慌，对省城西安的革命党人防范得更加严密，为了避开清政府的耳目，张光奎和卢慧卿搬到西安西门外偏僻的贫民窟中，住着破旧的房子，生活条件很苦，但她毫无怨言。

起义的时间决定后，同盟会会员中有人劝她到乡下躲避几天，卢慧卿却说："诸位让我躲避，不就是因为我是女人吗？昔日的梁红玉，当今的秋瑾，不也是女人吗？我敬重她们，立志要以她们为楷模。自从与你们相识后，我日夜思念着要为女界争光。今日事到临头，岂有退缩之理！你们放手去干吧，不要为我担心。官府想不到女人也会成为革命党，不大会留心我的行踪，我正好利用这一点为你们多做一些事情。"一席话说的大家敬佩不已。

1911年10月22日，西安的新军在张凤翙、钱鼎、张钫、张光奎、张云山、万炳南等人的领导下发动起义，经过激战，迅速占领省城，使陕西成为全国最早响应武昌起义的省份之一。慧卿一身戎装骑着战马，奔走于大街小巷，为起义军筹划衣食用品，料理得井井有条。

陕西首义成功，使清朝统治者手忙脚乱，粉碎了清廷集中兵力镇压武昌起义的计划。于是，急调大军，由河南、甘肃东西夹攻陕西。张光奎被任命为军政府参政兼东路筹饷大使，奔波各地为军政府筹集粮饷，十分辛苦，卢慧卿总是鼓励他奋勇前进。有时，张对年幼的子女放心不下，卢慧卿即向他说："大丈夫来到世上自应舍身为国。今日推翻清朝是我们的夙愿，你一定要以国事为重，全力以赴。家事自有我来料理，你尽管放心，切不要因家庭小事误了国家大事！"有一次，张光奎回省城办事，告诉卢慧卿说，张钫率东征军在灵宝、潼关一带与数倍于己的清军奋力血战，伤亡惨重。她说："我不幸身为一个弱女子，不能在前线与敌军拼杀，请你转告前方战士，一定要舍身为国，奋勇拼死杀敌，特别是要告诉张钫及其他与我们共过患难的朋友，他们的胜利将使我感到无上光荣！"张光奎当即把卢慧卿的话写信告诉张钫。这时，张钫正与清军作战，相持三日，难分胜负。他在马背上读了此信，立即向战士们宣读了慧卿的豪言，使将士们深受感动。

清帝退位以后，陕西战事结束。张光奎任陕西实业司司长，致力于发展地方工业，在西安筹建面粉公司、制革工厂等企业。卢慧卿痛感自己由于家贫失学，对教育事业十分重视。她捐资修建学校，自己也虚心拜师求学，她还督工在西安城内五岳庙旧址上修建了一所有百余间房屋的园林式建筑，取名"慧园"。有人以冲撞神灵劝阻，她说："如果真有神鬼，我倒要与他评理，为什么人间路有不平，有祸有福？"听者无不惊叹！

1914 年，袁世凯亲信陆建章主持陕政后，曾委任张光奎为陕西清乡会办。张利用自己的职位，掩护了不少昔日老同盟会员，引起陆建章忌恨。张被迫离开陕西，寓居京、津。卢慧卿为继续掩护革命志士，同陆建章内眷来往密切。1915 年春，陕西著名的同盟会员马彦翀被陆建章追捕，马彦翀去找卢慧卿，她在一个艳阳天，以去灞桥赏柳为名，坐着华丽的轿车，把马彦翀藏车内。出城时，因守城的兵士认识卢慧卿，也知道她与陆建章内眷有关系，自然不敢盘查。卢慧卿一直把马送到安全地方才回城。马彦翀经上海东渡日本，向孙中山汇报了陕西的情况。翌年春，又奉孙中山之命，回陕西策动反袁逐陆斗争。

老同盟会员焦子静等人在渭北秘密策动起义，苦于藏在西安的枪支无法运出。卢慧卿又如法炮制，把枪藏在轿车中，旁边还跟着四五个骑马的护卫，说是要回家扫墓。出城到渭河渡口，把包扎好的枪支交给渭北来取枪的革命党人。

1917 年 2 月 2 日，卢慧卿因积劳成疾在西安病逝。许多昔日的同盟会革命同志为其举办了隆重的葬礼。张钫在为慧卿撰写的碑文中说："慧之为人，于夫为义妇，对朋友为益友，其宅心涉世，乐善不倦，则又类古任侠之所为。其性情康爽，见义勇为，虽须眉不及也！"于右任书赠的挽诗写道："落凤朝阳一再惊，东南日暮复西征。入关知旧多零落，礼罢国殇吊慧卿。"井勿幕书赠挽联："妻子岂应关大计，英雄无奈是多情！"马彦翀作挽诗（七律）一首：兰台汉室盛名排，嫁得茂陵百事乖；避地梁鸿居海上，升天菩萨属金钗；青磷鬼火风过壁，衣旧人新泪满怀；四雨胡香今日意，将何情结藏弓鞋。

十余年后，杨虎城将军主持陕政时，谈到卢慧卿的事迹时，亦深有感触地说："在清末民初那样的时代里，一个青年女子能够献身革命，不信鬼神，实为不可多得的女中豪杰！"

口述者：陕西辛亥革命研究专家　张应超

怙顽不悛——升允

讲陕西辛亥革命的故事，离不开升允话题。

升允（1858—1931），姓多罗特氏，字吉甫，号素庵，八旗蒙古镶黄旗人。光绪八年（1882年）中举，清廷授多罗特公，主要担任过山西按察使、布政使、陕西布政使、巡抚，江西巡抚，察哈尔都统，陕甘总督等要职。宣统元年，升允曾因上疏反对立宪，以妨碍新政之过失被革职，之后寓居西安满城。武昌起义爆发后，他又重新被启用，任陕西巡抚，总理陕西军事。升允率甘军东进，连下十余城，逼近西安。1912年2月，清帝溥仪退位，甘军得知消息，拒不与革命军作战，升允西退。此后往来于天津、大连、青岛之间，结纳宗社党人，图谋复辟。1931年7月23日病逝于天津租界，逊帝溥仪赠谥曰文忠。

1911年10月22日中午，陕西新军中同盟会骨干张凤翙、钱鼎、张钫等率众起义，攻占军装局，取得枪支，然后开始进攻满城。升允在西安北郊草滩得知消息，即快马向甘肃平凉逃去。他电告陕甘总督长庚，声言"勤王"，表示誓死效命清廷，遂由长庚举荐，受命署理陕西巡抚，督办军务，镇压陕西民军起义。升允任职后，日夜兼程，赶赴兰州，与长庚共谋犯陕。他们起用停职在籍的回族将领马安良，并将甘肃陆军混成协改编为若干营，集中兵力四十余营东进犯陕。由于升允思想顽固，一心效忠清廷，所以，西路战争，异常激烈、艰苦。升允亲任统领，分南、北两路：北路由升允亲自指挥，率领马安良、陆洪涛、马国仁等共二十三个营，由甘肃泾川东进，直扑长武；南路，由陕甘提督张行志指挥，崔正午任副将，由陇南出发，进犯陇州。升允还电告袁世凯，表白其"世受国恩，自当督率将士勤王"。袁迅即回电："迫切陈词，足见忠荩"，令其"认真防御，幸勿轻离"。陕西西路战争持续三个多月，清帝退位后，升允封锁消息，坚持大批杀害战俘和革命者，继续向陕西民军负隅顽抗。妄图攻下西安，迎奉溥仪建立偏安西域的小王朝，后因部队拒战而退。

1913 年在策动蒙古"勤王"失败后，升允东去日本谋求国外力量支持复辟，并于日本参加了宗社党。归国后，居住在青岛沂水路 3 号（今《青岛日报》职工宿舍，旧宅尚存）他并不甘心做寓公，而是为复辟清廷四处活动，尤重走日本路线。1914 年第一次世界大战起，日本军队向德国驻青岛的军队发起进攻，日本占领青岛后，升允等均受到日军的保护。这时，升允又转向投靠日本。其间，升允和溥伟、善耆作为宗社党骨干，往来青岛、旅顺等地，不断进行复辟活动。1913 年，溥伟在青岛策划复辟时，曾派人去联络张勋，升允也不甘落后，赶忙给张勋去信说："弟知公忠义过人，此得恭邸（指溥伟）书，又盛称之。然则公其当代之伟人，……"以尽吹捧拉拢之能事。后来，张勋进行的癸丑复辟因事泄而流产。1916 年，善耆由日本人川岛浪速帮助招募和训练了一支秘密军队，升允曾在日本人的陪同下，由青岛赶往旅顺"阅兵"。他们企图以这支军队为冒险的资本，与蒙古公爵八宝札布的军队相呼应。升允曾去信，煽动八宝札布打起"勤王"旗号，有日本浪人参加，在满蒙一带进行骚扰活动，一度进犯张家口。善耆与升允本来就一直受日本帝国主义的豢养，是不惜卖身投靠日寇的。后来，善耆的女儿金璧辉做了卖国的日本间谍，就是臭名昭著的川岛芳子。

袁世凯死后，张勋便以徐州作为复辟活动中心，升允在徐州同张勋面谈后，便以张勋代表的身份，去日本东京，与日本首相寺内会商。《张勋与佃信夫》一文，讲过升允到日本东京时的情形："寺内因病在家休养，特更衣接待。升允向寺内介绍了中国的国内形势后，寺内说：'听说先生寄寓青岛，归国之后，届时尽可与日本驻军司令官大谷商量，不必客气。'叙及寺内的谈话十分恳切，富于感情。升允听罢，在感激之余，不禁啜泣起来，老泪横流，不能自禁，连连称谢，竟至语不成声。寺内也被这一为清朝矢忠的孤老遗臣的容态所感动，亦不觉滴下泪来。"当时，在日本和清季遗老间传诵过升允写的一首五绝："老臣犹在此，幼主竟何如。倘射上林雁，或逢苏武书。"说明升允在日本是别有怀抱的。为复辟清室，他与日本勾勾搭搭的内幕中可以看出，升允是个坚决走日本路线的人物。升允回到徐州，向张勋汇报时，带来了日人支持复辟的信息和丰厚的经费，从而坚定了张勋等人的复辟决心。张勋在 1917 年复辟清室时，曾授升允为大学士。在《奉新张忠武公哀挽录》里，收有升允挽张勋赞云："呜呼！忠武遭时之屯，托梁公之委蛇，怀汉阳之贞纯；主盟徐方，誓师国门，伸大义于天下，奚可以成败论。" 升允为了复辟清廷东奔北走，颠沛流离，尤其是在主政西北十余年来以来，更是煞费心血，但终于一事无成，不免心情郁悒，渐染疾症，健康状况每况愈下。1921年夏，升允受他的朋友、著名的考古学家、金石学家罗振玉力邀，全家从青岛搬至天津罗振玉当时在法租界德邻里的一幢别墅里居住。当时，马福祥调任绥远都统后，每年派人赴津，向升允专致"敬仪"，每次约为银圆数百元。

1931年9月20日，升允病亡天津，时年73岁，停灵在北京东直门外的延寿寺。

升允死后，废帝宣统溥仪赠谥曰文忠。升允女婿、国画大师溥儒为其作《神道碑》，将升允复辟不果，喻为"武侯尽瘁，天道可知；申胥空还，臣力尽矣"。这是站在清廷立场上褒扬忠臣的文字。一些有名的清朝遗老前去吊唁，诸如铁良、文海等人，还有升允昔日旧部，时任国民政府蒙藏委员会委员长马福祥执弟子之礼携子马鸿逵、马鸿炳送了花圈和挽联，马福祥的夫人、马鸿逵的庶母马书诚（云亭夫人）前往升允灵前吊唁，并送去800大洋，不少日本政客也前去悼念。

纵观升允一生，除了对清王朝愚忠外，升允为官比较清廉，也曾做过一些造福桑梓的好事。清光绪二十八年（1902）4月，由陕西巡抚升允给光绪皇帝和慈禧太后关于开办陕西大学堂的奏本，其中有光绪皇帝的亲笔朱批。光绪三十一年（1905）5月，升允在兰州创办甘肃省速成师范学堂（后改初级师范），令各地选送品学兼优的生员入堂肄业，一年毕业后分配到各地高等小学堂当教习。光绪三十二年（1906）正月，升允在兰山书院创设甘肃省优级师范学堂，为全省各地中学堂培养教习。甘肃举院、小西湖创设甘肃农业试验场，分内外两场，占地70多亩，引进麦、豆、蔬菜优良品种，予以培育、推广。闰四月，升允任命兰州道彭英甲为甘肃农工商矿总局总办，主持兴办地方实业。五月，在升允的支持下，彭英甲在甘肃举院开办劝工局厂，利用甘肃资源，引进西洋设备技术，制造绸缎、铜、铁器等轻工产品。较有规模的有绸缎厂、织布厂、栽绒厂、玻璃厂等四大厂，还有制革厂、铜器铁器等小厂。共有员工148人，其中的艺徒由各厅、州、县选送。此外，升允还有刚直的一面。庚子西狩之役，他在陕西迎驾，见太监沿途骚扰，就大力抑止，铮铮有声。后又弹劾权贵，凛然不惧。慈禧太后七十寿诞时，庆亲王命各省献金祝寿。升允不仅不献金，反而上疏要求停止献金。故史称升允

"实为满员之得未曾有者"。

铁良给升允的挽联写的是："鞠躬尽瘁，死而后已"；"辛亥之乱，第一忠臣"。

日本"天津驻屯军"司令部通译官吉田忠太郎的挽幛是：保清室守边疆忠心不二，志未深遵君命抱恨终天。升允晚年的落魄，也使得曾经辉煌的家族陷入低谷。

长子札克丹（汉名罗寿松，号友梅），曾留学德国，辛亥革命前由升允推荐到湖广总督瑞澂帐下为机要幕僚。不久，被任命四品顶戴湖北省牙厘局总办。武昌起义爆发后，札克丹正在衙门躲避，被革命党人抓获，上额被砍了一刀，侥幸未死。混乱中，他化装逃出武昌，绕道上海回到北平。为此，他把一切仇恨都加在孙中山先生身上，以卖文鬻字了却一生。

次子扎拉芬（汉名罗寿恒，号延龄），在北洋武备学堂毕业后，又东渡日本学习。曾任清廷禁卫军第三标标统。宣统三年（1911），清政府在直隶省（今河北省）滦州一带举行秋操演习时，驻滦州的新军第二十镇士兵，响应辛亥革命号召，将参加演习的禁卫军三标驻地包围，扎拉芬用战刀砍死三名革命党人，率部冲出重围，逃回北平。后来在郁闷中死亡，临终之际还咬牙切齿，诅咒辛亥革命。

三子扎寿恒（汉名罗寿风，号友竹），1900年在端王载漪率领的虎神营当差，1907年，又到御前善扑营当差，因此，受到辛亥革命浪潮的直接冲击。他保存有两支单打一的老式手枪。扎寿恒曾经回忆说，光绪二十六年（1900），他在通州防御八国联军时，见有两个义和团人逃跑，便大声喝道："你们说刀枪不入吗？为啥还要逃跑呢？"说毕，便枪杀了这两个人。辛亥革命后，由于父兄的去职，家庭潦倒，扎寿恒也将咒骂革命党，咒骂孙中山挂在了嘴边。扎寿恒一生最大的快事，就是夜深人静时，他眉飞色舞地向子女讲述枪杀两名义和团人的故事情景。

口述者：陕西辛亥革命研究专家　张应超

镇嵩军统领——刘镇华

讲陕西辛亥革命故事，不能不提刘镇华。

刘镇华（1883—1956），原名茂业，字雪亚，今河南巩义市人，原镇嵩军统领。曾授将军府阜威将军，辛亥革命后，他凭借这支号称十万之众的地方武装，依偎于各大军阀之间，先后投靠孙中山、袁世凯、段祺瑞、吴佩孚、冯玉祥、阎锡山，最后归附于国民党蒋介石。曾任陕西督军兼省长、安徽省主席等职。1949年逃往台湾。1956年11月18日在台北家中病逝。

刘镇华幼年时，家道中落，仅凭家中商铺养家糊口，并由父亲教授《四书》《五经》，考

刘镇华

中秀才。后入保定北洋优级师范学堂、保定法政专门学堂监狱科学习，毕业后在开封中州公学任庶务长。

1908年，刘镇华加入了同盟会，开始在豫西一带从事反清革命活动。1911年辛亥革命前夕，刘镇华到嵩县杨山（今洛阳市栾川县合峪镇境内与嵩县交界处的杨山村杨山古寨），动员那里由王天纵（字旭九）率领的一支"刀客"武装参加反清斗争。武昌起义爆发后，王天纵、刘镇华率兵千余人攻打洛阳，突破天险函谷关，攻取灵宝、渑池等地。这支武装后来成了他们发迹的资本。1911年12月，刘镇华动员王天纵转战陕西。于是，这支武装西出潼关，投入陕西军政府秦陇复汉军东路大都督张钫部，参与反清战争。张钫祖籍本系豫西新安县铁门，因同乡关系，加之时东路战役，战斗激烈，潼关县三失三得，遂张钫任王天纵为东征先锋官，张治公、柴云升、憨玉昆为标统，刘镇华被任为书记官，后提升参议。

"民国"成立后，陕西军政府依附北洋政府，实行裁军，张钫部亦要裁员四五千人。河南都督张镇芳因豫西一带社会动荡不安，且鞭长莫及，经与陕西军政府张凤翙、张钫协商，王天纵这部分军队开回豫西，分驻豫西陕州、汝州一带，约二十二个县，协助当地维持社会治安。因这一带靠近嵩山，故这支军队称为"镇嵩军"。后王天纵被袁世凯调往北京，任京畿一带稽查长，经张钫举荐，袁世凯任命刘镇华为镇嵩军协统兼豫西观察使及豫西剿匪总司令，统领三标一营：第一标分统柴云升，第二标分统张治公，第三标分统憨玉昆，炮兵营长武衍周。就这样，刘镇华掌握了镇嵩军，又有豫西一块地盘，开始了他的军阀生涯。

镇嵩军官兵多为"刀客"出身，且与豫西土匪有着千丝万缕的联系，因此，镇嵩军备受豫督张镇芳以及其他派系将领的歧视和打击。为了改变这种处境，刘镇华决心整顿军纪，下狠心进行剿匪，张治公、憨玉昆、柴云升等都"大义灭亲"，很快把伊川、洛宁、嵩县、宜阳一带的匪患剿平，镇嵩军内部受株连者也被杀二三千人。这样，镇嵩军总算得到张镇芳的赞赏，在豫西站住了脚跟。

1913年"二次革命"爆发，国民党首领黄兴派代表携密信由南京到豫陕，联络刘镇华、张凤翙、张钫反袁。刘镇华不但不敢反袁，反而趁机巴结奉承袁世凯。他先收到黄兴的信后，即派人在赴陕的路上将信使杀害，把黄兴给张凤翙、张钫的信密告袁世凯，从而获得袁世凯的信任。同一年，河南宝丰县农民白朗领导了规模颇大的农民起义，活跃在豫西，与袁军作战，刘镇华也奉命率镇嵩军前往镇压。1914年8月，白朗在宝丰鲁山作战阵亡。刘镇华得知白朗的埋葬处后，即派人割下白朗的头，并捏造"击毙白朗的经过"，向袁世凯"报捷"，得赏银十万元，被袁世凯授予陆军中将。此后数年，刘镇华更加靠拢袁世凯，苦心经营镇嵩军，势力不断壮大。

1916年6月袁世凯死后，刘镇华左右逢源，很快投靠了皖系段祺瑞。1917年冬，陕西民党人士郭坚、耿直、高峻等响应孙中山护法号召，率部起义，将自己的武装改为靖国军，围攻西安，讨伐投靠皖系的陕西督军兼省长陈树藩。陈树藩兵力单薄，急电刘镇华求援。刘镇华正苦于粮饷不足，有这个可以向陕西发展的机会，当然喜出望外，即率部赴陕。但是，刘镇华抵达潼关时，又停止行军，派人会见陈树藩，说明自己"在陕西没有什么名义，不便深入"。陈树藩知道他的心意，为解燃眉之急，便许以省长之职。这样，刘镇华才率军前进。入陕后他曾致函胡景翼、曹世英诸位将领，谓之此次入陕仅做调解，并无他图，要求靖国军先行退兵。然而镇嵩军入陕后未做停歇，就向靖国军右翼张义安户县（今鄠邑区）驻军发起进攻，3月13日张义安率军指挥击退镇嵩军与陈树藩部队进攻，正欲追击，不幸中弹阵亡。至此靖国军两翼进攻西安的战役，暂时停歇。以泾河为界，形成南北对峙局面。1918年3月，刘镇华由"北京政府"正式任命为陕西省省长。

刘镇华进入陕西以后，表面上和陈树藩合作，如开放烟禁区、贩卖鸦片等，但暗中，刘镇华也在发展自己的势力。他利用围剿靖国军之机，将郭坚部收编为省长的直属部队，还相机兼并了关中西部诸县。刘镇华初到陕西时，兵不过三路，枪不过两千，两年多时间便发展到几万人。

由于陕西人民掀起了持续不断的驱陈斗争，陈树藩的处境艰难，作为客居陕西的刘镇华，很明白自己与陈树藩同坐一条船，也不希望陈树藩倒台，但是，到了关键的时刻，他又不能不为自己打算。

1920年7月，直皖战争爆发，几天之内，皖系战败，段祺瑞下台，直、奉军阀控制了"北京政权"。这样，属于皖系的陈树藩、刘镇华失去了靠山，为了保住地位，他们又派亲信携重礼奔走张作霖、曹锟、吴佩孚、王占元等直、奉军将领门下，暂时还能维持住对陕西的统治。但是，陕西人民痛恨陈树藩，掀起了持续的驱陈运动，京、沪等地遥相响应。

1921年5月，直、奉军阀决定，以阎相文取代陈树藩出任陕西督军。刘镇华知道，陈树藩倒台，自己地位也难维持，为了保存自己，他玩弄两面手法，一方面，在陈树藩面前，他故作慷慨激昂，表示愿与陈树藩共进退，另一方面，他暗中指使心腹楚子襄、马莲樵与直系联络，投靠曹锟、吴佩孚。

在刘镇华的煽动下，陈树藩拒不接受北洋政府的任免令，曹锟、吴佩孚以此为由，加上有刘镇华做内应，于是调阎相文、吴新田两师人马入陕驱逐陈树藩。

在此之前，陈树藩为消灭陕西靖国军，请北洋政府调来了张锡元第四混成旅和王锡三第十五混成旅，张旅驻华阴、华县，王旅驻宝鸡、凤翔。刘镇华向陈树藩"献策"说，直军进犯，张、王二旅必为内应，不可不除。陈树藩深以为然，派刘镇华去监视张锡元旅。刘镇华正中下怀，很快将部队调往临潼、渭南布防。这样，他的部队既脱离了陈树藩的控制，又与张锡元旅连成一线。刘镇华还把陈树藩的作战计划密电驻洛阳的吴佩孚。

1921年7月初，直军攻陕，刘镇华电令驻紫荆关的憨玉昆不做抵抗。憨玉昆十分气恼，连夜赶回西安，斥责刘镇华不应背叛陈树藩，但刘镇华并不听从。

直军到达潼关，刘镇华即伙同张锡元为内应，引导直军畅通无阻，直逼西安，企图活捉陈树藩。张治公不忍心，向陈树藩露了底，陈树藩才如梦初梧，连忙携带眷属逃离西安。1921年7月5日，直军进入西安。

由于刘镇华背叛陈树藩，投靠直系，取得吴佩孚的信任，不仅稳住了省长的宝座，而且兼并了陈树藩的残部，扩充了镇嵩军。阎相文任陕西督军后，刘镇华极力靠拢阎相文，并对其部属请客送礼，称兄道弟，很快与直军密切了关系。

8月23日，阎相文在督署内突然吞服鸦片烟自杀，直军第十一师师长冯玉祥接任陕西督军。冯玉祥本人士兵出身，保持着艰苦朴素的作风，而且治军严谨。刘镇华根据冯玉祥的特点，投其所好，脱掉长袍马褂，换上灰布军装，扎上裹腿，与部队一起操练。每当冯玉祥举行讲演会或向部队训话时，刘镇华总是恭敬地跟随在侧。冯玉祥信仰基督教，故有"基督将军"之称，刘镇华也经常到教学去做礼拜，并把基督教牧师请到镇嵩军里来，布道传教。由于这些所为，刘镇华很快取得了冯玉祥的好感，与冯结拜为弟兄。

1922年4月，第一次直奉战争爆发，冯玉祥奉命率部东进河南与赵倜作战，让刘镇华代理陕西督军。不久，冯玉祥出任河南督军，保荐刘镇华任陕西督军。7月，"北京政府"授刘镇华为将军府阜威将军。

刘镇华掌握陕西军政大权后，利用一切机会，大力扩充兵员，先后收编了绿林马河清、王振、万选才、孙殿英等部，使镇嵩军进入极盛时期，兵力扩充到十万之众，被吴佩孚视为"西北长城"。与此同时，刘镇华继承陈树藩的治陕政策，勒民种烟，横征暴敛，纵兵殃民，摧残教育，使陕西人民痛苦不堪。陕西人民发动驱陈运动，赶走陈树藩后，又发动了声势浩大的持续不断的驱刘运动。

在1921年底，陕西旅京进步青年就在创办的《共进》半月刊连载文章，系统揭露刘氏祸陕罪行，指出："挽救陕西人的唯一出路是驱逐刘镇华"。1922年3月，陕西教育界因刘镇华克扣教育经费，发起驱刘运动，派代表赴京控告，受到旅京学生的大力支持。6月，陕西旅京学生联合会起而反对刘镇华兼任陕西督军、省长两职，上书"北京政府"，列举刘镇华在陕西勒民种烟、勾结土匪、纵兵殃民、摧残教育、滥发纸币等五大罪行，要求罢免其本兼各职，饬令镇嵩军即速离陕。8

月，陕西各界团体在西安召开公民大会，推举代表五人赴京，联合旅京陕西议员、商民、学生向"北京政府"控告刘镇华，要求罢免其职。11月，陕西各界人士共3875人联名致电"北京政府"，陈述刘镇华祸陕罪行，再次要求罢免其职。1923年1月，镇安县人民不堪镇嵩军肆虐，聚众数千，解除了驻军武装，但很快遭到刘镇华的残酷镇压。2月，陕西旅京学生一百三十余人聚集宣外大街关中会馆，召开驱刘大会，抗议刘镇华包办议会选举，向各地发出六道驱刘通电，并决定派代表向"北京政府"请愿，要求查办。11月，渭南东西塬和渭北固市一带数万农民，不堪忍受苛捐杂税，发起大规模"交农"运动（手持各种农具向反动当局示威抗议和一种激烈斗争方式），赶走地方武装，打死恶霸劣绅，包围县城，迫使当局豁免捐税。由于上述斗争都出于自发，且多取合法途径，而刘镇华掌握有强大的镇嵩军，又有直系军阀的支持，所以均未能动摇他的统治地位。

1924年9月，第二次直奉战争爆发，刘镇华奉吴佩孚之命，派张治公师前往山海关助战。10月，冯玉祥发动北京政变，直系政府垮台，段祺瑞被推为执政。冯玉祥与胡景翼、孙岳成立国民军。胡景翼原为陕军将领，出任国民军副总司令兼第二军军长，1925年1月，率国民二军进入河南，击败吴佩孚军，占据开封。

刘镇华看局势已变，亦急忙摇身一变，通电拥护段祺瑞，即命令驻守豫西的憨玉昆迅速向河南扩充地盘。憨玉昆自称国民豫军总司令，率部袭击洛阳，逼吴佩孚逃往郑州。

为争夺河南的军政大权，胡景翼与憨玉昆矛盾激化，只有付诸武力，1925年2月底，胡憨之战爆发。刘镇华认为这是一个夺了河南，使豫陕连成一片的好机会，决定孤注一掷，把军政职务交给吴新田，以出巡为名，率领陕境的镇嵩军赴豫援憨，在洛阳亲自督战。镇嵩军与国民二军在黑石关、虎牢关等地展开激战，结果，镇嵩军一败再败。憨玉昆逃回嵩县，羞愤交加，于1925年4月2日服毒自杀。

刘镇华兵败后，段祺瑞仍企图使刘继续督陕，但遭到陕西各地人民愤怒抗议，京、沪、汉各地陕西同乡会、学生会亦同声谴责。原胡景翼部将领冯子明、田玉洁等部在华阴、华县起义倒刘；陕北镇守使井岳秀派军袭击潼关断刘归路；杨虎城等部则把守韩城、朝邑一带黄河渡口阻刘入陕。刘镇华无奈，只得率残部逃往山西投靠阎锡山，结束了他在陕西长达八年的统治。

1925 年秋，直奉军阀联合进攻国民军，刘镇华看到时机成熟，即赶往天津会晤张作霖，后又往岳阳会见吴佩孚，重新投靠直奉军阀，被任为豫陕剿匪总司令。他召集镇嵩军旧部及民间武装，得数万人，沿陇海线西段东进，攻击国民二军岳维峻、李虎臣部。

1926 年初，刘镇华在陕州、灵宝一带，联合直、奉、阎部，将国民二军击败。刘镇华乘胜率七万大军，迅速通过潼关，于 4 月 15 日进抵西安东郊，准备入城，重温旧梦。

守卫西安的陕西军务督办、国民二军第十师师长李虎臣和陕西陆军第四师师长卫定一等部，兵力不过三四千人，士气萎靡，处境危殆，西安城中一些士绅已准备迎刘入城。

1926 年 4 月 16 日，国民三军第三师师长杨虎城率所部主力驰援西安，击退刘军前锋，与李、卫等部共约一万人，守卫西安。

1926 年 4 月 17 日，刘镇华下令包围西安。到 5 月 15 日，刘军攻占城西三桥，完成四面包围，西安攻防战接连出现激战，尤其在东关地区，双方鏖战惨烈，常常短兵相接，白刃拼杀，反复搏斗。8 月以后，城内弹缺粮尽，已陷危境，但陕军仍在坚守。8 月下旬开始，刘镇华也指挥镇嵩军围攻渭北三原，亦遭陕军奋力抗击。

9 月，冯玉祥响应广州国民政府北伐，在绥远之五原誓师，随即任命孙良诚为援陕总指挥，率部经宁、甘进军陕西。

10 月中旬，首解三原之围，冯军随即向咸阳和西安外围展开总攻。11 月，冯军攻击西安以东的十里铺刘镇华大本营。西安城内守军也乘机出击。在内外夹攻之下，刘镇华仓皇逃到豫西陕州。1926 年 11 月 28 日，西安解围。一场经历了八个月，军民死伤近五万人的西安围城战遂告结束。

刘镇华西安败阵，重新统治陕西的美梦破灭，当时吴佩孚已垮台，阎锡山在摇摆之中，是投靠冯玉祥还是投靠张作霖，镇嵩军内争论不休。刘镇华认为，奉系势力遥远，而冯玉祥就在身边，不投冯就会被消灭，于是决定投冯。1927 年夏，刘镇华经张钫疏通，前往开封向冯玉祥请罪，取得冯的谅解。但是，其部属柴云升、王振等不愿投冯，与刘镇华脱离关系，率部往济南投张宗昌。张治公则率其部投靠奉系，盘踞洛阳。这样，建立了十五年之久的镇嵩军解体，刘镇华率余部归附冯玉祥，被改编为第八方面军，辖刘茂恩（刘镇华五弟）和万选才两个军。1928年二次北伐结束后，刘部改编为国民革命军第十一路军，所辖两军压缩为两师，归阎锡山节制。

1928年3月15日，北伐军刘镇华部到邱县，县知事贪官刘绥忠带民团避七方村，拟弃职潜逃，是日晨被追获，扭送驻邱城北伐军司令部惩处。

1929年，冯玉祥、阎锡山酝酿反蒋，刘镇华不想附和，苦劝阎锡山无效，于1930年4月蒋冯阎大战（中原大战）爆发后，以考察为名，前往日本、德国游历。临走时，刘镇华把第十一路军指挥权交给刘茂恩，引起万选才的不满。万选才投靠冯、阎，当上了河南省省长。刘茂恩对此极为不满，将万选才诱捕，率部投靠蒋介石，被委为第十五军军长，不久，万选才在南京被蒋介石枪毙。

1930年秋，冯、阎败局已定，刘镇华回国，即到南京谒拜蒋介石，被任为豫陕晋边区绥靖督办，驻新乡。1932年，调任豫鄂陕边区绥靖督办，移驻南阳。1933年5月，经南昌行营秘书长杨永泰推荐，刘镇华出任安徽省主席，其基本部队刘茂恩的第十五军也移调安徽，参与进攻江西红军。

1936年10月，杨永泰在武汉被刺身亡，刘镇华听到这消息异常惊骇，从此精神失常。1937年5月被免去省长之职，从此脱离政治舞台。抗日战争时期，刘镇华居住陕西城固；抗战胜利后，移居开封。1948年7月，迁居上海。1949年，刘镇华去台湾。

口述者：陕西辛亥革命研究专家　张应超

陕西辛亥革命大事记

1900 年（光绪二十六年、庚子）

春　陕西大旱，闾阎凋敝，饿殍载道，六十余州县受灾，饥民三百多万。

夏　哥老会、义和团、红灯照联为一气，到处张贴"杀洋灭教"名帖，准备起事。渭南、华县、高陵、三原、临潼等县群众"习拳仇教"，均遭巡抚端方镇压。

7 月 21 日　宁强州燕子砭李云栋、杨海等率领群众三百余人，杀死意大利天主教神父郭西德及教民三人。

8 月 9 日　定边、靖边、安边堡等地义和团联合蒙兵数百人，攻打小桥畔天主教堂，围困四十八日，击毙外国教士一人、教民六人。此事件称为："三边教案"。

9 月 22 日　渭南会党首领田贵宾起义，进攻高塘镇，欲夺取州城，事失败，田贵宾等八人被杀。

10 月 19 日　慈禧太后、光绪皇帝由山西逃入陕境，26 日至西安。

1901 年（光绪二十七年、辛丑）

1 月 29 日　清朝政府在西安发布了"变法"上谕。

春　关中各地饥民不顾当局镇压，自发组织起来到富户家就食，称"吃大户"。

7 月 13 日　陕西巡抚升允、绥远将军恪信等，派员会同蒙古官员与小桥畔教堂洋教士杨光被、巴士英谈判，签订"三边教案"和约，赔偿教堂白银十四万三千五百两。停止宁强文武科举考试五年。处死李云栋等七人。

10 月 6 日　西太后、光绪帝由西安起程回北京，随行大车三千多辆，传为在陕期间，搜刮民财三百余万两（其中西太后一人七十万两，陕西承办皇差耗费二百五十余万两）。饥荒之年，陕民又遭浩劫。

12 月　陕西巡抚借筹备赔款，奏请盐斤加价四文。

1902 年（光绪二十八年、壬寅）

1 月　护理陕西巡抚李绍棻奏准盐斤加价，实际加价每斤高出数倍。

2 月　陕西巡抚升允奏准花马池盐官商并运，在凤翔府城设立官盐总局，各县、镇设官盐分局。

是年　陕西分担"庚子赔款"银，年付六十万两，外加宁强、三边两教案赔款，总计银七十九万多两。陕西巡抚决定每地丁正银一两，加收四钱，并加重烟、酒、糖厘金。陕西奉旨推行"新政"，改书院为学堂，设立陕西大学堂，后陕西师范学堂、武备学堂、法政学堂、存古学堂、宏道工业学堂相继设立，各直隶州设立中学堂，各州、县设高、初等小学堂；编练常备新军，驻省城。改抚标练军、城防练军和西安、汉中、延榆绥三镇镇标练军为巡警军。

8 月 11 日　宁羌（宁强）燕子砭反教会斗争的领导人李云栋、杨海等人被杀害于褒城。

1903 年（光绪二十九年、癸卯）

3 月　大荔县劣绅于彦彪、延长劣绅郑明德，勾结德商，阴谋开采延长石油矿。

6 月　平利县洛河江湖会首领王乱刀子、何裁缝等率众一千三百多人，屯聚太白庙，竖起"兴汉灭洋"旗帜，反抗天主教压迫，杀死教民七人。巡抚升允派汉中府试用道台郭人璋等带兵镇压，王乱刀子等江湖会首领三十余人被杀，群众死伤数百人。

7 月　定边任汉泷联络靖边耿作等人秘密结党，并派人联系蒙民，发动武装反教斗争，事泄被捕，后遇害。

9 月　陕西巡抚樊增祥为抵制维新思潮，创办《秦中官报》。

12 月 13 日　凤翔晁黑狗，岐山李猪娃、王摇摇率领凤、岐、宝（鸡）等县农民两千多人，捣毁蔡家坡、高店、阳平、益店等处官盐局。次日晚，又烧毁凤翔官盐局，杀死司事刘某。后晁黑狗、王摇摇等被害。

是年冬　井勿幕由四川赴日本，入大成学校学习日语和普通科，为陕西最早留日学生。德国间谍勾结于彦彪与延长当地绅士刘德馨私订延长石油开采合同。

1904 年（光绪三十年、甲辰）

3 月 25 日　兴平县（今兴平市）农民在刘坎坎、刀客刘三的领导下赴县城进行"交农"斗争。

5 月 31 日　陕西巡抚升允以于右任"倡言革命"缉捕查办，于逃往上海。

5 月　武备学堂派遣张凤翙、白毓庚等人赴日留学，为陕西首次派遣留学生。

11 月　扶风县武生张化龙领导当地人民反抗派销官盐，被斥革。

是年　陕西武备学堂改名为陕西陆军小学堂。陕西陆军中学堂在西安创立。清政府与比利时签订"汴洛铁路借款合同"，规定如由河南府接展至西安府，应先尽比公司妥商议办。

1905 年（光绪三十一年、乙巳）

春　盩厔（今周至县）沙云屯、马家滩一带群众发起反对教会斗争。

3 月 7 日　安康哥老会首领梁悦兴率领当地哥老会会员和农民数百人起义失败。梁悦兴、闵春来、李元谋等遇害。

4 月　盩厔（今周至县）哥老会窦明堂秘密联络沙云屯、马家滩一带群众，设立山堂，散发"票布"，准备掀起反教斗争。

夏　宁强县燕子砭哥老会刘长海、薛毓麟等结伙成立"光明山堂"反抗天主教暴行，砸毁 1901 年清政府为教会所立警诫石碑。

8 月 20 日　中国同盟会在日本东京成立，陕西留学生康宝忠、井勿幕、谷思慎、赵世钰等加入。康宝忠任同盟会总部评议部评议员，并任陕西省主盟人。

冬　井勿幕奉孙中山命任同盟会陕西支部长，从日本回陕进行革命活动，随身携带孙中山给井岳秀的亲笔信。陕西巡抚曹鸿勋试行官办延长办石油矿。

1906 年（光绪三十二年、丙午）

春　井勿幕、邹子良等在三原北极宫召开同盟会全体会议，决定发展会员和积极开展活动，与会者三十余人。会后，井勿幕、邹子良赴宜君、耀州、黄龙等地，筹设同盟会秘密机关。张化龙再次领导扶风农民千余人赴县城进行"交农"斗争，反对西潼路路捐和盐斤加价。

夏　井勿幕再次赴日本，进入东京经纬学堂化学科读书。

秋　同盟会陕西分会在东京正式成立，到会者二十余人，推举白秋陔为会长。未几，白秋陔回国，改举杨铭源为会长。

9月　于右任、邵力子赴日学习考察，参观《朝日新闻》《每日新闻》等报社。平县农民数千人赴县进行"交农"斗争。

11月16日　张化龙反对劣绅马十四和杨新私加盐价，烧毁马十四酒坊，率众在太白山九阳宫树起义旗。

12月19日　渭南固市汪启清率数百人赴县城进行"交农"斗争，捣毁西关盐局及厘局。

12月30日　华州解法正等领导数千人赴州城进行"交农"斗争，捣毁盐局及厘金局。

是月　华阴孙应策、雷荣昌等率领农民数千人进县城"交农"捣毁县衙和税务局。蒲城数千农民赴县城"交农"，反对西潼铁路路捐。

是年　《三原白话报》先后改名《三原训俗》《西北白话报》，约四年后停刊。张瑞玑在韩城创办《龙门报》，不久停刊。

于右任在上海创办《神州日报》。

西安创办《关中日报》。

西乡县创办《西乡白话》，旋改名《西乡报》。

井勿幕受孙中山委派，拟再次回陕。

行前在东京与同盟会诸同志话别，作《孤愤》词，表达了效法"荆轲刺秦"，为推翻封建帝制，视死如归的决心。

1907年（光绪三十三年、丁未）

1月11日　同州（大荔）同盟会员尚镇圭和农民王兴财、王官定等领导当地农民赴县城"交农"。富平县农民数千人赴县城"交农"，吓死县官李嘉绩。

2月13日　扶风、武功、岐山、眉县十多万农民包围扶风县城，要求释放张化龙等人，凤翔知府尹昌龄假意应允，杀害张化龙等。

春　井勿幕二次回陕。

夏　商州农民八千多人在杨春华、阎万民的率领下赴州城"交农"。

8 月 26 日 陕西留日学生党积龄、郗朝俊、马步云、张蔚森等在东京创办《秦陇报》杂志。

10 月 15 日 同盟会会员井勿幕、李仲特、焦子静、郭希仁、吴希真，张赞元、马彦翀高又明，会党吴虚白等二十余人赴中部县（今黄陵）祭黄帝陵。祭文中提出"……驱除鞑虏，光复故物，扫除专制政体，建立共和国体……"。

冬 井勿幕第三次赴日本东京，参加中国同盟会总会工作。

是年 蒲城县教育分会推选常自新（铭卿）为会长。

1908 年（光绪三十四年、戊申）

2 月 2 日 陕西留日学生范振绪、谭焕章、崔云松、郗朝俊、党积龄等在东京创办《关陇》杂志。

2 月 23 日 各县绅、商、学界代表在省城集会，强烈要求西潼铁路商办。

2 月 26 日 陕西留日学生杨铭源、赵世钰等在东京创办《夏声》杂志。井勿幕、李元鼎、茹欲立等人为主要撰稿人。

春 张拜云在西安发起成立陕西教育总会，推动新学，宣传革命，陕西各县教育分会多由同盟会员主持。

夏末 井勿幕由日本第三次回国，在北京会晤田桐，策划北方革命。

8 月 18 日 陕西学、商界代表六百余人在西安开会，反对延长石油矿部办。

9 月 同盟会会员、蒲城县教育分会会长常自新，反对知县李体仁迫害进步师生，组织罢教罢课，学生惨遭当局严刑拘讯，原斯健重伤致死。

10 月 16 日 "蒲案"发生。陕西蒲城县令李体仁借故捣毁县教育分会，捕押刑讯县立高等小学堂师生而造成惨案。

11 月 8 日 陕西教育总会集会声援蒲城学潮。此后西安及各县学生纷纷罢课，其中高等学堂、师范学堂、实业学堂为罢课主力。高等学堂总代表马彦翀、师范学堂总代表寇胜孚主持各校师生大会，声讨李体仁。"蒲案"引发的学潮迅即席卷全省八十四县。支持蒲城高等小学堂师生正义斗争。李体仁被革职。

11 月 28 日 米脂县西川（今属子洲县）农民苗庆元、景堂奎率领群众赴县城"交农"，反抗"烟筒捐"，苗、景等四人被捕入狱。

冬 同盟会陕西分会在西安成立，选李仲特为会长，决定联合新军、慕亲会、哥老会、刀客等力量，进一步推动革命发展，并以哥老会首领张云山"通统山"为基础，与之共组"同盟堂"，商定"通统山，同盟会，梁山水，桃园香"四句联络隐语。同盟会先后在陕设立多处据点，如焦子静、张拜云在西安设立公益书局、健本学堂；南兆丰、王瑞轩创办西岳庙女子学堂，邹子良主持；马开臣开设马家存心堂书铺；郭希仁、曹印侯设立丽泽馆；柏篍余、高又明等在三原设立勤公社；宋向辰、胡定伯、樊灵山在耀县（今耀州区）庙湾设备牧场；王守身在宜君开办马栏山铁矿。

1909 年（宣统元年、己酉）

是年 胡景翼就读健本学堂。

11 月 16 日 陕西谘议局成立。王锡侯被选为议长，郭希仁、李桐轩为副议长，李仲特、井岳秀、柏篍余等为议员。

12 月 17 日 朝邑刀客王豫乾（王狮子）被县令李焕墀杀害。

是年 冬，经陈会亭、景梅九介绍，郭希仁加入同盟会。郭希仁、王铭丹等创建声铎社，张瑞玑创办《兴平报》，移至西安，改名为《兴平星期报》。

于右任在上海创办《民呼日报》。

《陕西杂志》创刊。《教育杂志》改名《陕西教育官报》。

绅民王文海、吴星映等集资创办保陕油矿公司。

升允被免去陕甘总督。

1910 年（宣统二年、庚戌）

2 月 郭希仁、王铭丹在西安创办《丽泽随笔》《声铎公社质言》杂志。

张凤翙、张益谦等人由日本士官学校毕业，钱鼎、张钫等二十三人由保定速成学堂毕业，皆回省任职陕西新军，在新军中秘密发展同盟会力量。张钫、党自新等在西安创立武学研究社，为军界革命党人秘密集会地点。

4 月 井勿幕从东南归陕，在泾阳柏氏花园召开同盟会会员会议，报告东南诸省革命形势，拟定了陕西发动起义计划，历时 20 余日。

5 月 9 日 谘议局为响应立宪运动，召集商会、教育总会百余人开会，成立"国会请愿团"，推王敬如、郭希仁为代表进京请愿。

7 月 9 日 井勿幕、钱鼎、张钫、党自新、张聚庭、邹子良、胡景翼、李仲三及哥老会首领张云山、万炳南、王镇荣等三十余人，在大雁塔秘密集会，歃血为盟，共图大举。

11 月 陕西师范附小学生杨鼎成、丁同谦等创办《课余记录》杂志，宣传爱国思想。

同盟会员彭仲翔、郭希仁等联络军界力量揭露新军督练公所总办王毓江贪污受贿，滥用私人的丑行，王被撤职。

1911 年（宣统三年、辛亥）

2 月 15 日 郭希仁、张瑞玑在西安创办《嚼社学谈》。

3 月 李仲三到朝邑联络刀客严飞龙，结盟共同反清革命。

景梅九等人合并《兴平星期报》《普及白话报》，改名《帝州报》。

5 月 井勿幕派张奚若赴日本购买军火。

8 月 井勿幕派邹子良赴渭北联络刀客，准备发动西安起义。

10 月 17 日 钱鼎、张钫、贺绥之、张云山、万炳南等人秘密集会于小雁塔，决定 10 月 29 日起义。

10 月 21 日 闻新军第二标奉命开拔宝鸡、凤翔、岐山等地。钱鼎、张凤翙等密商决定提前于 22 日起义。

10 月 22 日 上午九时许，钱鼎、张凤翙、张钫、万炳南、张云山等同盟会、新军、哥老会负责人在林家坟秘密紧急会议，决定当日十二时举行起义，推举张凤翙为统领，钱鼎为副统领。起义军占领军装局、巡抚、藩台等衙门及钟楼、鼓楼、北门等制高点。护理巡抚钱能训逃匿，前陕甘总督升允逃往甘肃。晚，起义军定名为"秦陇复汉军"，在原军装局内成立秦陇复汉军总司令部，并刊刻本质图印。群众烧毁南关教堂。

10 月 23 日 起义军攻破满城，西安将军文瑞投井自杀，省城光复。秦陇复汉军大统领张凤翙发布第一张安民布告。

秦陇复汉军总司令部分设参谋、军需、会计三部，在咸宁县署内组织人民政府办理保商安民事项；成立总部稽查处，维持城内治安；派遣旅省各学生分赴各州县，宣传革命，组织民团，收复地方。临潼县（今临潼区）光复。

10 月 24 日 秦陇复汉军印发《大统领檄文》和《告三秦同胞文》，分传各府州县，说明光复意义。胡定伯、胡景翼在耀县（今耀州区）药王山起义。富平光复。

10 月 25 日 张凤翙在军装局召开各将领会议，讨论新政府的人选，大家一致拥护张凤翙为临时大统领无异议，推举副大统领时意见分歧，不欢而散。

三原、商州光复。

10 月 26 日 咸阳光复。

10 月 27 日 张凤翙在督练公所召集会议，再次讨论新政府组成的人选问题，经过协商后，正式推举张凤翙为大统领，钱鼎、万炳南为副大统领，秦陇复汉军政府宣告成立。华州光复。

10 月 28 日 秦陇复汉军总司令部由军装局迁至高等学堂，改设军令、民政两府和参谋、军需两处。同官（铜川）光复。副大统领钱鼎起节东征。

洛南光复。

10 月 29 日 秦陇复汉军总司令部正式宣布张云山为兵马都督，吴世昌为副都督，马玉贵为粮饷都督，马福祥为副都督，刘世杰为军令都督，郭胜清为副都督；军政府改组，撤销军令、民政两府分设军政、民政、教育、司法、外交、交通、实业、财政八部。陇州、凤翔、白水光复。

10 月 30 日 宝鸡、洛川、汧阳（今千阳县）光复。

10 月 31 日 军政府任井勿幕为北路宣慰安抚招讨使，张宝麟为南路宣慰安抚招讨使，李仲三为东路招抚使，张玉成为西路招抚使，曹位康为西路节度使，陈树藩为东路节度使。

10 月 康毅如等在西安创办《民国新闻》。

11 月 1 日 钱鼎、张世瑷等数十人在渭南被地主民团杀害。

11 月 2 日 潼关、三水（旬邑）光复。

11 月 3 日 清军进攻潼关，胡明贵战死，潼关失陷。

龙驹寨（今丹凤）、邠州（彬县）光复。

11 月 4 日 张钫督师出省东征。

兴安府光复，所属各县相继光复。

11 月 5 日 商南光复。

11 月 8 日 紫阳光复。

11月10日 张钫率军进攻潼关，次日收复。

军政府派杨叔吉督办龙驹寨电报事务。

军政府调井勿幕为河北安抚使，经略同州一带军务，支援潼关，茹欲立为北路防御招抚兼筹备财政使，赴同官布置防务。

11月12日 军政府任王一山、石海珊为"秦晋联合专使"赴山西联络。

朝邑光复。

11月13日 蓝田光复。

11月14日 安塞光复。

11月15日 军政府开会研究领导权限、编军、粮饷等事，颁布军律十一条。

11月20日 军政府公布存款兑取办法，稳定金融。

11月21日 升允率清军进攻长武，守军石得胜部覆没，长武、邠州相继失陷。清军赵偶率十八营到陕州。

11月22日 西乡光复。

榆林光复。

军政府迁北院，南京临时政府颁发"中华民国军政府秦省都督印"。

11月25日 兵马都督张云山率队西征。

哥老会头目向紫山率千余人来省投效，编为向字营。

11月27日 大荔、邰阳（今合阳）光复。

11月28日 张云山率军抵乾州。

南路宣慰安抚招讨使张仲仁率部到达安康。

11月29日 副统领万炳南率部西开防守凤翔。

12月1日 潼关第二次失守。

12月4日 邓占云率部收复邠州（今彬县）。

万炳南部进驻陇州（今陇县）。

12月5日 怀远县（今横山）光复。

12月7日 革命军与清军大战于冉店桥，失利，清军占领冉店桥。

12月9日 革命军收复冉店桥。

张钫再战清军于盘豆镇，不胜退守华阴。军政府决定改秦陇复汉军大统领为"中华民国军政府"大都督。决定停止各县成立码头，现有码头一律取消码头字样，归入民团，由县官节制，不准干涉地方公事。

12 月 10 日 宜川光复。

12 月 12 日 大统领张凤翙亲赴东路督战。

革命军攻克邠州。

12 月 13 日 升允署陕西巡抚，督办军务，驻泾州，督陆洪涛、罗开福等十余营，分路东下。

12 月 16 日 清军进攻冉店、亭口，革命军败退。

12 月 17 日 西路清军夜袭固关，革命军退守陇州。

12 月 18 日 清军占领长武，革命军退守乾州。

安塞反动民团头目孟绍绪等赶走会党首领杨淑廉，占领县城。

12 月 19 日 西路清军占领邠州。

12 月 20 日 革命军二次收复潼关。

12 月 23 日 陇州、汧阳（今千阳县）相继被清军占领，万炳南紧急求援。

升允率清军进驻邠州，陆洪涛部进据永寿。

12 月 24 日 东路革命军进攻灵宝。

12 月 29 日 革命军标统邱彦彪率八千余人和清军激战于冉店，败退至西安。张云山布防乾州。

12 月 30 日 应山西革命军请求，军政府派井勿幕、陈树藩率部渡黄河，支援山西革命。

12 月 31 日 张凤翙、马玉贵、胡景翼率部援乾州。

1912 年（民国元年、壬子）

1 月 3 日 张凤翙、张云山、马玉贵等分兵三路与清军大战于乾州北原。

1 月 7 日 西路清军占领三水县（今三水区）。

1 月 8 日 东路革命军和清军激战于观音堂。

1 月 10 日 曹印侯率敢死队大败清军崔正午部于凤翔柳林铺，后清军屡次进犯，均被击退。

1 月 11 日 胡景翼率部收复三水县城，清军退入甘肃境内。

1 月 13 日 河南志士刘粹轩等六人，以南北议和不应再战，愿代表赴敌营议和，被杀害于张茅。

1月19日　东路革命军陈树发、李仲三部与清军战于牛头原、七里店等地，均失利。张钫部兵败，退入洛南，潼关第三次失守。

1月30日　西路清军陆洪涛部攻击礼泉县南坊，革命军杨仁天部退守咸阳。清军张行志部攻占岐山。

2月8日　清军集中兵力围攻乾州城，张云山率部奋勇抵抗。

2月12日　清帝宣布退位。

2月13日　革命军代表雷恒炎赴礼泉十八里铺，面见升允要求议和，被杀。

2月14日　东路革命军代表彭世安等五人与清军代表赵景清等在泉店议和。

2月15日　东路革命军代表与清军代表达成停战协议。

2月18日　张钫和清军将领赵倜、周符麟在吊桥会面，正式签订停战协议。东路战事结束。

西路清军陆洪涛部占领礼泉，进逼咸阳。

2月23日　革命军连日在咸阳城外和清军激战。次日晚，清军退守礼泉。

2月27日　陈树藩率严飞龙部，并勿幕派胡景翼率兵两营，会攻礼泉，连日向清军发动进攻。

3月1日　略阳光复。

3月初　陕西女子爱国会成立。

3月6日　乾州守军张云山与清军马安良部局部议和。

3月7日　军政府代表牛兆濂、张晓山赴礼泉见升允，商谈议和。升允见大势已去，撤军言和，引兵西去。

3月8日　张云山和清军马安良部停战协议签字，西路战事结束。

是月　公私合办富秦银行。军政府发行秦丰军用钞票，与秦丰钞票同时流通。

4月3日　军政府在西安召开大会，追悼起义牺牲烈士。

4月初　清汉中总兵江朝宗、兵备道黄浩在城固古路坝天主教堂庇护下逃离汉中，临时汉中自治公所正式成立。全省光复。

4月　陕西临时议会正式成立，杨铭源任议长，刘淀、寇遐为副议长。

奉北洋政府命令：陕西革命军编为两个师，每师辖两旅。张云山为第一师师长，张钫为第二师师长，马玉贵为第一旅旅长，郭胜清为第二旅旅长，刘世杰为第三旅旅长，郭锦镛为第四旅旅长。另外编四旅，旅长分别为万炳南、陈树藩、张仲仁、陈殿卿。

4 月 13 日　张凤翙在西安枪杀会党首领、旅长万炳南，万部参谋韦伯铭同时被杀。军政府奉北洋政府令，将八部改为八司，邮、电由中央直接管辖，撤销原交通部。

6 月 23 日　陈树藩、王锡侯、郭希仁、宋伯鲁等发起成立统一共和党陕西支部。

6 月 25 日　井勿幕等人开会，改同盟会陕西分会为陕西支部，举井勿幕为支部长，张凤翙为副支部长，彭仲翔、宋向辰、张云山等人均为支部负责人。

7 月 16 日　北洋政府任命张凤翙为陕西都督。

8 月　同盟会与统一共和党合并成立国民党秦支部，选张凤翙为支部长，井勿幕、马凌甫为副支部长，郭希仁、宋伯鲁等为干事，张云山等为评议员。

西安易俗社等秦腔剧团相继成立。

9 月 24 日　北洋政府与比利时签订"陇秦豫海铁路借款合同"，出卖陕西等省铁路主权。

10 月 27 日　原万炳南部在西安兵变被镇压。

是秋　陕西革命党人井勿幕、胡景翼、宋向辰、曹印侯、杨叔吉等出国留学。

12 月　陕西省临时议会选出第一届省议会议员八十四名，议长为刘淀，副议长为王家宾. 临时议会宣告结束。

1913 年（民国二年、癸丑）

春　郭希仁辞国会参议院议员，出游欧洲。

2 月　张凤翙下令整编陕西军队为十七个团，并开办军官学校。

4 月　省第一届议会推选尚镇圭、王兆离、刘治洲、焦子静、杨铭源、寇遐、李含芳、焦易堂、马彦翀等二十二人为第一届国会议员。

5 月　葭州（今佳县）秦麻涧两千多群众组织神团，反对天主教会，杀死西班牙神父魏象阙，旋被镇压，四十余人被杀害。

6 月　孙中山、黄兴派杨体锐、于化卿赴河南、陕西联络反袁，赴陕途中被刘镇华派人杀死于灵宝县境（今灵宝市）。

7月2日 张凤翙奉袁世凯电令，派张钫率部入川，镇压熊克武领导的讨袁斗争。

7月 张凤翙奉袁令通电全国声讨孙中山和黄兴。

8月28日 陕西第一师团长王生岐起兵讨袁。张凤翙派兵镇压，王部经汉中、安康入陕豫边境。

秋 邹子良、马开臣密谋反袁，被害于西安。

10月 张凤翙奉袁世凯令，解散各州县议会。

焦子静、马彦翀奉孙中山之命回陕发动讨袁。

12月 王生岐率部与白朗起义军会合，任白朗起义军先锋。

1914年（民国三年、甲寅）

1月 李桐轩、高培支在西安创办《易俗白话杂志》。

2月10日 "北京政府"和美孚公司签订"中美合资创办石油公司合同"，出卖延长油矿权利。

3月1日 张凤翙奉袁世凯电令，解散陕西省议会。

3月18日 白朗起义军占领商南县城。

3月22日 白朗起义军攻克商州，张凤翙率军赴蓝田、商州一带堵截。

4月4日 白朗起义军由4日起连日攻克户县（今鄠邑区）、周至、扶风、武功、乾县、永寿、彬县七座县城，震动全陕。

4月16日 袁世凯派陆建章率北洋军第七师入陕围剿白朗起义军。

4月23日 白朗起义军击败追兵赵倜部，由陇县进入甘肃。

是月 袁世凯命冯玉祥率部入陕围剿白朗起义军。

袁世凯令张钫回陕南围剿白朗起义军。

6月初 陆建章奉命抵西安督办陕西军务。

6月10日 白朗起义军由甘返陕，连克郿县（今眉县）、扶风、盩厔、兴平等县。

6月13日 袁世凯任命张钫为陕南镇守使，张云山为陕北镇守使。

6月24日 白朗起义军由商南转战入河南。

7月 袁世凯免去张凤翙陕西都督职务，招入北京，封为"扬威将军"。